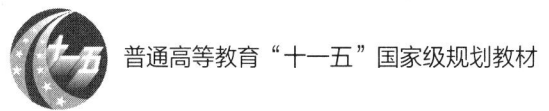

普通高等教育"十一五"国家级规划教材

高等学校财务管理专业系列教材

税务筹划

第七版

主编 盖地
副主编 张雅杰 卢强 励贺林

高等教育出版社·北京

内容简介

税务筹划是纳税主体具有法律意识的主动行为。尽管各国法律一般不明确规定纳税人的税务筹划权利，但从法律的推演看，税务筹划应是纳税人的一项基本权利。因此，可以说是纳税人的适法权益。

纳税人减轻税负、实现税后收益最大化是其生来俱有的动机和不懈追求的目标，高效的管理者力图在法律允许的情况下，在最佳时刻支付所得税。纳税人恒久存在税务筹划的行为动因，但主观动因最终是否能够通过税务筹划途径得以实现，则主要取决于企业的内外环境和条件。

本书分为税务筹划理论、税务筹划实务两大基本板块，在税务筹划实务板块，又按税种和企业经济活动两个小板块设计安排，以国内税务筹划为主，兼顾国际税务筹划，共分税务筹划通论、企业主要税种的税务筹划、企业经济活动的税务筹划和国际税务筹划四篇。本次修订以我国现行税收法规尤其是全面推行"营改增"后的相关法规为依据，对国内税务筹划实务做了较大修改调整。此外，还通过二维码关联了可供学生实时检测所学知识的即测即评题。

本书可作为财务管理、会计学和审计学等专业本科生教材，也可作为相关从业人员的自学用书。

图书在版编目（CIP）数据

税务筹划 / 盖地主编. -- 7版. -- 北京：高等教育出版社，2019.9（2024.3重印）
ISBN 978-7-04-052408-6

Ⅰ.①税… Ⅱ.①盖… Ⅲ.①税务筹划-高等学校-教材 Ⅳ.①F810.42

中国版本图书馆CIP数据核字(2019)第161772号

税务筹划
Shuiwu Chouhua

| 策划编辑 | 谢睿芳 | 责任编辑 | 谢睿芳 | 封面设计 | 张志奇 | 版式设计 | 王艳红 |
| 插图绘制 | 于 博 | 责任校对 | 刘 莉 | 责任印制 | 赵义民 | | |

出版发行	高等教育出版社	网　址	http://www.hep.edu.cn
社　　址	北京市西城区德外大街4号		http://www.hep.com.cn
邮政编码	100120	网上订购	http://www.hepmall.com.cn
印　　刷	山东润声印务有限公司		http://www.hepmall.com
开　　本	787 mm×1092 mm　1/16		http://www.hepmall.cn
印　　张	23.75	版　次	2002年8月第1版
字　　数	560千字		2019年9月第7版
购书热线	010-58581118	印　次	2024年3月第7次印刷
咨询电话	400-810-0598	定　价	55.00元

本书如有缺页、倒页、脱页等质量问题，请到所购图书销售部门联系调换
版权所有　侵权必究
物 料 号　52408-00

教授、杨定泉教授、王晓敏副教授,天津商业大学的付建设教授、胡阳老师、刘常学老师,已经毕业的研究生周宇飞、刘小妹、吴珊、刘茜、辛晓天等。

还应感谢本书的前任责任编辑孙乃彬、张冬梅、黄燕、宋志伟和倪冠军老师,感谢现任责任编辑谢睿芳老师,传承不变的敬业精神,令人感动。更要感谢广大读者,愿本书能够更好地为您服务,您的宝贵意见就是本书不断进步的原动力。

2019 年 5 月
于天津财经大学

第七版前言

税务筹划就是纳税主体具有法律意识的主动行为。尽管各国法律一般都没有明确规定纳税人的税务筹划权利,但从法律的推演看,税务筹划应是纳税人的一项基本权利。因此,可以说是纳税人的适法权益。

纳税人减轻税负、实现税后收益最大化是其生来俱有的动机和不懈追求的目标,"好的管理者们力图在法律允许的情况下,在最晚的时刻支付最少的所得税"。[①] 纳税人恒久存在税务筹划的行为动因,但主观动因最终是否能够通过税务筹划途径得以实现,则主要取决于企业的内外环境和条件。

本书共分税务筹划通论、企业主要税种的税务筹划、企业经济活动的税务筹划和国际税务筹划四篇,以税务筹划理论和税务筹划实务两大基本板块为主体构架。在税务筹划实务板块,按纵向和横向划分,即按税种和按企业经济活动两个小板块设计安排。在以国内税务筹划为主的基础上,兼顾国际税务筹划,设置国际税务筹划通论和专题两章。

新时期税务筹划的背景发生了变化:我国经济由高速增长到高质量发展,减税降费,大力改善营商环境,以及"一带一路"的共商、共享、共建。近年来,我国加快了税收立法和修法,作为主要税种的增值税、个人所得税等更是变化甚大。

从2016年5月1日起,我国增值税实现货物和服务行业的全覆盖,增值税成为比较规范的消费型增值税制度。第六版出版以来,财政部、国家税务总局、海关总署发布了《关于深化增值税改革有关政策的公告》(2019年第39号),从2019年4月1日起,增值税税率中的16%降为13%,10%降为9%,6%税率不变。2018年8月31日第十三届全国人民代表大会常务委员会第五次会议通过了《关于修改〈中华人民共和国个人所得税法〉的决定》,之后国务院颁布了《中华人民共和国个人所得税法实施条例》,财政部、国家税务总局也陆续颁布了相关配套法规。此外,我国还陆续颁布了一些新的《企业所得税法》配套法规;车辆购置税、耕地占用税也已正式立法。

根据上述新的税收法律、法规,本次再版对第五章增值税的税务筹划、第六章消费税的税务筹划、第八章企业所得税的税务筹划和第九章个人所得税的税务筹划重新撰写,对其余章节也做了某些修改或调整。

第七版由盖地担任主编,张雅杰、卢强、励贺林担任副主编。盖地教授撰写第一章;卢强博士撰写第二、三、四章;天津商业大学张雅杰副教授撰写第五章至第十四章;天津商业大学励贺林教授撰写第十五、十六章。

衷心感谢此前本书的各位参与者,他们是:郑州航空工业管理学院的苏喜兰教授、张素琴

---

① 查尔斯·T. 亨格瑞,等. 财务会计教程. 北京:华夏出版社,1998:351.

第六版前言

税务筹划是纳税主体具有法律意识的主动行为。尽管各国法律一般都没有明确规定纳税人的税务筹划权利,但从法律的推演看,税务筹划应是纳税人的一项基本权利。因此,可以说是纳税人的适法权益。

纳税人减轻税负、实现税后收益最大化是其生来具有的动机和不懈追求的目标,"好的管理者们力图在法律允许的情况下,在最晚的时刻支付最少的所得税"[①]。纳税人恒久存在税务筹划的行为动因,但主观动因最终是否能够通过税务筹划途径得以实现,则主要取决于企业的内外环境和条件。

第五版于2016年2月出版后,时隔两个多月,就赶上了全面推开"营改增"。营业税被增值税取代,从此退出历史舞台,增值税实现了"全覆盖",涉及面之广,前所未有。虽然时隔仅有一年,也不得不对本书进行调整修改。

这次新版,是在第五版的基础上,主要针对全面推开"营改增"后,增值税的征收范围实现了各行各业"全覆盖",由价内计税改为价外计税,不仅影响到增值税本身,还涉及其他间接税的税基。因此,本次修改调整以财政部、国家税务总局颁布的一系列有关增值税的新法规为依据,对第五章"增值税的税务筹划"进行了全面调整修改,并增加了第五节"特殊行业的税务筹划",即新扩大的行业增值税的税务筹划,并对相关税种的筹划也做了相应调整;取消原第七章"营业税的税务筹划",其后几章的章序也依次前移。

第六版由盖地任主编,张雅杰、卢强任副主编。盖地教授负责第一章,卢强博士负责第二、三、四章,并对第十五、十六章进行了修改;天津商业大学张雅杰副教授负责第五章至第十四章的修改。

郑州航空工业管理学院苏喜兰教授、张素琴教授和王晓敏老师因为近年不再担任税务筹划课程的授课任务,提出不再参加新版教材的调整修改工作。我们尊重作者的意愿,在此,对三位老师表示衷心的感谢,感谢她们多年来对本书所做的贡献。张雅杰老师勇担重任,承担了第五章至第十一章的调整修改任务(包括删去的原第七章)。在此,深表谢忱。同时,对本书最初的各位参与者——付建设、胡阳、杨定泉等老师,周宇飞、刘小妹、吴珊、刘茜、辛晓天等研究生,也表示感谢。

还应感谢本书的前任责任编辑孙乃彬、张冬梅、黄燕、宋志伟和倪冠军老师,感谢现任责编王威和谢睿芳老师,传承不变的敬业精神,令人感动。更要感谢广大读者,愿本书能够更好

[①] 查尔斯·T.亨格伦,等.财务会计教程.北京:华夏出版社,1998:351.

地为您服务,您的宝贵意见就是本书不断进步的原动力。

2017 年 6 月
于天津财经大学会计与财务研究中心

第一版前言

"入世"后,不论企业还是政府,都应按"规则"行事;而"规则"除了惯例外,主要就是法律。企业要实现自己的财务目标,除了从经营活动本身努力外,进行税务筹划也是一项重要内容。税务筹划就是在不违反国家有关法律(主要是税法)和国际公认准则(惯例)的前提下,为实现企业财务目标而进行的旨在减轻、减缓税收负担的一种税务谋划或安排。本书将税务筹划界定为符合税法和不违反税法,即广义的税务筹划。根据现代企业制度的权利义务观,税务筹划是纳税人的一项基本权利,具有必然性和合理性。

本书是"普通高等教育'十五'国家级规划教材",也是高校新设的相关专业课程的教学用书。本书的宗旨首先是对学生进行税收法制教育,旨在培养法制观念和依法纳税意识,因为只有知法、守法的人,才能成功地进行税务筹划;其次才是教授学生如何进行税务筹划,让学生掌握税务筹划的基本理论、基本方法和基本技能。考虑到税务筹划涉及的面比较宽,本书先按基本理论与操作实务、再按纵横两方面进行架构,共分为四篇:第一篇是税务筹划的基本理论、基本方法和基本知识,第二篇是分税种讲述的税务筹划,第三篇是企业主要经济活动中的税务筹划,第四篇是国际税务筹划,即跨国经营、国际商务的税务筹划。这样的框架结构形成了一个比较完整的知识体系。本教材尽可能地体现理论与实务的紧密结合,引进案例,突出实用性,使学生在学习税务筹划理论的同时,也能得到税务筹划的实践能力的培养,以培养应用型、复合型专业人才。本书除主要适用于高校财务管理、会计、财税等专业外,也可作为广大在职财务与会计人员、注册会计师、注册税务师、律师及CFO、CEO的业务学习用书。本课程的前导课是财务会计、税务会计(或税法)、财务管理等。本书所依据的是现行国内税法,本书出版后若税法有变,应以新法规为准。税务筹划有风险,进行税务筹划须谨慎。读者应掌握税务筹划的精髓和要领,切勿生搬硬套、刻舟求剑。

参加本书编写的是天津财经学院、天津商学院、郑州航空工业管理学院的专业课教师,其具体分工是:盖地编写第一、六章,卢强编写第二、三、四、五章,杨定泉编写第七、九章,苏喜兰编写第八、十、十一章,张素琴编写第十二、十三章,张雅杰编写第十四章,付建设、刘常学编写第十五、十六、十七章,胡阳编写第十八、十九章。盖地教授作为本项目的申请人和主持人,负责本书框架结构设计、拟定编写大纲和对全书书稿的总纂。

作为一门全新的课程,本书的框架结构、体例和内容,虽经参写成员多次讨论修改,但囿于作者的水平,定会存在不少缺憾,竭诚欢迎广大读者不吝赐教。

2002年6月

目　录

第一篇　税务筹划通论

第一章　税务筹划的基本理论 ……… 3
　　第一节　税务筹划的概念与意义 ……… 3
　　第二节　税务筹划的动因与目标 ……… 7
　　第三节　税务筹划的原则与特点 ……… 11
　　第四节　税务筹划的基本方法——节税与
　　　　　　税负转嫁 ……… 13
　　第五节　税务筹划的基本方法——避税 ……… 16
　　第六节　税务筹划成本与风险 ……… 24

第二章　税务筹划的基本原理 ……… 33
　　第一节　税务筹划原理概述 ……… 33
　　第二节　绝对收益筹划原理与相对收益筹划
　　　　　　原理 ……… 33
　　第三节　税基筹划原理与税率筹划原理 ……… 38

第三章　税务筹划的基本技术 ……… 43
　　第一节　减免税技术 ……… 43
　　第二节　分割技术 ……… 44
　　第三节　扣除技术 ……… 46
　　第四节　税率差异技术 ……… 47
　　第五节　抵免技术 ……… 48
　　第六节　退税技术 ……… 49
　　第七节　延期纳税技术 ……… 51
　　第八节　会计政策选择技术 ……… 52

第四章　税务筹划的基本步骤 ……… 56
　　第一节　收集信息 ……… 56
　　第二节　目标分析 ……… 57
　　第三节　方案设计与选择 ……… 59
　　第四节　实施与反馈 ……… 65

第二篇　企业主要税种的税务筹划

第五章　增值税的税务筹划 ……… 69
　　第一节　计税方法选择的税务筹划 ……… 69
　　第二节　购进环节的税务筹划 ……… 79
　　第三节　销售环节的税务筹划 ……… 88
　　第四节　交易双方的税务筹划 ……… 98
　　第五节　税收优惠政策的税务筹划 ……… 103
　　第六节　出口退税的税务筹划 ……… 107

第六章　消费税的税务筹划 ……… 117
　　第一节　自产销售应税消费品的税务筹划 ……… 117
　　第二节　自产自用应税消费品的税务筹划 ……… 123
　　第三节　委托加工应税消费品的税务筹划 ……… 125
　　第四节　特殊情况消费税的税务筹划 ……… 128

第七章　关税的税务筹划 ……… 137
　　第一节　关税完税价格的税务筹划 ……… 137
　　第二节　关税税率的税务筹划 ……… 142
　　第三节　特别关税的税务筹划 ……… 146

第八章　企业所得税的税务筹划 ……… 150
　　第一节　收入的税务筹划 ……… 150
　　第二节　税前扣除项目的税务筹划 ……… 153
　　第三节　应纳税所得额的税务筹划 ……… 166
　　第四节　税率的税务筹划 ……… 171
　　第五节　应纳税额的税务筹划 ……… 173

第九章　个人所得税的税务筹划 ……… 180
　　第一节　综合所得的税务筹划 ……… 180

第二节	其他所得的税务筹划……191	第四节	房产税的税务筹划……216
第三节	特殊项目的税务筹划……194	第五节	印花税的税务筹划……220

第十章　其他税种的税务筹划……201
　　第一节　资源税的税务筹划……201
　　第二节　土地增值税的税务筹划……205
　　第三节　城镇土地使用税的税务筹划……213
　　第六节　契税的税务筹划……224
　　第七节　车船税的税务筹划……228
　　第八节　车辆购置税的税务筹划……230

第三篇　企业经济活动的税务筹划

第十一章　企业经营的税务筹划……237
　　第一节　购销活动的税务筹划……237
　　第二节　职工薪酬的税务筹划……247
　　第三节　利润分配的税务筹划……253

第十二章　企业筹资的税务筹划……259
　　第一节　负债筹资的税务筹划……259
　　第二节　权益筹资的税务筹划……271
　　第三节　其他筹资方式的税务筹划……274

第十三章　企业投资的税务筹划……280
　　第一节　股权投资的税务筹划……280
　　第二节　债权投资的税务筹划……291

第十四章　企业重组的税务筹划……296
　　第一节　企业债务重组的税务筹划……296
　　第二节　企业合并的税务筹划……298
　　第三节　企业分立的税务筹划……305
　　第四节　企业清算的税务筹划……308

第四篇　国际税务筹划

第十五章　国际税务筹划通论……315
　　第一节　国际税务筹划概述……315
　　第二节　国际税务筹划的基本方法……328
　　第三节　其他税务筹划方法……340

第十六章　国际税务筹划专题……350
　　第一节　跨国企业集团税务筹划典型案例分析……350
　　第二节　外商投资企业在中国的税务筹划……354
　　第三节　中国企业"走出去"税务筹划……358
　　第四节　应对税基侵蚀和利润转移行动计划……362

第一篇
税务筹划通论

第一章 税务筹划的基本理论

税收是纳税人不得不履行的法定义务,因为"世界上除了死亡和纳税,其他都不是必然的"([美]本杰明·富兰克林)。但"谁也不喜欢纳税,然而如果谁也不纳税,政府就无法运转"[1]。说明从情感上,谁也不愿意纳税;而在理智上,谁都知道应该纳税。如何做到既依法纳税、实现税法遵从,又能够降低纳税成本和税务风险,实现税收利益最大化,那就需要事先对自己的经营活动进行合理安排、精心规划,即税务筹划。若要正确掌握税务筹划的方法和技巧,则必须首先学习并掌握税务筹划的基本理论。

第一节 税务筹划的概念与意义

一、税务筹划的概念

税务筹划亦称税收筹划、纳税筹划(tax planning)。从字面的意义理解,"税务"是指涉税事务,更接近"筹划"的实质,而"税收""纳税"与"筹划"联系,则有一定的局限性;再则,税务会计与税收会计是两类不同的会计主体,既然"筹划"的主体是作为纳税人的企业,为了与会计的称呼一致,本书采用"税务筹划"的概念。

对税务筹划定义的描述,国际上也不尽相同,以下仅列举几种有代表性的观点:

荷兰国际财政文献局(IBFD)所编写的《国际税收辞典》是这样定义的:"税务筹划是指通过纳税人经营活动或个人事务活动的安排,以实现缴纳最低的税收。"

印度税务专家 E.A. 史林瓦斯在他编著的《公司税务筹划手册》中说道:"税务筹划是经营管理整体中的一个组成部分……税务已成为重要的环境因素之一,对企业既是机遇,也是威胁。"美国南加州大学 W.B. 梅格斯、R.F. 梅格斯合著的《会计学》中,引用了知名法官勒尼德·汉德的一段话:"法院一再声称,人们安排自己的活动以达到低税负的目的,是无可指责的。每个人都可以这样做,不论他是富翁,还是穷光蛋。而且这样做是完全正当的,因为他无须超过法律的规定来承担国家赋税;税收是强制课征的,而不是靠自愿捐款。以道德的名义来要求税收,不过是侈谈空论而已",然后做了如下阐述:"人们合理而又合法地安排自己的经营活动,使之缴纳尽可能少的税款。他们使用的方法可称之为税务筹划……少缴税和递延缴纳税款是税务筹划的目标所在。"他接着说:"美国联邦所得税已变得如此复杂,这使为企业提供详尽的税务筹划成为一种谋生的职业。现在几乎所有的公司都聘用专业的税务专家,研究企业主要经营决策上的税收影响,为合法地少纳税制定计划。"另外他还说:"在纳税发生之前,系统地对企业经营或投资行为做出事先安排,以达到尽量减少缴纳所得税的目的,这个过程就是筹

---

[1] 罗纳德·杜斯卡,布伦达·杜斯卡. 会计伦理学. 范宁,李朝霞,译. 北京:北京大学出版社,2005:159.

划。如选择企业的组织形式和资本结构,投资采取租用还是购入的方式,以及交易的时间等。"

在美国的海文营诉格雷戈里一案中,勒尼德·汉德法官在陈述时,有一句名言:"任何人都可以安排他的事务以使其税赋尽可能低;在选择缴税的最佳方式时,他不受约束,甚至也没有一种爱国的义务要求增加他的税赋。"[①]

当代著名经济学家萨缪尔森在其《经济学》中分析美国联邦税制时指出:"比逃税更加重要的是合法地规避税负,原因在于议会制定的法规中有许多'漏洞',听任大量的收入不上税或以较低的税率上税。"

英国税务专家 S.詹姆士和 C.诺布斯在其合著的《税收经济学》中指出:"会计师们强调避税的合法性,将避税称为'税务筹划'或'税收减轻'。"

如果把时间追溯到更早一点。1935 年英国上议院议员汤姆林爵士针对"税务局长诉温斯特大公"一案,做了有关税务筹划的声明:"任何一个人都有权安排自己的事业,依据法律这样做可以少缴税。为了保证从这些安排中得到利益,……不能强迫他多缴税。"[②] 该声明体现了对纳税人权益的保护,赢得了法律界的认同,英国、澳大利亚、美国等在以后的税收判例中经常援引这一原则精神。

本书认为,税务筹划是纳税人依据所涉及的税境,在遵守税法、尊重税法的前提下,规避涉税风险,控制或减轻税负,以实现税后收益最大化的谋划、对策与安排。

二、税务筹划的意义

税务筹划既有微观意义,也有宏观意义。

(一)税务筹划有助于提高纳税人的纳税意识

社会经济发展到一定水平,企业开始重视税务筹划,税务筹划与纳税人意识的增强具有客观一致性和同步性。纳税人意识包括纳税人主体意识、纳税人权利意识与纳税人义务意识。税务筹划是纳税人权利意识的体现,纳税意识则是指纳税人义务意识。纳税人既要依法履行纳税义务,又应充分享有纳税人权利。詹姆士·韦恩曾说:"纳税是为权利受保护而付费。"权利的成本是义务,义务的回报是权利。

税务筹划搞得好的企业往往也是纳税意识比较强的企业。税务筹划与纳税意识的这种一致性关系体现在:

其一,税务筹划是企业纳税人意识提高到一定阶段的表现,是与经济体制改革发展到一定水平相适应的。只有税制不断完善,税收征管水平不断提高,税法的权威才能得以体现。否则,该收的税收不上来,而对非法逃税行为的处罚也仅局限于补缴税款,这无疑会助长企业逃避缴纳税款的倾向,造成企业纳税意识淡薄。

其二,企业纳税意识强与企业进行的税务筹划具有共同点,即企业税务筹划所安排的经济行为必须合乎税法条文和立法意图或不违反税法,而依法纳税更是企业纳税意识强的应有之意。

其三,设立完整、规范的财务会计账表和正确进行会计处理是企业进行税务筹划的技术

[①] 凯文·E.墨菲,马克·希金斯.美国联邦税制.大连:东北财经大学出版社,2001:34.
[②] Arthur Young .Taxation in Hongkong.447.

基础。会计账表健全规范,其税务筹划的弹性应该会更大,为以后提高税务筹划效率奠定基础,同时,依法建账也是企业依法纳税的基本要求。

(二) 有助于实现纳税人财务利益的最大化

税务筹划不仅可以降低纳税人的税收成本(费用),还可以防止纳税人陷入税法陷阱(tax trap)。税法陷阱是税法漏洞的对称。税法漏洞的存在,给纳税人提供了避税的机会;而税法陷阱的存在,却让纳税人不得不非常小心,否则会落入看似税收漏洞或优惠、实为陷阱的圈套(有的可能是政府的反避税措施;有的可能是因为税法的,如税收管理权的差异)。纳税人一旦落进税法陷阱,就要缴纳更多的税款,影响纳税人的财务利益。税务筹划可以做到不缴不该缴付的税款,以有利于纳税人财务利益最大化。

(三) 有助于提高企业的财务与会计管理水平

资金、成本、利润是企业经营管理和会计管理的三大要素,税务筹划就是为了实现资金、成本、利润的最优效果,从而提高企业的经营管理水平。企业进行税务筹划离不开会计,会计人员既要熟知会计准则、制度,更要熟知现行税法,要按照税法要求设账、记账、计税和填报纳税申报表及其附表,从而也有利于提高企业的财务与会计管理水平。

(四) 有助于优化产业结构和资源的合理配置

税务筹划有利于贯彻国家的宏观调控政策。纳税人根据税法中税基与税率的差别,根据税收的各项优惠政策,进行投资决策、企业制度改进、产品结构调整等。虽然在主观上是为了减轻税负,但在客观上却是在国家税收的经济杠杆作用下,逐步走向了优化产业结构和合理布局生产力的道路,体现了国家的产业政策,有利于促进资本的流动和资源的合理配置。

(五) 有利于提高企业的竞争力

从长远和整体看,税务筹划不仅不会减少国家的税收总量,甚至可能增加国家的税收总量。企业进行税务筹划,减轻了企业的税负,企业有了活力,竞争力提高,企业发展了,收入和利润增加了,税源丰盈,国家的收入自然也会随之增加。

(六) 有利于不断健全和完善税制

税务筹划有的可能是利用现行税制的疏漏和缺陷,这样,可以促使国家立法机构、执法主管部门及时修订税法或设置新法,从而不断健全和完善税制;同时,也有利于不断提高税收征管人员的服务水平。

三、税务筹划是纳税人的权益

在市场经济条件下,国家承认企业的独立法人地位,企业行为自主化,企业利益独立化。企业作为独立法人所追求的目标是如何最大限度地、合理合法地满足自身的经济利益。企业权益不是凭空产生的,不是国家或政府想给就给、不想给就不给,企业想要就要、不想要就不要,而应是社会发展的必然产物,是社会发展的客观需要。应该看到,企业权益的满足是以社会需要的满足为条件的。企业的创建、企业的发展应该是能满足社会的需要,企业生产的产品只有为社会所接受,才能补偿其生产经营耗费并实现盈利;否则,企业就无法生存和发展,自然也就谈不上企业应有的权益。

任何利益都产生于一定的权利。企业权利是客观存在的,是由企业赖以生存的社会经济条件及企业承担的义务决定的,可以说,有什么样的社会经济条件就有什么样的企业义务,就有什么样的企业权利以及由此派生出来的企业利益。

在法制社会中,企业权利不应仅仅是"国家保证实施的某种行为的可能性"或"在法定必要行为规范的范围内人们从事某种行为的可能性",而应是具体的企业设立权、发展权、人权、财权、物权、借贷权、经营决策权、产品开发权以及税务筹划权等。这些权利以及相应的利益,是企业权益的实实在在的内容,是企业权益的外在形式得以体现的质的规定性。

企业权利作为社会经济发展到一定时期的产物,其内在质与量的规定性要由某种内容的形式表现并明确下来。这种形式就是法律。企业权益尽管有其客观的内在标准,但任何一个企业都不能以这种内在标准行使自己的权利,也不能凭借这种内在标准去维护自己的利益。所能依据的只能是法律形式和法律所规定的企业权益。因为权利有两方面的含义:一是法的规定,它对权利拥有者来说是属于客观方面(非企业主观方面);二是权利拥有者在主观上的能动行为(这是权利的主观方面)。这就可能造成企业权益的法律规定与企业权益的应有内容之间产生不协调、企业权益的法律形式与企业在对待企业权益方面产生不协调。前者的不协调以法律界定为标准,它具有强制性;后者尽管在依法办事方面与前者没有区别,但在对行动的解释上却可以找到既符合法律、又符合企业权益需要的种种说辞。法律对权利的规定是实施权利的前提,但还需要企业在遵守法律的同时,主动地实现其需求,即企业对自己采取的主动而有意识的行为及其后果,事先要有所了解,预测将给企业带来的利益。税务筹划就是这种具有法律意识的主动行为。

税务筹划是纳税人的一项基本权利,纳税人在法律允许或不违反税法的前提下,有从事经济活动、获取收益的权利,有选择生存与发展、兼并与破产的权利;税务筹划所取得的收益应属合法收益;承认纳税人的税务筹划权是法制文明的体现。

税务筹划是企业对其资产、收益的正当维护,属于企业应有的经济权利。作为经济人的纳税人对经济利益的追求可以说是一种本能,具有明显的排他性和为己的特征,最大限度地维护自己的利益是十分正常的。税务筹划应是在企业权利的边界内或边界线上。超越企业权利的范围和边界,必然构成对企业义务的违背、践踏,而超越企业义务的范围和边界,又必然构成对企业权利的破坏和侵犯。对纳税人来说,遵守权利的界限是其应承担的义务,坚守义务的界限又是其应有的权利。税务筹划没有超越企业权利的范围,应属于企业的正当权利。

税务筹划是企业对社会赋予其权利的具体运用,属于企业应有的社会权利。企业的社会权利是指法律规定并允许的受社会保障的权利。它不应因企业的所有制性质、组织形式、经营状况、贡献大小不同而不等。在税务筹划上,政府不能以外资企业与内资企业、国有企业与非国有企业划界,不能对某类企业采取默许或认同态度,而对另一类企业则反对和制止。这既不符合税收国民待遇原则、税收公平和中性原则,也不符合WTO的世界贸易规则。其实,对企业正当的税务筹划活动进行打压,恰恰助长了逃、抗、骗、欠税现象的滋生。因此,鼓励企业依法纳税、遵守税法的最明智的办法是让企业(纳税人)充分享受其应有的权利(其中包括税务筹划),而不是剥夺其权利,促使其走违法之途。

企业税务筹划的权利与企业的其他权利一样,都有特定界限,超越这个界限就不再是企业的权利,就不再合法,而是违法。企业的权利与义务不仅互为条件、相辅相成,而且可以相互转换。在纳税上,其转换的条件是:

(1)当税法中存在的缺陷被纠正或税法中不明确的地方被明确后,企业相应的筹划权利就会转换成纳税义务。如某种税由超额累进税率改为比例税率后,纳税人利用累进级距的不同税率而进行的筹划就不存在了。

(2) 当国家或政府对税法或条例中的某项(些)条款或内容重新解释并明确其适用范围后,纳税人原有的权利就可能转变成义务。由于税法或条例中的某项(些)条款或内容规定不明确或不适当,纳税人就有了税务筹划的权利,如果政府发现后予以重新解释或明确其适用范围,那么,对有些纳税人就可能不再享有筹划的权利了,而且再发生这种经济行为就可能变为纳税义务。

(3) 当税法或条例中的某项(些)特定内容被取消后,税务筹划的条件随之消失,企业的筹划权利就转换为纳税义务。如某项税收优惠政策(对某一地区或某一行业)取消后,纳税人就不能再利用这项优惠政策进行筹划,而只能履行正常的纳税义务。

(4) 当企业因实施税务筹划而对其他纳税人(法人、自然人)的正常权利构成侵害时,企业的筹划权利就要受到制约,就要转变为尊重他人权利的义务。这就是说,企业税务筹划权利的行使是以不伤害、不妨碍他人权利为前提的。

第二节 税务筹划的动因与目标

一、税务筹划的动因

经济学将一切经济活动建立在"理性经济人"的基本假设上,即经济人可以根据市场情况、自身处境和自身利益做出判断,并使其经济行为与从经验中得出的东西相适应,使自身利益最大化。"理性"表现在筹划主体对所处税收环境和采取行为的后果是明确的、清醒的,这是市场经济的风险因素复杂性和实现筹划目标的内在要求,并且据此也派生出税务筹划的目标和原则。但在充满不确定性的社会经济活动中,经济人的理性是有限的,最终的选择不可能最优,只能是在既定条件的约束下,实现相对最大利益。对于企业来说,在特定税收环境下,降低税收负担和增加税后收益是其理性的表现,即纳税人在纳税理性的支配下,最大限度地寻求投入最少(纳税额与相关成本)、产出最大(税后利润、企业价值)的均衡。

在市场经济条件下,企业作为商品生产经营的主体,有自己独立的经济利益,无论税制本身制定得如何公正、公平与合理,但对每个企业而言,纳税毕竟是其既得利益的一种直接减少或是政府对其财务成果的一种无偿占有。企业作为主要纳税人,必然要考虑在其纳税后,是否确实有助于产生一种良好的社会效应,这种预期的社会效应何时、在何种程度上显现出来,即使产生了预期的社会效应(社会秩序、公共设施和服务、市场环境等),本企业是否因此得益、得益多少,这些都带有不确定性、隐秘性及非对等性。更大的问题还在于纳税的实际结果与税务理论的偏差,一旦纳税的预期效应未能实现,甚至在某种程度上扰乱了企业内在的运行机制,或因为时滞性而使企业久久感受不到社会秩序、市场环境的优化,纳税人就会对纳税的必要性产生质疑。况且,企业得益于社会秩序、市场环境的改善具有非计量性、隐秘性的特点,再加之其受益程度与其纳税的多少具有非对等性、非直接相关性,纳税人会认为社会效应对于各个企业通常都是无差别的,企业的市场地位还是取决于其自身的竞争实力。上述情况是诱发企业在主观意念中进行税务筹划的根本动机。

二、税务筹划的客观条件

税务筹划的主观动因并不意味着企业目的一定能够实现,要想使税务筹划的预期收益成为或接近现实,还必须具备某些客观条件。这里所说的客观条件是指税法、税制的完善程度及税收政策导向的合理性、有效性。税收法制作为贯彻国家权力意志的杠杆,不可避免地会在其立法中体现国家推动整个社会经济运行的导向意图,颁布并实施一些有违公平税负、税收中性等一般原则的税收优惠政策,如不同类型企业的税负差异,不同产品税基的宽窄,税率的高低,不同行业、不同项目进项税额的抵扣办法,减税、免税、退税等。因税收优惠政策而使同种税在实际执行中存在差异,从而形成非完全统一的税收法制,无疑为企业选择自身利益最大化的经营理财行为,即进行税务筹划提供了客观条件。企业利用税收法制的差异或"缺陷"进行旨在减轻税负的税务筹划,如果仅从单纯的、静态的税收意义上说,的确有可能影响国家收入的相对增长,但这是短期的,因为税制的这些差异或"缺陷",是国家对产业结构、资源配置主动进行的、有意识的优化调整,即力图通过倾斜的税收政策引导企业在追求自身利益最大化的同时,转换经营机制,实现国家和政府的产业调整意图。从发展和长远看,税务筹划对企业、对国家都是有利的,这是为将来取得更大的预期收益而可能支付的有限的机会成本。因此,企业利用税制的非完全同一性所实现的税负减轻,与其说是利用了税制的差异和"缺陷",不如说是对税法意图的有效贯彻执行。

在税收实践中,除了上述税收政策导向性的差异和"缺陷"外,税收法律制度也会存在自身难以克服的各种纰漏,即真正的缺陷或不合理,如税法、条例、规章不配套,政策模糊、笼统,内容不完整等,这也为企业进行税务筹划提供了有利条件。对此,不论国家基于维护其声誉、利益的目的而做出怎样的结论,从理论上说,不能认为企业进行的税务筹划是不合法的,尽管它可能与国家税收立法的意图相背离。国家只能在不断完善税收法律、制度上去努力。企业也应认识到,税务筹划应该尽可能地从长远考虑,过分看重眼前利益可能会招致更大的潜在损失。

三、税务筹划的目标

(一) 税务筹划的基本目标

企业作为理性经济人,其最终目标是实现企业价值最大化,这就要求企业要以最小的成本投入换来最大的收益产出。同时,企业作为理性纳税人,其基本目标(或最终目标)则是在遵守税法和尊重税法的前提下,在恰当履行纳税义务的同时,充分享受纳税人的权利,实现企业税收利益最大化——税后价值最大化,而不是简单的缴税最少、缴税最晚。

税务筹划是基于企业自身加强财务管理、提高企业竞争力的需要,因此,其目标与企业财务管理目标应该是一致的。但与企业一般财务活动相比,税务筹划有其独特的视角,即从税收的角度或因素,通过对企业筹资、投资、运营、股利分配等财务(商业)活动的精心安排,使纳税人的实际可支配财务利益最大化。

(二) 税务筹划的具体目标

与税务筹划的基本目标相比,税务筹划的具体目标更容易量化,更可以体现"多元化",可用来具体指导企业的税务筹划实务。

1. 正确(恰当)履行纳税义务

正确(恰当)履行纳税义务是税务筹划的基础目标或最低目标,旨在规避纳税风险、规避任何法定纳税义务之外的纳税成本(损失)的发生,避免因涉税而造成的名誉损失,做到诚信纳税。为此,纳税人应做到纳税遵从(conformity)[①],即依法进行税务登记,依法建账并进行发票、账证管理,依法申报纳税,在税法规定的期限内缴纳该缴的税款。税收具有强制性,如果偏离了纳税遵从,企业将面临涉税风险。

税制具有复杂性、频变性,这就意味着纳税义务不能自动履行,纳税可能会给企业带来或者加重企业的经营损失、投资扭曲和纳税支付有效现金不足等风险,纳税人必须及时、正确、全面地掌握所涉税收环境的税法,尽可能地避免纳税风险带来的机会成本的发生,努力实现涉税低风险。

2. 降低纳税成本

纳税成本亦称税法遵从成本、奉行成本。降低纳税成本与正确履行纳税义务,虽然都是防卫型的税务筹划目标,但也都是最基础的税务筹划目标。纳税人为履行纳税义务,必然会发生相应的纳税成本。[②] 在应纳税额不变的前提下,纳税成本的降低就意味着纳税人税收利益(税后收益)的增加。纳税成本包括直接纳税成本和间接纳税成本。前者是纳税人为履行纳税义务而付出的人力、物力和财力,即在计税、缴税、退税及办理有关税务凭证、手续时发生的各项成本费用;后者是纳税人在履行纳税义务过程中所承受的精神负担、心理压力等。直接纳税成本容易确认和计量,间接纳税成本则需要估计或测算。税制越公平,纳税人的心理越平衡;税收负担若在纳税人的承受范围之内,其心理压力就小;税收征管越透明、越公正,纳税人对税收的恐惧感、抵触感便越小。另外,税务筹划作为企业的一项理财活动,其本身也有成本,除直接成本外,还有间接成本——非税成本[③]。

纳税成本的降低,除纳税人应增强纳税成本意识、不断提高涉税业务素质等主观因素外,还与税制是否合理、征管人员水平、征管手段、征管方式等有直接关系。因此,不断健全、完善税制及提高税收征管人员的执业水平、业务素质,也是降低纳税成本的重要因素。纳税人纳税成本的降低,不仅会增加企业的账面利润,同时也会增加企业的应税所得额,从而增加政府的税收收入。从税务筹划的目标分析,纳税成本的高低虽然不能完全取决于纳税人,但降低纳税成本主要应是企业自身的努力。

3. 获取资金时间价值

如果纳税人能够合理有效地运作其资金,在不考虑或无通货膨胀的前提下,随着时间的推移,货币的增值额会成几何级数增长。通过税务筹划实现推迟(递延)纳税,相当于从政府取得一笔无息贷款,其金额越大、时间越长,对企业的发展越有利。在信用经济高度发展的时

---

① "遵从"有自律遵从、他律遵从、强制遵从与指导遵从之分。
② 对纳税人来说,其纳税成本中有一部分是不可控成本,即税收遵从成本,而"遵从成本"的高低,则主要取决于国家税制的公平程度。
③ 税务筹划的非税成本是指企业因实施税务筹划所产生的连带经济行为的经济后果。非税成本是一个内涵丰富的概念,有能够量化的内容也有不能够量化的内容,具有相当的复杂性和多样性。在不同的纳税环境下,不同筹划方案引发的非税成本也有所不同。一般情况下,税务筹划的非税成本有代理成本、交易成本、机会成本、组织协调成本、隐性税收、财务报告成本、沉没成本和违规成本等。

代,企业一般都是负债经营,而负债经营既有成本又有风险,要求企业负债规模要适度,负债结构应合理;而通过税务筹划实现的推迟(递延)纳税,对企业低成本、高效益经营,对改善企业的财务状况是十分有利的。

在考虑货币的时间价值时,如果涉税税种是超额累进税率,还要考虑边际税率因素,因为边际税率的改变可能会抵消货币时间价值的作用。另外,获取递延纳税的时间价值是假定税制和币值不变,如果预计未来税制或币值、汇率等可能发生变化,应充分考虑其变动趋势,避免日后出现相反的结果,那就"聪明反被聪明误"了。

4. 减轻税收负担

在税收理论中,税收负担是指纳税人或负税人因税收而承受的经济利益的牺牲或福利的损失,即其承担的税额。税收负担可以分为直接负担和间接负担,货币负担和真实负担。

直接负担指纳税人缴纳的税款不能转嫁给别人,完全由纳税人自己承担,即纳税人与税负承担者为同一人,如所得税、财产税等直接税,其税负一般不能转移。间接负担指由他人以各种方式转移而形成的负担,即纳税人与税负承担者分离。

货币负担是指纳税人直接承担的货币税款。真实负担,亦称实际负担,指纳税人因纳税而牺牲的真实福利。货币负担与真实负担可能相等、也可能不等。如果缴税给纳税人带来的效用相等,则两者相等;如果缴税使纳税人感到效用牺牲较大,则两者不等。税务筹划中的"减轻税收负担"指的是货币负担。

税收负担既可以从全体纳税人的角度来考察,也可以从个别纳税人的角度来分析。前者被称为宏观税负,后者被称为微观税负。宏观税负是指一个国家中所有纳税人税收负担的总和,被称为总体税收负担,反映一个国家或地区税收负担的整体状况,一般用税收收入总额与GDP的比率表示。微观税负是指单个纳税人的税收负担及其相互关系,反映的是税收负担的结构分布和每个纳税人的税收负担状况。

企业在经营中如何实现税负最低、利润最大,是一项复杂的系统工程。这就需要对企业的涉税事项进行总体运筹和安排,在法律(不限一国、一地)规定、国际惯例、道德规范和经营目标之间寻求平衡,争取在涉税最低风险下的企业利润最大化。应当注意的是,税务筹划不能只考虑个别税种缴纳得多与少,不能单纯以眼前税负的高低作为判断标准,而应以企业整体和长远利益作为判断标准,因此有时可能会选择税负较高的方案。税务筹划应该是总体(整体)收益最多,而不一定是纳税最少。

在计算纳税人的实际税负时,应不应该考虑税负转嫁和被转嫁因素?本书的观点是,纳税人在将税负转嫁给他人时,也可能同时在被他人转嫁。因此,在计算企业实际税负时,不必考虑(计算)转嫁额,即不必考虑纳税人与负税人分离的问题。一是税负转嫁金额和被转嫁金额实际上很难准确计算出来;二是即使根据判断或测算计算出来,也没有合法合规的会计凭证作为依据;三是它已经体现在购销价格中,没有必要再进行主观剥离,即不必做无用功。

税务筹划的各项具体目标不是截然分开的,不同企业可以有不同的目标,同一企业在同一时期也可能有几种目标,其不同时期的具体目标也可能有所不同、有所侧重。纳税人应该根据自身情况,设计适应企业发展的税务筹划目标层次或目标组合。

第三节 税务筹划的原则与特点

一、税务筹划的原则

(一) 守法原则

守法包括合法与不违法两层含义。合法的税务筹划当然是首选,但不违法的税务筹划也决不会(或不应)排斥。因为税务筹划的根本动力在于筹划主体对税收收益的追求,不违法才是税务筹划的理性选择,违反税法的行为根本不属于税务筹划范畴。因此,以避税之名、行逃税之实的"筹划"根本不是税务筹划,当然也不是避税。

(二) 不充当与税法对立的角色

税务筹划不应该充当与税法对立的角色,税务筹划早期发展的缺陷就在于此。纳税人虽然不一定都是税法游戏规则的拥护者和捍卫者,但也决不能去做游戏规则的挑战者和破坏者。税务筹划就是要做税法游戏规则的精准而有效的利用者。

(三) 自我保护原则

自我保护原则实质上是守法原则的延伸。因为只有遵循守法原则,才能实现自我保护。纳税人为了实现自我保护,一般应该做到:① 增强法制观念,树立税法遵从意识。② 熟知税法等相关法规。如我国大部分税种的税率、征收率不是单一税率,有的税种还有不同的扣除率、扣除范围和扣除标准,纳税人在兼营不同税种、不同税目、不同税率的货物、劳务时,在出口货物时,在同时经营应税与免税货物时,要按不同征收率(退税率)分别设账、分别核算(它与财务会计的设账原则不同);当有混合销售行为时,要掌握混合销售的计税要求。另外,由于增值税实行专用发票抵扣制,依法取得并认真审核、妥善保管专用发票也是至关重要的。③ 熟知会计准则。《企业会计准则》明确了与税法分离的原则,如何正确进行涉税事项的财务会计与税务会计处理就是非常重要的问题。《小企业会计准则》则是体现税法导向,纳税人只要正确执行会计准则就不会出现违背税法的行为。④ 熟悉税务筹划的技术和方法。对纳税人来说,税务筹划要首先保证不能违反税法,然后才是如何避免高税率、高税负,进而实现税后收益最大化。要正确掌握税务筹划的方法和技巧,做到适度、适当。

(四) 成本效益原则

成本效益原则是人类社会的首要理性原则。税务筹划要保证其因之取得的效益大于其筹划成本,即体现经济有效,有利于实现企业的财务目标。"效益"又有目前利益与长远利益之分。在考虑目前利益时,不仅要考虑各种筹划方案在经营过程中的显性收入和显性成本,还要考虑税务筹划成本[①]。目前利益是用利润衡量还是用净现金流量衡量?从长远利益的角度看,两者是一致的,但若考虑资金的时间价值,用净现金流量表述可能更为确切。因为资产的内在价值是资产未来现金流量的现值,因此,企业的内在价值也是企业未来现金流量的现值。

[①] 税务筹划成本可分为显性成本和隐性成本。显性成本是在税务筹划中实际发生的相关费用;隐性成本是纳税人因采用税务筹划方案而放弃的潜在利益,对企业来说,它是一种机会成本。

（五）适时调整原则

税务筹划是在特定税收环境下，在企业既定经营范围、经营方式下进行的，有着明显的针对性、目的性。随着时间的推移，社会经济环境、税收法律环境等不断发生变化，企业必须把握时机，灵活应对，不断调整税务筹划策略、制定新的税务筹划方案，以适应不断变化的社会经济环境和税收法律环境，符合企业经营目标和发展战略，确保企业能够持久地获得税务筹划带来的税收收益。

（六）整体性原则

在进行某一税种的税务筹划时，同时应考虑与之有关的其他税种的税负效应，一种税少缴了，另一种税是否会因之多缴？少缴额大于多缴额，才是有效税务筹划。应进行整体筹划、综合衡量，以求整体税负最轻、长期税负最轻，防止顾此失彼、前轻后重。

（七）风险收益均衡原则

根据财务学中的资本资产定价模型，资产的期望收益率会随着其风险系数的增大而提高、随风险系数的减小而降低。风险与收益具有对等关系，具有配比性。一般而言，在其他条件不变的情况下，风险越大，收益越高；风险越小，收益越低。换言之，高风险与高收益、低风险与低收益紧密相连。企业要想获得高收益，就要准备面对、迎战高风险；但是，高风险也不一定必然会带来高收益。税务筹划是为了获得预期税收收益，但应充分考虑税务筹划风险。企业应当遵循风险收益均衡原则，鱼与熊掌不可兼得。现实中，我们应该关注的是，如何分散风险、化解风险，实现预期税务筹划目标。不当的税务筹划会加大企业涉税风险，这往往是因对税收等相关法规不能充分了解（理解）所致。

二、税务筹划的特点

由于税务筹划的范围较广，与企业的财务活动密切相关，税务筹划具有诸多特点，主要有：

（一）事前性

税务筹划一般都是在应税行为发生之前进行规划、设计和安排的，它可以事先测算出税务筹划的效果，因而具有一定的前瞻性。在经济活动中，纳税义务通常具有滞后性。企业交易行为发生后，才缴纳有关流转税；收益实现或分配后，才缴纳所得税；财产取得或行为发生之后，才缴纳财产、行为税。这在客观上提供了纳税前事先做出筹划的可能性。另外，经营、投资和理财活动是多方面的，税法规定也是有针对性的。纳税人和征税对象的性质不同，税收待遇也往往不同，这在另一方面向纳税人显示出可选择较低税负决策的机会。如果经营活动已经发生，应纳税款已经确定，而去"谋求"少缴税款，则不能认为是税务筹划。

（二）目的性

目的性表示纳税人要取得税务筹划的税收利益。这有两层意思：一是选择低税负。低税负意味着低的税收成本，低的税收成本意味着高的资本回报率。二是滞延纳税（非指不按税法规定期限缴纳税款的欠税行为）。纳税期的推后，也许可以减轻税收负担（如避免高边际税率），也许可以降低资本成本（如减少利息支出）。不论是哪一种，其结果都应是税款的节约。

（三）普遍性

各个税种规定的纳税人、纳税对象、纳税地点、税目、税率、减免税及纳税期限等，一般都有差别。这就给纳税人提供了税务筹划的机会,也就决定了税务筹划的普遍性。

(四) 多变性

各国的税收政策,尤其是各税种的实施细则等,随着政治、经济形势的变化会经常发生变化,因此,税务筹划也就具有多变性。纳税人应随时关注国家税收法规的变动,进行税务筹划的应变调整。

第四节 税务筹划的基本方法——节税与税负转嫁

本书将税务筹划界定为广义的税务筹划,即包括节税、税负转嫁与避税。因此,税务筹划的基本方法(技术、手段)就是节税、税负转嫁与避税。在每类税务筹划基本方法下,又有各自具体的税务筹划方法。在税务筹划实务中,这些方法可能是交叉运用或综合运用。因此,在以后的章节中,不再刻意划分是哪类税务筹划基本方法。

一、节税

(一) 节税的基本含义

节税(tax saving),亦称税收节减,是指以符合现行税收法规的合法方式少缴税款的行为。也可以说,它是在现行税收法规的规定中,当存在着多种税收政策(纳税政策、优惠政策等)、计税方法可供选择时,纳税人以纳税最少(税负最低)为目标,对企业经营、投资、筹资等经济活动所进行的涉税选择行为。

节税乃是纳税人在符合税法宗旨的前提下,减轻税收负担的行为。换言之,当法律形式可能存在多个与经济实质相当的选择时,纳税人当然会选择其中税收负担最轻者,即使其税收构成要件被规避,但仍应认为属于节税行为,必须承认其税法上的合法效果。

节税亦有狭义与广义之分。狭义的节税也称为积极性节税,是指纳税人在进行经营、投资、筹资等经济活动决策之前,将税收(包括纳税政策、优惠政策等)作为一个重要影响因素而非唯一影响因素予以考虑,从而选择能获得最大税后收益的税务筹划行为。积极性节税是将本应缴纳的税款,经过事先的节税安排,在多种方案中选择有利于达到少缴或免缴税款的行为,其核心是"少缴税、不缴税"。如果不是特别说明,节税都是指狭义的节税。

在各种税收优惠政策中,有的税收优惠政策比较简单,纳税人只要了解有关规定后,申请即可,不必经过"筹划"。但在一般情况下,纳税人应主动争取税收优惠政策,这就需要谋划或选择,需要事先运作。如对税收优惠政策具体标准的界定、不同税收优惠政策的选用、流转税与所得税税收优惠政策的关系、税收优惠与非税收优惠的处理等,均属于积极性节税范畴,并非是简单的"对号入座"。只要弄清该项税收优惠规定,且内容符合该规定要求的条件就可享用,就能达到少缴或免缴税款的目标。因而经选择方能运用的那部分税收优惠政策归入积极性节税一类,其余的称为一般性税收优惠运用。

广义的节税包括积极性节税和消极性节税。消极性节税是指纳税人尽量减少涉税差错或疏忽,以避免因涉税事项处理不合法而导致多缴税款及罚款的行为,其核心是"不多缴税"。

消极性节税的产生原因是企业按照现行税收法规规定,本来不必缴税或不必缴那么多税,或者应该在规定时间内按规定程序缴税,但因企业有关人员的专业水平、敬业精神等主观因素,致使企业缴纳了或多缴了税款,或者应该在规定时间内缴税而早缴税或未缴税。为避免该类行为的发生而采取的措施,属于消极性节税,即防守型节税,也是被动型节税。

(二) 节税的基本特点

1. 合法性

节税是在符合税法规定的前提下,在税法允许、甚至鼓励的范围内进行的纳税优化选择。

2. 政策导向性

税收作为宏观调控手段(杠杆),各国政府都会根据纳税人谋求利润最大化的心态,有意识地通过税收优惠政策,引导投资,引导消费。纳税人在实现节税目的的同时,政府也实现其资源合理配置、产业结构调整等政策导向。

3. 普遍性

各国的税收制度都强调中性原则,但它在不同纳税人、缴纳对象(范围)、缴纳期限、地点、环节等方面,总是存在差别的,这就为纳税人节税提供了普遍性。

4. 多样性

各国的税法不同,会计准则、汇率政策等也不尽相同,同一国家的不同时期,其税法、会计准则等也有变化,而且在不同地区、不同行业之间也存在差异。这种差异越大、变动越多、越频繁,纳税人节税的余地也越大、形式也越多。

(三) 节税的具体方法

节税的具体方法主要有免税方法、减税方法、税率差异方法、分割方法、扣除方法、抵免税方法、退税方法等。本书第三章阐述的"税务筹划的基本技术"基本上都是节税的各种具体方法(技术)。因此,这里不再对各种具体方法的内容进行阐述。

二、税负转嫁

(一) 税负转嫁的基本含义

18世纪末古典政治经济学的杰出代表人物大卫·李嘉图在《政治经济学及赋税原理》中深刻地揭示出税收与商品价格的关系:当货币价值不变的时候,一切商品的课税都会至少按照税额使商品价格上涨,无论这些商品是必需品还是奢侈品。说明只要国家对商品征税,税收就是商品销售价格的影响因素。将税负转嫁给他人,以尽可能避免税收对其盈利水平的影响,这是纳税人永远不变的选择。

税负转嫁(tax shifting)是纳税人通过一定的方式和途径(一般是价格的调整与变动),将自己应该缴纳的税款转嫁给他人的方法和技巧。税负转嫁一般只适用于流转税,即适用于纳税人与负税人有可能全部或部分分离的税种。只有在该领域内,通过努力实现纳税人与负税人的分离,才能达到减轻纳税人税负的目的。税负转嫁能否如愿,关键是看其价格定得是否适当,但价格高低归根结底是看其产品在市场上的竞争能力、看供求弹性。

税负转嫁是过程,税负归宿则是税负转嫁的终点(结果)。从政府征税到税负归宿是一个从起点到终点的运动过程。政府向纳税人征税,成为税负运动的起点;纳税人将自己已经缴纳的税款转嫁他人负担的过程,成为税负转嫁;税收由负税人最终承担,不再(不能)转嫁时,称为税负归宿。税负归宿和税收负担是两个既有联系又有区别的概念。税负归宿是相对于税负转嫁而言,是从税负转嫁运动过程中来确定税负主体,即税收实际由谁负担;而税收负担是相对于税负归宿而言,是在税负主体已经确定的情况下,确认计量税收负担水平。

税负转嫁是税务筹划的一种特殊形式,它不是直接针对税收的筹划,而是通过价格的调整,即利用价格与税收的关系而进行的"筹划"。因此,税务筹划一般仅指节税和避税。

在市场经济环境下,税收以货币形式缴纳,不论是价内计税,还是价外计税,税收对商品、劳务、服务的价格都有明显影响。也就是说,任何税种都具有再定价的功能,即如果政府开始对某种商品、劳务、服务征税,这种商品、劳务、服务的价格就会发生变化。可以说,税收与价格具有正相关关系。一般情况下,如果税率提高,其价格也会上涨;反之,价格就会降低;如果免税,价格则会更低。但税负的升降幅度与价格的升降幅度一般不会相等,因为企业总是希望自己的利益最大化。可以说,不论价内税还是价外税,不论间接税还是直接税,都具有转嫁性,但都要受环境和条件的制约,即不可能是绝对的。

(二)税负转嫁的基本特点

税负转嫁是税务筹划的一种特殊形式,它只能在一定的条件和范围内采用。由于税负转嫁具有隐蔽性,因而成为企业税务筹划的"秘密武器"。税负转嫁有以下特点:

(1)税负转嫁导致税收归宿发生变化,是在不同纳税环节、不同纳税人之间的税负调节,使纳税人和负税人分离,并不影响国家的税收收入总量。

(2)一般不存在法律上的问题,不承担法律责任,是纯经济手段。

(3)方法单一,主要通过价格调整,适用于从价计税的范围。

(4)直接受商品、劳务、服务供求弹性的影响,有一定的风险性,但可促使企业不断提高经营管理水平,增强其产品在市场上的竞争力。

(三)税负转嫁的具体方法

税负转嫁的具体方法主要有:

1. 前转

前转亦称顺转,是指纳税人在进行商品或者生产要素的交易时,将其所应缴纳的税款以提高出售价格的方式,部分或全部转移给商品及生产要素的购买者或最终消费者。它是税负转嫁最典型也是最普遍的形式。前转大多发生在对商品或劳务的课税上,如对某个产制环节的消费品课税,生产厂商提高出厂价,将税负转嫁给批发商,批发商提高批发价,将税负转嫁给零售商,零售商再提高零售价,将税负转嫁给消费者。在这一过程中,名义上的纳税人是生产厂商,而税负的实际承担者是商品和劳务的消费者。该过程如图1-1所示。

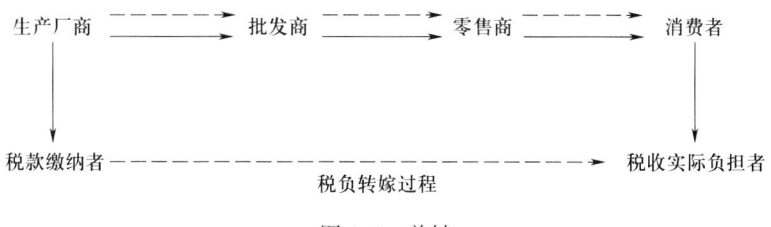

图1-1 前转

2. 后转

后转亦称逆转,是指纳税人将其所应缴纳的税款,以降低购买价格的方式,部分或全部转移给商品与生产要素的提供者。其税负转嫁的方向正好与商品及生产要素流转方向相逆。它一般发生在商品供大于求或其他原因而跌价,纳税人无法以提高价格的方式将税款前转给购买者的情况。如对某个零售环节的消费品课税,零售商要求批发商降低购货的进价,将税负转嫁给批发商,批发商再要求生产厂商降低购货的出厂价,将税负转嫁给生产厂商,生产厂商再降低原材料的价格或者劳动力的供应者的工资。在这一过程中,名义上的纳税人是零售商,而税负的实际承担者是商品和劳务的供应者。该过程如图1-2所示。

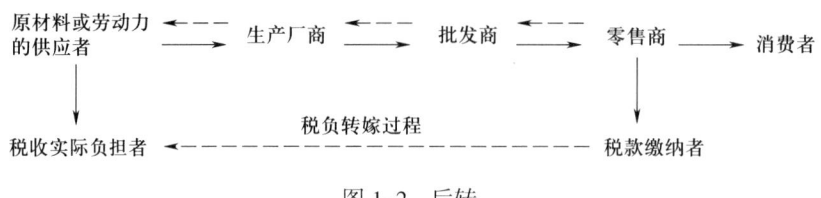

图1-2 后转

3. 税收资本化

税收资本化亦称税收还原,即生产要素购买者将所购买生产要素在未来应缴纳的税款,事先从购进价格中扣除,即压低生产要素购买价格的方式,向后转嫁给生产要素的供者。从结果看,税收资本化实际上就是税负后转的一种特殊形式。税收资本化同一般税负转嫁的不同之处在于:一般税负转嫁可发生在任何性质的商品之间,税收资本化只能发生在某些资本品的交易之中,主要指土地和债券;一般税负转嫁是将每次交易所征税款,通过各种途径予以转移,税收资本化则是将未来累计应纳税款作一次性转移,也就是将应纳税款还原为一定资本额,预先从资本品价格中扣除。

4. 散转

散转亦称混转。在现实经济生活中,无论税收是向前转嫁还是向后转嫁,转嫁的程度要取决于经济环境和具体条件。有时纳税人可以将应缴税款全部转嫁出去,有时则只能将税款部分转嫁出去;有时税负转嫁是单纯的前转或后转,但更多的可能是同一应缴税款,一部分向前转嫁,另一部分向后转嫁,即散转。

第五节 税务筹划的基本方法——避税

一、避税的基本含义

(一) 避税(tax avoidance)的产生

我国唐代诗人杜荀鹤的诗中曾有"任是深山更深处,也应无计避征徭",说明当时避税与反避税已是较普遍的行为。当然,诗中的"避征徭"与现代的避税不能同日而语,因为在现代税制产生之前,也就是在简单型、专制型税政阶段,税收"法律"是不可能认可纳税人避税权利的。只有在现代税收制度——立法型税政阶段,纳税人才有可能依法行使自己的权利,避税才有可能被界定为不违法。

研究避税的缘起,不难发现,避税是当初纳税人在为抵制政府过重的税政、维护自身利益而进行各种逃税、骗税、抗税等受到政府的严厉制裁后,为寻求更为有效的规避办法而产生的结果。纳税人常常会发现:有些逃避纳税义务的纳税人受到了政府的严厉制裁,损失惨重,而有些纳税人则坦然、轻松地面对政府的各项税收检查,顺利过关,不受任何损失或惩罚。究其原因,不外乎这些聪明的纳税人(包括法律顾问、税务代理)常常能够卓有成效地利用税法本身的纰漏和缺陷,在不触犯法律的前提下,顺利而又轻松地实现规避纳税或少纳税,从而使自己的税收利益最大化。这就使越来越多的纳税人对避税趋之若鹜,政府也不得不将其注意力集中到健全完善税制、提高税收征管水平上。这种对税法的避与堵,大大加快了税收法制建设,促进了社会经济的进步与发展。从这个意义上说,避税是一种有益的社会经济现象和经济行为,而且是早已存在、实际存在、还将继续存在的经济行为,是市场经济的必然产物。

(二)避税的定义

对避税的定义,有的从法律角度将其界定为合法避税、非违法避税、违法避税;有的从道德角度将其界定为不道德、不守规矩,甚至是不爱国等。既有褒义的,有贬义的,也有中性的。当然,还有将其排除在税务筹划之外的。这里选择其中有代表性的定义列示如下:

(1)避税是"指以合法手段减少应纳税额,通常含有贬义。例如,此词常用以描述个人或企业,通过精心安排,利用税法的漏洞、特例或其他不足之处来钻空取巧,以达避税目的。法律中的规定条款,用以防范或遏止各类法律所不允许的避税行为者,可以称为'反避税条款'或'对付合法避税的条款'"。[1]

(2)"国际避税可以认为是跨国纳税人采取合法手段,利用税法上的漏洞或含糊之处进行税务安排,达到规避或减轻税收负担的行为。"[2]

(3)"避税是使用税法允许的合法方法使纳税义务最小化。避税通常是筹划计划中的交易以便得到一种特殊的纳税待遇。进一步说,避税是建立在与一项交易的纳税处理有关的、公开的相关事实的基础上。"[3]

(4)"国际避税就是指跨国纳税人或征税对象通过合法方式跨越税境,逃避相关国家税收管辖权的管辖而进行的一种减少税收负担的行为。"[4]

(5)"避税则是对法律企图包括但由于这种或那种理由而未能包括进去的范围加以利用。""避税可以定义为规避、降低或延迟纳税义务的一种方法。"[5]

从上可见,尽管避税定义各有不同,但大多都强调了避税的合法性。英国经济学家西蒙·詹姆斯在其《税收经济学》中写道:"会计师们把避税称为税务筹划,以强调这种行为的合法性。"[6]

本书认为,避税是纳税人在熟知相关税境税法的基础上,在不被法律明确禁止的前提下,利用有关法律法规的差异、特例、疏漏、缺陷等,通过对经营活动、筹资活动、投资活动等涉税事项的事先精心规划和安排,以求规避或减轻税收负担、最大限度地提高其税后收益率的行为。

二、避税的法理分析

法律是一种行为规范,它在赋予人们权利的同时也规定其义务,问题在于如果一项行为

---

[1] 国家税务总局税收科学研究所. 国际税收辞汇. 北京:中国财政经济出版社,1992.
[2] 中国注册会计师教育教材编审委员会. 税法. 大连:东北财经大学出版社,1995.
[3] 凯文·E. 墨菲,等. 美国联邦税制. 大连:东北财经大学出版社,2001.
[4] 李九龙. 国际税收. 武汉:武汉大学出版社,1990.
[5] 国家税务总局税收科学研究所. 偷税与避税. 北京:中国财政经济出版社,1993.
[6] Simon James. The Economics of Taxation. Pearson Education Limited,2000:100.

既不为法律所肯定,又不为法律所禁止,那么,公民是否能够实施这种行为或谋取这种利益而不受惩罚呢?答案应该是肯定的。因为它符合目前各国法律的普遍原则:对于公民来说,"法无禁止即自由",法律未禁止的就是允许的;但对政府部门来说,则是"法无授权即禁止",只要法律没有明确授权,公权力就不能作为。

企业既然有订立最有利的契约以达到追求其商业利益的权利,则同样也有选择某种法律行为方式以达成最低税负的权利,避税就是企业通过选择税收法律法规行为方式以实现最低税负的权利。由于避税是纳税人在不违法的前提下,利用税法漏洞和缺陷[①]来规避或减轻税收负担,各国对避税行为并没有规定法律责任,大多采取对纳税人进行强制调整、要求纳税人补缴税款的反避税措施。

避税实质上是纳税人对税法的一种规避行为。既然税收是加诸纳税人的一种负担,从经济理性的角度分析,纳税人总是希望避免或减轻对其的影响,因此,税收规避势所难免。税收规避不同于税收节省(节税),它不符合税收立法意图,但也不同于税收逃避(逃税),它采取的是公开合法或不违法的方式,其法律形式是真实有效的。

应该指出,避税是纳税人应该享有的权利,即纳税人有权依据法律的"非不允许"进行选择和决策。国家针对避税活动暴露出的税法的不完备、不合理,采取修正、调整举措,也是国家拥有的基本权力,这正是国家对付避税的唯一正确的办法。如果用非法律的形式去矫正法律上的缺陷,只会带来诸多不良后果。因此,国家不能借助行政命令、政策、纪律、道德,甚至舆论来反对、削弱、谴责避税。退一步说,即使不承认避税是合法的、是受法律保护的经济行为,但它也是不违法、不能受法律制裁的经济行为,"法无明文不为过(罪)",这是现代法治的一项基本原则。

三、避税的分类

对避税可以从不同角度进行分类,一般常见的分类有:

(一)按避税涉及的税境分类

1. 国内避税

国内避税是纳税人利用国内税法所提供的条件、存在的可能进行的避税。一般情况下,从事国内避税比国际避税要简单些、容易些。

2. 国际避税

国际避税比国内避税更普遍、更复杂。纳税人的避税活动一旦具备了某种涉外因素,从而与两个或两个以上国家的税收管辖权产生联系,就构成了国际避税,即国际避税是在不同税境(国境)下的避税。国际避税产生的原因很多,从纳税人的角度,当然是为了追求企业(公司)利润。从客观条件看,主要是因为各国税制存在差异(税收管辖权、税率、获利机会等),税收的国际协调不够,国家之间的政治、经济以及税收方面的合作、协定不同,有的国家为了吸引外资推动本国经济发展,在税收上制定了一些特定的优惠政策,加之各国税收征管的力度不等,这些都为国际避税提供了机会。发达国家往往认为国际避税产生的原因是发展中国家为吸引外资、技术、管理经验等而制定的税收优惠政策,这种看法有失偏颇。因为企业的获利除了税

---

① 如税法中存在的重复征税、执法中存在的不公,其本身就不合理,甚至不合法,纳税人为什么不可以"说不"呢?

收因素外,还有资金及资源供给、管理水平、技术、公共基础设施等诸多因素,实际上发达国家企业的获利能力和机会是发展中国家的40%~83%(据联合国与世界银行资料)。

(二) 按避税针对的税收法规制度分类

1. 利用选择性条款避税

它是针对税法中某一项目、某一条款有并列规定的内容,纳税人从中选择有利于自己的内容和方法,如纳税期限、折旧方法、存货计价方法等。

2. 利用伸缩性条款避税

它是针对税法中有的条款在执行中有弹性,纳税人按有利于自己的理解去执行。

3. 利用不明确条款避税

它是针对税法中过于抽象、过于简化的条款,纳税人根据自己的理解,从有利于自身利益的角度去进行筹划。

4. 利用矛盾性条款避税

它是针对税法相互矛盾、相互冲突的内容,纳税人做出有利于自己的决策。

上述几种避税行为,有的可以使纳税人实现永久性避税(只要税法不改),给企业带来长远利益;有的则仅使纳税人利用了时间差,暂时递延了纳税义务(财务会计上是先发生递延税款贷项),是纳税人获得资金营运上的好处(尽管是暂时的),因为这等于企业从政府获得了一笔无息贷款。而且,暂时性的避税利益也可能转化为永久性利益,如国家在该期间修改了税法,并对已实现的暂时性避税利益不再追溯。因此,企业要根据各种条件,随时注意变化的各种情况,运用可能运用的一切避税形式寻求企业利益。

四、避税的具体方法

(一) 税境移动法

凡主权独立国家都有其税收管辖权,即对本国居民、非本国居民,仅就其发生或来源于该国境内的收入征税,或者行使收入来源地管辖权与居民收入管辖权,即除了对非本国居民仅就其来源或发生于该国境内的收入征税外,对本国居民来源于境内、境外的收入均要征税。前者的法律依据是涉税事项的发生地,后者则是纳税人的"身份"。因此,跨国经营企业可以通过对生产经营活动和居留时限的安排,回避税收管辖权。

(二) 价格转让法

价格转让法亦称转让价格法、转移定价法。它是指两个或两个以上有经济利益联系的经济实体(关联企业)为共同获取更多利润和更多地满足经济利益的需要,以内部价格进行的销售(转让)活动,这是避税实践中最基本的技术。内部价格即转让定价,是关联各方在交易往来中人为确定的价格。

企业之间的经济往来有两种情况:一是没有经济利益联系的企业之间的经济往来;二是有经济利益联系的企业之间的经济往来。前者在购销活动中不易在价格方面做文章(一般由市场供求关系决定其价格),但对后者之间经常发生的大量交易往来,为保证集团(公司)的整体利润最大化,其价格会有扭曲现象,可能高于或低于正常成本,甚至根本不考虑成本,这种价格一般称为"非正常交易价格""非竞争价格"或"非独立企业价格",而局外人很难获得这种定价的全部真实资料。价格转让法一般都是在后者之间的业务往来中采用。OEDC的《转让定价指南》明确指出:转让定价对纳税人和税务部门均具有重要意义,因为它们在很大程度上决定了在不同税制国家中各关联企业的收入、支出以及应纳税利润。

关联企业之间转让定价的动机有税务动机和非税务动机。前者如为减轻公司所得税、预提税、关税和增加外国税收抵免额等,后者如为打入和控制市场、调节利润、转移资金、避免外汇风险、加速成本回收和利润汇回、侵占合资方利益等。

在不同情况下采用转让定价法,可以实现特定目的、发挥特定作用。不论是集团公司、还是非集团公司,只要它们之间有经济利益关系,并且是非单一利润中心,也就是说,它们之间有互补性、合法性、既保持独立又进行联合,就能以转让定价方式进行避税。

(三) 利用国际税收协定

鉴于国际税收协定一般都规定缔约国只能对常设机构的经常所得征税,在某些协定条款中,其原则的确定及其运用存在差异,税收协定会有一些税收庇护等。因此,跨国公司通过设置直接的传输公司、踏脚石式的传输公司、外国低股权的控股公司等进行避税。

(四) 成本(费用)调整法

成本(费用)调整法是通过对成本(费用)的合理调整或分配(摊销),抵消收益、减少利润,以达到规避纳税义务的避税方法。应该指出,合理的成本(费用)调整和分摊,应是根据现行税收法规制度、会计准则等,在可允许的范围内,所作的一些"技术处理",它不是违反有关法规制度,不是乱摊成本、乱计费用。企业会计人员、企业领导人员业务素质的高低,决定其财务管理水平的高低,其水平高低的一个重要标志就是如何最大限度地维护企业的利益,这是作为独立经济实体的必然要求。

成本(费用)调整法适用于各类企业、各种经济实体,在具体运用时,有发出或销售存货成本计算方法、库存存货成本计算方法、固定资产折旧计算方法、无形资产价值摊销方法、费用分配(摊)方法、资产减值准备计提方法以及技术改造运用方法等。

(五) 融资(筹资)法

融资(筹资)法即利用融资技术使企业达到最大获利水平和使税负最轻的方法。融资是关系企业生存和发展的一项重要理财活动。企业的融资渠道很多,但从避税的角度分析,企业内部集资(内部发行债券、吸收入股等)、企业之间资金拆借方式最好,向银行或其他金融机构贷款次之,而靠企业自我积累效果最差(自我积累资金的形成需时较长、归投资人所有的资金在企业内部使用也不会产生税前抵扣)。[①]

(六) 租赁法

租赁可以获得双重好处,对承租方来说,它可以避免因长期拥有机器设备而增加负担和承担风险,同时,又可以在经营活动中以支付租金的方式冲减企业利润,减少应纳税额;对出租方来说,不必为如何使用这些设备及提高利用效果而费心,获得的租金收入通常比经营利润享受较优惠的税收待遇,因此,也是一种减轻税负的行为。

(七) 低税区避税法

低税区避税法是最常见的避税方法。低税区包括税率较低、税收优惠政策多、税负较轻的国家和地区。我国的经济特区、国务院批准的经济技术开发区、新技术产业园区等就属于

---

① 其中通过增加债权性投资比例、减少权益性投资比例以达到增加税前扣除的方法,在税法中被称为资本弱化。

国内低税区。此外,世界上有些国家或地区,如巴哈马、瑙鲁、开曼群岛、英属维尔京群岛等都属于国际避税港或低税区,但各国税务当局对这些国家或地区也会给予"特别关注"(列入"黑名单""灰名单")。

 **相关链接:避税天堂**

避税天堂的特点

避税天堂一般在历史上曾是他国殖民地,由于没有税收自主权,从而逐步形成了有利于资本输入国的税收制度和法规。

避税天堂通常自然资源稀缺,人口数量较少,经济基础薄弱。为了发展本地经济,政府另辟蹊径想出了一个吸引投资、增强地区竞争力的策略,即创造宽松的税收环境,增强配套的金融服务。

从地域分布看,大部分避税地靠近经济发达的国家和地区,从而便于为纳税人的避税活动提供服务,如南北美洲的大西洋、加勒比海地区,欧洲地区和东南亚地区。

避税天堂与离岸公司

离岸公司是指在境外注册、注册地和经营地分离的公司。比如,非当地居民在英属维尔京群岛、巴哈马群岛及开曼群岛等岛国或地区注册,但不在当地从事经营活动的国际业务公司。当地政府对这类公司基本不征税或者税率非常低。因此,避税是注册离岸公司的主要目的,这些国家和地区也常常被称为"避税天堂"。可见,避税天堂为离岸公司提供了方便,是离岸公司的聚集地。

英属维尔京群岛成中国人避税天堂

富裕的中国内地人为了避税,正越来越多地将海外收入通过英属维尔京群岛汇回国内,这种趋势使加勒比避风港成为中国第二大海外投资来源。由于维尔京群岛有严格的公司保密法,内地人可以将出口收入以及在中国香港或海外上市公司的收入伪装成海外投资汇回国内,从而实现避税。

美国哈里斯-莫雷律师事务所在华业务负责人史蒂夫·迪金森说:"中国与英属维尔京群岛形成这种密切关系的原因非常简单,那就是避税。"虚假海外投资的流入不仅给内地税收造成了巨大损失,而且在内地相关部门寻求抑制投机性热钱流入的同时,也对内地经济稳定构成了威胁。

根据中国官方数据,维尔京群岛企业去年在华新增直接投资约105亿美元,占新增海外投资总额的10%。香港是在华海外投资的第一大来源,占海外投资总额的近60%。内地对个人和企业的资本收益分别征税20%和25%。反过来,中国也是维尔京群岛最大的海外投资来源,因为中国企业家经常将资产所有权转移到加勒比避风港,这种做法被统计学家视为海外投资。

五、避税可能面临特别纳税调整

自2008年《企业所得税法》实施后,企业避税可能开始面临"特别纳税调整",即政府的反避税措施。"特别纳税调整"是针对"一般纳税调整"而言的,是税务机关出于实施反避税目的而对纳税人特定纳税事项所做的税收调整,包括针对纳税人转让定价、资本弱化、受控外国公司及其他避税行为而进行的税收调整。特别纳税调整的"特别"之处体现在对象、内容、方法等很多方面。我国原企业所得税法更多关注的是调整的合理性与合法性以及税务机关执法的准确性。《企业所得税法》中的"特别纳税调整"不仅局限于此,它更多是针对资本的国际流动,更多强调企业经济行为在市场经济运行中的公平性、合理性问题,拓展和提升了反避税的理念和领域。凡因不合理的安排而减少企业的应税收入或应税所得额的行为,都将属于调整和规范的内容。

(一)独立交易原则——违规企业将被重点审计

我国《企业所得税法》第41条规定:企业与其关联方之间的业务往来,不符合独立交易原则而减少企业或者其关联方应纳税收入或者所得额的,税务机关有权按照合理方法调整。独立交易原则亦称正常交易原则,是指完全独立的无关联关系的各方,按照公平成交价格和营业常规进行业务往来所遵循的原则。

不符合独立交易原则的避税行为有:购销业务不按照独立企业之间的业务往来作价;融通资金所支付或者收取的利息超过或者低于没有关联关系的企业之间所能同意的数额,或者利率超过或者低于同类业务的正常利率;提供劳务,不按照独立企业之间业务往来收取或者支付劳务费用;转让财产、提供财产使用权等业务往来,不按照独立企业之间业务往来作价或者收取费用。

企业与关联方之间的业务往来,不符合独立交易原则而减少应纳税收入或者所得额的,税务机关有权按照"合理方法调整"。

(二)一般反避税条款(GAAR)——堵塞可能存在的制度漏洞

我国《企业所得税法》第47条规定,企业实施其他不具有合理商业目的的安排而减少其应纳税收入或者所得额的,税务机关有权按照合理方法调整。这种调整就是"一般反避税条款"。《企业所得税实施条例》第120条明确规定:不具有合理商业目的,是指以减少、免除或者推迟缴纳税款为主要目的。这样规定,使节税行为与避税行为更难区分,若将"不具有合理商业目的"拘泥于法律表面文字解释,恐将不利于纳税人合法的节税安排。

一般反避税条款颁布的目的应该不是要防范税务筹划,而是要平衡纳税人筹划业务的需求、政府保护税基的责任与维护税收体系的公平之间的关系。

很多发达国家均认可纳税人通过合法安排获取的税务利益,并不会因为纳税人系列安排的最终结果可以获取税务利益,就适用反避税规定。即使纳税人的主观目的是为追求税务利益,但当一系列安排具有合理商业目时,这一系列安排就不应被否认。同时,对反避税判定程序的设计也要考虑体现一贯性、可预测性和公平性。这些重要原则有助于涉税各方筹划、执行其税务计划。

(三)反避税罚则——避税成本将会增大

"特别纳税调整"的处罚性条款对企业来说威慑力是很大的。更重要的是,企业被税务机关查处的信息一旦被披露,就会直接影响企业形象、公司股票价格,进而影响到企业的融资和发展。与其要在将来承担巨大的经济损失和心理压力,企业还不如严格按照独立交易原则进行交易,其并购重组等重要经济行为,应具有合理商业目的。如果发现自己把握不准的问题应及时与税务机关沟通,争取税务机关的理解与支持,将隐患消灭在萌芽之中。

"为平衡纳税义务人合理的负担与制止税收逃避的需要,税收规避责任不宜过重,以补偿为主即可。"[①] 在一般税收规避行为中,由于纳税人并无真实义务的违反行为,其与逃税行为还是有本质上的区分,故未规定相应的行政处罚责任,但若在补税调查过程中,纳税人有其他违反真实义务的行为,则仍有构成逃税的可能。再者,由于税务机关所认定的补税调整额具有一定的不确定性,再加上10年的追溯期与加收利息,无疑会大幅提高企业税收规避的风险与成本。

六、避税与逃税

早期,人们对避税与逃税并不作区分。在1860年英国的一个诉讼案中,法官特纳(L.J.Turner)建议用逃税(tax evasion)来代表纳税人合法地少纳税,而用"税收违法(tax contravention)"表示今天人们所说的逃税行为。现代意义上"避税"和"逃税"的概念最早是从美国开始使用的。1916年,Oliver Wendell Holmes in Bullen V. Wisconsin案中使用了这两个概念,后来英国也开始接受这两个概念。到20世纪50年代,英国的学界也开始使用"tax evasion(逃税)"和"tax avoidance(避税)"。但直到20世纪70年代,美、英等国还有许多人将这两个概念混用。因此,为了防止误会,目前仍有人使用"合法避税"和"违法逃税"概念,以强调两者的区别。

各国法律对逃税都有界定。我国《税收征管法》第63条规定:纳税人伪造、变造、隐匿、擅自销毁账簿、记账凭证,或者在账簿上多列支出或者不列、少列收入,或者经税务机关通知申报而拒不申报或者进行虚假的纳税申报,不缴或者少缴应纳税款的,是偷税。我国《刑法》第201条将"纳税人采取欺骗、隐瞒手段进行虚假纳税申报或者不申报,逃避缴纳税款数额较大并且占应纳税额百分之十以上的"界定为逃避缴纳税款罪,简称逃税罪。

目前,包括我国在内的各国法律一般都没有定义避税。因此,对避税与逃(偷)税的区别,法律中也没有明确的界定,而在实务中,两者的界限也往往并不是非黑即白。英国前财政大臣丹尼斯·黑勒(Denis Healey)有句名言:"避税与逃税的区别,就看监狱大墙墙壁的厚度。"[②]

尽管国内外学界、政界、实务界对避税有不同的认识,但避税与逃(偷)税的基本区别还是容易界定的:① 避税没有违反法律(包括税法和刑法),而逃税是违反税法(多列支出、不列或少列收入)或违反刑法(欺诈行为)的;② 避税是纳税人事先通过改变经营行为或经营方式避免纳税义务发生,而逃税是在纳税义务已经发生的情况下,通过篡改发票或账簿等手段隐瞒纳税义务,两者采取的手段不同。

维基百科(Wikipedia)对避税与逃税的界定是:避税是纳税人合法地利用税收制度为我所用,以便减少税法所要求其缴纳的税款的数量。而逃税是个人、企业和其他组织用违法的手段逃避税收。逃税一般是纳税人向税务机关弄虚作假,虚报或假报其经营情况,从而达到减少纳税义务的目的。

---

① 《中华人民共和国企业所得税法实施条例》立法起草小组. 中华人民共和国企业所得税法实施条例释义及适用指南. 北京:中国财政经济出版社,2007:376.

② This anticle contrasts tax evasion, tax avoidance and tax mitigation.

理论界一般认为,逃税是在纳税义务发生后,不履行法定纳税义务的行为,是对税法的直接违反;避税则是规避纳税义务的发生,通常并不违背税法。然而,避税方案总是瞄准税法的漏洞和空白,其中往往充斥着"暗箱操作",有的就可能会涉嫌违法。加之各国法律一般都赋予税收执法者的自由裁量权,致使执法差异明显。同样的税务筹划方法,有的时候、有的地方(国家或地区)可以被认定为避税;有的时候、有的地方(国家或地区)却可能被界定为逃税。正所谓"橘生淮南则为橘,生于淮北则为枳。"这就要求纳税人避税要适度,切莫非理性。

节税、避税、税负转嫁与逃、抗、欠、骗税的区别,如图1-3所示。

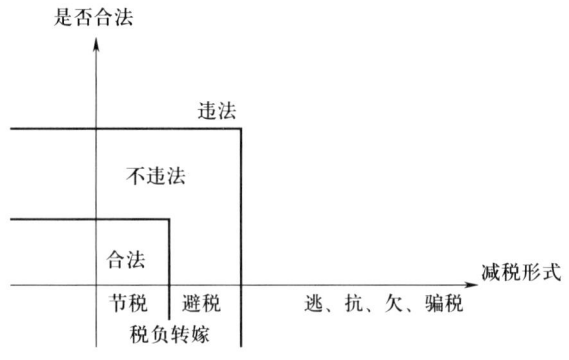

图1-3 减税形式与合法性

第六节 税务筹划成本与风险

一、税务筹划成本

税务筹划成本是企业因进行税务筹划而产生的成本。税务筹划成本可分为显性成本和隐性成本。显性成本是在税务筹划中实际发生的相关费用,包括纳税成本、财务成本和管理费用等;隐性成本是纳税人因采用某一税务筹划方案而放弃的潜在利益,因此,隐性成本是一种机会成本。

企业要在有关法律的约束下,通过内在经营机制的优化而谋取最大限度的利益增值,这是企业经营理财(含税务筹划)的行为准则和根本出发点。税务筹划作为企业维护自身利益的必要手段,不能仅考虑税负的减轻,还应将减轻税负置于企业的整体理财目标中,为此,要充分考虑(分析):

(1) 企业采取怎样的行为方式才能达到最佳的税务筹划效果,即有利于企业财务目标的最大化。

(2) 税务筹划的实施对企业当前和未来发展是否会产生现实的或潜在的损失。

(3) 企业取得的税务筹划效应与形成的机会成本配比的结果是否真正有利于企业内在经营机制的优化和良性循环。

(4) 企业税务筹划行为的总体实施是否具有顺应动态市场的应变能力,即具有怎样的结构弹性、可能的结构调整成本及风险程度。

(5) 企业进行的税务筹划是否存在受法律惩处的可能性,一旦筹划不利将给企业带来什么后果等。

如果单纯为筹划而筹划,则可能降低筹划的效果,甚至可能出现以下负效应:

一是筹划的显性收益抵补不了筹划的显性成本(筹划费用过大,收不抵支)。

二是筹划的显性收益虽然大于相应的显性成本,但其显性净收益却低于机会成本。

三是筹划的显性净收益虽然超过了机会成本(损失),但因片面筹划动机导致的筹资、投资或经营行为短期化,使企业资金运动的内在秩序受到干扰,影响企业资金未来的获利能力,形成潜在损失。

四是存在触犯法律的可能性而导致有形或无形的机会损失(隐性成本)。

由此可见,单凭主观动机或愿望并不一定就能减轻税负、降低税收成本,只有将主观动机与决策素质(水平)较好地融会于具体的经营理财行为中,并通过对客观条件(现行税制)的深刻理解与充分把握,在对未来国家经济政策、市场环境准确预测的基础上,才能实际有效地进行税务筹划。

有效的税务筹划必须考虑税收因素和非税因素、税收收益与税收成本之间的差额。税务筹划意味着降低税收成本以最大化企业价值。企业可以利用任何策略来降低税收成本。然而,税收成本只是管理者在制定决策时必须考虑的一个因素。由于非税因素的存在,税收成本最小化的策略不一定就是最好的策略。

二、税务筹划风险

(一) 税务筹划风险定义

税务筹划风险是指纳税人在进行税务筹划时,因各种不确定因素的存在,使筹划收益偏离纳税人预期结果的可能性。这一定义说明了以下几个问题:

(1) 纳税人是税务筹划风险主体。如上所述,税务筹划是纳税人在不违反国家税收法律、法规、规章的前提下,为了实现企业价值最大化或股东财富最大化而对企业的生产经营、投资、理财和组织结构等经济事项或行为的涉税事项预先进行设计和运筹的过程。对企业的税务筹划,既可以由企业自行操作,也可以委托中介机构提供服务,但税务筹划的主体是纳税人,而非税务代理机构。

纳税人处于成本效益原则的考虑,可能会采取购买税务代理机构提供的产品——筹划方案。虽然在为纳税人提供纳税筹划方案的过程中,税务代理机构同样会面临风险,这种风险看似属于税务筹划风险,但这种风险不同于纳税人的税务筹划风险。因为筹划方案是税务代理机构的"产品",因出售产品而承受的风险并不等同于该产品自身的风险。因此,税务筹划风险主体也只能是纳税人。

(2) 税务筹划风险因素独立于税务筹划风险主体。税务筹划风险是由客观存在的不确定因素引起的,它的运动发展有自己的规律性。因此,税务筹划风险因素相对于筹划主体是独立存在的。

(3) 税务筹划风险是筹划收益偏离预期结果的可能性。这种偏离不仅包括筹划收益低于预期结果,也就是存在损失的情况,也包括筹划收益高于预期结果的可能性。

(二) 税务筹划风险分类

按照不同的划分标准,税务筹划风险可以进行多种分类。例如,按照内部因素还是外部因素造成的风险,可以分为内部风险与外部风险;按照定性还是定量的标准可以分为定性风险与定量风险等。各种风险分类是相互交叉、相互包含的关系。

1. 按照税务筹划风险形成的内外分类

(1) 内部风险主要是由企业内部在税务筹划过程中由于自身原因造成的风险。例如,企业因选择不同的注册地点、不同的组织形式、不同的销售方式等各种因素造成的风险,内部风险的显著特点就是企业可以主动做出选择,从而达到影响和控制税务筹划风险的目的。

(2) 外部风险是由企业外部因素导致的风险。例如,包括税收政策在内的国家经济政策改变、企业所在行业的国内外市场环境发生变化等因素造成的税务筹划风险。外部风险的特点在于企业无法对这种风险因素进行影响,这种风险是所有企业无论采取何种筹划方案都需要面对的风险。

2. 按照税务筹划风险形成原因的性质分类

(1) 政策风险。税务筹划利用国家政策节税的风险,称为政策风险。政策风险包括政策选择风险和政策变化风险。政策选择风险是指政策选择正确与否的不确定性。该种风险的产生主要是筹划人对政策精神认识不足、理解不透、把握不准所致,即筹划人自认为采取的行为符合国家的政策精神,但实际上不符合国家的法律法规。例如某服装厂接受个体经营者代购的纽扣,但由于未按要求完成代购手续,在税收检查时被税务机关确认为接受第三方发票,不仅抵扣行为被撤销,而且还受到相应的处罚。政策变化风险是指政策时效的不确定性。为了适应市场经济的发展,体现国家的产业政策,及时调整经济结构,一个国家的税收政策不可能是固定不变的,总是要随着经济形势的发展做出相应的变更,对现行的税收法律、法规进行及时的补充、修订或完善,不断废止旧法规,适时推出新法规。从这个意义上讲,政府的税收政策总是具有一定的时效性。

(2) 操作风险。由于税务筹划的固有特点是与"法"共舞,即税务筹划经常是在税收法规规定性的边缘操作,以帮助纳税人实现利益最大化。加之我国税收立法体制层次多,立法技术不高,不仅法规内容存在着很多模糊之处,法规之间还有一些冲突或摩擦,即使是专业人士有时也难以准确把握,这就给纳税人的税务筹划带来了很大的操作风险。从实践中看,操作风险包含两个方面的内容:一是对有关税收优惠政策运用和执行不到位的风险,如因残疾人员比例不足而享受了福利企业优惠,因利用再生资源的比例不足而享受了有关环保方面的税收优惠等。二是在系统性税务筹划过程中对税收政策的整体性把握不够,形成税务筹划的综合运用风险,如在企业改制、合并、分立过程中就涉及多种税收优惠的操作问题。根据有关规定,在一般情况下,被合并企业应计算资产的转让所得,依法缴纳所得税,被合并企业以前年度的亏损,不得结转到合并企业弥补,但如果合并企业支付给被合并企业或其股东的收购价款中,除合并企业股权外的现金、有价证券和其他资产,不高于所支付的股权票面价值(或支付的股本账面价值)规定比例的,经税务机关审核确认,被合并企业可以不确认全部资产的转让所得或损失,不计算缴纳所得税,其合并以前的全部企业所得税事项由合并企业承担,以前年度的亏损,如果未超过法定弥补期限,可由合并企业继续按规定用以后年度实现的与被合并企业资产相关的所得弥补。凡此种种,如果不能系统理解和全面掌握,并加以综合运用,就很容易顾此失彼,导致出现税务筹划失败的风险。

(3) 经营风险。税务筹划是一种合理合法的预先谋划行为,具有较强的规划性和前瞻性。实践证明,企业预期经济活动的变化对税务筹划的效益有较大的影响,有时还会直接导致税务筹划的失败。因为税务筹划的过程实际上就是对税收政策的差别进行选择的过程。但无论何种差别,均应建立在一定的前提和条件下,即企业日后的生产经营活动必须符合所选税收政策要求的特殊性。这些特殊性,在给企业的税务筹划提供可能性的同时,也对企业的某一方面的经营活动(经营范围、经营地点、经营期限等)带来了约束性,从而影响着企业经营活动本身的灵活性。如果项目投资后经济活动本身发生变化,或对项目预期经济活动的判断失误,就很可能失去享受税收优惠的必要特征或条件,不仅无法达到减轻税负的目的,还可能加重税负。在市场经济体制下,企业的生产经营活动并非一成不变,必须随着市场的变化和企业战略管理的要求而进行相应的调整。因此,经营活动的变化时时影响着税务筹划方案的实施,企业必须面对由此可能产生的风险。

(4) 执法风险。严格意义上的税务筹划应当是合法的,符合立法意图的,但这种合法性还需要税务行政执法部门的认可。在这一过程中,客观上存在着税务行政执法偏差从而产生税务筹划失败的风险。因为我国税法对具体的税收事项常留有一定的弹性空间,即在一定的范围内,税务机关拥有自由裁量权,再加上税务行政执法人员的素质又参差不齐,这些都在客观上为税收政策执行偏差提供了可能性。也就是说,即使是合法的税务筹划行为,结果也可能因税务行政执法偏差而导致税务筹划方案在实务中行不通,从而使方案成为一纸空文;或者被视为逃税或恶意避税而加以查处,不但得不到筹划的收益,反而会加重税收成本,产生税务筹划失败的风险。

(三) 税务筹划风险管理

企业税务筹划风险管理是企业管理的一个重要部分,现代企业在制定税务筹划风险的控制对策时,必须多方考虑、内外兼顾、防止风险、分散风险,尽可能地把税务筹划风险所带来的损失降到最小。企业税务筹划风险管理就是对企业税务筹划过程中存在的各种风险进行预测、防范与规避。为此,应该做到:

1. 树立税务筹划风险意识

正视税务筹划风险的客观性、必然性,并在企业的涉税事务中始终保持对筹划风险的警惕性。应当意识到,由于目的的特殊性和企业经营环境的多变性、复杂性,税务筹划风险是无时不在的,应该予以足够的重视。

2. 建立有效的风险预警机制

企业应当充分利用现代先进的网络设备,建立一套科学、快捷的税务筹划预警系统,对筹划过程中存在的潜在风险进行实时监控,一旦发现风险,立即向筹划者或经营者示警。税务筹划预警系统应当具备以下功能:① 信息收集功能。通过大量收集与企业经营相关的税收政策及其变动情况、市场竞争状况、税务行政执法情况和企业本身生产经营状况等方面的信息,进行比较分析,判断是否预警。② 危机预知功能。通过对大量信息的分析,当出现可能引发税务筹划风险的关键因素时,该系统应能预先发出警告,提醒筹划者或经营者早作准备或采取对策,避免潜在风险演变成客观现实。③ 风险控制功能。当税务筹划可能发生潜在风险时,该系统还应能及时寻找导致风险产生的根源,使筹划者或经营者能够有的放矢,制定有效的措施,遏制风险的发生。

3. 保持与税务机关的沟通关系

由于税收执法部门拥有较大的自由裁量权,能否得到当地主管税务机关的认可,是税务筹划方案能否顺利实施的一个重要环节。实践证明,如果税务筹划方案不能得到当地主管税务机关的认可就难以达到预期效果。因此,在提高自身素质的同时,还要加强与当地税务机关的沟通和联系,处理好与税务机关的关系,充分了解当地税务征管的特点和具体要求,及时获取相关信息。

4. 避免不当税务筹划

如果企业事先不进行税务筹划方案的正确设计，税务筹划方案缺少全局观、战略观，或者不重视税务筹划方案的慎重选择，或者突然变更实施条件，或者实施措施不落实，或者实施方法不适当等，都可能产生税务筹划风险，进而导致税务筹划失败。在税务筹划实践中，不科学的筹划方案大致有以下几种情况：一是筹划方案脱离企业实际，如要求企业在较短的时间内大幅度进行组织结构调整或转型转产；二是筹划方案存在违反现行税收法律、法规的可能性，即在没有全面理解、深刻掌握现行有关税收法规政策的情况下，去实施税务筹划；三是筹划方案不符合成本效益原则，即筹划获得的税收利益不足以弥补实施该项筹划所发生的全部实际成本费用和机会成本；四是筹划方案就事论事，没有从企业整体发展战略角度设计，如有的企业资金本来就比较紧张，但是筹划方案要求其大量涉足新领域。

关键词

税务筹划　　动因与目标　　原则与特点　　基本方法　　成本与风险

小结

企业要想有效地进行税务筹划而不致引发税务筹划风险，必须掌握税务筹划的基本理论和基本方法，然后才能进行有效的税务筹划实务操作。学习并掌握税务筹划的基本理论、基本方法，可以正确地指导税务筹划实务，保证税务筹划行为理性。本章既是本篇的基础，又是全书的基础。

即测即评

请扫描右侧的二维码，进行即测即评。

案例分析

案例1-1

2011年7月13日，《中国税务报》刊登了一篇题为"避税大户推动减税，美国政府期望实现双赢"（作者：何爽）的文章，其内容（略有删改）如下：

美国是世界上公司税率最高的国家之一，从高附加值业务中获利颇丰的国内科技巨头，如思科、苹果、微软和谷歌等经常通过各种途径避免将海外所得利润汇回国内，从而减轻税务负担。然而在经济低迷时期，大量流失在外的税收收入引起了美国政府的关注。近日，美国正考虑通过立法执行一项所谓的"利润汇回税收优惠期"计划，允许并鼓励国内公司以一个临时的低税率将海外利润汇回本国。

自2005年起，全球最大的网络设备运营商——思科公司通过把约一半的全球利润簿记于瑞士阿尔卑斯山脚一个仅仅雇用了一百余人的子公司的方法,已经"节约"了约70亿美元的所得税。跨国公司正是通过将其应税收入从客户和主要雇员的所在地(美国或其他主要经济体)转移至避税天堂的方法,减轻税收负担。其中一个合理避税的途径是通过"价格转移",特别是通过专利技术的"价格转移",在子公司之间进行利润的转移,将费用分配至高税负的国家,而将利润转移至避税天堂。对此,思科公司还有着自己特殊的避税方法。

根据思科公司位于阿姆斯特丹的子公司年报数据显示,公司将一部分在美国研发的专利转移至荷兰的子公司,而该子公司又将最后的产成品返回母公司,并在美国进行最终的销售。如此一来,思科每年在美国有50亿美元的销售收入应归属于荷兰子公司,由荷兰政府征税,公司无形中减轻了税负。南加州大学洛杉矶分校的法学教授爱德华表示,思科公司这一巧妙的做法并不被美国税法所禁止。

与此同时,思科公司在其他所得税率水平高于30%的国家(诸如德国、法国和日本)的大部分利润,最终也都转移到瑞士。瑞士的平均企业所得税税率为21%,其中一些公司还可以在联邦及州的层面享受实质性的税收豁免。这一系列操作将导致这些高税收国家损失巨额的税收来源。不仅如此,思科公司还在百慕大等不课征企业所得税的国家和地区设立壳公司,并将转移到瑞士和荷兰等国家的利润再次转给这些壳公司,从而进一步达到避税的效果。2008年以来,思科公司已共计转移了200亿美元,成功地将实际所得税税率降至5%,实现了良好的避税效果。

依据现行的美国税收政策,如果一家美国企业将利润留在境内或将海外利润汇回国内都必须面临高达35%的公司税率,缴纳巨额税款。而在现行的美国税法体制下,美国公司可以无限期地推迟缴纳绝大部分海外收入应缴的联邦所得税,这是大多数公司愿意将利润留存海外的重要原因。

穆迪信用评级公司2011年6月27日公布的调查报告显示,未来3年美国大型的科技公司留存在海外的利润所得将翻倍,达到2 380亿美元,而海外强劲的发展势头也将促使大公司持续增加海外现金余量。《福布斯》公布的数据显示,微软公司目前将502亿美元总利润中的420亿美元留存国外,占到总利润的83%;苹果公司将658亿美元总利润中的402亿美元留存国外,占到总利润的61%。同样,甲骨文公司244亿美元总利润中的219亿美元(约合90%)都留在了国外。这一系列数据从一个侧面反映了目前各大高科技公司纷纷将利润留在海外的趋势。4年前,这些公司利润留存海外的比例为57%。而根据穆迪公司的推测,当前美国高科技公司利润总量的70%和短期投资获益都记在国外,与4年前相比,提高了22.8%。穆迪公司认为,除非进行税制改革,否则这一总体比例在2013年将达到79%。

那些倾向于将海外所得留存国外的公司通常认为,将利润汇回本国造成双重征税,是不公平的。代表大型高科技公司利益的信息科技产业协会也辩称,减少国内企业为海外所得需缴纳的税款,有助于提升企业的国际竞争力。因此,美国政府日前欲采取立法的形式,推行"利润汇回税收优惠期"的计划,降低公司税率,试图挽回大量流失在海外的税金。类似的利润汇回激励计划曾在2004年执行,当时美国允许境内公司以5.25%的税率将海外的利润汇回,对比35%的标准税率而言,这一举措的确诱人。

大型科技公司是"利润汇回税收优惠期"立法计划最大的支持者之一。思科公司首席执行官钱伯斯表示,这一税收减免政策将鼓励国内公司汇回约1万亿美元的利润,能够起到刺激国内的投资和就业的作用。思科公司的发言人恩哈德也表示:"公司愿意将完税后的收入返回美国用于国内消费,但不愿意承担35%的高额税负。因为,我们的国外竞争者被允许以0~20%的低税率向本国汇回海外利润。"目前,思科公司正与国会进行谈判,希望获得更多的减免,谷歌、苹果等公司也是这一减税计划的有力支持者。

然而,据哈佛大学、伊利诺伊大学和马萨诸塞州科技研究中心的教授发表在英国《金融时报》的一篇文章显示,美国的公司在2004年税收优惠计划中汇回的大部分资金用于股份的回购,而对于促进国内就业和投资未起到显著作用。美国财政部部长盖特纳也表现出了对于新的利润汇回税收优惠计划的怀疑。

大型的高科技公司之所以会支持减免税政策,而非将所得利润全部留存于海外,根本原因在于公司需要利用汇回国内的资金来支持股票价格的上涨。由于今年思科公司的股价下跌了25.6%,因此管理层面临着来自股东方面要求分红以提升股价的巨大压力,税收减免政策无疑是受欢迎的举措。

在提升本国企业的国际竞争力之外,也有不少人士主张这一税收优惠计划能够促进外国企业来美国投资。国际投资机构(美国外商投资领域的权威组织)的前副总裁亚历山大·斯皮策主张:"美国的企业所得税及其对美国在国际投资中整体竞争力的影响等问题,现在仍存在诸多争论。毫无疑问,低税率和一部更透明的税法典将提升美国在吸引外国投资方面的竞争力。目前世界上的其他国家都在向低税率的方向改革,而美国也将与这些国家步调一致。"具体的立法细节方面,亚历山大·斯皮策认为,立法者会着重考虑国内投资策略的选择。

目前,美国政府的"利润汇回税收优惠期"立法计划仍在酝酿之中,国内各个"利润转移"大户将如何游说政府制定有利于提升企业竞争力的政策,以及政府方面在鼓励国内大型公司将利润转移回国内的问题上,究竟能够给予多大程度的政策优惠,才能实现双赢,人们拭目以待。

分析要求:认真阅读后,你对纳税人避税的动因和后果有何新认识、新思考?如果你站在"局外人"的角度看避税,它是应该禁止、还是应该被认可?如果你站在"当事人"的角度,又会如何看待呢?

案例1-2

一、苹果公司避税

苹果利用精心构建的海外分支网络,从2009年至2012年避免向美国政府缴税超过百亿美元。作为全球市值最高的公司,苹果持有1 450亿美元现金,其中的1 020亿美元位于海外。苹果在过去四年里,每年避开了大约100亿美元的所得税。由于美国2012年的所得税一共才2 420亿美元,苹果的100亿美元的确是一个庞大的数字。

苹果公司利用一个"成本分担协议",将其知识产权资产转移到税率较低的国家或地区,以便按照低税率缴纳所得税。利用爱尔兰和美国的税法漏洞,苹果公司在过去四年间至少740亿美元收入没有缴纳或几乎没有缴纳所得税。调查小组委员会的助手说,他们此前从未发现任何一家公司像苹果这样,巧妙利用不欠任何国家企业税的分支机构。

苹果公司通过与爱尔兰政府协商,以2%的特别税率纳税,而该国的法定税率是12%,低于美国35%的纳税水平。作为交换,苹果公司把爱尔兰作为建立海外子公司网络的基地。这一交易使苹果公司尝到了甜头。2009年至2012年,该公司将740亿美元全球销售收入的纳税地点从美国转移到爱尔兰。

在苹果公司1 450亿美元的货币资产中,有1 020亿美元被转移到了海外,以减少纳税义务。苹果公司的一家附属公司净收入达到300亿美元,但5年内没有申报过任何居民税,没有领取过企业所得税申报表,也没有向任何一个国家的政府缴纳过企业所得税。

苹果公司的一系列所谓的避税手法,从某种程度上讲,确实聪明无比、天衣无缝。

二、对苹果公司避税的质疑和思考

苹果公司树大招风,毕竟它是美国第一大纳税大户。同时,正如共和党资深参议员约翰·麦凯恩所说,苹果也是美国首屈一指的避税大户。"苹果的创造精力应该用在产品和服务创新上,而不是花在税务上。"

2013年5月21日,苹果公司首席执行官蒂姆·库克在美国参议院[①]听证会上,回应了外界有关苹果设立爱尔兰子公司以避税数十亿元美元的指责。库克表示,苹果是美国纳税金额最高的企业。2012年公司在美国的有效税率为30.5%[②],公司对美国财政支付了近60亿美元税金,即每天超过1 600万美元,2013年将支付更多。在过去几年里,苹果在美国创造了60多万个就业岗位,其中5万个是直接由苹果公司提供的。库克称,"我们赚的每一块钱都是纳过税的,我们无需依赖税务漏洞。"他说,爱尔兰子公司并未减少苹果在美国的税负。苹果公司只是未把在海外的利润汇回美国,从而避免了联邦政府对海外利润征收的35%税收,这一做法在其他跨国公司中十分常见。

目前全球各国的境外所得征税制度大多采用混合税制,兼有属人税制和属地税制的色彩。美国是典型的属人税制国家,也即注册地在美国加州的苹果公司将海外利润汇回国内,还要按照美国的联邦企业所得税率双重纳税。法国则是典型的属地税制国家,即一家法国企业在美国分部的运营利润汇回法国时无须再次纳税。属地税制因操作简便而受到越来越多国家的欢迎。根据普华永道会计师事务所的一份研究报告,截至2012年年底,在经济合作与发展组织的34个成员国中,法国、比利时、荷兰等28个成员国都采用了以属地税制为主的境外所得征税制度,目前只有美国、韩国、墨西哥等6个国家是以属人税制为主。

库克指出,美国的税制跟不上数字化时代的节拍,由于利润汇回美国本土的代价高昂,使得美国公司在国际同行面前处于劣势。美国应当简化税制、降低企业所得税税率、取消利润汇回本土的成本,也即让美国向属地税制转移。

企业所得税改革牵一发而动全身,美国总统奥巴马在首个任期内多次谈及这一改革,但尚未采取实际举措,促成改革还需跨越国内的政治关。共和党近期热炒苹果公司避税和国内税收署丑闻,也有想在税制改革进程中占据主导权的弦外之音。

不过,即使经过两党交锋后美国最终成为属地税制为主的国家,即使美国最高企业所得税税率从35%降至奥巴马建议的28%,即使全球在打击避税天堂方面取得重大进展,也不能排除美国跨国企业将利润转移至税率更低的国家的可能性。除非全球各国的企业所得税率完全均等,否则,帮助寻找各国税制漏洞的税务律师、会计师在美国仍将吃香,他们仍将为客户

---

① 美国参议院是指责苹果公司避税,而不是指控。也就是说,虽然苹果公司确实规避了巨额的税金,但是其行为是合法而干净的。

② 美国参议院常设委员会发布的调查报告说"苹果公司实际的美国税率只有20.1%,比该公司对外声称的24%~32%低得多"。

提供税务服务而感"自豪"。

分析要求:苹果公司的国际避税折射出哪些问题?如何从理论上分析认识跨国公司避税?

复习思考题

1. 何谓税务筹划?试述税务筹划的意义。
2. 试分析纳税人税务筹划的动因。
3. 税务筹划应该遵循哪些原则?
4. 试述税务筹划的目标与特点。
5. 简述节税的基本原理和方法。
6. 简述避税的基本原理和方法,并对避税进行法理分析。
7. 简述税务筹划成本。
8. 税务筹划有何风险?如何防范?

第二章 税务筹划的基本原理

第一节 税务筹划原理概述

一、根据收益效应分类

当存在多种纳税方案可供选择时,纳税人以减轻税负为目的,选择税负最低的方案,无论是节税还是避税,都是为了取得最大的税后收益。根据收益效应分类,可以将税务筹划原理基本归纳为两大类:绝对收益筹划原理和相对收益筹划原理。

绝对收益筹划原理是指使纳税人的纳税总额减少,从而取得绝对收益的原理,它又分为直接收益筹划原理和间接收益筹划原理。直接收益是指直接减少了某一个纳税人的纳税绝对额而取得的收益;间接收益是指某一个纳税人的纳税绝对额并没有减少,但减少了同一税收客体的纳税绝对总额而取得的收益。

相对收益筹划原理是指纳税人一定时期内的纳税总额并没有减少,但某些纳税期的纳税义务递延到以后的纳税期实现,因此,取得了递延纳税额的时间价值,从而取得了相对收益。该原理主要考虑了货币的时间价值。

二、根据着力点分类

对影响纳税额的因素进行分析,从而决定如何进行税务筹划。根据筹划的着力点的不同,可以把税务筹划原理分为税基筹划原理、税率筹划原理和税额筹划原理。

税基筹划原理是指纳税人通过缩小税基减轻税收负担甚至免除纳税义务的原理。这里将税基看作是应税所得,即扣除额已包括在税基之内。税基是计税的基数,在适用税率一定的条件下,税额的大小与税基大小成正比。税基越小,纳税人负有的纳税义务越轻。

税率筹划原理是指纳税人通过降低适用税率的方式来减轻税收负担的原理。

税额筹划原理是指纳税人通过直接减少应纳税额的方式来减轻税收负担或者解除纳税义务的原理,常常与税收优惠中的全部免征或减征、部分免征相联系。

第二节 绝对收益筹划原理与相对收益筹划原理

一、绝对收益筹划原理

绝对收益筹划原理是指使纳税人的纳税总额减少,从而取得绝对收益的原理,它又分为直接收益筹划原理和间接收益筹划原理。

(一)直接收益筹划原理

直接收益筹划原理是指通过税务筹划直接减少纳税人的纳税绝对额而取得的收益。

假设某公司可供选择的筹划方案有 i 个,这些方案使用的筹划技术不完全相同,但在一定时期所取得的税前所得相同,那么,这些方案在一定时期节减的税收也不相同,纳税人在一定时期的纳税总额也不相同,这些筹划方案可表示如下:

$$\sum T_1 = \sum T - \sum Sr_1 - \sum St_1 - \sum Sp_1 - \sum Sd_1 - \sum Sc_1 - \sum Sb_1$$
$$\sum T_2 = \sum T - \sum Sr_2 - \sum St_2 - \sum Sp_2 - \sum Sd_2 - \sum Sc_2 - \sum Sb_2$$
$$\sum T_3 = \sum T - \sum Sr_3 - \sum St_3 - \sum Sp_3 - \sum Sd_3 - \sum Sc_3 - \sum Sb_3$$
$$\cdots$$
$$\sum T_i = \sum T - \sum S_i = \sum T - \sum Sr_i - \sum St_i - \sum Sp_i - \sum Sd_i - \sum Sc_i - \sum Sb_i$$

其中:$\sum T$ 为纳税人不采用筹划方案时,其一定时期的纳税总额;

$\sum T_i$ 为纳税人采用筹划方案 i 后的一定时期的纳税总额;

$\sum S_i$ 为纳税人采用方案 i 筹划后,其一定时期可能净节减的税额;

$\sum Sr_i$ 为纳税人采用方案 i 筹划后,其一定时期因减免税而可能净节减的税额;

$\sum St_i$ 为纳税人采用方案 i 筹划后,其一定时期因税率差异而可能净节减的税额;

$\sum Sp_i$ 为纳税人采用方案 i 筹划后,其一定时期因分割而可能净节减的税额;

$\sum Sd_i$ 为纳税人采用方案 i 筹划后,其一定时期因扣除而可能净节减的税额;

$\sum Sc_i$ 为纳税人采用方案 i 筹划后,其一定时期因抵免而可能净节减的税额;

$\sum Sb_i$ 为纳税人采用方案 i 筹划后,其一定时期因退税而可能净节减的税额。

说明:

(1) $i=1,2,3,\cdots$。

(2) 税务筹划的目标是使筹划期间内的税负最小化。一项有效的税务筹划必须着眼于整个筹划期间。因为筹划期间一般不应局限于1年,如果只考虑减少当年的税额,而不考虑这种减少对其他年份的抵消效果,可能将导致更多的纳税额。

(3) 公式中各项筹划技术的净节减税额可能为0,也有可能为负数,即为增加税额。

(4) 公式中各项筹划技术有可能相互影响,即一项筹划技术可能导致另一项筹划技术更加节减税额,也可能导致另一项筹划技术反而增加税额。

经过比较,从 i 项方案中选择纳税总额最少的一项方案。

【例2-1】 假设某公司一定时期的纳税总额为 $\sum T =100$ 万元,现在有以下三个税务筹划方案:

方案1 $\sum Sr_1 =10$ 万元,$\sum St_1 =5$ 万元,$\sum Sp_1 =0$ 万元,$\sum Sd_1 =-5$ 万元,$\sum Sc_1 =5$ 万元,$\sum Sb_1 =0$ 万元;

方案2 $\sum Sr_2 =20$ 万元,$\sum St_2 =-5$ 万元,$\sum Sp_2 =0$ 万元,$\sum Sd_2 =10$ 万元,$\sum Sc_2 =10$ 万元,$\sum Sb_2 =5$ 万元;

方案3 $\sum Sr_3 =10$ 万元,$\sum St_3 =10$ 万元,$\sum Sp_3 =0$ 万元,$\sum Sd_3 =-20$ 万元,$\sum Sc_3 =10$ 万元,$\sum Sb_3 =0$ 万元。

按照绝对收益筹划原理,可以对各方案进行如下的比较:

方案1 一定时期纳税人可能净节减的税额为：

$$\sum S_1 = \sum Sr_1 + \sum St_1 + \sum Sp_1 + \sum Sd_1 + \sum Sc_1 + \sum Sb_1$$
$$= 10+5+0+(-5)+5+0$$
$$= 15(万元)$$
$$\sum T_1 = \sum T - \sum S_1 = 100-15 = 85(万元)$$

方案2 一定时期纳税人可能净节减的税额为：

$$\sum S_2 = \sum Sr_2 + \sum St_2 + \sum Sp_2 + \sum Sd_2 + \sum Sc_2 + \sum Sb_2$$
$$= 20+(-5)+0+10+10+5 = 30(万元)$$
$$\sum T_2 = \sum T - \sum S_2 = 100-30 = 70(万元)$$

方案3 一定时期纳税人的纳税总额为：

$$\sum S_3 = \sum Sr_3 + \sum St_3 + \sum Sp_3 + \sum Sd_3 + \sum Sc_3 + \sum Sb_3$$
$$= 10+10+0+(-20)+10+0 = 10(万元)$$
$$\sum T_3 = \sum T - \sum S_3 = 100-10 = 90(万元)$$

对以上三个方案进行比较，选择最佳的筹划方案。从中看出，三个方案都因为筹划技术的内部抵消而影响了筹划的效果。方案1可节减税收15万元，方案2可节减税收30万元，方案3可节减税收10万元。方案2节减的税收最多，取得的税后收益也最大，因此是最佳筹划方案。

【例2-2】 某公司设立时，关于注册地有两种考虑：设在开发区、还是非开发区。假定能取得应纳税所得额为100万元，开发区的所得税税率为15%，非开发区的所得税税率为25%；其他因素均相同。

方案1 设在开发区：

$$应纳所得税税额 = 100 \times 15\% = 15(万元)$$

方案2 设在非开发区：

$$应纳所得税税额 = 100 \times 25\% = 25(万元)$$

在这两个方案中，方案1利用税率差异可以取得10万元的节减税额的收益，因此应选择方案1。

（二）间接收益筹划原理

间接收益筹划原理指通过在相关纳税人之间转移应纳税所得，以便适用于最低的边际税率（或是取得最小的总税额），某一个纳税人的纳税绝对额没有减少，但课税对象所负担的税收绝对额减少，间接减少了另一个或另一些纳税人纳税绝对额的筹划。

这种筹划方案的选择可以通过比较以下方案后决定：

$$\sum T_1 = t_1+t_2+t_3+\cdots+t_{n-3}+t_{n-2}+t_{n-1}$$
$$\sum T_2 = t_1+t_2+t_3+\cdots+t_{n-3}+t_{n-2}$$
$$\sum T_3 = t_1+t_2+t_3+\cdots+t_{n-3}$$
$$\cdots$$
$$\sum T_i = t_1$$

其中：t_n 为税收客体第 n 次纳税时所负担的纳税绝对额（$n=1,2,3,\cdots$），$n>i$；
　　　$\sum T_i$ 为采用筹划方案 i 后的纳税绝对总额（$i=1,2,3,\cdots$）。

通过分析，从中选择纳税绝对总额最小的方案。

【例 2-3】 假设某房地产集团的项目公司销售楼房，从土地增值税的角度，毛坯房每套的增值额 200 万元，精装修房的增值额 250 万元（包括精装修的增值额 50 万元），而项目公司适用的土地增值税税率为 30%。装修由房地产集团的建筑公司提供。

如果建筑公司向项目公司提供装修，项目公司出售精装修房给购房者，精装修的增值额需缴纳土地增值税。

该楼房的销售额所负担的土地增值税 $\sum T = T_1 + T_2 = 200 \times 30\% + 50 \times 30\% = 7.5$（万元）

如果项目公司出售毛坯房给购房者，而建筑公司向购房者提供精装修，精装修的增值额不需要缴纳土地增值税。

该楼房的销售额所负担的土地增值税 $\sum T = T_1 = 200 \times 30\% = 6$（万元）

在本例中，精装修由房地产项目公司作为房屋的一部分出售给购房者，改为不作为房屋的一部分而由建筑公司单独提供给购房者，从而减少了不必要的纳税支出。

二、相对收益筹划原理

相对收益筹划原理是指纳税人一定时期内的纳税总额并没有减少，但某些纳税期的纳税义务递延到以后的纳税期实现，取得了递延纳税额的时间价值，从而取得了相对收益。

该原理主要考虑了货币的时间价值，货币的时间价值是指货币经历一段时间的投资和再投资所增加的价值，也称为资金的时间价值。

绝对收益筹划原理是直接减少纳税人的纳税绝对总额从而取得收益，而相对收益筹划原理是通过对纳税义务在时间上的安排，相对减少纳税总额从而取得收益。由于其他原因而引起的纳税绝对总额减少、从而收益增加的不属于相对收益筹划，属于绝对收益筹划。

假定一个公司可以选择的筹划方案有 i 个，这些方案在一定时期内的纳税总额相同，但在各个纳税期的纳税额不完全相同，这些方案可以表示如下：

$$\sum T_1 = T_{1-1} + T_{1-2} + T_{1-3} + \cdots + T_{1-n}$$
$$\sum T_2 = T_{2-1} + T_{2-2} + T_{2-3} + \cdots + T_{2-n}$$
$$\cdots$$
$$\sum T_i = T_{i-1} + T_{i-2} + T_{i-3} + \cdots + T_{i-n}$$

其中：$\sum T_i$ 为纳税人采用方案 i 筹划后，其一定时期的纳税总额（$i=1,2,3\cdots$）。
$\sum T_{i-n}$ 为采用方案 i 后，纳税人第 n 个年度要缴纳的税额（$n=1,2,3\cdots$）。

说明：

(1) 设 $\sum T_1 = \sum T_2 = \sum T_3 = \cdots = \sum T_i = \sum T$（$\sum T$ 为纳税人不筹划情况下一定时期内的纳税绝对总额）。

(2) 纳税义务的递延体现在前面纳税年度缴纳的税额小于不筹划情况下同年度缴纳的税额，后面纳税年度缴纳的税额大于不筹划情况下同年度缴纳的税额。

(3) 如果不考虑绝对收益的因素，$\sum T_1 = \sum T_2 = \cdots = \sum T_i$。

对各个方案的纳税额求现值：

$$P_1 = \frac{T_{1-1}}{1+r} + \frac{T_{1-2}}{(1+r)^2} + \frac{T_{1-3}}{(1+r)^3} + \cdots + \frac{T_{1-n}}{(1+r)^n}$$

$$P_2 = \frac{T_{2-1}}{1+r} + \frac{T_{2-2}}{(1+r)^2} + \frac{T_{2-3}}{(1+r)^3} + \cdots + \frac{T_{2-n}}{(1+r)^n}$$

…

$$P_i = \frac{T_{i-1}}{1+r} + \frac{T_{i-2}}{(1+r)^2} + \frac{T_{i-3}}{(1+r)^3} + \cdots + \frac{T_{i-n}}{(1+r)^n}$$

(4) r 为投资报酬收益率。

从中选取一定时间内纳税额的现值最小的方案。

【例2-4】 假设一个公司的年度目标投资收益率为10%，在一定时期所取得的税前所得相同。如果税法允许计提固定资产折旧的方法有年限平均法、加速折旧法、一次计入费用法。其结果假定是：

方案1 采用年限平均法：

$T_{1-1}=T_{1-2}=T_{1-3}=100$ 万元，即每年缴纳的所得税相等；

方案2 采用加速折旧法：

$T_{2-1}=50$ 万元，$T_{2-2}=100$ 万元，$T_{2-3}=150$ 元；

方案3 采用一次计入费用法：

$T_{3-1}=0$ 万元，$T_{3-2}=150$ 万元，$T_{3-3}=150$ 万元；

(1) 3年的预期纳税绝对总额 $\sum T_i$ 为：

方案1 $T_1=T_{1-1}+T_{1-2}+T_{1-3}=100+100+100=300$（万元）

方案2 $T_2=T_{2-1}+T_{2-2}+T_{2-3}=50+100+150=300$（万元）

方案3 $T_3=T_{3-1}+T_{3-2}+T_{3-3}=0+150+150$ 元 $=300$（万元）

该公司采用不同的方案在3年内的纳税绝对总额是相同的，都是300万元。

(2) 把预期纳税绝对总额按目标投资收益率折算成现值 P_i。

方案1 $\sum T_1$ 的预期纳税绝对总额的现值为：

$$P_1 = \frac{100}{1.10} + \frac{100}{(1.10)^2} + \frac{100}{(1.10)^3} = 248.69（万元）$$

方案2 $\sum T_2$ 的预期纳税绝对总额的现值为：

$$P_2 = \frac{50}{1.10} + \frac{100}{(1.10)^2} + \frac{150}{(1.10)^3} = 240.80（万元）$$

方案3 $\sum T_3$ 的预期纳税绝对总额的现值为：

$$P_3 = 0 + \frac{150}{(1.10)^2} + \frac{150}{(1.10)^3} = 236.67（万元）$$

(3) 计算筹划方案的相对节减税额 $\sum S_i$。

方案 2 相对节减税额 $\sum S_2 = \sum T_1 - \sum T_2 = 248.69 - 240.80 = 7.89(万元)$
方案 3 相对节减税额 $\sum S_3 = \sum T_1 - \sum T_3 = 248.69 - 236.67 = 12.02(万元)$

尽管在三个方案中该公司一定时期内的纳税绝对总额都是 300 万元,但因货币的时间价值,方案 2 和方案 3 就如同纳税人取得了一笔无息贷款,可以在本期有更多的资金用于投资和再投资,将来可以获得更大的投资收益,或者可以减少企业的筹资成本,相对节减了税收取得了收益,所以选择方案 3 或方案 2;而在方案 3 与方案 2 中,又以选择方案 3 最优,因为它比方案 2 相对节减更多的税款,取得的收益更大。

第三节 税基筹划原理与税率筹划原理

在了解税基筹划原理、税率筹划原理时,应着重理解每种原理的本质,同时应注意几种原理有可能互相影响、互相制约。

一、税基筹划原理

税基筹划原理是指纳税人通过缩小税基来减轻税收负担甚至免除纳税义务的原理。税基是计税的基数,在适用税率一定的条件下,税额的大小与税基大小成正比。税基越小,纳税人负有的纳税义务越轻。

如企业所得税的计算公式是:应纳所得税 = 应纳税所得额 × 所得税税率,其中"应纳税所得额"即是税基,在所得税税率一定时,应纳税所得额越小,则应纳所得税越少。

对税基进行筹划,既可以实现税基的最小化,也可以通过对税基实现时间的安排,在递延纳税、适用税率、减免税等方面获取税收收益。

1. 税基递延实现

税基总量不变,税基合法递延实现。在一般情况下可递延纳税,等于取得了资金的时间价值,取得了无息贷款,节约融资成本;在通货膨胀的情况下,税基递延等于降低了实际应纳税额;在适用累进税率的情况下,有时可以防止税率的爬升。

【例 2-4】就是一个税基递延实现的例子。

2. 税基均衡实现

税基总量不变,税基在各纳税期之间均衡实现,在有免征额或税前扣除定额的情况下,可实现免征额或者税前扣除的最大化;在适用累进税率的情况下,可实现边际税率的最小化。

假定一个公司可以选择的筹划方案有 i 个,这些方案在一定时期内的税基总量相同,但在各个纳税期的纳税额不完全相同,这些方案可以如下表示:

$$\sum T_1 = (TB_{1-1} - S_r) \times t_{1-1} + (TB_{1-2} - S_r) \times t_{1-2} + (TB_{1-3} - S_r) \times t_{1-3} + \cdots + (TB_{1-n} - S_r) \times t_{1-n}$$
$$\sum T_2 = (TB_{2-1} - S_r) \times t_{2-1} + (TB_{2-2} - S_r) \times t_{2-2} + (TB_{2-3} - S_r) \times t_{2-3} + \cdots + (TB_{2-n} - S_r) \times t_{2-n}$$
$$\sum T_i = (TB_{i-1} - S_r) \times t_{i-1} + (TB_{i-2} - S_r) \times t_{i-2} + (TB_{i-3} - S_r) \times t_{i-3} + \cdots + (TB_{i-n} - S_r) \times t_{i-n}$$

其中:$\sum T_i$ 为纳税人采用方案 i 筹划后,其一定时期的纳税总额($i=1,2,3\cdots$);

TB_{i-n} 为采用方案 i 后,纳税人第 n 个年度的税基($n=1,2,3\cdots$);

S_r 为免征额。

说明：

(1) 设 $TB=TB_{1-1}+TB_{1-2}+TB_{1-3}+\cdots+TB_{1-n}=TB_{2-1}+TB_{2-2}+TB_{2-3}+\cdots+TB_{2-n}$
$=TB_{i-1}+TB_{i-2}+TB_{i-3}+\cdots+TB_{i-n}$

(2) 假设 $TB_{1-n} \leq S_r$ 时，$TB_{i-n}-S_r=0$，也就是指 TB_{i-n} 在不超过 S_r 时，免税；大于 S_r 时，就超额部分纳税。而且这个等式也表明 TB_{i-n} 小于 S_r 的部分不能递延到以后补扣。

(3) 设 $TB_{1-1}=TB_{1-2}=TB_{1-3}=\cdots=TB_{1-n} \leq S_r$，也就是税基均衡实现。所谓均衡实现，并非一定要每年的数额相等，关键在于使每年的税基控制在免税额以下。

根据以上分析，从中选取一定时间内纳税额最小的方案。

【例2-5】 假设某公司转让技术，与 A 客户签订协议共收取 800 万元。税法规定，一个纳税年度内，居民企业技术转让所得不超过 500 万元的部分，免征企业所得税；超过 500 万元的部分，减半征收企业所得税。

方案1 与 A 客户的协议确认为一次性转让并收取 800 万元：

$$\sum T_1 = (800-500) \times 25\% \times 50\% = 37.5（万元）$$

方案2 与 A 客户的协议确认为分期转让，第一年收取 400 万元，第二年收取 400 万元：

$$\sum T_2 = 0（万元）$$

尽管在两个方案中该公司 2 年内收取的技术收入都是 800 万元，但由于方案 2 将每年实现的技术收入控制在免征额以下，可以不承担税款，取得了更大的收益。

3. 税基即期实现

税基总量不变，税基合法即期或提前实现，在减免税期间，可以实现减免税的最大化。

假定某公司可以选择的筹划方案有 i 个，这些方案在一定时期内的税基总量相同，但在各个纳税期的纳税额不完全相同，这些方案可以如下表示：

$$\sum T_1 = TB_{1-1} \times t_{1-1} + TB_{1-2} \times t_{1-2} + TB_{1-3} \times t_{1-3} + \cdots + TB_{1-n} \times t_{1-n}$$
$$\sum T_2 = TB_{2-1} \times t_{2-1} + TB_{2-2} \times t_{2-2} + TB_{2-3} \times t_{2-3} + \cdots + TB_{2-n} \times t_{2-n}$$
$$\cdots$$
$$\sum T_i = TB_{i-1} \times t_{i-1} + TB_{i-2} \times t_{i-2} + TB_{i-3} \times t_{i-3} + \cdots + TB_{i-n} \times t_{i-n}$$

其中：$\sum T_i =$ 纳税人采用方案 i 筹划后，其一定时期的纳税总额（$i=1,2,3\cdots$）

$TB_{i-n}=$ 采用方案 i 后，纳税人第 n 个年度的税基（$n=1,2,3\cdots$）

该公司可以享受前两年免税的待遇，因此 $t_{i-1}=t_{i-2}=0$（$i=1,2,3\cdots$）

说明：

(1) 设 $TB=TB_{1-1}+TB_{1-2}+TB_{1-3}+\cdots+TB_{1-n}=TB_{2-1}+TB_{2-2}+TB_{2-3}+\cdots+TB_{2-n}=TB_{i-1}+TB_{i-2}+TB_{i-3}+\cdots+TB_{i-n}$；

(2) 设 $TB_{1-1}>TB_{2-1}>TB_{3-1}>\cdots>TB_{n-1}$，$TB_{1-2}>TB_{2-2}>TB_{3-2}>\cdots>TB_{n-2}$；

(3) 假设 2 年后的税基在剩余的年份内平均实现。

从中选取一定时间内纳税额最小的方案。可以推导出 $\sum T_1$ 最小，也就是税基更多地实现在免税期的筹划方案最佳。

【例2-6】 假设某公司自项目取得第一笔生产经营收入所属纳税年度起，享受两年免缴企业所得税的待遇。预计前 4 年内应纳税所得额总共 100 万元。如果该公司能够通过费用摊

销等手段合法地控制应纳税所得额,则有以下方案:

方案 1 应纳税所得额第一年实现 50 万元,第二年实现 50 万元,第 3 年、第 4 年都为 0 万元。

$$\sum T_1 =50\times0\%+50\times0\%+0\times0\%+0\times25\%\times50\%=0(万元)$$

方案 2 应纳税所得额第一年实现 20 万元,第二年实现 20 万元,第 3 年、第 4 年都为 30 万元。

$$\sum T_2 =20\times0\%+20\times0\%+30\times0\%+30\times25\%\times50\%=3.75(万元)$$

方案 3 应纳税所得额第一年实现 0 万元,第二年实现 0 万元,第 3 年、第 4 年都为 50 万元。

$$\sum T_3 =0\times0\%+0\times0\%+50\times0\%+50\times25\%\times50\%=6.25(万元)$$

显然,方案 1 因为将应纳税所得额更多地实现在免税期,因而缴纳的税款最少。

4. 税基最小化

税基总量合法减少,可以减少纳税或者避免多纳税。

二、税率筹划原理

税率筹划原理指纳税人通过降低适用税率的方式来减轻税收负担的原理。

税率是决定纳税人税负高低的主要因素之一,并且各税种的税率大多存在一定的差异。纳税人虽然不能改变计税的税率,但不同税种往往是以课税对象或纳税人不同而区分的。有时课税对象界限并不十分明确,或是纳税人身份并不容易界定,这就为纳税人筹划提供了机会。即使在适用税种已经明确的情况下,适用税率也会因税基的不同而发生相应的变化,纳税人可以通过改变税基分布,调整其适用税率,从而降低税收负担率,以达到合法税务筹划的目的。在税基既定的条件下,税额的大小和税率的高低呈正方向变化。

对税率进行筹划,可以寻求税后收益最大化的最低税负点或者最佳税负点。

(一) 筹划比例税率

比例税率是指对同一征税对象,不分数额大小,规定相同的征收比例。我国的增值税、企业所得税等采用的是比例税率。

一个税种常常有多种比例税率。例如,我国的增值税一般纳税人有 13% 的基本税率,还有 9%、6% 的低税率;消费税有 3%~45% 的多档比例税率。对这些比例税率进行筹划,可以从中寻求最佳税负点。

(二) 筹划累进税率

累进税率分为超额累进税率、超率累进税率、全额累进税率。超额累进税率是指把征税对象按数额的大小分为若干等级,每一等级规定一个税率,税率依次提高,但每一纳税人的征税对象则以所属等级同时适用几个税率分别计算将计算结果相加后得出应纳税款。目前采用超额累进税率的有个人所得税。超率累进税率是指按照征税对象数额的相对率划分为若干级距,分别规定相应的差别税率,相对率每超过一个级距的,对超过的部分就按照高一级的税率计算征税。目前,采用这种税率的是土地增值税。全额累进税率是指按照征税对象的全额来确定所属等级,按其相应的一个较高的税率计算税款,当征税对象数额增大并达到另一较高等级时,征税对象的全额都按高一级的税率计算税款。目前全额累进税率在当今世界已经不多见。虽然《中华人民共和国企业所得税法》规定的法定税率是 25% 的比例税率,但同时也规定了从事国家非限制、禁止行业,年度应纳税所得额不超过 30 万元、从业人数不超过 100

人、资产总额不超过3 000万元的工业企业,年度应纳税所得额不超过30万元、从业人数不超过80人、资产总额不超过1 000万元的其他企业适用的税率为20%,这种税率一定程度上就是全额累进税率。

累进税率在累进分界点处税负出现递增,特别是全额累进税率有可能出现税额的增长超过征税对象增长的情况。筹划累进税率的主要目的是防止税率的爬升,在税法许可的范围内降低税负。

（三）筹划定额税率

定额税率是指按照征税对象确定的计算单位,直接规定一个固定的税额。目前采用定额税率的有资源税、车船税等。

通过对定额税额的筹划,可以取得一定的税收利益。

三、税额筹划原理

税额筹划原理是指纳税人通过直接减少应纳税额的方式来减轻税收负担或者解除纳税义务的原理,常常与税收优惠中的减免税、退税相联系。

在税基筹划原理和税率筹划原理中,纳税人通过缩小税基或是降低适用税率进行筹划,节减的税额往往要经过较为复杂的计算过程才能知道,而在税额筹划原理中,节减的税额比较明确,一般不需经过复杂的计算过程。

对税额进行筹划,可以实现税后收益的最大化：

1. 筹划减免税

国家为了实现不同的政策目标,几乎在所有税制中都规定有减免税政策,尤其是主要税种的减免税政策更多,这形成了税负的许多差异。研究各税种及其减免税的优惠待遇、条件以及对税后利益的影响,通过合理地安排,可以取得明显的税收收益。

2. 筹划其他税收优惠政策

出口退税、增值税留抵退税、所得税抵免等税收政策,具有许多税收优惠条件,对这些税收优惠政策进行筹划,可以取得税收利益。

关键词

税务筹划原理　　绝对筹划原理　　相对筹划原理　　税基筹划原理　　税率筹划原理

小结

学习税务筹划,要掌握税务筹划的基本原理,从基本原理上掌握税务筹划的真谛。本章从两个角度分别阐述了税务筹划的基本原理。它是税务筹划的基础知识、基本原理。

即测即评

请扫描右侧的二维码,进行即测即评。

案例分析

案例 2-1

某企业现在有以下三种税务筹划方案：

方案 1 第一年所得税税前利润 100 万元，第二年所得税税前利润 100 万元，第三年所得税税前利润 100 万元；

方案 2 第一年所得税税前利润 50 万元，第二年所得税税前利润 100 万元，第三年所得税税前利润 150 万元；

方案 3 第一年所得税税前利润 50 万元，第二年所得税税前利润 50 万元，第三年所得税税前利润 200 万元。

该企业的所得税税率为 25%，目标投资收益率为 10%。

分析要求：

1. 该企业采用哪种税务筹划方案最优？
2. 如果该企业前两年享受所得税免税的税收优惠，那么该企业应该采用哪种税务筹划方案？

案例 2-2

假设一个公司的年度目标投资收益率为 10%，在一定时期所取得的税前所得相同。如果税法允许计提固定资产折旧的方法有年限平均法、加速折旧法、一次计入费用法。其结果假定是：

方案 1 采用年限平均法。$T_{1-1}=T_{1-2}=T_{1-3}=200$ 万元，即每年缴纳的所得税相等；

方案 2 采用加速折旧法。$T_{2-1}=150$ 万元，$T_{2-2}=200$ 万元，$T_{2-3}=250$ 元；

方案 3 采用一次计入费用法。$T_{3-1}=0$ 万元，$T_{3-2}=300$ 万元，$T_{3-3}=300$ 万元。

分析要求：该企业采用哪种方法更符合税务筹划的要求？

复习思考题

1. 何谓绝对收益筹划原理？
2. 何谓相对收益筹划原理？
3. 直接筹划原理与间接筹划原理有什么区别？
4. 何谓税基筹划原理？
5. 何谓税率筹划原理？
6. 何谓税额筹划原理？

第三章 税务筹划的基本技术

税务筹划的基本技术就是税务筹划的基本知识和技巧。税务筹划技术可以分为减免税技术、分割技术、扣除技术、税率差异技术、抵免技术、退税技术、延期纳税技术和会计政策选择技术。前七项技术是针对税制的各个要素的技术。各税种的应纳税额都是通过对会计核算的结果加以纳税调整来确定,凡是税法没有明确规定会计处理方法或者有多种会计处理方法的,会计核算的结果就是应纳税额,因此,通过会计政策选择技术,也可以实现税务筹划的目标。

各种税务筹划技术,可以单独采用,也可以同时采用。如果同时采用两种或两种以上筹划技术,必须注意各种税务筹划技术之间的相互影响。

第一节 减免税技术

一、减免税的概念

减免税是指国家运用税收调节职能,对某些纳税人或征税对象给予的减轻或免除税收负担的一种鼓励或照顾措施。减税是对应征税款减征其一部分,免税是对应征税款全部予以免征。

减免税是税收政策的重要组成部分,是税收制度构成的一个重要因素。

按照具体内容划分,减免税可分为政策性减免税和照顾性减免税。政策性减免税是国家出于政策需要的一种税收奖励方式,比如我国对国家重点扶持的公共基础设施项目的投资经营的所得的定期减免税等,就是属于国家出于鼓励公共基础设施项目的税收奖励。照顾性减免税是国家帮助纳税人在遭受自然灾害或遇到特殊困难的情况下渡过难关,恢复生产的一种税收照顾方式。

二、税务筹划的减免税技术

(一)减免税技术概念

减免税技术是指在不违法和合理的情况下,使纳税人成为减免税人,或使纳税人从事减免税活动,或使征税对象成为减免税对象而少纳税款的税务筹划技术。

税务筹划通过不违法和合理地利用减免税规定,可以节减税收,取得更大的税后收益。

如前所述,一般国家有两类不同目的的减免税:一类是属于照顾困难减免税性质的减免税,对于纳税人来说只是税收照顾,是财务收益上的补偿;另一类是属于政策性减免税性质的减免税,对于纳税人来说则是税收奖励,是财务收益的取得。照顾性减免税往往是在非常情况或非常条件下才能取得的,而且一般也只是弥补其所遭遇的损失,所以税务筹划不能利用其来达到筹划目的,只有取得国家奖励性减免税才能达到筹划的目的。

(二) 减免税技术特点

1. 运用绝对收益筹划原理

减免税技术运用的是绝对收益筹划原理,直接免除纳税人的税收绝对额,取得绝对的筹划收益。

2. 主要运用税额筹划原理

减免税技术通过直接减小税额的方式来实现税收减免,主要包括全部免征、减半征收、核定减征率征收以及另定减征额等。

3. 适用范围狭窄

减免税是对特定纳税人、纳税对象的减免,比如必须从事特定的行业、在特定的地区经营、要满足特定的条件等,而这些不是每个纳税人都能或都愿意做到的。因此,减免税技术往往不能普遍运用,适用范围狭窄。

4. 技术简单

减免税技术节减的税额比较明确,一般不需经过复杂的计算过程。

(三) 减免税技术要点

1. 尽量争取更多的减免税待遇

在不违法和合理的情况下,尽量争取减免税待遇,争取尽可能多的项目获得减免税待遇。

2. 尽量使减免税期最长化

在不违法和合理的情况下,尽量使减免税期最长化。许多减免税都有期限规定,减免税期越长,节减的税收越多。

3. 减免税必须有法律、法规的明确规定

这里的法律、法规是指税收法律法规。减免税的纳税人要严格按照税法规定履行纳税义务,如必须按期如实进行纳税申报。

4. 优惠措施不能累加

税收法规规定的减免税优惠措施,对一个企业可能会有减免税政策交叉的情况,在具体执行时,可选择使用其中一项最优惠的政策,但一般不能两项或者几项优惠政策累加执行。

第二节 分 割 技 术

一、分割的概念

分割是指把一个纳税人的应税所得分成多个纳税人的应税所得,或者把一个纳税人的应税所得分割成适用不同税种、不同税率和减免税政策的多个部分的应税所得。

出于调节收入、体现公平等社会政策的考虑,各国所得税一般都是采用累进税率,应税基数越大,适用的最高边际税率也越高。使所得在两个或更多个纳税人之间进行分割,可以使应税基数降至低税率税级,从而降低最高边际适用税率,节减税款。

我国现行税制规定,对适用不同税种、不同税率和减免税政策的业务应当分别核算,否则,一律按高税率纳税或者不予享受减免税政策。因此,尽量将纳税人的应税所得分割成适用不同税种、不同税率和减免税政策并分别核算也是一种税务筹划的方法。比如纳税人兼营销售货物、劳务、服务、无形资产或者不动产,适用不同税率或者征收率的,应当分别核算适用不同税率或者征收率的销售额;未分别核算的,从高适用税率。因此,增值税纳税人就有必要分别核算不同税率或者征收率的货物或者应税劳务、服务、无形资产或者不动产的销售额。又如,按照消费税实施细则的规定,纳税人兼营不同税率的消费品,应当分别核算不同税率消费品的销售额、销售数量。未分别核算销售额、销售数量,或者将不同税率的应税消费品组成成套消费品销售的,从高适用税率。因此,消费税纳税人就有必要分别核算不同税率消费品的消费额、销售数量。

二、税务筹划的分割技术

(一) 分割技术的概念

分割技术是指在不违法和合理的情况下,使所得在两个或更多个纳税人之间,或者在适用不同税种、不同税率和减免税政策的多个部分之间进行分割的税务筹划技术。

采用分割技术筹划与采用税率差异技术筹划的区别在于:前者是通过使纳税人的应税基数不违法和合理地减少进行筹划,后者则不是通过减少应税基数进行筹划。

(二) 分割技术特点

1. 应用绝对收益筹划原理

分割技术运用的是绝对收益筹划原理,直接减少纳税人的税收绝对额,属于绝对收益筹划型税务筹划技术。

2. 应用税基筹划原理

分割技术运用的是税基式筹划原理,通过使纳税人的应税基数不违法和合理地减少从而节减税额。

3. 适用范围狭窄

一个企业分立为多个小企业,强行分割所得来降低适用税率,要经历重新评估资产、变更工商登记等等手续,比较繁琐,而且必须要考虑到其他经济因素,因此,分割技术适用范围狭窄。

4. 技术较为复杂

采用分割技术不但要受到许多税收条件的限制,还要受到许多非税条件如分割参与人等复杂因素的影响,技术较为复杂。

(三) 分割技术要点

1. 分割合理化

使用分割技术筹划,特别要注意的是所得或财产分割的合理,要使得分割合理,比如,将一个企业分为两个企业,以享受较低的所得税税率,还要考虑到分割后经济上的合理性,比如控制力下降、管理费用增加、分割的手续也比较繁琐等。

2. 分割不违法

把一个纳税人的应税所得分割成适用不同税种、不同税率和减免税政策的多个部分的应税所得,其前提是分别销售,而且如果工业企业将一个完整的产品化整为零销售,分开发票,分别记账,分别适用不同的税率纳税,属于偷税行为。

3. 收益最大化

在不违法和合理的情况下,尽量寻求通过分割能使节减的税款最大化。

【例3-1】 某化妆品厂将生产的高档美容类化妆品、普通修饰类化妆品、小工艺品等组成成套消费品销售。每套消费品由下列产品组成:高档美容类化妆品400元,普通修饰类化妆品50元,包装盒10元,上述价格均不含税。高档化妆品消费税税率为15%。

方案1 将产品包装后再销售给商家,厂家应纳消费税为:

$$(400+50+10)\times 15\%=69(元)$$

方案2 将产品先分别销售给商家,再由商家包装后对外销售,厂家应纳消费税为:

$$400\times 15\%=60(元)$$

方案2比方案1节减税额9元。

第三节 扣 除 技 术

一、扣除的概念

扣除是指从应税收入中减去各种准予扣除项目的金额以求出应纳税所得额。企业的应纳税所得额为纳税人每一纳税年度的收入总额减去准予扣除项目金额后的余额。

税项扣除是税收制度的重要组成部分,许多税种对扣除项目、扣除范围和扣除标准作出了明确规定。扣除与特定适用范围的免税、减税不同,扣除规定适用于所有纳税人。

二、税务筹划的扣除技术

(一)扣除技术的概念

扣除技术是指在不违法和合理的情况下,使扣除额增加而直接节减税额,或调整扣除额在各个应税期的分布而相对节减税额的税务筹划技术。在同样收入额的情况下,各项扣除额额越大,应税基数就会越小,应纳税额也越少,所节减的税款也就越大。

扣除技术一般采用增加扣除项目、提前确认扣除项目等手段。

(二)扣除技术的特点

1. 可用于绝对收益筹划和相对收益筹划

扣除技术可用于绝对筹划,通过扣除使应税基数绝对额减少,从而使绝对纳税额减少;也可用于相对筹划,通过不违法和合理地分配各个应税期的费用扣除和亏损冲抵,增加纳税人的现金流量,起到延期纳税的作用,从而相对筹划,在这一点上,与延期纳税技术原理有类似之处。

2. 采用税基筹划原理和税率筹划原理

扣除技术直接减少了税基,也可以通过扣除项目的转移而适用较低的边际税率。

3. 技术较为复杂

扣除技术较为复杂,因为税法中的各种扣除规定复杂多变。因此,如果采用扣除技术就要精通所有有关的最新规定和变化,将计算结果加以比较。

4. 适用范围较大

税法准予扣除的项目、范围和标准,基本上对每个纳税人都是适用的,是对征税对象的一种必要扣除,几乎每个纳税人都能采用此法筹划,因此,扣除技术是一种能普遍采用、适用范围较大的税务筹划技术。

(三)扣除技术要点

1. 扣除项目最多化

在不违法和合理的情况下,尽量使更多的项目能够得到扣除。在其他条件相同的情况下,扣除的项目越多,应税基数就越小,应税基数越小,应纳税额就越少,因而节减的税收就越多。使扣除项目最多化,可以达到筹划的最大化。

2. 扣除金额最大化

在不违法和合理的情况下,尽量使各项扣除额能够最大化。在其他条件相同的情况下,扣除的金额越大,应税基数就越小,应税基数越小,应纳税额就越小,因而节减的税收就越多。使扣除金额最大化,可以达到筹划最大化。

3. 扣除最早化

在不违法和合理的情况下,尽量使各允许扣除的项目在最早的应税期得到扣除。在其他条件相同的情况下,扣除越早,早期缴纳的税收就越少,早期的现金净流量就越大,可用于扩大流动资本和进行投资的资金也越多,将来的收益也越多,因而相对节减的税收就越多。扣除最早化,可以达到筹划收益的最大化。

第四节 税率差异技术

一、税率差异的概念

税率差异是指对不同征税对象适用的税率不同,或者相同的征税对象适用的税率不同。税率是决定纳税人税负高低的主要因素之一,并且各税种的税率大多存在一定的差异。一般情况下,税率低,应纳税额少,税后收益就多。一个国家的税率差异,往往是既要考虑到公平因素,又要考虑到效率因素。

二、税务筹划的税率差异技术

(一)税率差异技术概念

税率差异技术是指在不违法和合理的情况下,利用税率的差异而直接节减税款的税务筹划技术。税率越低,节减的税额越多。

对于实行比例税率的税种,要注意着这样的税种常常有多种比例税率。对比例税率进行筹划,可以从中寻求最佳税负点。

对于实行累进税率的税种,比如个人所得税、土地增值税,筹划主要是防止适用税率的爬升。

对于实行定额税率的税种,例如城镇土地使用税、耕地占用税、车船税等税种,也可以通过筹划取得一定的税收利益。

(二)税率差异技术特点

1. 运用绝对收益筹划原理

税率差异技术运用的是绝对收益筹划原理,可以直接减少纳税人的税收绝对额。

2. 运用税率筹划原理

税率差异技术通过寻求最低的税率来实现更大的筹划收益。

3. 技术较为复杂

采用税率差异技术节减税收不单受不同税率差异的影响，有时还受不同的应税基数差异的影响，应税基数的计算很复杂。计算出结果后还要按一定的方法进行比较，才能大致知道可以节减多少税款，因此，税率差异技术较为复杂。

4. 适用范围较大

税率差异是普遍存在着的，几乎每个纳税人都有一定的挑选范围，因此，税率差异技术是一种能普遍运用、适用范围较大的税务筹划技术。

5. 具有相对确定性

税率差异是客观存在着的，而且在一定时期是相对稳定的，因此，税率差异技术具有相对的确定性。

(三) 税率差异技术要点

1. 尽量寻求税率最低化

与高税率相比，按低税率缴纳税款就能节减税款，而税率最低化能使税务筹划的收益最大化。因此要在不违法和合理的情况下，尽量寻求适用税率的最低化。

2. 与企业的经营活动有机地结合起来

在企业的设立、投资方向、投资规模等的决策中要充分考虑到税率差异的影响。

第五节 抵免技术

一、税收抵免的概念

税收抵免是指从应纳税额中扣除税收抵免额，包括避免双重征税的税收抵免和作为税收优惠或奖励的税收抵免。

避免双重征税的税收抵免是指对纳税人来源于国内外的全部所得或财产课征所得税时，允许以其在国外缴纳的所得税或财产税税款抵免应纳税款，比如《企业所得税法》规定，居民企业从其直接或者间接控制的外国企业分得的来源于中国境外的股息、红利等权益性投资收益，外国企业在境外实际缴纳的所得税税额中属于该项所得负担的部分，可以作为该居民企业的可抵免境外所得税税额，在税法规定的抵免限额内抵免。作为税收优惠或奖励的税收抵免是指对纳税人符合国家鼓励性政策的投入项目允许按投入额的多少抵免部分或全部应纳所得税额，比如《企业所得税》规定，企业购置用于环境保护、节能节水、安全生产等专用设备的投资额，可以按一定比例实行税额抵免。

属于避免双重征税性质的税收抵免，对于纳税人来说是在已缴所得税的情况下避免了重复纳税，而且还要受到抵免限额的限制，不能利用其来达到更大财务收益的筹划目的，只有取得国家奖励性税收抵免才能达到筹划的目的。

二、税务筹划的抵免技术

（一）抵免技术的概念

抵免技术是指在不违法和合理的情况下，使税收抵免额增加的税务筹划技术。税收抵免额越大，冲抵应纳税额的数额就越大，应纳税额则越少，从而节减的税额就越大。

（二）抵免技术的特点

1. 运用绝对收益筹划原理

抵免技术运用的是绝对筹划原理，直接减少纳税人的税收绝对额，属于绝对筹划型税务筹划技术。

2. 运用税额筹划原理

抵免技术直接减少纳税人的应纳税额。

3. 技术较为简单

税收抵免一般项目较少，计算较为简单。

4. 适用范围较宽

抵免普遍适用于所有纳税人，不是只适用于某些特定纳税人的优惠，因此，抵免技术适用范围较大。

（三）抵免技术要点

1. 抵免项目最多化

在不违法和合理的情况下，尽量争取更多的抵免项目。在其他条件相同的情况下，抵免的项目越多，冲抵应纳税额的项目也越多，冲抵应纳税额的项目越多，应纳税额就越少，因而节减的税款就越多。使抵免项目最多化，可以达到筹划的最大化。

2. 抵免金额最大化

在不违法和合理的情况下，尽量使各抵免项目的抵免金额最大化。在其他条件相同的情况下，抵免的金额越大，冲抵应纳税额的金额就越大，冲抵应纳税额的金额越大，应纳税额就越少，因而节减的税款就越多，从而使抵免金额最大化，以达到筹划的最大化。

3. 抵免时间尽早

在不违法和合理的情况下，尽量使各允许抵免的项目在最早的应税期得到抵免。在其他条件相同的情况下，抵免越早，早期缴纳的税收就越少，早期的现金净流量就越大，可用于扩大流动资本和进行投资的资金也越多，将来的收益也越多，因而相对节减的税收就越多。抵免时间尽早，可以达到筹划收益的最大化。

第六节　退　税　技　术

一、退税的概念

退税是税务机关按规定对纳税人已纳税款的退还。

税务机关向纳税人退税的情况一般有：税务机关误征或多征的税款，如税务机关不应征收或错误多征的税款；纳税人多缴纳的税款，如纳税人源泉扣缴的预提税或分期预缴的税款超过纳税人应纳税额的款额;出口退税;符合国家退税条件的已纳税款等。

退税技术涉及的退税主要是出口退税和税务机关退还纳税人符合国家退税条件的已纳税款。前者主要指我国对出口属于增值税、消费税的产品,除特定出口不退税的产品外,在国内生产环节征收了多少增值税、消费税税款,报关出口后应按退税办法计算应退税款。

例如,同时符合以下条件的纳税人,可以向主管税务机关申请退还增量留抵税额:① 自2019年4月税款所属期起,连续6个月(按季纳税的,连续两个季度)增量留抵税额均大于零,且第6个月增量留抵税额不低于50万元;② 纳税信用等级为A级或者B级;③ 申请退税前36个月未发生骗取留抵退税、出口退税或虚开增值税专用发票情形的;④ 申请退税前36个月未因偷税被税务机关处罚两次及以上的;⑤ 自2019年4月1日起未享受即征即退、先征后返(退)政策的。

二、税务筹划的退税技术

(一) 退税技术概念

退税技术是指在不违法和合理的情况下,使税务机关退还纳税人已纳税款的税务筹划技术。在已缴纳税款的情况下,退税无疑是偿还了缴纳的税款,节减了资金,所退税额越大,节减的税款也越多。

(二) 退税技术特点

1. 运用绝对收益筹划原理

退税技术运用的是绝对收益筹划原理,直接减少纳税人的税款支付额。

2. 运用税额筹划原理

退税技术运用税额筹划原理,减少了纳税人实际负担的纳税额。

3. 技术有难有易

出口退税技术比较复杂,其他的退税技术相对较为简单。

4. 适用范围较小

退税一般只适用于某些特定行为的纳税人,因此,退税技术适用的范围较小。

(三) 退税技术要点

1. 尽量争取退税项目最多化

在不违法和合理的情况下,尽量争取更多的退税待遇。在其他条件相同的情况下,退税的项目越多,退还的已纳税额就越多,因而节减的税款就越多,从而使退税项目最多化,以达到筹划的最大化。

2. 尽量使退税额最大化

在不违法和合理的情况下,尽量使各退税额最大化。在其他条件相同的情况下,退税额越大,退还的已纳税额就越大,因而节减的税款就越多,从而使退税额最大化,以达到筹划的最大化。

第七节 延期纳税技术

一、延期纳税的概念

延期纳税是指纳税人按照国家有关延期纳税规定延缓一定时期后再缴纳税收。比如,我国规定,境外进入免税区的货物,除国家另有规定外,免征增值税和消费税,以后如果免税进入保税区的货物运往非保税区时,才再照章征收增值税和消费税;如果保税区生产的产品,除国家另有规定外,运往境外,免征增值税和消费税。从该规定的性质看,它是一种延期纳税。

二、税务筹划的延期纳税技术

(一)延期纳税技术的概念

延期纳税技术是指在不违法和合理的情况下,使纳税人延期缴纳税收而取得相对收益的税务筹划技术。因为货币存在时间价值,延期纳税就如同纳税人取得了一笔无息贷款,可以在本期有更多的资金用于投资和再投资,将来可以获得更大的投资收益,或者可以减少企业的筹资成本,相对节减了税收取得了收益。

(二)延期纳税技术特点

1. 运用相对收益筹划

延期纳税技术运用的是相对收益筹划原理,一定时期的纳税绝对额并没有减少,是利用货币时间价值节减税款。

2. 运用税额筹划原理

延期纳税技术运用的是税额筹划原理,推迟了税金的缴纳。

3. 技术复杂

运用延期纳税技术需要对纳税人的预期应税所得进行测算,计算较为复杂,需要考虑的因素较多。

4. 适用范围大

延期纳税技术几乎适用于所有纳税人,适用范围较大。

(三)延期纳税技术要点

1. 延期纳税项目最多化

在不违法和合理的情况下,尽量争取更多的项目延期纳税。在其他条件包括一定时期纳税总额相同的情况下,延期纳税的项目越多,本期缴纳的税款就越少,获取的货币的时间价值也就越高,因而相对节减的税款就越多,筹划的收益就越大。

2. 延长期最长化

在不违法和合理的情况下,尽量争取纳税延长期最长化。在其他条件包括一定时期纳税总额相同的情况下,纳税延长期越长,由延期纳税增加的现金流量所产生的收益也将越多,因而相对节减的税收也越多。使纳税延长期最长化,可以达到筹划收益的最大化。

第八节　会计政策选择技术

一、会计政策的概念

会计政策是指企业在会计核算时所遵循的具体原则以及企业所采纳的具体会计处理方法。会计政策包括不同层次,涉及具体会计原则和会计处理方法。具体会计原则是指,企业按照国家统一会计制度规定的原则所制定的、适合本企业的会计制度所采用的会计原则;具体会计处理方法是指,企业在会计核算中对于诸多可选择的会计处理方法中所选择的适合本企业的会计处理方法。由于企业经济业务的复杂性和多样化,某些经济业务可以有多种会计处理方法,即存在不止一种可供选择的会计政策。例如,存货的计价,可以有先进先出法、加权平均法、个别计价法等;固定资产折旧方法可以有平均年限法、工作量法、双倍余额递减法、年数总和法等。企业在发生某项经济业务时,应该从允许选用的会计原则和会计处理方法中,选择适合本企业实际情况的会计政策。

采用适当的会计政策可以达到减轻税负或延缓纳税的目的。

二、税务筹划的会计政策选择技术

(一)会计政策选择技术的概念

会计政策选择技术是指在不违法和合理的情况下,采用适当的会计政策以减轻税负或延缓纳税的税务筹划技术。

会计资料是许多税种确定应纳税额的基础。所得税等重要税种的应税基数,往往是根据财务会计核算结果并加以调整计算出来的。比如,企业所得税的应税利润就是在会计利润的基础上,通过调整差异项目金额计算出来的;对税法没有明确规定的事项,都是按照财务会计处理结果计算应税所得。

会计政策的不同选择,核算出来的结果会有不同,不同的结果会对纳税人的税负产生影响,甚至有较大的影响。

1. 存货计价

存货是指企业在生产经营过程中为销售或者耗用而储存的各种资产,如库存商品、产成品、半成品、在产品以及各类材料、燃料、包装物、低值易耗品等。存货是资产负债表中的重要项目,也是利润表中用来确定构成主营业务成本的一项重要内容。如果多计期末存货成本,必然会降低本期销货成本,增大本期收益。此外,本期期末存货成本的多计,又会增加下期期初存货成本,从而使下期的销货成本提高,降低下期的收益。如果相反,则会导致另一种结果。因而能否正确地确定存货价值与能否正确反映企业的经营成果和财务状况有着密切的关系。由于存货计价对企业的收益和应税所得额均有直接影响,税法规定的存货计价方法又有多种,不同的计价方法对企业利润和纳税多少的影响是不一样的,因而企业在选择存货计价方法时,可选择一种使其税负较轻的方法。

在价格平稳或者价格波动不大时,存货的不同计价方法对成本影响不大。若遇通货膨胀,价格水平处于不断上扬的状态,因而尽早补偿材料耗费,推延所得税的缴纳时间就很必要。通常企业选择的程序为后进先出法[①]、加权平均法、先进先出法。采用先进先出法计算存货成本,其发出存货价格是前期购进存货的价格,在通货膨胀率高、存货储备时间较长的情况下,这部分补偿价值已无法再购到等量的相同存货。这会造成企业成本补偿不足、利润虚增,应补偿存货耗费的部分资金被国家以税收的形式抽走。而采用后进先出法计算存货成本,其期末存货价格接近于期初存货价格,发出存货价格符合市场价格,销售产品成本提高,应纳所得税减少,能较好抵减通货膨胀给企业带来的损失。加权平均法和移动加权平均法由于以平均价计算成本,故所得税税款介于两者之间。但是在实际运用中要注意,按照《企业所得税法实施条例》的规定,企业使用或者销售的存货的成本计算方法,只能在先进先出法、加权平均法、个别计价法中选用一种。计价方法一经选用,不得随意变更。

2. 折旧计提

固定资产在使用过程中,因发生损耗而使价值减少。为了使固定资产由于损耗而减少的价值得到及时补偿,应按期间收入与费用配比原则,将其以折旧费用分期计入产品成本和费用,就会影响利润和应纳税额。

采用不同的折旧方法对于企业来说会产生不同的税收影响。首先,不同的折旧方法使固定资产价值补偿和实物补偿的时间有早晚之分;其次,不同的折旧方法造成的年折旧计提额的不同直接关系到利润额受冲减的程度,因而造成累进税率制度下纳税的差异。企业要在国家有关折旧规定范围内选择不同的折旧方法,力图降低税负增加企业税后利润。

一般来说,企业采用加速折旧法可以在固定资产使用初期多计折旧,加大企业初期成本而减少利润,从而减轻了企业前期所得税负担,将企业缴纳所得税的时间大大推迟,因而企业可以提前取得部分现金净收入,促进资产的更新改造。企业推迟缴纳的所得税,可以视同政府提供的无息贷款,这对企业是有利的。但是,如果企业适用的所得税税率是超额累进税率,加速折旧法就不见得是最好的折旧方法。因为加速折旧使企业利润集中在后几年,使企业后几年的利润与前几年形成明显的差距,从而导致后几年必然要承担较高的税负,从而使企业纳税额增加,税负加重。而使用直线法,使企业摊入成本费用的年折旧额基本相等,从而有效地扼制了企业某几年利润过于集中,而其余年份利润骤减,使纳税金额比较小、税负比较轻。至于用哪种方法更符合企业利益,要视企业的具体情况经过计算比较而定。

3. 费用列支

企业应在税法允许的范围内,充分列支费用、预计可能发生的损失,这样才能缩小税基,减少所得税。首先,要使企业所发生的费用全部得到补偿。国家允许企业列支的费用,可使企业合理减少利润,企业应将这些费用用足,如职工福利费等。否则,会减弱企业自身的生产能力,缴纳一些不需缴的税金。其次,要充分预计可能发生的损失和费用。对于一些可预计的损失和费用,企业应以预提的方法提前计入费用。最后,对于税法有列支限额的费用尽量不要超过限额。对超过的部分,税法不允许在税前扣除,要并入利润纳税。

4. 营业收入的确认

营业收入不仅是企业计算缴纳流转税的直接依据,而且也影响企业所得税的缴纳。不同的结算方式,企业确认销售收入的时间不一样。如我国《增值税暂行条例》规定,企业采用现

[①] 我国现行会计准则、税法已经取消该计价方法。

销方式,收到货款或是取得索取货款的凭据的当天确认销售收入;企业采用托收承付或是委托收款方式,发出货物并办妥托收手续的当天确认销售收入;企业采用的赊销和分期收款方式销售货物,按合同约定的收款日期的当天确认销售收入。因此,企业可根据企业产品销售策略选择适当的销售收入确认方式,尽量推迟确认销售收入,从而推延纳税义务发生时间。

(二)会计政策选择技术的特点

1. 技术复杂

运用会计政策选择技术要经过复杂的预测和计算,计算出结果后还要按一定的方法进行比较,才能大致知道可以节减多少税额。

2. 适用范围较广

会计政策选择技术适用于所有的纳税人,不是仅适用于某些特定纳税人。

3. 受其他因素影响较大

运用会计政策选择技术必须考虑到纳税人的其他经营目标,毕竟节减税额的目标是从属于生存、发展和获利的企业目标和股东财富最大化或企业价值最大化的财务目标。比如,上市的股份有限公司可能为了实现盈利或保住配股资格,即使多缴纳所得税,也要选择有利于增加收入、减少成本费用的会计政策。

(三)会计政策选择技术的要点

(1)注意会计利润和应税利润的差异。

(2)注意税法规定对会计政策选择的限制。

关键词

税务筹划基本技术　　概念　　技术　　要点

小结

学习税务筹划,不仅要掌握基本原理,还要掌握基本技术。本章针对税制的构成要素和会计政策选择,提出了八项基本技术。

即测即评

请扫描右侧的二维码,进行即测即评。

案例分析

案例 3-1

某企业为工业企业,从事国家非限制和禁止行业,从业人数为 80 人,资产总额为 2 500 万元,在其纳税年度 12 月份预计年实现应纳税所得额 300 010 元。假设其适用的所得税税率为全额累进税率,企业的应纳税所得额大于 30 万元,适用税率 25%;企业的应纳税所得额不超过30万元,可适用20%的税率。

分析要求:

1. 该企业的应纳税所得额为300 010元和300 000元时的税负有何差异?
2. 为解决该差异以节约税款,有多种方法,但有违法与不违法之分。如:

① 向公益事业捐赠一定数额的款项;

② 多计提10元的预提费用;

③ 多发10元的工资;

④ 多购买10元的办公用品;

⑤ 多结转10元的产品销售成本。

在这些方法中,哪些是违法的?哪些是不违法的?哪些情况较为复杂,需要进一步分析?

案例3-2

以下是某企业在其设立及运营中采取的一些方案:

该企业决定按照《高新技术企业认定管理办法》申请认定为高新技术企业;

该企业选择设立在西部;

该企业通过测算,认为申请一般纳税人资格更为合适;

该企业计划采购一批用于安全生产的专用设备;

该企业兼并了一家亏损的企业;

该企业决定将生产的组合化妆品套装由先包装后出售改为先出售再包装。

分析要求:这些方案采用了哪些税务筹划技术?

复习思考题

1. 何谓减免税技术?它的特点和技术要点是什么?
2. 何谓分割技术?它的特点和技术要点是什么?
3. 何谓扣除技术?它的特点和技术要点是什么?
4. 何谓税率差异技术?它的特点和技术要点是什么?
5. 何谓抵免技术?它的特点和技术要点是什么?
6. 何谓退税技术?它的特点和技术要点是什么?
7. 何谓延期纳税技术?它的特点和技术要点是什么?
8. 何谓会计政策选择技术?它的特点和技术要点是什么?

第四章　税务筹划的基本步骤

税务筹划的基本步骤可以分为收集信息、目标分析、方案设计与选择、实施与反馈四个步骤。

第一节　收集信息

收集信息是税务筹划的基础，只有充分掌握了信息，才能进一步展开税务筹划工作。收集的信息既包括企业外部的信息，也包括企业内部的信息。

一、收集外部信息

企业是在一定的环境中生存和发展的，外界的条件制约着企业的经济活动，也影响着活动的效果。税务筹划必须掌握企业外部的信息。

（一）税收法规

税收法规是处理国家与纳税人税收分配关系的主要法律规范，包括所有调整税收关系的法律、法规、规章和规范性文件。税务筹划不能违反税务法规，而且税务筹划人要认真掌握和研究税收法规，找到其中可供税务筹划利用之处。税收法规常随经济情况的变动或为配合政策的需要而修正，修正次数较其他法律要频繁得多。因此，企业进行税务筹划时，对于税法修正的内容或趋势，必须加以密切注意并适时对筹划方案作出调整，以使自己的行为符合法律规范。

（二）其他政策法规

税务筹划的内容涉及企业生产经营活动的各方面，要有效运用税务筹划策略，不仅要了解熟悉税法，还要熟悉会计法、公司法、经济合同法、证券法等有关法律规定，唯其如此，才能分辨什么是违法，什么是不违法，在总体上确保自己的税务筹划行为的不违法性。全面了解各项法律规定，尤其是熟悉并研究各种法律制度，可以为税务筹划活动构置一个安全的环境。

（三）主管税务机关的观点

在理论上，税务筹划与逃税虽然有不同的含义，能够进行区别，但是在实践中，要分辨某一行为究竟是属于税务筹划行为，还是偷税行为却比较困难，一般要通过税务机关的认定和判断，而认定和判断又随主观与客观条件的不同而有不同的结果。因此，纳税人在进行税务筹划时，除必须精研税法及相关法律规定外，还必须进一步了解税务部门从另一角度认识的可能性，在反复研讨的基础上作出筹划。否则，一旦税务筹划被视为偷税，就会得不偿失。

二、收集内部信息

企业自身的情况是税务筹划的出发点。税务筹划必须掌握企业的内部信息。

（一）纳税人的身份

有些税种对纳税人的界定有一定差异,规定在一定条件下对有同样行为的主体不纳入征税范围。因此,对纳税人身份进行筹划,在一定条件下可以避免成为纳税人,免除纳税义务。

（二）组织形式

纳税人不同的组织形式在双重征税、亏损抵补等方面的税务待遇是不同的,税务筹划要设计最佳的组织形式。

（三）注册地点

不同的注册地点,在地区性税收优惠、宏观税负、避免双重征税等方面的规定是不同的。税务筹划要更好地利用所在地区的税收政策。

（四）所从事的产业

我国税收制度,尤其是在外商投资企业和外国企业所得税法中,在促进产业结构的调整或升级方面规定了许多税收优惠政策,充分利用这些税收优惠政策选择投资领域,可以取得更多的税收利益。

（五）财务情况

税务筹划是财务管理的一个方面,要服从于纳税人的整体财务计划,而且税务筹划也要在全面和详细了解纳税人的真实财务情况的基础上,才能制定不违法和合理的税务筹划方案。

（六）对风险的态度

税务筹划作为经济活动也存在风险。有时候风险大,报酬率也高,如何决策就要看经营管理者对于风险的认知。

（七）税务情况

了解企业以前和目前的有关税务情况,包括有关申报、纳税以及和税务机关关系等情况,有助于制定合理的企业的税务筹划方案。

第二节 目标分析

目标分析确定了税务筹划的方向和范围,也就是税务筹划的空间。在分析筹划目标时,要综合考虑多方面的因素。

一、纳税人的要求

纳税人对税务筹划的共同要求都是尽可能多地节减税额,获得税收利益,增加财务收益。但是具体来看,不同纳税人的要求可能有所不同。

（一）要求增加所得还是资本增值

纳税人对财务收益的要求大致有三种:第一种是要求最大程度地增加每年的所得;第二种是要求若干年后纳税人资本有最大的增值;第三种是既要求增加所得,也要求资本增值。对不同的要求,税务筹划也是不同的。

（二）投资要求

如果纳税人有投资意向但尚未有明确的方案,税务筹划人可以根据纳税人的具体情况进行税务筹划,提出各种投资建议,比如投资地点、投资项目、投资期限等。但有时纳税人的投资意向已经有了一定的倾向性,这时税务筹划人就必须了解纳税人的要求,根据纳税人的要求来进行税务筹划,提出建议,比如建议改子公司为分支机构等。

(三) 合理商业目的

《企业所得税法》规定,企业与其关联方之间的业务往来,不符合独立交易原则,或者企业实施其他不具有合理商业目的的安排的,税务机关有权在该业务发生的纳税年度起10年内,进行纳税调整。不具有合理商业目的,是指以减少、免除或者推迟缴纳税款为主要目的。

因此,税务筹划必须包含在合理的商业活动之中,而不能仅出于税务动机而进行筹划。

二、目标的限定

(一) 纳税成本与经济效益的选择

税务筹划和其他财务管理决策一样,必须遵循成本效益原则,只有当筹划方案的所得大于支出时,该项税务筹划才是成功的筹划。

1. 税务筹划与企业发展战略的选择

决定现代企业整体利益的因素是多方面的,税收利益虽然是企业的一项重要的经济利益,但不是企业的全部经济利益。因此,开展税务筹划应服从于企业的整体利益,不能为筹划而筹划,而应从企业的社会形象、发展战略、预期效果、成功概率等多方面综合考虑、全面权衡,切莫顾此失彼,草率行事。

2. 税务筹划目标与财务管理目标的选择

从根本上讲,税务筹划应归结于企业财务管理的范畴,它的目标是由企业财务管理的目标决定的,即实现企业所有者财富最大化。也就是说,在筹划税收方案时,不能一味地考虑税收成本的降低,而忽略因该筹划方案的实施引发的其他费用的增加或收入的减少,必须综合考虑采取该税务筹划方案是否能给企业带来绝对的收益。任何一项筹划方案都有其两面性,随着某一项筹划方案的实施,纳税人在取得部分税收利益的同时,必然会为该筹划方案的实施付出额外的费用,以及因选择该筹划方案而放弃其他方案所损失的相应机会收益。当新发生的费用或损失小于取得的利益时,该项筹划方案才是合理的,当费用或损失大于取得的利益时,该筹划方案就是不可取的。一项成功的税务筹划必然是多种税收方案的优化选择,不能认为税负最轻的方案就是最优的税务筹划方案,一味追求税收负担的降低往往会导致企业总体利益的下降。

(二) 税种间的限定

从原则上说,税务筹划可以针对一切税种,但由于不同税种的性质不同,税务筹划的途径、方法及其收益也不同。因此,只有在精心研究各个税种的性质、法律规定以及了解各税种在经济活动不同环节中的地位和影响的基础上,才能做到综合衡量、统筹考虑,选择最优的筹划方案,取得尽可能大的收益。

1. 考虑整体税负的轻重

企业的任何一项经济活动,可能会涉及多个税种,因此税务筹划不能局限于个别税种税负的高低,应着重考虑整体税负,因为纳税人的经营目标是获得最大总收益,这就要求他的整体税负最低。在考虑整体税负的同时还要着眼于生产经营业务的扩展,即使缴纳税收的绝对额增加了,甚至税负也提高了,但从长远看,资本回收率能增加,还是可取的。理想的税务筹划应是总体收益最多,不一定纳税最少。

2. 全面考察相关年度的课税情况

比如所得税是按年课税,除少部分诸如亏损抵免的运用可以绝对地减少应纳税额外,更多的所得税税务筹划实施会影响其相关年度的所得数额。换言之,今年所得额减少,常会引起明年或以后年度所得额的增加,即前后年度所得额会因不同的税务筹划策略而发生变动。因此,在进行税务筹划方案设计时,必须立足于企业经营的连续过程,将前后相关年度的课税额分别加以计算,全面考虑,才能实现税务筹划目标。

(三) 经济活动参与者的税负情况

交易方式不同,经济活动参与者各方的税收负担也可能不同,而当事人应负担的税负,往往具有高度的转嫁性,以致影响交易各方的真实税收负担。因此,在进行税务筹划时,除必须考虑本身直接应负担的税额外,同时也应该兼顾交易对方的课税情况及其税负转嫁的可能性,从而采取相应对策。

(四) 特定税种的影响

一是经济与税收相互影响的因素,也就是某个特定税种在经济活动中的地位和作用。对纳税人决策有重大影响的税种当然是税务筹划的重点。二是税收自身的因素,这主要看税种的税负弹性,税负弹性大,税务筹划的潜力也越大。

第三节 方案设计与选择

在掌握相关信息和对目标进行了仔细分析的基础上,税务筹划人可以着手设计税务筹划方案。一个纳税人或一项税务事件的筹划方案可能不止一个,税务筹划人为一个纳税人或一项税务事件制定出的筹划方案因此也往往不止一个,这样,在方案制定出来以后,下一步就是对税务筹划方案进行筛选,选出一个最优方案。

一、风险筹划方案设计与选择

任何经济决策都是面向未来的,并且会有或多或少的风险。决策时需要权衡风险和收益,才能获得较好的效果。前述绝对收益筹划和相对收益筹划,都是基于无风险的假设,即没有风险或不用考虑风险。但是税务筹划需要在企业经济行为发生前作出安排。由于环境及其他考虑变量错综复杂,且常常会发生一些非主观所能左右的事件,这就使得税务筹划带有很多不确定性因素,其成功率不可能百分之百。同时,税务筹划的经济收益也是一个估算值,并非绝对的数字。因此,企业进行税务筹划决策时,应充分考虑税务筹划风险,除了要考虑货币的时间价值外,大多数情况下还要考虑筹划的风险价值。

风险是事件本身的不确定性,具有客观性。严格说来,风险和不确定性有区别。风险是指事前可以知道所有可能的后果以及每种后果的概率。不确定性是指事前不知道可能的后果,或者知道可能的后果,但不知道它们出现的概率。在面对实际问题时,两者很难区分,风险问题的概率往往不能准确知道,不确定性问题也可以估计一个概率,因此,在实务中,对风险和不确定性不做区分,都视为"风险"问题对待,把风险理解为可测定概率的不确定性。概率的测定有两种:一种是客观概率,是指根据大量历史实际数据推算出来的概率;另一种是主观概率,是在没有大量实际资料的情况下,人们根据有限资料和经验合理估计的。

风险筹划设计是指一定时期和一定环境条件下,把风险降到最低程度去获取超过一般筹划所节减的税额。风险筹划设计主要是考虑了筹划的风险价值,是在绝对收益筹划方案、相对收益筹划方案的基础上加入了对风险的考虑。

【例 4-1】 假定某跨国纳税人在一定时期内所取得的税前所得相同,要求税务筹划的目标收益额不低于 50 万元。现有两种筹划方案如表 4-1 所示。

表 4-1 税务筹划方案对比表

筹划方案	可能性 1		可能性 2		可能性 3	
	可节减税额(万元)	概率(%)	可节减税额(万元)	概率(%)	可节减税额(万元)	概率(%)
方案 1	40	20	60	60	80	20
方案 2	30	30	75	40	130	30

该跨国纳税人应该如何选择税务筹划方案?

(1) 计算筹划方案的收益期望值 E。

方案 1 $E_1 = 40 \times 20\% + 60 \times 60\% + 80 \times 20\% = 60$(万元)

方案 2 $E_2 = 30 \times 30\% + 75 \times 40\% + 130 \times 30\% = 78$(万元)

(2) 计算筹划方案的收益标准离差 σ。

方案 1
$$\sigma_1 = \sqrt{(40-60)^2 \times 20\% + (60-60)^2 \times 60\% + (80-60)^2 \times 20\%}$$
$$= 12.65(万元)$$

方案 2
$$\sigma_2 = \sqrt{(30-78)^2 \times 30\% + (75-78)^2 \times 40\% + (130-78)^2 \times 30\%}$$
$$= 38.81(万元)$$

说明:标准离差 $\sigma = \sqrt{\sum_{i=1}^{n}(S_i - E_i)^2 P_i}$

标准离差是以绝对数来衡量待决策方案的风险,在期望值相同的情况下,标准离差越大,风险越大;相反,标准离差越小,风险越小。标准离差的局限性在于它是一个绝对数,只适用于相同期望值的决策方案风险程度的比较。

(3) 计算筹划收益的风险程度(标准离差率)V。

方案 1 $$V_1 = \frac{12.65}{60} \times 100\% = 21.08\%$$

方案 2 $$V_2 = \frac{38.81}{78} \times 100\% = 49.75\%$$

说明:标准离差率 $V_i = \frac{\sigma_i}{E_i}(i=1,2)$。

标准离差率是以相对数来衡量待决策方案的风险,一般情况下,标准离差率越大,风险越大;相反,标准离差率越小,风险越小。标准离差率指标的适用范围较广,尤其适用于期望值不同的决策方案风险程度的比较。

兹以图 4-1 表示两个方案的预计收益和风险程度。

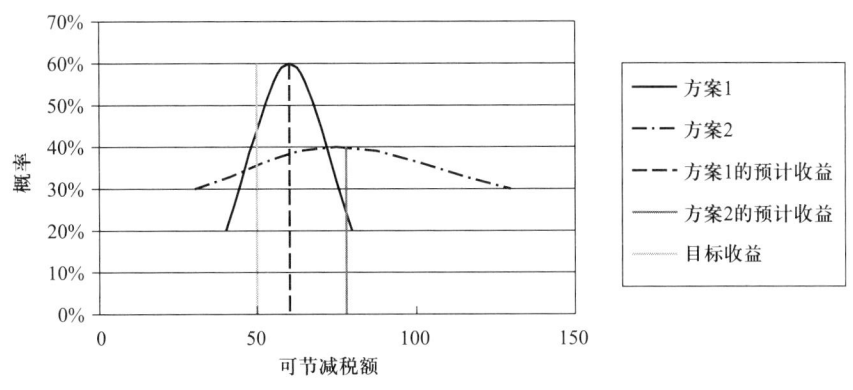

图 4-1　预计收益和风险程度示意图

从图 4-1 可以看出，两个筹划方案的期望收益额都要大于要求的目标收益额，因此，都可以采用。筹划方案 2 的风险程度要大于方案 1，但也可以获取更大的风险价值。至于到底哪个方案更好些，则取决于企业决策者对风险的态度了。稳健的企业决策者可以选择方案 1，因为方案 1 的风险小；愿冒风险去追求最大财务利益的企业决策人员可能选择方案 2，因为它有更大的风险价值。

二、组合筹划方案设计与选择

在阐述相对收益筹划方案时，涉及各种税务筹划技术可能产生的相互影响，但各种筹划技术究竟如何相互影响，影响的程度有多大，并未涉及。在阐述相对收益筹划方案时，阐述的基本上都是单一筹划技术的举例。税务筹划的目标是收益最大化，为此往往同时采用多种筹划技术，也就是采用组合筹划技术。在多种筹划技术中，有些筹划技术相互之间在节减税收和风险方面可能会相互影响。组合筹划方案设计是指一定时期和一定环境条件下，通过多种筹划技术组合使筹划总额最大化、筹划风险最小化。

（一）组合筹划方案设计要考虑各种筹划技术的相互影响

组合筹划要考虑各种筹划技术的相关性。各种筹划技术的相关性通常由相关系数 ρ 来表示，相关系数的上限是 +1，下限是 -1。相关系数必须符合：$-1 \leq \rho \leq 1$。当 $0 < \rho \leq 1$ 时，表示两种筹划技术正相关，比如当第一种筹划技术节减税收时，第二种筹划技术也节减税收；或当第一种筹划技术不能节减税收时，第二种筹划技术也不能节减税收。当 $\rho = +1$ 时，表示两种筹划技术完全正相关，比如，第一种筹划技术可以节减税收，第二种筹划技术也可以节减税收。当 $-1 \leq \rho < 0$ 时，表示两种筹划技术负相关：比如，第一种筹划技术节减税收会导致第二种筹划技术无效，甚至增加税收；或第二种筹划技术节减税收会导致第一种筹划技术无效，甚至增加税收。当 $\rho = -1$ 时，表示两种筹划技术完全负相关。当 $\rho = 0$ 时，表示两种筹划技术不相关。相关系数 ρ 表示了两种筹划技术相关的性质（正或负）以及相关的强弱，两种筹划技术的相关系数计算公式如下：

$$\rho_{AB} = \sum_{i=1}^{n} \left(\frac{S_{Ai} - E_A}{\sigma_A} \right) \left(\frac{S_{Bi} - E_B}{\sigma_B} \right) P_{ABi}$$

式中：$n=$ 情况个数

$S_{Ai}=$A 筹划技术第 i 种情况收益额

$S_{Bi}=$B 筹划技术第 i 种情况收益额

$P_{ABi}=$ 第 i 种情况 A、B 两种筹划技术共同概率

$E_A=$A 筹划技术收益期望值

$E_B=$B 筹划技术收益期望值

$\sigma_A=$A 筹划技术标准离差

$\sigma_B=$B 筹划技术标准离差

此外，组合筹划方案设计要计算多种筹划技术的组合收益期望值（率），这是组合筹划中各种筹划技术的个别收益期望值（率）的加权平均数，加权的权数是与各筹划技术节减税额相对应的未筹划前的应纳税额之间的比例，计算公式如下：

$$E_S = \sum_{X=A,B,C\cdots}^{m} W_X E_X$$

式中：$E_S=$ 组合筹划收益期望值

$m=$ 采用筹划技术的数量

$W=$ 与各种筹划技术相对应的应纳税额之间的比例

$E=$ 单种筹划技术收益期望值

$X=$ 各种筹划技术（$X=A,B,C\cdots$）

(二)两种负相关筹划技术的组合筹划

【例 4-2】 假定一个纳税人组合筹划采用 A、B 两种筹划技术：

A 筹划技术可节减税额 $S_{A1}=80$ 万元的概率 $P_{A1}=0.2$，可节减税额 $S_{A2}=100$ 万元的概率 $P_{A2}=0.6$，可能增加税额 $S_{A3}=-30$ 万元的概率 $P_{A3}=0.2$；

B 筹划技术可能增加税额 $S_{B1}=-40$ 万元的概率 $P_{B1}=0.2$，不节减税额也不增加税额的概率 $S_{B2}=0$ 的概率 $P_{B2}=0.6$，可节减税额 $S_{B3}=60$ 万元的概率 $P_{B3}=0.2$。

与这两种筹划技术相对应的应纳税额的比例为 0.5∶0.5。这个纳税人在一定时期所获得的税前所得相同，那么，在同时考虑组合筹划的相关性和风险的情况下，对这个组合筹划方案作如下分析：

(1) 计算组合筹划技术的相关系数。

A 筹划技术的收益期望值为：

$$E_A = \sum_{i=1}^{n} P_{Ai} S_{Ai} = 0.2 \times 80 + 0.6 \times 100 - 0.2 \times 30 = 70（万元）$$

B 筹划技术的收益期望值为：

$$E_B = \sum_{i=1}^{n} P_{Bi} S_{Bi} = -0.2 \times 40 + 0.6 \times 0 + 0.2 \times 60 = 4（万元）$$

A 筹划技术的收益标准离差为：

$$\sigma_A = \sqrt{(80-70)^2 \times 0.2 + (100-70)^2 \times 0.6 + (-30-70)^2 \times 0.2} = 50.60（万元）$$

B 筹划技术的收益标准离差为：

$$\sigma_B = \sqrt{(-40-4)^2 \times 0.2 + (0-4)^2 \times 0.6 + (60-4)^2 \times 0.2} = 32(万元)$$

两种筹划技术的相关系数为:

$$\rho_{AB} = \sum_{i=1}^{n} \left(\frac{S_{Ai} - E_A}{\sigma_A}\right)\left(\frac{S_{Bi} - E_B}{\sigma_B}\right) P_{ABi}$$

$$= \frac{80-70}{50.60} \times \frac{-40-4}{32} \times 0.2 + \frac{100-70}{50.60} \times \frac{0-4}{32} \times 0.6 + \frac{-30-70}{50.60} \times \frac{60-4}{32} \times 0.2$$

$$= -0.79$$

计算结果说明这两种筹划技术的负相关系数很高,表明这两种筹划技术的组合会使彼此的筹划功能呈反方向变动。

(2) 计算组合筹划的收益期望值。

$$E_S = \sum_{X=A,B,C\cdots}^{m} W_X E_X = 0.5 \times 70 + 0.5 \times 4 = 37(万元)$$

计算结果说明这两种技术由于是负相关,有相互抵消效应,筹划功能稍差,预期取得节减税收的收益 37 万元。

(3) 计算组合筹划标准离差。

$$\sigma_S = \sqrt{W_A^2 \sigma_A^2 + W_B^2 \sigma_B^2 + 2 W_A W_B \rho_{AB} \sigma_A \sigma_B}$$

$$= \sqrt{(0.5)^2 \times (50.60)^2 + (0.5)^2 (32)^2 + 2 \times 0.5 \times 0.5 \times (-0.79) \times 50.60 \times 32}$$

$$= 16.02(万元)$$

计算结果说明,也正是由于这两种筹划技术呈现较高的负相关性,其风险也因此相互抵消,风险程度较低,组合筹划的标准离差比两种筹划技术标准离差的加权平均值要低很多。

(三) 两种正相关筹划技术的组合筹划

【例 4-3】 假定一个纳税人组合筹划采用 A、C 两种筹划技术:

A 筹划技术可节减税额 S_{A1}=80 万元的概率 P_{A1}=0.2,可节减税额 S_{A2}=100 万元的概率 P_{A2}=0.6,可能增加税额 S_{A3}=-30 万元的概率 P_{A3}=0.2;

C 筹划技术可能节减税额 S_{C1}=60 万元的概率 P_{C1}=0.2,可节减税额 S_{C2}=40 万元的概率 P_{C2}=0.6,可能增加税额 S_{C3}=-30 万元的概率 P_{C3}=0.2。

与这两种筹划相对应的应纳税额的比例为 0.5:0.5。这个纳税人在一定时期所获得的税前所得相同,那么,在同时考虑组合筹划的相关性和风险的情况下,对这个组合筹划方案作如下分析:

(1) 计算组合筹划技术的相关系数。

A 筹划技术的收益期望值为:

$$E_A = \sum_{i=1}^{n} P_{Ai} S_{Ai} = 0.2 \times 80 + 0.6 \times 100 - 0.2 \times 30 = 70(万元)$$

C 筹划技术的收益期望值为:

$$E_C = \sum_{i=1}^{n} P_{Ci} S_{Ci} = 0.2 \times 60 + 0.6 \times 40 - 0.2 \times 30 = 30(万元)$$

A 筹划技术的收益标准离差为:

$$\sigma_A = \sqrt{(80-70)^2 \times 0.2 + (100-70)^2 \times 0.6 + (-30-70)^2 \times 0.2} = 50.60(万)元$$

C 筹划技术的收益标准离差为：

$$\sigma_C = \sqrt{(60-30)^2 \times 0.2 + (40-30)^2 \times 0.6 + (-30-30)^2 \times 0.2} = 30.98(万元)$$

两种筹划技术的相关系数为：

$$\rho_{AC} = \sum_{i=1}^{n} \left(\frac{S_{Ai}-E_A}{\sigma_A}\right)\left(\frac{S_{Ci}-E_C}{\sigma_C}\right) P_{ACi}$$

$$= \frac{80-70}{50.60} \times \frac{60-30}{30.98} \times 0.2 + \frac{100-70}{50.60} \times \frac{40-30}{30.98} \times 0.6 + \frac{-30-70}{50.60} \times \frac{-30-30}{30.98} \times 0.2$$

$$= 0.92$$

计算结果说明这两种技术的正相关系数很高，接近 +1，表明这两种筹划技术的组合会使彼此的筹划功能得到增强。

（2）计算组合筹划的收益期望值。

$$E_S = \sum_{X=A,B,C\cdots}^{m} W_X E_X = 0.5 \times 70 + 0.5 \times 30 = 50(万元)$$

计算结果说明这两种筹划技术的筹划功能很强，预期可节减税收 50 万元。

（3）计算组合筹划的收益标准离差。

$$\sigma_S = \sqrt{W_A^2 \sigma_A^2 + W_C^2 \sigma_C^2 + 2W_A W_C \rho_{AC} \sigma_A \sigma_C}$$

$$= \sqrt{(0.5)^2 \times (50.60)^2 + (0.5)^2 (30.98)^2 + 2 \times 0.5 \times 0.5 \times (0.92) \times 50.60 \times 30.98}$$

$$= 40.01(万元)$$

计算结果说明，A、C 两种筹划技术组合的收益标准离差 40.01 万元高于 C 筹划技术的收益标准离差 30.98 万元，低于 A 筹划技术的收益标准离差 50.60 万元，说明组合筹划相对减少了筹划风险。

（四）组合筹划方案的选择

【例 4-4】 假定可供纳税人选择的组合筹划方案有两个：方案 1 为 A、B 技术组合筹划方案，方案 2 为 A、C 技术组合筹划方案，情况如上所述。那么，应该选择哪个筹划方案？

（1）比较组合筹划方案的收益期望值 E。

方案 1 $E_{S1}=37$（万元）

方案 2 $E_{S2}=50$（万元）

（2）比较组合筹划方案的收益标准离差。

方案 1 $\sigma_{S1}=16.02$（万元）

方案 2 $\sigma_{S2}=40.01$（万元）

（3）比较组合筹划方案的标准离差率 V。

方案 1 $V_1 = \frac{16.02}{37} \times 100\% = 43.30\%$

方案 2 $V_2 = \frac{40.01}{50} \times 100\% = 80.02\%$

说明：标准离差率 $V=\dfrac{\sigma_s}{E_s}$

从上可以看出：筹划方案2的收益期望值比筹划方案1的收益期望值要大13万元(50-37)；由于两个组合筹划方案的收益期望值不同，其风险程度要用标准离差率来比较，比较的结果是方案2的风险程度是筹划方案1的1.85倍(80.02%÷43.30%)。因此，尽管筹划方案2的收益期望值比筹划方案1的收益期望值要大，但作为一个明智的税务筹划人，一般会选择方案1。

第四节　实施与反馈

税务筹划方案制定后，还需经有权管理人员批准，即可进入实施阶段。

企业应当按照税务筹划方案，对自己的纳税人身份、组织形式、注册地点、所从事的产业、经济活动以及会计处理等作出相应的处理或改变，并且要特别注意税务筹划方案中特殊的法律安排，因为税务筹划是以不违法为前提的，如果在执行中出现偏差，有可能带来不良后果。企业的财务部门应该对采取筹划方案后取得的财务收益进行记录。

税务筹划人应当通过一定的信息反馈渠道，了解企业实际的经济活动情况以及税务筹划方案的实施情况。税务筹划人根据这些实际数据计算出税务筹划方案应该达到的效果，例如应该节减的税额等。然后，税务筹划人将应该达到的标准与实际情况的差距进行比较，确定其差额，发现例外情况，对足够大的差异应该跟纳税人进行沟通，并进行具体的调查研究，以发现产生差异的具体原因。如果是纳税人没有按税务筹划人的原意执行税务筹划方案时，税务筹划人应给予提示，指出其可能产生的后果；当反馈的信息表明，税务筹划人设计的税务方案有误时，税务筹划人应及时修订其设计的税务筹划方案。当企业所处的经济环境和自身情况发生变化时，税务筹划人应该评估这些变化对税务筹划方案运行的影响，如果有必要，应该根据新的经济活动状况重新设计或修正税务筹划方案。

关键词

税务筹划基本步骤　　收集信息　　目标分析　　方案设计与选择

小结

税务筹划是一个系统工程，应遵循严格的程序和步骤。本章将税务筹划归纳为四个基本步骤，即收集信息、目标分析、方案设计与选择、实施与反馈。

即测即评

请扫描右侧的二维码，进行即测即评。

案例分析

案例 4-1

假定某纳税人在一定时期内所取得的税前所得相同,其目标筹划收益额为 $S_t=80$ 万元,目标筹划收益率 R_t 为 10%,无风险筹划收益额 S_f 为 40 万元,无风险筹划收益率 R_f 为 5%。其筹划方案如表 4-2 所示。

表 4-2 筹划方案

筹划方案	可能性 1		可能性 2		可能性 3	
	可节减税额(万元)	概率	可节减税额(万元)	概率	可节减税额(万元)	概率
方案 1	80	20%	100	50%	120	20%
方案 2	100	30%	140	40%	120	30%

分析要求:在考虑风险价值的情况下,企业应该选择哪一个筹划方案?

案例 4-2

假定某纳税人组合筹划采用两种筹划技术,要么是 AB 组合,要么是 AC 组合:

A 筹划技术:可节减税额 $S_{A1}=60$ 万元的概率 $P_{A1}=0.3$,可节减税额 $S_{A2}=80$ 万元的概率 $P_{A2}=0.4$,可能增加税额 $S_{A3}=-30$ 万元的概率 $P_{A3}=0.3$;

B 筹划技术:可能增加税额 $S_{B1}=-30$ 万元的概率 $P_{B1}=0.3$,不节减税额也不增加税额的概率 $S_{B2}=0$ 的概率 $P_{B2}=0.4$,可节减税额 $S_{B3}=50$ 万元的概率 $P_{B3}=0.3$。

C 筹划技术:可能节减税额 $S_{C1}=40$ 万元的概率 $P_{C1}=0.3$,可节减税额 $S_{C2}=60$ 万元的概率 $P_{C2}=0.4$,可能增加税额 $S_{C3}=-40$ 万元的概率 $P_{C3}=0.3$。

分析要求:与筹划技术相对应的应纳税额的比例为 0.5∶0.5,假定该纳税人在一定时期所获得的税前所得相同,那么,在同时考虑组合筹划的相关性和风险的情况下,纳税人应该采取哪种组合筹划方案?

复习思考题

1. 试述税务筹划的基本步骤。
2. 税务筹划需要收集的外部信息有哪些?内部信息有哪些?
3. 税务筹划需要考虑的目标限定都包括什么?

第 二 篇

企业主要税种的税务筹划

第五章　增值税的税务筹划

增值税作为一种流转税,具有税负转嫁特性,当市场上供给弹性无限大而需求弹性无限小时,增值税税负全部由消费者承担;当需求弹性无限大而供给完全无弹性时,增值税税负则全部由生产经营者承担。纳税人一般所处的环境是在这两个极端之间,即供给与需求双方均具有一定的弹性。因此,一般情况下,供求双方都要负担一定的增值税税负。所以,增值税税务筹划是十分必要的。

第一节　计税方法选择的税务筹划

增值税的计税方法,包括一般计税方法和简易计税方法。一般计税方法的应纳税额,是指当期销项税额抵扣当期进项税额后的余额。应纳税额计算公式为:

$$应纳税额 = 当期销项税额 - 当期进项税额$$

当期销项税额小于当期进项税额不足抵扣时,其不足部分可以结转下期继续抵扣。自2019年4月1日起,符合条件的纳税人可以向主管税务机关申请退还增量留抵税额。

简易计税方法的应纳税额,是指按照销售额和增值税征收率计算的增值税额,不得抵扣进项税额。应纳税额计算公式为:

$$应纳税额 = 销售额 \times 征收率$$

一般纳税人发生应税行为适用一般计税方法计税。小规模纳税人发生应税行为适用简易计税方法计税。

一般纳税人发生财政部和国家税务总局规定的特定应税行为,可以选择适用简易计税方法计税,但一经选择,36个月内不得变更。

一、一般纳税人和小规模纳税人身份的筹划

(一) 两类纳税人的划分标准

根据《财政部　税务总局关于统一增值税小规模纳税人标准的通知》(财税[2018]33号)的规定,小规模纳税人的认定标准是:年应征增值税销售额500万元及以下。年应税销售额是指纳税人在连续不超过12个月的经营期内累计应征增值税销售额,包括纳税申报销售额、稽查查补销售额、纳税评估调整销售额、税务机关代开发票销售额和免税销售额。

根据《增值税一般纳税人资格认定管理办法》第三条规定:增值税纳税人年应税销售额超过财政部、国家税务总局规定的小规模纳税人标准的,除个体工商户以外的其他个人、选择按照小规模纳税人纳税的非企业性单位、选择按照小规模纳税人纳税的不经常发生应税行为的企业外,应当向主管税务机关申请一般纳税人资格认定。第四条规定:年应税销售额未超过财政部、国家税务总局规定的小规模纳税人标准以及新开业的纳税人,可以向主管税务机关申

请一般纳税人资格认定。对提出申请并且同时符合下列条件的纳税人,主管税务机关应当为其办理一般纳税人资格认定:① 有固定的生产经营场所;② 能够按照国家统一的会计制度规定设置账簿,根据合法、有效凭证核算,能够提供准确的税务资料。

(二) 两类纳税人的税收差异

1. 计税方法不同

增值税一般纳税人采用一般计税方法计税,实行税款抵扣制,应纳税额为当期销项税额抵扣当期进项税额后的余额。我国现行增值税一般纳税人的税率有13%、9%和6%三档。小规模纳税人采用简易计税方法计税,按照销售额和征收率计算应纳税额的简易办法,不得抵扣进项税额。小规模纳税人的征收率为3%或5%。

2. 增值税专用发票使用权限不同

增值税一般纳税人可以自行开具增值税专用发票和普通发票。销售方给购买方开具的增值税专用发票,购买方作为一般纳税人,可以凭取得的专用发票上注明的进项税额抵扣销项税额。小规模纳税人一般情况下不允许自己开具增值税专用发票,只能开具增值税普通发票,或者申请主管税务机关按照适用征收率代开增值税专用发票。目前,小规模纳税人自行开具增值税专用发票的试点范围在不断扩大,住宿业、鉴证咨询业、建筑业、工业、信息传输、软件和信息技术服务业,租赁和商务服务业,科学研究和技术服务业,居民服务、修理和其他服务业等14个行业的小规模纳税人可以申请自行开具增值税专用发票,也可以向主管税务机关申请代开增值税专用发票,税率仍为适用征收率。

(三) 纳税人身份的税务筹划

增值税纳税人身份选择不同,增值税的缴纳方式也不同,对企业的整体税负也会有较大的影响。这种差别待遇,为小规模纳税人与一般纳税人进行税务筹划提供了可能性。企业为了减轻增值税税负,可以事先从不同的角度计算两类纳税人的税负平衡点,通过税负平衡点,就可以合理合法地选择税负较轻的增值税纳税人身份。

1. 增值率筹划法

增值额是指纳税人在生产经营或者提供应税服务过程中新创造的价值,是商品或服务价值扣除生产经营过程中消耗的生产资料的转移价值之后的余额,即销售商品价款或者应税服务价款与购进货物价款之间的差额。

$$增值率 = \frac{销售商品(或应税服务)价款 - 购进货物价款}{销售商品(或提供服务)价款} \times 100\%$$

$$= \frac{销项税额 - 进项税额}{销项税额} \times 100\% (假设销项税额和进项税额适用的税率相同)$$

假定纳税人销售商品或者提供服务的增值率为 R_{va},销售商品或者提供服务价款为 S,购进货物价款为 P,一般纳税人的适用税率为 T_1,小规模纳税人的征收率为 T_2,则:$R_{va} = (S-P) \div S \times 100\%$。

$$一般纳税人应纳增值税额 = S \times T_1 - P \times T_1$$
$$= (S-P) \times T_1$$
$$= R_{va} \times S \times T_1$$

小规模纳税人应纳增值税额 $=S\times T_2$

当两类纳税人应纳增值税额相等时,则:

$$R_{va}\times S\times T_1=S\times T_2$$

$$R_{va}=\frac{T_2}{T_1}\times 100\%$$

因此,增值税两类纳税人税负的平衡点增值率为 R_{va}。当实际增值率等于 R_{va} 时,小规模纳税人与一般纳税人的税负相同;当实际增值率小于 R_{va} 时,小规模纳税人税负重于一般纳税人;当实际增值率大于 R_{va} 时,一般纳税人税负重于小规模纳税人。所以,在增值率较低的情况下,一般纳税人比小规模纳税人要有优势,主要原因是前者可以抵扣进项税额,而后者不能。但随着增值率的上升,一般纳税人的优势就越来越小,小规模纳税人更具有降低税负的优势。

上述计算是在不含税情况下计算的增值率。若在含税情况下,增值率的计算如下:同样假定纳税人的增值率为 R_{va},销售商品或者提供服务的价税款为 S,购进货物价税款为 P,一般纳税人的适用税率为 T_1,小规模纳税人的征收率为 T_2,则 $R_{va}=(S-P)\div S\times 100\%$。

$$一般纳税人应纳增值税额 = \frac{S}{1+T_1}\times T_1-\frac{P}{1+T_1}\times T_1$$

$$=\frac{S-P}{1+T_1}\times T_1$$

$$=\frac{R_{va}\times S}{1+T_1}\times T_1$$

小规模纳税人应纳增值税额 $=\dfrac{S}{1+T_2}\times T_2$

当两类纳税人应纳增值税额相等时,则:

$$\frac{R_{va}\times S}{1+T_1}\times T_1=\frac{S}{1+T_2}\times T_2$$

$$R_{va}=\frac{(1+T_1)T_2}{(1+T_2)T_1}\times 100\%$$

依据上述公式,一般纳税人增值税税率为 13%、9% 和 6%,小规模纳税人增值税征收率为 3% 时的两类纳税人税负平衡点的增值率如表 5-1 所示。

表 5-1 两类纳税人税负平衡点的增值率

一般纳税人税率	小规模纳税人征收率	不含税平衡点增值率	含税平衡点增值率
13%	3%	23.08%	25.32%
9%	3%	33.33%	35.28%
6%	3%	50%	51.46%

表 5-1 中,一般纳税人税率为 13%、小规模纳税人征收率为 3% 时,当不含税增值率为 23.08% 时,两者税负相同;当不含税增值率低于 23.08% 时,小规模纳税人的税负重于一般纳

税人,适宜选择做一般纳税人;当不含税增值率高于23.08%时,则一般纳税人税负重于小规模纳税人,适宜选择做小规模纳税人。当含税增值率为25.32%时,两类纳税人税负相同;当含税增值率低于25.32%时,小规模纳税人税负大于一般纳税人;若含税增值率高于25.32%,小规模纳税人税负小于一般纳税人。

【例5-1】 某企业为生产企业,当年被核定为小规模纳税人,其购进的含13%增值税的原材料价款为300万元,实现含税销售额为420万元。次年1月主管税务机关开始新年度纳税人认定工作,根据税法规定,该企业虽然经营规模达不到一般纳税人的销售额标准,但会计制度健全,能够按照会计制度和税务机关的要求准确核算销项税额、进项税额和应纳税额,能提供准确的税务资料,经主管税务机关批准,可以被认定为一般纳税人。因此,该企业既可以选择小规模纳税人(征收率3%)身份,也可以选择一般纳税人(适用税率13%)身份。该企业应当如何进行纳税人身份的税务筹划?

该企业含税增值率 =(420−300)÷420×100%=28.57%

实际含税增值率为28.57%,大于两类纳税人含税平衡点的增值率25.32%,选择一般纳税人的增值税税负将重于小规模纳税人,因此,该企业维持小规模纳税人身份更为有利。

若为一般纳税人,

应纳增值税额 =420÷(1+13%)×13%−300÷(1+13%)×13% =13.81(万元)

若为小规模纳税人,

应纳增值税额 =420÷(1+3%)×3% =12.23(万元)

选择小规模纳税人的增值税税负降低额 = 13.81−12.23=1.58(万元)

2. 抵扣率筹划法

抵扣额是指纳税人在生产经营或者提供应税服务过程中消耗的生产资料的转移价值,即符合增值税抵扣条件的购进货物价款。抵扣率即购进货物价款与销售商品或提供服务价款之比。

$$抵扣率 = \frac{购进货物价款}{销售商品或提供应税服务价款} \times 100\%$$

$$= \frac{进项税额}{销项税额} \times 100\% (假设销项税额和进项税额适用的税率相同)$$

$$= 1-增值率$$

假定纳税人购进货物的抵扣率为R_d,销售商品或者提供应税服务的价款为S,购进货物价款为P,一般纳税人的适用税率为T_1,小规模纳税人的征收率为T_2,则$R_d = P \div S \times 100\%$。

$$一般纳税人应纳增值税额 = S \times T_1 - P \times T_1$$
$$= S \times T_1 - S \times R_d \times T_1$$
$$= S \times (1-R_d) \times T_1$$

小规模纳税人应纳增值税额 $= S \times T_2$

当两类纳税人应纳增值税额相等时,则:

$$S \times (1-R_d) \times T_1 = S \times T_2$$

$$R_\mathrm{d}=\frac{T_1-T_2}{T_1}\times100\%$$

因此,两类纳税人增值税税负的平衡点为抵扣率 R_d。当实际抵扣率等于 R_d 时,小规模纳税人与一般纳税人的税负相同;当实际抵扣率小于 R_d 时,一般纳税人税负重于小规模纳税人;当实际抵扣率大于 R_d 时,小规模纳税人税负重于一般纳税人。所以,在抵扣率较高的情况下,可抵扣的进项税额越高,一般纳税人比小规模纳税人税负越轻。

同样,上述计算也是在不含税情况下计算的购进货物的抵扣率。若在含税情况下,抵扣率的计算如下:假定纳税人的抵扣率为 R_d,销售商品或者提供应税服务的价税款为 S,购进货物价税款为 P,一般纳税人的适用税率为 T_1,小规模纳税人的征收率为 T_2,则:$R_\mathrm{d}=P\div S\times100\%$。

$$\begin{aligned}\text{一般纳税人应纳增值税额}&=\frac{S}{1+T_1}\times T_1-\frac{P}{1+T_1}\times T_1\\&=\frac{S-P}{1+T_1}\times T_1\\&=\frac{(1-R_\mathrm{d})\times S}{1+T_1}\times T_1\end{aligned}$$

$$\text{小规模纳税人应纳增值税额}=\frac{S}{1+T_2}\times T_2$$

当两类纳税人应纳增值税额相等时,则:

$$\frac{(1-R_\mathrm{d})\times S}{1+T_1}\times T_1=\frac{S}{1+T_2}\times T_2$$

$$R_\mathrm{d}=\frac{T_1-T_2}{T_1(1+T_2)}\times100\%$$

一般纳税人增值税税率为13%、9%和6%,小规模纳税人增值税征收率为3%时两类纳税人税负平衡点的抵扣率如表5-2所示。

表5-2 两类纳税人税负平衡点的抵扣率

一般纳税人税率	小规模纳税人征收率	不含税平衡点抵扣率	含税平衡点抵扣率
13%	3%	76.92%	74.68%
9%	3%	66.67%	64.72%
6%	3%	50%	48.54%

表5-2中,一般纳税人税率为13%、小规模纳税人征收率为3%时,当不含税抵扣率为76.92%时,两种纳税人税负完全相同;当不含税抵扣率高于76.92%时,一般纳税人税负轻于小规模纳税人,适宜选择做一般纳税人;当不含税抵扣率低于76.92%时,则一般纳税人税负重于小规模纳税人,适宜选择做小规模纳税人。当含税抵扣率为74.68%时,两类纳税人税负相同;当含税抵扣率高于74.68%时,小规模纳税人税负大于一般纳税人;若含税抵扣率低于74.68%时,小规模纳税人税负小于一般纳税人。

【例 5-2】 某科研所为非企业性单位,所研制的产品科技含量较高,当年预计不含税销售额 2 000 万元,购进不含增值税的原材料价款为 800 万元,该科研所如何进行纳税人身份的税务筹划?

税法规定年应税销售额超过小规模纳税人标准的个人按小规模纳税人纳税,非企业性单位、不经常发生应税行为的企业,可选择小规模纳税人身份,即该科研所作为非企业性单位,既可以按小规模纳税人(征收率 3%),也可以申请为一般纳税人(适用税率 13%)。

$$该科研所预计抵扣率 = \frac{800}{2\,000} \times 100\% = 40\%$$

预计抵扣率为 40%,小于两类纳税人平衡点的抵扣率 76.92%,该科研所申请为一般纳税人后的增值税税负将重于小规模纳税人,因此,该科研所应选择小规模纳税人身份更为有利。

若为一般纳税人,

$$应纳增值税额 = 2\,000 \times 13\% - 800 \times 13\% = 156(万元)$$

若为小规模纳税人,

$$应纳增值税额 = 2\,000 \times 3\% = 60(万元)$$
$$选择小规模纳税人的增值税税负降低额 = 156 - 60 = 96(万元)$$

3. 直接比较法

如果纳税人取得的进项税额适用不同税率,既有购进货物 13% 的税率,也有接受服务 9% 或 6% 的税率,则不适合采用上述增值率或抵扣率筹划法,此时可以采用直接比较法进行筹划。假定纳税人销售商品、应税服务的含税年销售额预计为 S,一般纳税人适用的税率为 T_1,小规模纳税人的征收率为 T_2,其一年中预计能够取得的增值税进项税额为 I,则:

$$一般纳税人应纳增值税 = S \times T_1/(1+T_1) - I$$
$$小规模纳税人应纳增值税 = S \times T_2/(1+T_2)$$

当两类纳税人应纳增值税额相等时,则:

$$I/S = T_1/(1+T_1) - T_2/(1+T_2)$$

因此,当预计能够取得的增值税进项税额与含税销售额之比等于 $T_1/(1+T_1) - T_2/(1+T_2)$ 时,一般纳税人和小规模纳税人税负相同;当预计能够取得较多的增值税进项税额,使得增值税进项税额与含税销售额之比大于 $T_1/(1+T_1) - T_2/(1+T_2)$ 时,一般纳税人税负会轻于小规模纳税人,适宜选择一般纳税人;当预计能够取得的增值税进项税额较少,增值税进项税额与含税销售额之比小于 $T_1/(1+T_1) - T_2/(1+T_2)$ 时,一般纳税人税负会重于小规模纳税人,适宜选择小规模纳税人。

依据上述公式,当提供应税服务的一般纳税人的增值税税率为 9%,小规模纳税人征收率为 3% 时,两类纳税人税负平衡点就是 5.34%。当能够取得的增值税进项税额与含税销售额之比大于 5.34% 时,适宜选择一般纳税人,反之,适宜选择小规模纳税人。

【例 5-3】 即将成立的昌达长途运输公司预计未来的运输收入为 400 万元/年,物料消耗方面预计每年能够取得 25 万元的进项税额,新购进的汽车预计能够取得 5 万元的进项税额,请问是做小规模纳税人合算还是一般纳税人合算?

$$I/S = (25+5) \div 400 = 7.5\%$$

预计能够取得的进项税额与含税销售额之比为 7.5%,大于 5.34%,所以,适宜选择一般纳税人。

若为一般纳税人,

$$应纳增值税额 = 400 \div (1+9\%) \times 9\% - 25 - 5 = 3.03(万元)$$

若为小规模纳税人,

$$应纳增值税额 = 400 \div (1+3\%) \times 3\% = 11.65(万元)$$

$$选择一般纳税人的增值税税负降低额 = 11.65 - 3.03 = 8.62(万元)$$

(四) 筹划中应注意的问题

综上所述,企业可以通过增值率筹划法、抵扣率筹划法、直接比较法等方法,选择税负最轻、对自己最为有利的增值税纳税人身份,获取最大的节税收益。但在筹划过程中还要注意以下几个方面:

1. 筹划方法的适用对象

根据《增值税暂行条例实施细则》规定,销售额超过小规模纳税人标准,未办理一般纳税人认定手续的纳税人,应按销售额依照增值税税率计算应纳税额,不得抵扣进项税额,也不得使用增值税专用发票。所以,纳税人只要具备了一般纳税人条件就必须办理一般纳税人资格,否则就不能按小规模纳税人征收率计算税款,而必须按13%、9%或6%的税率直接计算应纳税额。所以销售额超过500万元的纳税人在增值税纳税人身份选择方面余地不大。自然人为纳税人的,无论其年应税销售额多高,只能为小规模纳税人。能够进行纳税人身份选择的主要包括以下三类:① 预计销售额在500万元附近及以下的企业;② 不经常发生应税行为的单位和个体工商户;③ 新开业的增值税纳税人。

2. 企业产品的性质及客户的类型

如果企业产品销售对象多为一般纳税人,决定着企业受到开具增值税专用发票的制约,必须选择做一般纳税人,才有利于产品的销售。如果企业增值税只能提供普通发票,或者只能提供3%征收率的专用发票,购买方一般都会要求销售方降低价格,弥补由此产生的损失。如果企业客户多为小规模纳税人或个体消费者,不受发票类型的限制,则筹划空间较大。因此,纳税人要认真分析企业产品的性质,分析购买方的特点,既要降低增值税税负,又不能损失客户群,影响销售量和利润额。

3. 纳税人身份转化的成本

上述筹划主要发生在企业成立初期,一旦纳税人已经认定了身份,则自由转换身份就不是一件特别容易的事情了。在法律上,不同身份之间的转换会受到不同的影响。从小规模纳税人转换成一般纳税人相对而言是允许的,而且还不能恶意隐瞒。但是,从一般纳税人转换成小规模纳税人,则受到限制。《增值税暂行条例实施细则》规定,除国家税务总局另有规定外,纳税人一经认定为一般纳税人后,不得转为小规模纳税人。同时,一般纳税人必须具备健全的会计核算制度,设置完整的账簿,全面准确地进行会计核算。这些都将增加会计成本和纳税费用,所以筹划中要考虑成本效益原则。

二、一般纳税人计税方法的筹划

一般纳税人发生特定应税行为,可以选择适用简易计税方法计税,但一经选择,36个月内不得变更。一般纳税人可以选择适用简易计税方法计算缴纳增值税分为以下三种情况:

(一) 按照5%征收率

(1) 出租、销售2016年4月30日前取得的不动产。

(2) 提供劳务派遣服务、安全保护服务(含提供武装守护押运服务)选择差额纳税的。

(3) 收取试点前开工的一级公路、二级公路、桥、闸通行费。

(4) 提供人力资源外包服务。

(5) 转让2016年4月30日前取得的土地使用权,以取得的全部价款和价外费用减去取得该土地使用权的原价后的余额为销售额。

(6) 2016年4月30日前签订的不动产融资租赁合同。

(7) 以2016年4月30日前取得的不动产提供的融资租赁服务。

(8) 房地产开发企业出租、销售自行开发的房地产老项目。

(二) 按照3%征收率

(1) 销售自产的用微生物、微生物代谢产物、动物毒素、人或动物的血液或组织制成的生物制品。

(2) 寄售商店代销寄售物品(包括居民个人寄售的物品在内)。

(3) 典当业销售死当物品。

(4) 销售自产的县级及县级以下小型水力发电单位生产的电力。

(5) 销售自产的自来水。

(6) 销售自产的建筑用和生产建筑材料所用的砂、土、石料。

(7) 销售自产的以自己采掘的砂、土、石料或其他矿物连续生产的砖、瓦、石灰(不含粘土实心砖、瓦)。

(8) 销售自产的商品混凝土(仅限于以水泥为原料生产的水泥混凝土)。

(9) 单采血浆站销售非临床用人体血液。

(10) 药品经营企业销售生物制品。

(11) 一般纳税人提供城市电影放映服务。

(12) 建筑工程总承包单位为房屋建筑的地基与基础、主体结构提供工程服务,建设单位自行采购全部或部分钢材、混凝土、砌体材料、预制构件的,适用简易计税方法计税。

(13) 销售自己使用过的固定资产,适用简易办法依照3%征收率减按2%征收增值税政策的,可以放弃减税,按照简易办法依照3%征收率缴纳增值税,并可以开具增值税专用发票。

(14) 兽用药品经营企业销售兽用生物制品。

(15) 公共交通运输服务。包括轮客渡、公交客运、地铁、城市轻轨、出租车、长途客运、班车。

(16) 经认定的动漫企业为开发动漫产品提供的服务,以及在境内转让动漫版权。

(17) 电影放映服务、仓储服务、装卸搬运服务、收派服务和文化体育服务(含纳税人在游览场所经营索道、摆渡车、电瓶车、游船等取得的收入)。

(18) 以纳入营改增试点之日前取得的有形动产为标的物提供的经营租赁服务。

(19) 纳入营改增试点之日前签订的尚未执行完毕的有形动产租赁合同。

(20) 以清包工方式提供的建筑服务。

(21) 为甲供工程提供的建筑服务。

(22) 为建筑工程老项目提供的建筑服务。

(23) 公路经营企业收取试点前开工的高速公路的车辆通行费。

(24) 中国农业发展银行总行及其各分支机构提供涉农贷款取得的利息收入。

(25) 农村信用社、村镇银行、农村资金互助社、由银行业机构全资发起设立的贷款公司、法人机构在县（县级市、区、旗）及县以下地区的农村合作银行和农村商业银行提供金融服务收入。

(26) 对中国农业银行纳入"三农金融事业部"改革试点的各省、自治区、直辖市、计划单列市分行下辖的县域支行和新疆生产建设兵团分行下辖的县域支行（也称县事业部），提供农户贷款、农村企业和农村各类组织贷款取得的利息收入。

(27) 提供非学历教育服务。

(28) 提供教育辅助服务。

(29) 非企业性单位中的一般纳税人提供的研发和技术服务、信息技术服务、鉴证咨询服务，以及销售技术、著作权等无形资产。

(30) 非企业性单位中的一般纳税人提供技术转让、技术开发和与之相关的技术咨询、技术服务。

(31) 光伏发电项目发电户销售电力产品。

(32) 提供物业管理服务的纳税人，向服务接受方收取的自来水水费，以扣除其对外支付的自来水水费后的余额为销售额，按照简易计税方法依3%的征收率计算缴纳增值税。

(33) 一般纳税人销售电梯的同时提供安装服务，其安装服务可以按照甲供工程选择适用简易计税方法计税。

(34) 资管产品管理人运营资管产品过程中发生的增值税应税行为，暂适用简易计税方法，按照3%的征收率缴纳增值税。

（三）按照3%征收率减按2%征收

(1) 2008年12月31日以前未纳入扩大增值税抵扣范围试点的纳税人，销售自己使用过的2008年12月31日以前购进或者自制的固定资产。

(2) 2008年12月31日以前已纳入扩大增值税抵扣范围试点的纳税人，销售自己使用过的在本地区扩大增值税抵扣范围试点以前购进或者自制的固定资产。

(3) 销售自己使用过的属于《增值税暂行条例》第十条规定不得抵扣且未抵扣进项税额的固定资产。

(4) 纳税人销售旧货。

(5) 纳税人购进或者自制固定资产时为小规模纳税人，认定为一般纳税人后销售该固定资产。

(6) 一般纳税人销售自己使用过的、纳入营改增试点之日前取得的固定资产，按照现行旧货相关增值税政策执行。

由上述规定可以得知，一般纳税人提供的公共交通运输服务，既可以选择按9%的税率按一般计税方法计算缴纳增值税，也可以选择3%征收率的简易计税方法，具体选择哪个，取决于其增值税的实际税负。如果能够取得足够多的可抵扣的进项税额，使其按9%的税率计算缴纳增值税的实际税负比较低，则应选择按一般计税方法计算缴纳增值税，反之，则应该选择简易计税方法。

【例 5-4】 某市拟新成立一家公交运输企业,主要从事城际公共交通运输业务。年运输收入预计 10 亿元。未来 5 年内车辆购置费用达 20 亿元,5 年内的油料、维修等费用达 12 亿元。企业应该选择怎样的计税方法进行税务筹划?

如果选择适用 3% 的税率按照简易办法征税,则 5 年内应当缴纳的税款为:
$$10 \times 5 \div (1+3\%) \times 3\% = 1.456(亿元)$$
如果选择按照一般计税方法纳税,则 5 年内应当缴纳的增值税为:
$$10 \times 5 \div (1+9\%) \times 9\% - [(20+12) \div (1+13\%) \times 13\%] = 0.447(亿元)$$
很显然,对该企业来说,选择适用简易计税方法缴纳的增值税更多,应该选择一般计税方法,按 9% 的税率计算缴纳增值税。

建筑业一般纳税人为甲供工程提供的建筑服务可选择简易计税方法。但是,按照《财政部 国家税务总局关于建筑服务等营改增试点政策的通知》(财税[2017]58 号)的规定,建筑工程总承包单位为房屋建筑的地基与基础、主体结构提供工程服务,建设单位自行采购全部或部分钢材、混凝土、砌体材料、预制构件的,适用简易计税方法计税。也就是说,对于符合上述条件的甲供工程,企业只能按简易计税处理,不存在计税方法筹划的空间。

【例 5-5】 甲公司是增值税一般纳税人,承包了一个工程项目,工程款合计为 500 万元,甲公司采取包工包料方式,采购材料和设备不含税价款 250 万元,增值税税率为 13%。

若甲公司选择简易计税方法,则:
$$应纳增值税 = 500 \div (1+3\%) \times 3\% = 14.56(万元)$$
若甲公司选择一般计税方法,则:
$$应纳增值税 = 500 \div (1+9\%) \times 9\% - 250 \times 13\% = 8.78(万元)$$
这种情况下,选择简易计税方法缴纳的增值税多于一般计税方法。

企业在选择计税方法时要根据实际情况做具体分析。首先要分析客户群体的需求,例如房地产公司,如果房地产公司是一般纳税人且采用一般计税方法,就需要企业提供尽可能多的进项税额作抵扣,在一般情况下不会选择小规模纳税人或一般纳税人中采用简易方法计税的企业作为合作伙伴。如果企业采用简易计税方法,可能就有丢掉业务的风险,影响生产经营业务的扩展。其次要分析上游环节能否提供增值税专用发票,例如工程项目使用的原材料的采购、临时设施的建设、人工费用的支付等,如果企业选择一般计税方法,会希望最大限度地取得合法有效的抵扣凭证,及时足额抵扣进项税额。当然在考虑上下游企业需求的同时,还要考虑报价等各种因素,双方通过协商,统筹考虑,选择能使企业效益最大化的计税方法。最后企业还要分析自身的业务内容,一类是只提供人工劳务服务的清包工程,由于仅有少许的辅料能取得进项税额,选择简易计税方法其税负比较低;另一类是包工包料工程,可抵扣的进项税额大部分来自于材料和设备,税率为 13%,采用一般计税方法,进项税额抵扣较多,可以减轻企业的整体税负。可以参照前述方法,推导出两种计税方法的税负平衡点。

假设材料和设备的进项税税率都是 13%,则:

采用一般计税方法时,
$$应纳税额 = 销售额 \div (1+9\%) \times 9\% - 材料设备等购进额 \div (1+13\%) \times 13\%$$
采用简易计税方法时,

应纳税额 = 销售额 ÷ (1+3%) × 3%

在不考虑其他抵扣税金和分包工程的情况下,上述公式中的材料设备购进额占销售额的比例为 46.45% 时两种计税方法税负相等。所以决定企业税负大小的关键因素在于材料设备购进额的多少。当企业材料设备购进金额较少,取得的进项税额不充足或为取得进项税额付出的管理成本较大时,选择简易计税方法可以降低税负;当企业材料设备购进金额较多时,应选择一般计税方法。

第二节 购进环节的税务筹划

企业按照一般计税方法计算缴纳增值税时,应纳增值税额等于当期销项税额与当期进项税额之差。企业当期允许抵扣的进项税额分为以下几种情况:

(1) 增值税专用发票、机动车销售统一发票、收费公路通行费增值税电子普通发票上的增值税额。

(2) 海关进口增值税专用缴款书上的增值税额。

(3) 农产品收购。

① 从按照简易计税方法依照 3% 征收率计算缴纳增值税的小规模纳税人取得增值税专用发票的,以增值税专用发票上注明的金额和 9% 的扣除率计算进项税额。

② 取得或开具农产品销售发票或收购发票的,以农产品销售发票或收购发票上注明的农产品买价和 9% 的扣除率计算进项税额。

③ 纳税人购进用于生产销售或委托受托加工 13% 税率货物的农产品,按照 10% 的扣除率计算进项税额。

④ 纳税人购进农产品既用于生产销售或委托受托加工 13% 税率货物又用于生产销售其他货物服务的,应当分别核算用于生产销售或委托受托加工 13% 税率货物和其他货物服务的农产品进项税额。未分别核算的,统一以增值税专用发票或海关进口增值税专用缴款书上注明的增值税额为进项税额,或以农产品收购发票或销售发票上注明的农产品买价和 9% 的扣除率计算进项税额。

⑤ 核定扣除。自 2012 年 7 月 1 日起,在部分行业开展增值税进项税额核定扣除试点。以购进农产品为原料生产销售液体乳及乳制品、酒及酒精、植物油的增值税一般纳税人增值税进项税额按规定进行核定抵扣。

(4) 桥、闸通行费以通行费发票为抵扣凭证,计算抵扣增值税。计算公式为:桥、闸通行费可抵扣进项税额 = 桥、闸通行费发票上注明的金额 ÷ (1+5%) × 5%。

(5) 从境外单位或者个人购进服务、无形资产或者不动产,自税务机关或者扣缴义务人取得的解缴税款的完税凭证上注明的增值税额。

(6) 购进国内旅客运输服务,其进项税额允许从销项税额中抵扣,纳税人未取得增值税专用发票的,暂按照以下规定确定进项税额:

① 取得增值税电子普通发票的,为发票上注明的税额;

② 取得注明旅客身份信息的航空运输电子客票行程单的,为按照下列公式计算的进项税额:航空旅客运输进项税额 = (票价 + 燃油附加费) ÷ (1+9%) × 9%;

③ 取得注明旅客身份信息的铁路车票的,为按照下列公式计算的进项税额:铁路旅客运输进项税额 = 票面金额 ÷ (1+9%)×9%;

④ 取得注明旅客身份信息的公路、水路等其他客票的,为按照下列公式计算的进项税额:公路、水路等其他旅客运输进项税额 = 票面金额 ÷ (1+3%)×3%。

企业在购进环节进行税务筹划时,总体原则是尽可能地增加进项税额的抵扣金额,提前进项税额的抵扣时间。其税务筹划主要是通过对不同购进价格、不同抵扣时间的选择等方式来实现。

一、购进价格的筹划

增值税纳税人分为一般纳税人和小规模纳税人,各自适用的增值税税率是不同的,对税款抵扣的要求也不同。因此,如何选择供应商购进商品和劳务,将直接影响到增值税税负和企业收益。假设在价格和质量相同的情况下,从一般纳税人购进可以索取13%、9%、6%税率的专用发票,抵扣的进项税额大,则应纳税额小,这是最佳的选择;从小规模纳税人购进,可索取3%或5%征收率的专用发票进行税款抵扣,或者取得增值税普通发票不能抵扣进项税额。但是这种假设不现实,因为价格相同,小规模纳税人将无法生存,若要在市场中生存,必然要降低销售价格。这样,无论是一般纳税人购进,还是小规模纳税人销售,均要计算比较各自的税负和收益,从而确定各自的购进与销售价格,使本企业的利益最大化。

假定一般纳税人的含税销售额为 S,从一般纳税人购货的含税购进额为 P,适用的增值税税率为 T_1,从小规模纳税人购进货物的含税额与从一般纳税人购进货物的含税额的比率为 R_c,小规模纳税人适用的征收率为 T_2。因生产加工费用与原材料的来源关系不大,所以收益为销售收入扣除购进成本、应纳增值税额之差,则:

从一般纳税人索取专用发票后的收益为:

$$S-P-\left(\frac{S}{1+T_1}\times T_1 - \frac{P}{1+T_1}\times T_1\right)=\frac{S-P}{1+T_1}$$

从小规模纳税人索取专用发票后的收益为:

$$S-P\times R_c-\left(\frac{S}{1+T_1}\times T_1 - \frac{P\times R_c}{1+T_2}\times T_2\right)=\frac{S}{1+T_1}-\frac{P\times R_c}{1+T_2}$$

当两者的收益相等时:

$$\frac{S-P}{1+T_1}=\frac{S}{1+T_1}-\frac{P\times R_c}{1+T_2}$$

$$R_c=\frac{1+T_2}{1+T_1}\times 100\%$$

因此,当一般纳税人选择是从小规模纳税人购进货物,还是从一般纳税人购进货物时,若实际的含税价格比小于 R_c,应当选择小规模纳税人的货物;若实际的含税价格比大于 R_c,应当选择一般纳税人的货物;若实际的含税价格比等于 R_c,两者的经济流入相同,应当从其他角度考虑选择不同纳税人的货物。从销售定价而言,小规模纳税人在确定货物的价格时,应当依据一般纳税人货物的含税价格,使其货物含税价格略低于或等于一般纳税人货物含税价格的 R_c 倍。

依据上述公式,假设小规模纳税人在销售货物时,不愿或不能开增值税专用发票而出具普通发票,则一般纳税人在购进货物时,小规模纳税人销售货物的含税价格与一般纳税人销售货物的含税价格比为:

$$R_c = \frac{1}{1+T_1} \times 100\%$$

在增值税一般纳税人适用税率为13%、9%、6%,小规模纳税人征收率为3%以及不能出具增值税专用发票的情况下的 R_c 比率计算如表5-3所示。

表5-3 不同纳税人含税价格比率

一般纳税人适用的增值税税率	小规模纳税人适用的增值税征收率	索取专用发票后的含税价格比率	未索取专用发票后的含税价格比率
13%	3%	91.15%	88.50%
9%	3%	94.50%	91.74%
6%	3%	97.17%	94.34%

【例5-6】 某生产企业为增值税一般纳税人,适用增值税税率13%,预计每年可实现含税销售收入2 000万元,需要外购原材料400吨。现有A、B、C三个企业提供货源,其中A为一般纳税人,能够出具增值税专用发票,适用税率13%;B为小规模纳税人,能够委托主管税务机关代开增值税征收率为3%的专用发票;C为小规模纳税人,仅能提供普通发票。A、B、C三个企业所提供的产品质量相同,但是含税价格却不同,分别为每吨2万元、1.8万元、1.6万元。作为采购人员,应当如何进行购货价格的税务筹划,选择较为合适的供应企业?

B 与 A 的实际含税价格比率 =1.8÷2=90%<91.15%

C 与 A 的实际含税价格比率 =1.6÷2=80%<88.50%

通过上述不同纳税人含税价格与一般纳税人含税价格的比率计算,以及与收益平衡时的价格比率的比较,可以看出,选择从A企业购进原材料显然不合算,应当选择B或C企业。进一步通过从三个不同供货单位购进原材料产生的收益额比较,应选择C企业作为供货单位较为合算。其具体的收益和应纳增值税额计算如下:

(1) 从A企业购进:

应纳增值税额 =2 000÷(1+13%)×13%-400×2÷(1+13%)×13%
=138.05(万元)

收益额 =2 000-400×2-138.05=1 061.95(万元)

(2) 从B企业购进:

应纳增值税额 =2 000÷(1+13%)×13%-400×1.8÷(1+3%)×3%
=209.12(万元)

收益额 =2 000-400×1.8-209.12=1 070.88(万元)

(3) 从C企业购进:

应纳增值税额 =2 000÷(1+13%)×13%=230.09(万元)

收益额 =2 000–400×1.6–230.09=1 129.91（万元）

值得注意的是，一般纳税人采购货物时除了考虑获得的收益外，还应考虑由于增值税税负不同而导致的城市维护建设税、教育费附加和企业所得税的变化。采购货物涉及的增值税，在销项税额一定的情况下，能索取13%增值税率的专用发票时，应纳税额最低；能索取3%征收率的专用发票时，应纳税额次之；不能索取专用发票时，应纳税额会最大。同理，与增值税紧密相关的城建税、教育费附加随增值税的增减而增减。至于企业所得税，则与企业收益额的大小相关，企业收益额大时，缴纳的企业所得税较多；企业收益额小时，缴纳的企业所得税较少。

企业对购买价格进行筹划时，既可以选择收益额作为判断筹划方案优劣的标准，也可以选择现金流出量作为判断标准。

【例5-7】 A公司是增值税一般纳税人，预计在10月份有一批货物需要从南方某市运送到北京，目前有三家运输单位可供选择，甲公司是一般纳税人，能够开具增值税专用发票，报价8 000元（含税，下同）；乙公司是小规模纳税人，能够由税务机关代开增值税专用发票，报价7 500元；丙公司也是小规模纳税人，只能开具普通发票，报价为7 300元。请帮A公司选择运输单位。

在各运输公司提供的运输服务质量相同的情况下，具体选择哪家运输公司取决于支出的运输服务的价款和可抵扣的进项税额两方面因素。可抵扣的进项税额相当于直接减少了企业应纳的增值税额，减少了企业的现金流出。所以，可以通过比较不同方案下的现金流出量的大小，最终选择现金流出量最小的方案。

如果接受甲公司（一般纳税人）提供的运输服务，则

现金流出量 =8 000–8 000÷(1+9%)×9%=7 339.45（元）

如果接受乙公司（小规模纳税人）提供的运输服务，取得由税务机关代开的增值税专用发票，则

现金流出量 =7 500–7 500÷(1+3%)×3%=7 281.55（元）

如果接受丙公司（小规模纳税人）提供的运输服务，取得普通发票，则

现金流出量 =7 300（元）

由此可见，如果接受乙公司提供的运输服务，则其现金流出量最小，所以，应当选择乙公司。在实际操作中还需要注意的是，在选择不同的运输服务方式时，不能仅考虑价格和税负因素，还应考虑对方提供的运输服务的质量、信用、耗用时间等多种因素。

二、进项税额抵扣时间的筹划

增值税进项税额的抵扣有两个关键的时间点，一是认证时间，二是申报抵扣时间。根据税法规定，自2017年7月1日起，增值税一般纳税人取得的增值税专用发票和机动车销售统一发票，应自开具之日起360日内认证或登录增值税发票选择确认平台进行确认，并在规定的纳税申报期内，向主管税务机关申报抵扣进项税额。增值税一般纳税人取得的海关进口增值税专用缴款书，应自开具之日起360日内向主管国税机关报送《海关完税凭证抵扣清单》，申请稽核比对。未在规定期限内认证（勾选）、申报抵扣或者申请稽核比对的，不得作为合法的增值税扣税凭证，不得计算进项税额抵扣。

增值税一般纳税人发生真实交易但由于客观原因造成增值税扣税凭证(包括增值税专用发票、海关进口增值税专用缴款书和机动车销售统一发票)未能按照规定期限办理认证、确认或者稽核比对的,经主管税务机关核实、逐级上报,由省税务局认证并稽核比对后,对比对相符的增值税扣税凭证,允许纳税人继续抵扣其进项税额。主管税务机关核实无误后,应向上级税务机关上报,并将增值税扣税凭证逾期情况说明、第三方证明或说明、逾期增值税扣税凭证电子信息、逾期增值税扣税凭证复印件逐级上报至省税务局。省税务局对上报的资料进行案头复核,并对逾期增值税扣税凭证信息进行认证、稽核比对,对资料符合条件、稽核比对结果相符的,允许纳税人继续抵扣逾期增值税扣税凭证上所注明或计算的税额。

客观原因包括以下六种情形:

(1) 因自然灾害、社会突发事件等不可抗力因素造成增值税扣税凭证逾期;

(2) 增值税扣税凭证被盗、抢,或者因邮寄丢失、误递导致逾期;

(3) 有关司法、行政机关在办理业务或者检查中,扣押增值税扣税凭证,纳税人不能正常履行申报义务,或者税务机关信息系统、网络故障,未能及时处理纳税人网上认证数据等导致增值税扣税凭证逾期;

(4) 买卖双方因经济纠纷,未能及时传递增值税扣税凭证,或者纳税人变更纳税地点,注销旧户和重新办理税务登记的时间过长,导致增值税扣税凭证逾期;

(5) 由于企业办税人员伤亡、突发危重疾病或者擅自离职,未能办理交接手续,导致增值税扣税凭证逾期;

(6) 国家税务总局规定的其他情形。

因此,增值税一般纳税人购进货物并取得增值税专用发票,从增值税专用发票的开具到认证有360天的调整余地,企业可以根据每月进销项税额的比例进行筹划,合理确定认证抵扣的时间,避免缴纳的增值税税款出现较大的波动,以获得资金的时间价值,相对降低企业的税负。

【例5-8】 甲企业1月份购进商品1 000件,增值税专用发票上记载:购进价款100万元,进项税额13万元。2月份开始,甲企业将该商品以1 200元(不含增值税)的单价对外销售,每月销售量100件(增值税税率13%),则2—11月各月销项税额均为1.56万元。

甲企业如果在1月份对取得的增值税专用发票进行认证,并在2月份申报抵扣进项税额。2—9月份因销项税额12.48(1.56×8)万元不足抵扣进项税额13万元,在此期间不纳增值税。10月、11月分别缴纳1.04万元和1.56万元,共计2.6(1.56×10-13)万元。假设月资金成本率2%,通货膨胀率1%,则2.6万元的税款折现为2月初的金额如下:

$$1.04 \div [(1+2\%)^9 \times (1+1\%)^9] + 1.56 \div [(1+2\%)^{10} \times (1+1\%)^{10}] = 1.95(万元)$$

甲企业如果在2月份对取得的增值税专用发票进行认证,并在3月份申报抵扣进项税额。2月份应交增值税1.56万元,3—10月份因销项税额12.48(1.56×8)万元不足抵扣进项税额13万元,在此期间不纳增值税。11月缴纳1.04万元,共计2.6(1.56×10-13)万元。2.6万元的税款折现为2月初的金额如下:

$$1.56 \div [(1+2\%) \times (1+1)] + 1.04 \div [(1+2\%)^{10} \times (1+1\%)^{10}] = 2.29(万元)$$

可见,尽管纳税的账面金额是完全相同的,但是尽早认证增值税专用发票可以更早抵扣增值税进项税额,获得资金时间价值。

企业还可以通过改变经营方式,调整增值税进项税额的抵扣时间。例如大型建筑企业集团一般拥有数量众多的子公司、分公司及项目机构,管理上呈现多个层级,集团承包下来的工程层层分包出去,由低等级的子公司实际进行施工,结算时低等级的子公司向分包商层层开票,可能造成工程项目的增值税进项税额和销项税额不平衡,过多的留抵税额,容易导致集团整体增值税税负较高。因此,建筑企业集团可以结合自身特点,在充分考虑市场经营开发和项目经营管理的前提下,压缩管理层级,将组织机构扁平化,降低涉税风险。具体的做法有:撤销规模较小或没有实际经营业务的单位,将资质较低或没有资质的子公司变为分公司,也可以在不引起关联交易纳税风险的基础上,通过合理调整关联交易价格,调节内部单位之间的增值税税负,尽力降低集团整体增值税税负。

【例5-9】 甲建筑公司5月1日承接A工程项目,并将A项目中的部分施工项目分包给了其子公司乙,甲、乙公司均为增值税一般纳税人,采用一般计税方法。5月30日发包方按进度支付工程价款218万元,当月该项目甲公司购进材料取得增值税专用发票上注明的税额8万元,乙公司就其分包建筑服务开具给甲公司增值税专用发票,注明价款40万元,增值税3.6万元,乙公司当月进项税额10万元。甲、乙公司5月需缴纳多少增值税?

甲公司销项税额 =218÷(1+9%)×9%=18(万元)

甲公司进项税额 =8+3.6=11.6(万元)

甲公司应纳增值税 =18-11.6=6.4(万元)

乙公司销项税额 =3.6(万元)

乙公司进项税额 =10(万元)

乙公司应纳增值税 =3.6-10=-6.4(万元)

如果改乙公司为分公司或者项目部,并由总公司统一纳税,5月应纳增值税为:

销项税额 =218÷(1+9%)×9%=18(万元)

进项税额 =8+10=18(万元)

应纳增值税 =18-18=0(万元)

虽然乙公司的6.4万元作为留抵税额,可以减少乙公司以后月份的增值税应纳税额,但是从资金时间价值考虑,统一纳税对企业比较有利。

三、兼营免税项目的筹划

适用一般计税方法的纳税人,兼营免征增值税项目而无法划分不得抵扣的进项税额,按照下列公式计算不得抵扣的进项税额:

不得抵扣的进项税额 = 当期无法划分的全部进项税额 × 当期免征增值税项目销售额 ÷ 当期全部销售额

如果企业将免税项目分离出来单独核算,那么企业的应税项目和免税项目将单独计算缴纳增值税,免税项目的进项税额不能抵扣,应税项目的进项税额可以全额抵扣。哪一种对企业更为有利呢?

【例5-10】 甲制药厂主要生产保健类药物,也生产避孕药品。适用增值税率13%。该厂保健类药物的不含税销售收入为6 400万元,避孕药品的销售收入为1 600万元。全年购进原材料的增值税进项税额为600万元,无法准确划分生产保健类药物的原材料和生产避孕药品的原材料。该厂是否要把避孕药品车间分离出来,单独设立一个制药厂呢?

(1) 假设避孕药品的进项税额为100万元,保健类药物的进项税额为500万元。

合并经营时可以抵扣的进项税额 =600−600×1 600÷(6 400+1 600)=480(万元)

应纳增值税 =6 400×13%−480=352(万元)

分立后应纳增值税 =6 400×13%−500=332(万元)

(2) 假设避孕药品的进项税额为120万元,保健类药物的进项税额为480万元。

合并经营时可以抵扣的进项税额 =600−600×1 600÷(6 400+1 600)=480(万元)

应纳增值税 =6 400×13%−480=352(万元)

分立后应纳增值税 =6 400×13%−480=352(万元)

(3) 假设避孕药品的进项税额为150万元,保健类药物的进项税额为450万元。

合并经营时可以抵扣的进项税额 =600−600×1 600÷(6 400+1 600)=480(万元)

应纳增值税 =6 400×13%−480=352(万元)

分立后应纳增值税 =6 400×13%−450=382(万元)

可见第二种情况下,两种经营方式下可以抵扣的进项税额相等。此时,避孕药品的增值税进项税额占全部产品增值税进项税额的比例为20%(120÷600),正好等于避孕药品销售收入占全部产品销售收入的比例20%(1 600÷8 000)。

因此,当免税产品进项税额/全部进项税额 > 免税产品销售额/全部销售额时,合并经营较为有利。即第三种情况,避孕药品的增值税进项税额占全部产品增值税进项税额的比例为25%(150÷600),大于避孕药品销售收入占全部产品销售收入的比例20%(1 600÷8 000),合并经营应纳增值税为352万元,分立后应纳增值税为382万元。

当免税产品进项税额/全部进项税额 < 免税产品销售额/全部销售额时,采用分立经营较为有利。即第(1)种情况,避孕药品的增值税进项税额占全部产品增值税进项税额的比例为16.67%(100÷600),小于避孕药品销售收入占全部产品销售收入的比例20%(1 600÷8 000),合并经营应纳增值税为352万元,分立后应纳增值税为332万元。

四、农产品采购的筹划

企业从一般纳税人购进或者进口农产品,按照取得的增值税专用发票或海关进口增值税专用缴款书上注明的增值税额,从销项税额中抵扣;从按照简易计税方法依照3%征收率计算缴纳增值税的小规模纳税人取得增值税专用发票的,以增值税专用发票上注明的金额和9%的扣除率计算进项税额;取得或开具农产品收购发票的,以农产品收购发票上注明的农产品买价和9%的扣除率计算进项税额;企业购进用于生产销售或委托受托加工13%税率货物的农产品加计扣除1%。

对农产品采购进行税务筹划,首先必须注意的是免税农产品的范围。按照税法规定,农业生产者销售的自产农业产品免征增值税。其中的农业产品,是指直接从事植物的种植、收割和动物的饲养、捕捞的单位和个人销售的自产农业产品。对上述单位和个人销售的外购的农业产品,以及单位和个人外购农业产品生产、加工后销售的仍然属于农业产品,不属于免税的范围,应当按照规定税率征收增值税。

按照《财政部 国家税务总局关于印发〈农业产品征税范围注释〉的通知》(财税字

〔1995〕52号）的规定，农业产品是指种植业、养殖业、林业、牧业、水产业生产的各种植物、动物的初级产品。植物类初级产品包括：粮食、蔬菜、烟叶、茶叶、园艺植物、药用植物、油料植物、纤维植物、糖料植物、林业产品、其他植物；动物类初级产品包括：水产品、畜牧产品、动物皮张、动物毛绒、其他动物组织。经过碾磨、脱壳、晾晒、冷藏、冷冻、包装、脱水、盐腌、酱制、砍伐、去皮、锯、揉拌、净化、杀菌、发酵（特指茶叶）加工后的农产品仍属于农产品。

一般来说农产品经销企业或加工企业都会选择未经加工的初级农产品作为生产原材料或直接对外销售，这样无论是否能够取得销售方开具的增值税专用发票，都可以抵扣进项税额。如果企业购进的原材料不属于初级农产品，又不能取得销售方开具的增值税专用发票，则不能抵扣进项税额，加重增值税负担。企业可以尽量将采购环节前移，收购初级农产品，将其后的加工工序纳入企业的生产流程，从而增加增值税进项税额的抵扣，降低增值税负。

【例5-11】 甲公司是增值税一般纳税人，主要产品为实木门。适用的增值税税率为13%。不含增值税销售额为2 000万元。实木门的主要原材料是加工过的杉木板、榉木板等板材。除板材外其他可抵扣进项税额为100万元。

方案1 甲公司从山区农民手中收购已加工过的杉木板、榉木板等板材800万元。

$$应纳增值税=2\,000\times13\%-100=160（万元）$$

方案2 甲公司从山区农民手中直接收购原木，开具农产品收购发票，注明价款500万元，然后雇用农民加工成符合要求的板材，加工费300万元。

$$应纳增值税=2\,000\times13\%-500\times(9\%+1\%)-100=110（万元）$$

由于原木属于初级农产品，甲公司可以按照收购发票上的买价乘以9%的扣除率计算可以抵扣的进项税额。而且甲公司收购原木用于生产销售的实木门适用13%的税率，所以可以加计扣除1%。

通过筹划，方案2比方案1少缴纳增值税50（160-110）万元。

在方案2下，需要注意的是雇用农民加工板材的人工成本。如果人工成本过高，将会使甲公司最终收益减少，而导致纳税筹划的失败。

同样是购进初级农产品，从一般纳税人购进和从农民手中购进都可以抵扣进项税额，但是计算方法稍有不同。从一般纳税人购进，是按照不含增值税的买价乘以9%的税率计算进项税额；从农民手中购进，是按照收购发票上的价款乘以9%的扣除率计算进项税额。虽然税率和扣除率相同，但计税依据却不同，可以抵扣的进项税额也会有差异。企业应仔细比较不同的采购渠道，综合考虑产品质量、运费等相关因素，选择对企业最为有利的方式。

【例5-12】 甲公司是增值税一般纳税人，主要产品为菜籽油、花生油、豆油、葵花油，适用增值税税率9%。产品的主要原材料是菜籽、花生、大豆、葵花籽等。不含税销售额为1 000万元。

方案1 甲公司向乙公司（一般纳税人）购置所需要的原材料，支付含税价款545万元，取得乙公司开具的增值税专用发票。

$$甲公司增值税进项税额=545\div(1+9\%)\times9\%=45（万元）$$

$$应纳增值税=1\,000\times9\%-45=45（万元）$$

方案2 甲公司从农民手中直接收购所需的原材料，支付收购价款545万元，开具农产品收购发票。

$$甲公司增值税进项税额 =545×9\%=49.05(万元)$$
$$应纳增值税 =1\,000×9\%-49.05=40.95(万元)$$

五、资产用途的筹划

按照《财政部　国家税务总局关于全面推开营业税改征增值税试点的通知》(财税[2016]36号)的规定,下列项目的进项税额不得从销项税额中抵扣:用于简易计税方法计税项目、免征增值税项目、集体福利或者个人消费的购进货物、加工修理修配劳务、服务、无形资产和不动产。其中涉及的固定资产、无形资产、不动产,仅指专用于上述项目的固定资产、无形资产(不包括其他权益性无形资产)、不动产。也就是说,如果是货物、加工修理修配劳务或者服务,兼用于免税项目和应税项目时,要按照免税项目销售额占全部销售额的比例计算不得抵扣的进项税额。但是,固定资产、无形资产、不动产兼用于免税项目和应税项目时,其进项税额准予全部抵扣。主要是因为固定资产、无形资产、不动产项目发生上述兼用情况的较多,且比例难以准确区分。如果按照对其他项目进项税额的一般处理原则办理,不具备可操作性。企业可以利用这一规定进行税务筹划。

【例 5-13】　某房地产开发企业购进一台发电设备,既可以用于企业日常办公区,也可以用于职工宿舍区。二者共用,且比例并不固定,难以准确区分。

企业日常办公照明属于增值税应税项目,职工宿舍区照明属于集体福利。该设备的进项税额可以全部抵扣。但是如果企业购进该设备专门用于职工宿舍区照明,则该设备的进项税额不能抵扣。

六、运输方式的筹划

对很多企业而言,采购过程要发生运输费用,销售过程也要发生运输费用,对具有一定规模的企业来说,运输费用也是一笔不小的开支。如果企业自己运输,就需要自己拥有车队,企业需要购置固定资产和支付人员工资,还要支付相应的办公费用等支出。企业可以抵扣的进项税额包括车辆购置的进项税额,以及日常的车用油、车辆维修费及其他费用的进项税额。这些支出如果取得增值税专用发票,可以按照 13% 的税率计算抵扣进项税额。

如果委托运输公司运输,企业不必花费大量前期资金购置固定资产,也不必支付车辆相关人员的工资和办公费用。但需要支付给运输公司运输费用,取得运输企业开具的增值税专用发票,按照 9% 的税率计算抵扣进项税额。

对两种不同的运输方式进行筹划时,除了要比较两种运输方式下的运输成本,还要比较两种方式下企业不同的计税方式,选择对企业最为有利的方案。

假设委托运输公司运输的运费总额为 F,企业自己运输可抵扣支出总额为 E。

$$委托运输企业增值税进项税额 =F÷(1+9\%)×9\%$$
$$自己运输企业增值税进项税额 =E÷(1+13\%)×13\%$$

当两种运输方式企业可以抵扣的进项税额相等时,则:
$$E÷(1+13\%)×13\%= F÷(1+9\%)×9\%$$
$$E/F=71.77\%$$

所以,当自己运输可抵扣支出总额与委托运输运费总额的百分比为71.77%时,两种运输方式企业可以抵扣的进项税额相等;当可抵扣支出总额占运费总额的百分比大于71.77%时,企业自己运输可抵扣增值税进项税额较大,税负较轻;当可抵扣支出总额占运费总额的百分比小于71.77%时,委托运输公司运输可抵扣增值税进项税额较大,税负较轻。

【例5-14】 A企业是一家具有一定生产规模的家用电器制造企业,是增值税一般纳税人,销售部门预计销售产品的运输费用为500万元,如果A企业自己运输,车辆购置费用、油费、车辆维修费等共计300万元。

可抵扣支出总额额占运费总额的百分比 =300÷500×100%=60%

60%<71.77%,所以A企业应该采用委托运输公司运输的方式。

企业自己运输可以抵扣的进项税额 =300÷(1+13%)×13%=34.51(万元)

委托运输公司可以抵扣的进项税额 =500÷(1+9%)×9%=41.28(万元)

第三节 销售环节的税务筹划

企业在销售环节进行税务筹划时,总体原则是减少销项税额和延迟销项税额的确认时间。销项税额是纳税人销售货物或应税服务,就销售额依照规定的税率计算的税额。企业可以从缩小销售额和降低税率两个方面进行筹划,前者主要通过对不同的销售方式、结算方式的选择等实现;后者可以通过对兼营和混合销售行为的筹划等方式实现。

一、销售方式的税务筹划

在竞争激烈的市场经济环境中,许多企业为了维持或扩大自己所生产或销售商品的市场份额,往往采取多种多样的销售方式,以达到促销的目的,而且随着经济的发展,其形式也将越来越多。

(一)折扣销售

折扣销售是指销售方为达到促销的目的,在向购货方销售货物或提供应税服务时,给予购货方一定优惠价格的销售形式。折扣销售往往是相对短期的、有特殊条件的和临时性的,如季节性折扣、批量性折扣、清仓性折扣等。由于折扣是在实现销售时同时发生的,因此,税法规定,纳税人采取折扣方式销售货物,销售额和折扣额在同一张发票上的"金额"栏分别注明的,可按折扣后的销售额征收增值税;如果将折扣额另开发票,或者未在同一张发票"金额"栏注明折扣额,而仅在发票的"备注"栏注明折扣额的,折扣额不得从销售额中减除。另外,折扣销售仅限于货物价格的折扣,如果销货者将自产、委托加工和购买的货物用于实物折扣的,则该实物款额不能从货物销售额中扣除,且该实物应按《增值税暂行条例》"视同销售货物"中的"赠送他人"计算缴纳增值税。

(二)销售折扣

销售(现金)折扣是指企业在销售货物或提供应税服务后,为了鼓励购货方及早偿还货款,而协议许诺给购货方的一种折扣优惠(如在10天内付款,货款折扣2%;20天内付款,货款折扣1%;30天内全额付款)。销售折扣是在实现销售之后,实际付现时确认的,是企业进行融资的理财费用。因此,税法规定,销售折扣不得从销售额中抵减。

(三) 销售折让

销售折让是指货物销售后,由于产品质量、性能或规格等方面的原因,购货方虽没有退货,但要求给予的一种价格上的优待。销售折让可以从货物或应税服务的销售额中扣除,以其余额计缴增值税。

(四) 还本销售

还本销售方式是指纳税人在销售货物达到一定期限后,将其货物价款的全部或部分一次或分次退还给购货方。这种方式实质上是一种筹资,是以货物换取资金的使用价值,到期还本不付息。因而税法规定,其销售额就是货物的销售价格,不得从销售额中扣除还本支出。

(五) 以旧换新销售

以旧换新销售方式是指纳税人在销售自己的货物时,有偿收回旧货物的行为。税法规定,采取以旧换新方式销售货物的,应按新货物的同期销售价格确定销售额,不得扣减旧货物的收购价格,因为销售货物与收购货物是两个不同的业务活动,销售额与收购额不能相互抵减。对金银首饰以旧换新业务,可以按销售方实际收取的不含增值税的全部价款征收增值税。

因为不同的销售方式适用不同的税收政策,企业有必要对销售方式进行选择和筹划。

【例 5-15】 某大型商场为增值税一般纳税人,决定在春节期间进行商品促销。商场经理拟订了三种促销方案:一是 A 商品八折销售;二是 A 商品购物满 100 元赠送价值 20 元的 A 商品;三是 A 商品购物满 100 元,返还 20 元的现金。假定该商场 A 商品毛利率为 30%,即销售 100 元的 A 商品,其成本为 70 元。商场应选择哪一种方案最有利?

方案 1 A 商品八折销售时,价值 100 元的 A 商品售价 80 元,成本 70 元。

应纳增值税额 $=80÷(1+13\%)×13\%-70÷(1+13\%)×13\%=1.15$(元)

方案 2 赠送 20 元 A 商品时,A 商品售价 100 元,成本 70 元,赠送的 A 商品售价 20 元,成本 14 元。

赠送商品属于实物折扣,按照税法规定应按视同销售计算增值税销项税额。

应纳增值税额 $=100÷(1+13\%)×13\%-70÷(1+13\%)×13\%+20÷(1+13\%)×13\%-14÷(1+13\%)×13\%$

$=4.14$(元)

企业恰当地开具发票,可以将实物折扣转化为价格折扣。即增值税专用(或普通)发票分行开具 A 商品和赠品,即赠品部分也按正常销售处理,开票金额和税额合计 120 元,同时在同一张发票开具折扣金额和税额合计 20 元,最终价税合计为 100 元。将折扣后总的销售金额 100 元按照 A 商品和赠品的公允价值比例来分摊确认各自的销售收入。按照税法规定,商场可以按照扣除折扣后的金额 100 元计算缴纳增值税。

应纳增值税额 $=100÷(1+13\%)×13\%-(70+14)÷(1+13\%)×13\%=1.84$(元)

方案 3 返还现金时,价值 100 元的 A 商品售价 100 元,成本 70 元。

应纳增值税额 $=100÷(1+13\%)×13\%-70÷(1+13\%)×13\%=3.45$(元)

上述三种方案中,方案 1 缴纳的增值税最少,其次是方案 2,方案 3 缴纳的增值税是最多的。节税是税务筹划的目标之一,但税务筹划的目标不能只盯在缴纳税款的多少上,而应该考虑收益,只有给纳税人增加收益的方案才是值得考虑的方案。各方案的收益计算如表 5-4 所示。

表 5-4 各方案的收益计算表

项目	方案1	方案2	方案3
收入	80÷1.13=70.80	100÷1.137=88.50	100÷1.13=88.50
成本	70÷1.13=61.95	84÷1.13=74.34	70÷1.13=61.95
应纳增值税	(70.80−61.95)×13%=1.15	(88.50−74.34)×13%=1.84	(88.50−61.95)×13%=3.45
毛利	70.80−61.95=8.85	88.50−74.34=14.16	88.50−61.95−20=6.55
毛利率	8.85/70.80=12.5%	14.16/88.50=16%	6.55/88.50=7.4%

由上述计算可以得知，尽管方案2缴纳的增值税不是最少的，但方案2仍然是最优的选择，其次是方案1，方案3是最差的。

由该案例可以看出，税务筹划不能仅考虑节税，缴纳税金少的方案不一定是最优的方案，同样，缴纳税金多的方案也不一定就是要舍弃的方案。进行税务筹划，寻求最低税负点是目标，但最终要是增加收益，收益能否增加及增加多少才是进行税务筹划方案选择的判断依据。另外，商场在确定具体选择哪种促销方案时，除了要考虑税收因素外，还需要考虑不同促销方案对销售额的影响。

很多情况下，销售方企业需要承担的一些费用例如经销商进货返利等，在一定条件下也可以转化为按价格折扣方式处理，减轻企业的增值税税负。由于很多费用需要根据一定时期内的销售总额来计算支付，企业无法在销售当时确定准确的折扣金额。企业可以采用"递延折扣"的方式，暂不在销售发票上反映折扣额，待折扣额确定后，递延到以后期间，与以后期间的销售额开在同一张发票上。

【例5-16】 甲超市是乙企业某种商品的特约经销商，乙企业提供给甲超市该种商品的含税价是每件100元，并约定按照商品含税价的10%给予甲超市现金返利。8月份乙企业提供的商品500件，甲超市全部按照原价售出。乙企业向甲超市支付现金返利5000元。甲、乙均为增值税一般纳税人，适用增值税税率13%。

根据税法规定，商业企业因购买货物而从销售方取得的各种形式的返还资金，均应依所购货物的增值税税率计算应冲减的进项税金，并从其取得返还资金当期的进项税金中予以冲减。应冲减的进项税金计算公式如下：

$$当期应冲减进项税金 = \frac{当期取得的返还资金}{1+所购货物适用增值税税率} \times 所购货物适用增值税税率$$

同时，由于此时不存在计缴增值税销项税额的问题，也不存在商业企业向其供货方提供货物或者劳务的交易，因此商业企业向供货方收取的各种收入，一律不得开具增值税专用发票。

根据上述规定，供货方乙企业增值税计算如下：
乙企业增值税销项税额 = 500×100÷(1+13%)×13% = 5752.21（元）

甲超市增值税计算如下：
甲超市收到现金返利后，计算当期应冲减的进项税额：
应冲减的进项税额 = 5000÷(1+13%)×13% = 575.22（元）

$$甲超市应纳增值税 =500×100÷(1+13\%)×13\%-(5\,752.21-575.22)$$
$$=575.22(元)$$

如果供货方乙企业将支付给甲超市的 5 000 元现金返利作为 9 月份的价格折扣处理,即 9 月份乙企业提供给甲超市的商品为每件 90 元,其他条件不变。

供货方乙企业 9 月份增值税计算如下:

$$增值税销项税额 =500×90÷(1+13\%)×13\%=5\,176.99(元)$$

甲超市增值税计算如下:

$$应纳增值税 =500×100÷(1+13\%)×13\%-5\,176.99=575.22(元)$$

可见,甲超市的应纳增值税没有变化,但是乙企业增值税可以少交 575.22 元(5 752.21- 5 176.99)。

需要注意的是,企业在利用递延折扣的方式进行筹划时,一次性折扣率不可过高。企业可采取分次折扣,这需要销售部门事先制定销售政策,将同一张订单上体现的折扣率控制在一定标准范围内,对于超出标准部分的折扣额需做备查登记,递延到下一次交易,直至折扣完为止,以使产品销售价格趋于稳定、合理。

二、结算方式的筹划

《增值税暂行条例》规定增值税纳税义务发生时间如下:

(1) 发生应税销售行为,为收讫销售款项或者取得索取销售款项凭据的当天;先开具发票的,为开具发票的当天。

(2) 进口货物,为报关进口的当天。

《增值税暂行条例实施细则》规定的收讫销售款项或者取得索取销售款项凭据的当天,按销售结算方式的不同,具体为:

(1) 采取直接收款方式销售货物,不论货物是否发出,均为收到销售款或者取得索取销售款项凭据的当天。

(2) 采取托收承付和委托银行收款方式销售货物,为发出货物并办妥托收手续的当天。

(3) 采取赊销和分期收款方式销售货物,为书面合同约定的收款日期的当天,无书面合同的或者书面合同没有约定收款日期的,为货物发出的当天。

(4) 采取预收货款方式销售货物,为货物发出的当天,但生产销售生产工期超过 12 个月的大型机械设备、船舶、飞机等货物,为收到预收款或者书面合同约定的收款日期的当天。

(5) 委托其他纳税人代销货物,为收到代销单位的代销清单或者收到全部或者部分货款的当天。未收到代销清单及货款的,为发出代销货物满 180 天的当天。

(6) 销售应税劳务,为提供劳务同时收讫销售款或者取得索取销售款项凭据的当天。

(7) 纳税人发生视同销售货物行为,为货物移送的当天。

在商品或劳务的销售过程中,企业有必要对结算方式进行选择,结算方式决定了产品销售收入的实现时间,而产品销售收入的实现时间又在很大程度上决定了企业纳税义务发生的时间,纳税义务发生时间的早晚又为企业减轻税负提供了筹划机会。

纳税人可以合理选择结算方式,采取没有收到货款不开发票的方式就能达到延期纳税的目的。比如:对发货后一时难以回笼的货款,作为委托代销商品处理,待收到货款时出具发票纳税；避免采用托收承付和委托收款结算方式销售货物，防止垫付税款；尽可能采用支票、银行本票和汇兑结算方式销售货物；在不能及时收到货款的情况下，采用赊销或分期收款结算方式，避免垫付税款。

【例 5-17】 A 企业与 B 企业在 3 月 6 日签订了一份购销合同，A 企业向 B 企业销售某种型号的推土机，总价值 2 000 万元，双方合同规定采取委托银行收款方式结算税款。A 企业于当日向 B 企业发货，并到当地某银行办理了托收手续。4 月 15 日，B 企业收到 A 企业的全部推土机，对其进行技术检测后，认为不符合合同的要求，拒绝付款，并将全部推土机退回。

依据税法规定，采取托收承付和委托银行收款方式销售货物，其纳税义务发生时间为发出货物并办妥托收手续的当天，需要注意的是，纳税义务发生时间与纳税申报时间是两个概念。因此，A 企业在 3 月 6 日未收到货款的情况下，需要在 4 月 1 日至 4 月 15 日之间进行纳税申报（假设 A 企业是以一个月为纳税期），此时需要垫付销项税额 260（2 000×13%）万元。虽然这笔税款可以在退货发生当期的销项税额中抵扣，但是，由于 4 月份发生的业务需要在 5 月 1 日至 5 月 15 日（暂不考虑节假日的纳税期顺延）之间进行纳税申报，所以，抵扣时间与以前的垫付时间是有间隔的，短则 15 天，长则可能达 45 天。这就相当于企业占用了一部分资金用于无回报的投资，而且还要承担资金成本 1.209（260×5.58%÷360×30，假设 A 企业每月固定某日进行纳税申报，则资金占用时间大致为 30 天，银行贷款利率为 5.58%）万元，对于资金比较紧张的企业而言，无疑是一种损失。因此，在销售结算时应当慎重选择托收承付或委托收款结算方式。

三、兼营和混合销售行为的筹划

（一）兼营销售行为的筹划

兼营销售行为是指同时经营增值税不同税率、征收率项目或者同时经营增值税应税、免税、减税项目，且各项目之间并无直接的联系和从属关系。纳税人销售货物、加工修理修配劳务、服务、无形资产或者不动产适用不同税率或者征收率的，应当分别核算适用不同税率或者征收率的销售额，未分别核算销售额的，按照以下方法适用税率或者征收率：

(1) 兼有不同税率的销售货物、加工修理修配劳务、服务、无形资产或者不动产，从高适用税率。

(2) 兼有不同征收率的销售货物、加工修理修配劳务、服务、无形资产或者不动产，从高适用征收率。

(3) 兼有不同税率和征收率的销售货物、加工修理修配劳务、服务、无形资产或者不动产，从高适用税率。

1. 兼营不同增值税税率和征收率项目的筹划

如果纳税人是兼营不同税率的货物或者应税劳务的，应当分别核算不同税率货物或者劳务的销售额，并按不同税率分别计算应纳税额。未分别核算销售额的，从高适用税率。所谓分别核算，主要是指对兼营的不同税率货物或应税劳务在取得收入后，应分别如实做账，各记各的销售额，并按照不同的税率各自计算应纳税额，以避免适用税率混乱，出现少交税款或多交税款的现象。从高适用税率是指本应按 13%、9% 或 6% 高低不同税率分别计税，但由于未分别核算，则对混合在一起的销售额一律按 13% 的高税率计税。

【例 5-18】 某企业属于增值税一般纳税人,3月份的经营收入有机电产品销售额260万元,其中农机销售额80万元。企业当月可抵扣的进项税额为25万元(销售额均为不含税销售额)。

(1) 未分别核算。

$$应纳增值税额 =260×13\%-25=8.8(万元)$$

(2) 分别核算。

$$应纳增值税额 =(260-80)×13\%+80×9\%-25=5.6(万元)$$

分别核算可以为该企业降低增值税税负 3.2(8.8-5.6)万元。

2. 兼营应税和免税项目的筹划

一个增值税纳税人可能同时经营应税和免税项目。税法规定,纳税人兼营免税、减税项目的,应当分别核算免税、减税项目的销售额,未分别核算销售额的,不得免税、减税。所以,当一个企业兼营免税、减税项目时,通过分别核算不同项目销售额可以降低税负。

【例 5-19】 某工业企业为增值税一般纳税人,主要以同一原材料加工生产 A、B 两种产品。其中,A 产品适用税率为 13%,B 产品免税。该企业当月的 A 产品含税销售额为 100 万元,B 产品销售额为 60 万元。当月购进原材料的增值税专用发票注明价款 50 万元,增值税 6.5 万元。

(1) 未分别核算。

$$应纳增值税额 =(100+60)÷(1+13\%)×13\%-6.5=11.91(万元)$$

(2) 销售额分别核算,但是用于生产 A 产品和 B 产品的原材料进项税额无法准确划分。

$$应纳增值税额 =100÷(1+13\%)×13\%-6.5×100÷(1+13\%)÷[100÷(1+13\%)+60]$$
$$=7.63(万元)$$

(3) 销售额分别核算,用于生产 A 产品的原材料进项税额 3.5 万元,用于生产 B 产品的原材料进项税额 3 万元。

$$应纳增值税额 =100÷(1+13\%)×13\%-3.5=8(万元)$$

可见,销售额分别核算可以为企业降低增值税税负,进项税额分别核算是否能够降低增值税税负要看具体情况而定,取决于免税产品进项税额/全部进项税额和免税产品销售额/全部销售额的大小。

(二) 混合销售行为的筹划

混合销售行为是企业的同一项销售行为既涉及货物又涉及服务,且两者之间是紧密相连的从属关系。它与兼营行为是完全不同的。混合销售行为是面向同一购买人的,增值税不同应税项目是合并定价,不可能分开核算。从事货物的生产、批发或者零售的单位和个体工商户的混合销售行为,按照销售货物缴纳增值税;其他单位和个体工商户的混合销售行为,按照销售服务缴纳增值税。上述从事货物的生产、批发或者零售的单位和个体工商户,包括以从事货物的生产、批发或者零售为主,并兼营销售服务的单位和个体工商户在内。

在实际经营活动中,纳税人只要使混合销售的应税货物销售额占到总销售额的 50% 以上,则按照销售货物缴纳增值税;反之若应税服务占到总销售额的 50% 以上,则按照销售服务缴纳增值税。由于不同税目适用的增值税税率不同,纳税人可以通过控制应税货物和应税服务的所占比例进行税务筹划,选择适用较低的税率。

【例 5-20】 某建筑安装企业为增值税一般纳税人,主要经营范围包括钢结构生产、安装和建筑承包。该企业承包某大厦钢结构建筑工程,施工合同中没有将钢结构销售价款和建筑安装施工价款分别注明,合计 6 000 万元。假设该企业当期允许抵扣的增值税进项税额为 500 万元。

(1) 如果该企业钢结构生产销售业务占公司营业收入比重超过 50%,按照 13% 税率计算增值税。

$$6\,000 \times 13\% - 500 = 280(万元)$$

(2) 如果该企业建筑安装业务占公司营业收入比重超过 50%,按照 9% 税率计算增值税。

$$6\,000 \times 9\% - 500 = 40(万元)$$

所以,企业可以通过控制应税货物和应税服务的比例进行税务筹划,从而适用较低的税率。

四、价外费用的筹划

销项税额是纳税人销售货物或提供应税劳务和应税服务,就销售额依照规定的税率计算的税额。销售额是指纳税人销售货物或提供应税劳务和应税服务向购买方收取的全部价款和价外费用,不包括应向购货方收取的增值税税款。价外费用是指价外收取的基金、集资费、返还利润、补贴、违约金(延期付款利息)和手续费、包装费、储备费、优质费、运输装卸费、代收款项、代垫款项以及其他各种性质的价外收费。但下列项目不包括在内:

(1) 受托加工应征消费税的消费品所代收代缴的消费税。

(2) 同时符合以下条件的代垫运输费用:① 承运部门的运输费用发票开具给购买方的;② 纳税人将该项发票转交给购买方的。

(3) 同时符合以下条件代为收取的政府性基金或者行政事业性收费:① 由国务院或者财政部批准设立的政府性基金,由国务院或者省级人民政府及其财政、价格主管部门批准设立的行政事业性收费;② 收取时开具省级以上财政部门印制的财政票据;③ 所收款项全额上缴财政。

(4) 销售货物的同时代办保险等而向购买方收取的保险费,以及向购买方收取的代购买方缴纳的车辆购置税、车辆牌照费。

其他价外费用,无论会计制度上如何核算,均应并入销售额计算应纳税额。

(一) 运费的筹划

企业采用托收承付结算方式销售商品时,假设合同约定由买方负担运费。销售方企业根据购销合同发货,向运输公司办理托运手续并支付运输费用后取得运输公司开具的增值税专用发票,然后将运费单据和销售发票寄给购货方并委托银行办理托收。由于运输公司开具的增值税专用发票对象不同,导致有两种不同的方式。一种是购买方委托运输方式,即运输公司向购买方开具增值税专用发票,由销售方企业代垫运费并将发票送达购买方手中。这种方式下,运费符合上述规定的不包括在应税销售额中的代垫运费的条件,销售方企业不必把代垫运费计入价外费用计税。另一种是销售方委托运输方式,即运输公司向销售方企业开具增值税专用发票,销售方企业向运输公司支付运费,同时,销售方企业向购买方收取等额运费并开具普通发票。这种方式下,不符合上述两个条件,所以销售方企业向购买方收取的运费要计入价外费用,征收增值税。

【例 5-21】 甲厂为增值税一般纳税人,主要产品为汽车轮胎,销售汽车轮胎 500 个,不含税售价 200 元/个。开具增值税专用发票注明价款 100 000 元,税额 13 000 元,运费 1 090 元。

方案 1 甲厂委托运输公司运送汽车轮胎,支付运费 1 090 元,取得运输公司向购买方开具的增值税专用发票(运费 1 000 元,增值税 90 元)并送达购买方手中。

$$甲厂增值税销项税额 =100\,000\times13\%=13\,000(元)$$

方案 2 甲厂委托运输公司运送汽车轮胎,支付运费 1 090 元,取得运输公司向甲厂开具的增值税专用发票(运费 1 000 元,增值税 90 元)。同时甲厂向购买方收取运费 1 090 元并开具普通发票。

$$甲厂增值税销项税额 =100\,000\times13\%+1\,090\div(1+13\%)\times13\%=13\,125.4(元)$$

$$甲厂增值税进项税额 =90 元$$

可见,如果采用方案 2,甲厂会多缴纳增值税 35.4 元(13 125.4-90-13 000)。

(二) 手续费的筹划

按照税法规定,同时符合以下三个条件,属于代购行为,受托方收取的手续费按照服务业征收增值税。

(1) 受托方不垫付资金;

(2) 销货方将增值税专用发票开具给委托方,并由受托方将发票转交给委托方;

(3) 受托方按代购实际发生的销售额和增值税额与委托方结算,并另收手续费。

如果不同时符合上述三个条件,则按照受托方的购销行为进行税务处理,受托方向委托方收取的手续费应计入价外费用,同货物的价款一并征收增值税和消费税。

由于销售货物适用的增值税税率和服务业不同,所以不同的处理方式会给企业带来不同的税负。

【例 5-22】 甲厂委托乙公司从丙企业购入涂料,事先预付 56.5 万元周转金,乙公司代购涂料后按实际购进价格向甲厂结算,并将丙企业开具给甲厂的增值税专用发票原票转交。发票注明涂料价款 50 万元,增值税 6.5 万元。甲厂支付价税合计金额 56.5 万元,另取手续费 2 万元,并单独开具代理手续费发票。假设甲、乙、丙都是增值税一般纳税人。

$$乙公司增值税销项税额 =2\div(1+6\%)\times6\%=0.11(万元)$$

如果丙企业的增值税专用发票是开具给乙公司的,乙公司按原价向甲厂开具增值税专用发票,同时向甲厂收取手续费 2 万元,开具普通发票。乙公司应纳税款计算如下:

$$乙公司增值税进项税额 =6.5 万元$$

$$乙公司增值税销项税额 =6.5+2\div(1+13\%)\times13\%=6.73(万元)$$

可见,如果是第二种情况,乙公司会多缴纳增值税 0.12 万元(6.73-6.5-0.11)。

五、组织机构设立的筹划

企业通过组织机构的设立,可以降低应税行为适用的增值税税率,从而降低企业的增值税税负。

(一) 售后返租的筹划

售后返租,是指房地产开发商在销售商品房给购房者时,同时与购房者签订该房的租赁合同。租赁合同中开发商承诺在购房后几年内给予购房者固定租金,所购房屋由开发商统一经营。开发商一般会将已售出的房屋整体再租赁给另外的公司,进行商业经营。开发商收取租金后,再按合同约定的租金支付给购房者。售后返租增值税纳税情况如下:

(1) 开发商:将房屋对外出租,一般纳税人按照9%的税率缴纳增值税。

(2) 购房者:开发商付给购房者的租金,购房者按照5%的征收率减按1.5%计算应纳增值税。根据《国家税务总局关于营业税改征增值税委托地税局代征税款和代开增值税发票的通知》(税总函〔2016〕145号)规定,增值税小规模纳税人销售其取得的不动产以及其他个人出租不动产,购买方或承租方不属于其他个人的,纳税人缴纳增值税后可以向税务局申请代开增值税专用发票。开发商可以取得租金的1.5%的进项税额。

如果开发商成立一家物业公司,并申请为增值税一般纳税人,由物业公司与购房者签订委托代理租房协议,同时在三方(购房者、承租人、物业公司)签订的租赁合同中约定:物业公司从承租人每年的租金中扣除手续费后支付给购房者。各方增值税纳税情况如下:

(1) 购房者:物业公司付给购房者的租金,购房者按照5%的征收率减按1.5%计算应纳增值税。

(2) 物业公司:将收取的手续费按照6%的税率计算应纳增值税。

【例5-23】 甲房地产公司开发一栋大楼,准备采取售后返租的形式销售。每套房屋售价500万元,共50套。房地产公司承诺,购房者自买房后5年内每年可以得到房款5%的租金。房地产公司将所售出的大楼,统一租赁给某商业集团进行商业经营。该商业集团每年支付房地产公司租金1 500万元,房地产公司每年支付购房者租金每户25万元,共1 250万元。假设不考虑其他增值税进项税额和其他相关税费。分析房地产公司每年应纳增值税。

$$销项税额 = 1\ 500 \div (1+9\%) \times 9\% = 123.85(万元)$$
$$进项税额 = 1\ 250 \div (1+5\%) \times 1.5\% = 17.86(万元)$$
$$应纳税额 = 123.85 - 17.86 = 105.99(万元)$$

如果房地产公司成立一家物业公司,由物业公司与购房者签订委托代理租房协议,每年每户收取5万元作为房屋租赁的手续费。物业公司每年应纳增值税计算如下:

$$250 \div (1+6\%) \times 6\% = 14.15(万元)$$

比由开发商与购房者直接签订租赁合同节省税金91.84万元。

(二) 分支机构设立地点的筹划

《增值税暂行条例实施细则》规定,设有两个以上机构并实行统一核算的纳税人,将货物从一个机构移送其他机构用于销售,移送环节视同销售,但相关机构设在同一县(市)的除外。这一视同销售的规定,是以县(市)区划为界限的,因此,统一核算的机构间的货物调拨就有税务筹划的可能。有时,相邻两个地区会发生行政区划的合并或分立,从而导致行政区划的变更。行政区划的变动便为增值税的税务筹划提供了空间。

【例5-24】 甲企业是A市一家饮料企业(一般纳税人),其产品主要通过甲企业设立的统一核算的分支机构(小规模纳税人)销售。甲企业在临近地区的B县和C县分别设立了一个统一核算的分支机构(小规模纳税人)。预计销售成本为200万元,进项税额为25万元,企业销售总额为300万元,两个分支机构的市场销售总额为350万元。后经批准A市将邻近地区的B县划入其管辖范围,并将B县升格为A市的B区。因行业影响甲企业决定撤销一个分支机构。甲企业应撤销哪一个分支机构?

(1) 如果甲企业撤销 B 县的分支机构,保留 C 县的分支机构。

$$应纳增值税额 = 300 \times 13\% - 25 + 350 \times 3\% = 24.5(万元)$$

因为甲企业调拨给 C 县分支机构的饮料,尽管未销售,还在分支机构的仓库内,但都要作销售处理。同时由于其分支机构不是一般纳税人,进项税额不能抵扣,要按 3% 的征收率缴纳增值税,便形成了"双重"征税。

(2) 如果甲企业撤销 C 县的分支机构,保留 B 县的分支机构。

随着行政区划的调整,B 县变成 A 市的 B 区,甲企业和其分支机构处在同一市内,甲企业调拨给分支机构的货物不属视同销售,分支机构不用"双重"纳税了,甲企业将所有产品交由分支机构出售,保证了较低的税负。

$$应纳增值税额 = 350 \times 13\% - 25 = 20.5(万元)$$

从上面分析可以看出,企业通过合理确定分支机构的地点,从而降低增值税税负 4 万元 (24.5-20.5)。

纳税人应当注意的是,虽然《增值税暂行条例实施细则》规定的机构间移送货物视同销售,以县(市)为界限,但各地在执行中对县(市)范围的规定是有区别的,如有的直辖市规定在全市范围内移送货物,都不作为视同销售,没有县、区的区别。

六、金融商品转让的筹划

金融商品转让,是指转让外汇、有价证券、非货物期货和其他金融商品所有权的业务活动。其他金融商品转让包括基金、信托、理财产品等各类资产管理产品和各种金融衍生品的转让。金融商品转让,不得开具增值税专用发票,卖出价扣除买入价后的余额为销售额。转让金融商品出现的正负差,将盈亏相抵后的余额作为销售额。若相抵后出现负差,可结转下一纳税期与下期转让金融商品销售额相抵,但年末时仍出现负差的,不得转入下一个会计年度。金融商品的买入价,可以选择按照加权平均法或者移动加权平均法进行核算,选择后 36 个月内不得变更。

对于金融商品转让交易频繁的公司,可以按照金融市场的情况,合理规划会计年度内的转让行为,最大程度消化"负差",降低计税基础。

【例 5-25】 某企业为增值税一般纳税人,2016 年 3 月购入股票 10 万股,每股市价 20 元。2016 年 6 月购入股票 10 万股,每股市价 24 元。2016 年 9 月购入股票 20 万股,每股市价 17 元。2017 年该企业计划将股票全部转让,共有两个方案可供选择。

方案 1 2017 年 5 月转让股票 15 万股,每股市价 18 元。2017 年 12 月转让 25 万股,每股市价 22 元。

方案 2 2017 年 5 月转让股票 25 万股,每股市价 18 元。2017 年 12 月转让 15 万股,每股市价 22 元。

哪个方案对企业比较有利?

方案 1 2017 年 5 月转让 15 万股,2017 年 12 月转让 25 万股。

$$股票每股平均买入价 = (10 \times 20 + 10 \times 24 + 20 \times 17) \div 40 = 19.5(元)$$

2017 年 5 月转让股票销售额 $= (18-19.5) \times 15 = -22.5(万元)$

2017年12月转让股票销售额=(22-19.5)×25=62.5(万元)
2017年5月企业金融商品转让负差22.5万元,不交增值税。12月应纳增值税为:
$$(62.5-22.5)\div(1+6\%)\times6\%=2.26(万元)$$

方案2 2017年5月转让25万股,2017年12月转让15万股。
股票每股平均买入价=(10×20+10×24+20×17)÷40=19.5(元)
2017年5月转让股票销售额=(18-19.5)×25=-37.5(万元)
2017年12月转让股票销售额=(22-19.5)×15=37.5(万元)

2017年5月企业金融商品转让负差37.5万元,不交增值税。12月金融商品转让正差37.5万元,抵减前面的负差后,应纳增值税为0。

第四节　交易双方的税务筹划

增值税以增值额为征税对象,实行商品流转过程中每个环节只要有增值即要征收税款,而上一环节的销项税即为下一环节的进项税,因此每个环节就形成抵扣链条。增值税的应纳税额=销项税额-进项税额。企业若想减少自己的税收,必须加强对上游企业的监督,增值税形成了一个"环环征收,层层抵扣"的链条,促使上下游企业之间相互监督与督促。所以,很多时候对某个企业有利的税务筹划方案,对其上游企业或者下游企业正好是不利的方案。在税务筹划中必须考虑交易各方,考虑拟进行的交易对交易各方的税收影响,考虑交易各方当前和未来的税收状况,避免在未来经营中处于竞争劣势,从而能够最大化税后利益。

一、代销方式的筹划

代销通常有两种方式:收取手续费方式和视同买断方式。

收取手续费方式是受托方根据所代销的商品数量向委托方收取手续费,这对受托方来说是一种劳务收入。在这种代销方式下,委托方在收到受托方的代销清单,或者收到全部或部分货款,或者商品发出满180天时(选三者最早的时间)开具增值税专用发票,以专用发票上注明的税额确认销项税额;受托方以委托方所开具增值税专用发票上注明的税额确认进项税额。由于受托方按委托方规定的价格销售,必然导致同一业务的销项税额与进项税额相等。同时,对受托方收取的手续费收入按照服务业征收增值税。

视同买断方式由委托方和受托方签订协议,委托方按协议价收取所代销的货款,实际售价可由双方在协议中明确规定,也可由受托方自定,实际售价与协议价之间的差额归受托方所有,这种销售仍是代销,委托方只是将商品交给受托方代销,并不是按协议价卖给受托方。在这种代销方式下,委托方同样在收到受托方的代销清单,或者收到全部或部分货款,或者商品发出满180天时(选三者最早的时间)开具增值税专用发票,以专用发票上注明的税额确认销项税额;受托方以委托方所开具增值税专用发票上注明的税额确认进项税额,但其销项税额应按实际售价与增值税税率的乘积计算得出,并开具相应税额的增值税专用发票。也就是说,如果受托方将代销商品加价出售,仍与委托方按原协议价结算,对这部分差价收入要征收增值税。

因此,代销方式不同,税法规定的计税方法也不同,合理选择对企业有利的代销方式,可以达到降低税负的目的。

【例 5-26】 A 公司为一般纳税人生产企业，B 公司为一般纳税人商业企业，A 公司欲同 B 公司签订一项代销协议，由 A 公司委托 B 公司代销产品，不论采取何种销售方式，A 公司的产品在市场上以每件 1 000 元(不含税)的价格销售，单位成本为 700 元/件。代销方案有两个：

一是采取收取手续费方式，B 公司以每件 1 000 元的价格对外销售 A 公司的产品，根据代销数量，向 A 公司收取 20% 的代销手续费，即 B 公司每代销一件 A 公司的产品，收取 200 元手续费，支付给 A 公司 800 元；

二是采取视同买断方式，B 公司每售出一件产品，A 公司按 800 元的协议价收取货款，B 公司在市场上仍要以每件 1 000 元的价格销售 A 公司的产品，实际售价与协议价之间的差额，即每件 200 元归 B 公司所有。

假定 A 公司的进项税额为 80 000 元，B 公司售出该产品 1 000 件。A、B 公司应当采取哪一种方案较为合适？

方案 1 收取手续费方式：

A 公司应纳增值税 = 1 000×1 000×13%−80 000−1 000×200÷(1+6%)×6%
= 38 679(元)

B 公司应纳增值税 = 1 000×1 000×13%+1 000×200÷(1+6%)×6% − 1 000×1 000×13% = 11 321(元)

方案 2 视同买断方式：

A 公司应纳增值税 = 1 000×800×13%−80 000 = 24 000(元)

B 公司应纳增值税 = 1 000×(1 000−800)×13% = 26 000(元)

A 公司若采用方案 1，应纳增值税为 38 679 元，若采用方案 2，应纳增值税为 24 000 元，从纳税的角度，A 公司应该选择方案 2，即采用视同买断方式，这样可以节省税金 14 679(38 679−24 000)元。

B 公司若采用方案 1，应纳增值税为 11 321 元，若采用方案 2，应纳增值税为 26 000 元，从纳税的角度，B 公司应该选择方案 1，即采用收取手续费方式，这样可以节省税金 14 679(26 000−11 321)元。

根据以上分析可知，如果 A、B 公司同属一个集团，若采用方案 1，A、B 公司应纳税金合计 50 000(38 679+11 321)元，若采用方案 2，A、B 公司应纳税金合计 50 000(24 000+26 000)元。从纳税的角度两个方案没有差异。但如果 A、B 公司不是一个集团的，而是毫无关系的独立公司，那么对 A 公司比较有利的视同买断方式，很明显对 B 公司不利；而对 B 公司有利的收取手续费方式则对 A 公司不利。

进一步考虑城市维护建设税、教育费附加以及企业所得税，比较两个方案的优劣。

方案 1 收取手续费方式：

A 应纳增值税 = 1 000×1 000×13%−80 000−1 000×200÷(1+6%)×6%
= 38 679(元)

A 应纳城建税及教育费附加 = 38 679×(7%+3%) = 3 868(元)

A 应纳企业所得税 =[(1 000−700)×1 000−1 000×200÷(1+6%)−3 868]×25% = 26 863(元)

A 净收益 =[(1 000−700)×1 000−1 000×200÷(1+6%)−3 868]−26 863 = 80 589(元)

B应纳增值税 =1 000×1 000×13%+1 000×200÷(1+6%)×6% − 1 000×1 000×13%=11 321(元)
B应纳城建税及教育费附加 =11 321×(7%+3%)= 1 132(元)
B应纳企业所得税 =[1 000×200÷(1+6%)− 1 132]×25%=46 887(元)
B净收益 =[1 000×200÷(1+6%)− 1 132]−46 887=140 661(元)
A税负合计 =38 679+3 868+26 863=69 410(元)
B税负合计 =11 321+1 132+46 887=59 340(元)
二个企业税负合计 =69 410+59 340=128 750(元)
二个企业净收益合计 =80 589+140 661=221 250(元)

方案2 视同买断方式：
A应纳增值税 =1 000×800×13%−80 000=24 000(元)
A应纳城建税及教育费附加 =24 000×(7%+3%)=2 400(元)
A应纳企业所得税 =[1 000×(800−700)−2 400]×25%=24 400(元)
A净收益 =[1 000×(800−700)−2 400]−24 400=73 200(元)
B应纳增值税 =1 000×1 000×13% − 1 000×800×13%=26 000(元)
B应纳城建税及教育费附加 =26 000×(7%+3%)=2 600(元)
B应纳企业所得税 =[1 000×(1 000−800)−2 600]×25%=49 350(元)
B净收益 =[1 000×(1 000−800)−2 600]−49 350=148 050(元)
A税负合计 =24 000+2 400+24 400=50 800(元)
B税负合计 =26 000+2 600+49 350=77 950(元)
二个企业税负合计 =50 800+77 950=128 750(元)
二个企业净收益合计 =73 200+148 050=221 250(元)

不同代销方式下A、B公司的应纳税金和净收益如表5-5所示。

表5-5 不同代销方式下的应纳税金和净收益　　　　　　　　　　　　单位：元

代销方式 A、B公司应纳税金和净收益		收取手续费方式	视同买断方式
A公司	应纳税金	69 410	50 800
	净收益	80 589	73 200
B公司	应纳税金	59 340	77 950
	净收益	140 661	148 050

由表5-5可以看出，A公司采用方案1的净收益是80 589元，采用方案2的净收益是73 200元，从净收益的角度，A公司应该采用方案1，即收取手续费方式；B公司采用方案1的净收益是140 661元，采用方案2的净收益是148 050元，从净收益的角度，B公司应该采用方案2，即采用视同买断方式。A公司采用方案1的应纳税金是69 410元，采用方案2的应纳税金是50 800元，从应纳税金的角度，A公司应该采用方案2，即视同买断方式；B公司采用方案1的应纳税金是59 340元，采用方案2的应纳税金是77 950元，从应纳税金的角度，B公司应该采用方案1，即采用收取手续费方式。

由该案例可以得知：① 进行税务筹划，要统筹考虑，不能仅考虑己方，还要考虑交易对方。

比如本例中,从纳税的角度,A公司要选择视同买断方式,而B公司要选择收取手续费方式;从净收益的角度,A公司要选择收取手续费方式,而B公司要选择视同买断方式。这样,就不能达成统一。② 收益能否增加及增加多少才是进行税务筹划方案选择的判断依据。如本例中采用视同买断方式与采用收取手续费相比,B公司所缴纳税金尽管上升了,但其收益增加了,所以,最终还是选择视同买断方式。③ 无论对A公司,还是B公司,双方议定收取的手续费费率越高,采用视同买断方式比采用收取手续费方式所增加的收益越多。④ 无论对A公司,还是B公司,B公司销售A公司的产品越多,采用视同买断方式比采用收取手续费方式所增加的收益也越多。⑤ 税务筹划方案有特定的适用范围,比如本例,它必须要求A、B公司都是增值税一般纳税人,若B公司是小规模纳税人,购进的商品进项税额不能抵扣,则需要另作筹划。

二、加工方式的筹划

企业在生产经营过程中,往往由于生产技术或生产能力的限制,需要将部分零部件委托给其他企业加工,其加工方式主要有经销加工和来料加工两种方式。其区别在于:经销加工,原料和产品均要作价,双方属于购销行为;来料加工,原料和产品不作价,受托方仅收取加工费。选择不同的加工方式,其毛利和税负是不相同的,因此,税务筹划应主要从以下两个方面考虑:一是获取的收益额,即产品销售额减去原材料成本的差额,或来料加工的加工费收入。在税费相同的情况下,哪种方式的收益大,就选择哪种加工方式。二是从税收负担角度考虑,如果经销加工时接受原料能同时取得增值税专用发票,能按规定的税率抵扣进项税,且计算的应纳税额小于按来料加工计算的应纳税额时,则选择经销加工方式;反之,应选择来料加工方式。

【例5-27】 A企业(一般纳税人)接受B企业(小规模纳税人)的委托,为B企业加工铸钢件500个,A企业既可以采取经销加工方式,也可以采取来料加工方式。如果采取经销加工生产,B企业收回每个铸钢件的价格为210元(不含税),有关税费由A企业负担,加工时提供熟铁50吨,每吨作价1 250元(不含税)。由于B企业是增值税小规模纳税人,因此,只能提供由税务局按3%征收率代开的增值税专用发票。如果采取来料加工方式,每个铸钢件的加工费收入为82元,加工费共计41 000元,加工时电费、燃料等可抵扣的进项税额为1 600元。两个企业应当如何进行税务筹划,选择较为合理的加工方式?

(1) A企业采取经销加工方式。
$$应纳增值税额 = 500 \times 210 \times 13\% - 50 \times 1\,250 \times 3\% - 1\,600 = 10\,175(元)$$
$$收益额 = 500 \times 210 - 50 \times 1\,250 - 加工成本(不含税)$$
$$= 42\,500 - 加工成本(不含税)$$

或者:
$$收益额 = 500 \times 210 \times (1+13\%) - 50 \times 1\,250 \times (1+3\%) - 加工成本(含税) - 10\,175$$
$$= 44\,100 - 加工成本(含税)$$
$$= 44\,100 - 加工成本(不含税) - 1\,600$$
$$= 42\,500 - 加工成本(不含税)$$

(2) A企业采取来料加工方式。
$$应纳增值税额 = 82 \times 500 \times 13\% - 1\,600 = 3\,730(元)$$

$$收益额 =41\,000- 加工成本(不含税)$$

或者：$收益额 =82\times500\times(1+13\%)- 加工成本(含税)-3\,730$

$$=42\,600- 加工成本(含税)$$
$$=41\,000- 加工成本(不含税)$$

通过比较，虽然采用经销加工方式比来料加工方式多缴纳增值税 6 445(10 175-3 730)元，但可多获得收益 1 500(42 500-41 000)元，所以，A 企业在现有条件下应选择经销加工方式更合算。

(3) B 企业采取经销加工方式。

$$应纳增值税额 =50\times1\,250\times3\%=1\,875(元)$$
$$收回的成本 =500\times210\times(1+13\%)=118\,650(元)$$

(4) B 企业采取来料加工方式。

$$应纳增值税额 =0$$
$$收回的成本 =50\times1\,250+41\,000\times(1+13\%)=108\,830(元)$$

通过 B 企业收回产品的成本及其应纳增值税额的计算比较，可以判断出 B 企业选择来料加工方式比较合算，因为来料加工较之于经销加工收回的成本降低了 9 820(118 650-108 830)元。

在现有条件下，A 企业选择经销加工比较合算，而 B 企业选择来料加工比较合算，由此，还需要双方对合作条件再进行磋商。

三、以物易物的筹划

以物易物是一种较为特殊的购销活动，是指购销双方不以货币结算，而是以同等价款的货物相互结算，实现货物购销的一种方式。以物易物双方都应作购销处理，以各自发出的货物核算销售额并计算销项税额，以各自收到的货物核算购货额并计算进项税额。在等价交易的情况下，换入商品与换出商品的增值税额相等，所以双方应纳增值税额为 0。但是在实际的以物易物交易过程中，双方均会出于自身的经营目的，采取非等价的物物交易，从而为物物交易的税务筹划提供了机会。

【例 5-28】 A 企业为加工生产棉布的一般纳税人，B 企业为加工生产服装的一般纳税人。由于未来市场棉布价格处于上升趋势，而服装价格处于下降趋势，B 企业预测未来市场以棉布加工的休闲装利润较高，而目前资金紧张；A 企业则考虑将该批服装作为本厂职工的工作服。假设 A 企业棉布成本为 6 万元，市价为 9 万元；B 企业积压的服装成本为 9 万元，市价为 11 万元。

如果交易双方正常进行购销行为，即 A 企业销售棉布，购进服装；B 企业销售服装，购进棉布。由于棉布和服装的价格走向明显不同，A 企业将棉布的价格定为 10 万元，B 企业也只能将服装的价格定为 10 万元。

(1) A 企业增值税的计算。

$$销售棉布的销项税额 =10\times13\%=1.3(万元)$$
$$购入服装的进项税额 =10\times13\%=1.3(万元)$$
$$该业务应纳增值税额 =1.3-1.3=0$$

(2) B 企业增值税的计算。

销售服装的销项税额 =10×13%=1.3（万元）
购入棉布的进项税额 =10×13%=1.3（万元）
该业务应纳增值税额 =1.3-1.3=0

如果 A、B 企业签订物物交易协议，A 企业以成本为 6 万元，市价为 9 万元，作价 10 万元的棉布置换 B 企业积压的成本为 9 万元，市价为 11 万元，作价 10 万元的服装。

（1）A 企业增值税的计算。

换出商品的销项税额 =9×13%=1.17（万元）
换入商品的进项税额 =11×13%=1.43（万元）
该业务应纳增值税额 =1.17-1.43=-0.26（万元）

（2）B 企业增值税的计算。

换出商品的销项税额 =11×13%=1.43（万元）
换入商品的进项税额 =9×13%=1.17（万元）
该业务应纳增值税额 =1.43-1.17=0.26（万元）

由此可知，通过签订以物易物协议，A 企业缩小了销项税额 0.13（10×13%-9×13%）万元，扩大了进项税额 0.13（11×13%-10×13%）万元，应纳增值税额为 -0.26 万元；而 B 企业扩大了销项税额 0.13（11×13%-10×13%）万元，缩小了进项税额 0.13（10×13%-9×13%）万元，应纳增值税额为 0.26 万元。对于 A 企业而言，降低了增值税税负 0.26 万元；对于 B 企业而言，为了解决资金紧张，增加了增值税税负 0.26 万元，对于国家税收收入未产生影响。尽管这个方案表面看起来 B 企业增加了增值税税负，但是这个方案下使 A 企业获得了少纳增值税的好处，促使 A 企业优先选择与 B 企业进行交易，可以迅速解决 B 企业资金紧张和原材料短缺的问题。

第五节 税收优惠政策的税务筹划

在增值税法有关规定中，基于不同的原因和目标，设置了较多优惠性的税收政策。税收优惠是税法的重要组成部分，增值税优惠是税法原则性和灵活性相结合的体现。作为一般性税法条款的例外规定，税收优惠通过减轻特定纳税人的税收负担，达到鼓励或支持的政策目的。

一、起征点的筹划

起征点，一般是指某一税种中，对其计算应该缴纳的税款的依据（即计税依据）规定的一个数值节点。纳税人达到该节点的，必须按照全部数额进行计算，缴纳税款；没有达到该数值节点的，纳税人就不用缴纳税款，享受免税。

税法对有关增值税起征点的规定为：凡办理了税务登记或临时税务登记的小规模纳税人，实行按期纳税，月销售额未超过 10 万元（按季纳税的小规模纳税人，为季度销售额未超过 30 万元）的，可以按规定享受增值税免税政策。未办理税务登记或临时税务登记的小规模纳税人，除特殊规定外，实行按次纳税，每次销售额未达到 300—500 元的免征增值税，达到 300—500 元的则需要正常征税。

该优惠政策必须注意以下几点：
（1）适用范围必须是增值税小规模纳税人。这里的小规模纳税人不限于增值税条例中所规定的适用起征点政策的个体工商户和其他个人,也包括其他符合小规模纳税人标准的企业(包含个人独资企业、合伙企业)以及非企业的各类单位(包含农民专业合作社、社会服务机构、行政单位、事业单位、军事单位、社会团体及其他单位等)。

(2) 增值税起征点所称的销售额不包括其应纳税额,采用销售额和应纳税额合并定价方法的,按照下列公式计算销售额:

$$销售额 = 含税销售额 \div (1+征收率)$$

(3) 纳税人以所有增值税应税销售行为(包括销售货物、劳务、服务、无形资产和不动产)合并计算销售额,判断是否达到免税标准。但是,小规模纳税人当期若发生销售不动产业务,以扣除不动产销售额后的当期销售额来判断是否超过10万元(按季30万元)标准。适用增值税差额征税政策的小规模纳税人,以差额后的当期销售额来判断是否超过10万元(按季30万元)标准。

(4) 建筑业纳税人在同一预缴地主管税务机关辖区内有多个项目的,按照所有项目当月总销售额判断是否超过10万元标准。

(5) 以预收款形式收取租金和到期一次性收取租金都属于采取一次性收取租金形式出租不动产取得的租金收入,可在对应的租赁期内平均分摊,分摊后的月租金收入未超过10万元的,免征增值税。

(一) 纳税期限的筹划

1. 按次纳税和按期纳税的筹划

纳税人可以选择按次纳税,也可以选择按期纳税。按照增值税起征点的规定,如果纳税人选择按次纳税,每次销售额未达到300~500元的免征增值税,达到300~500元的则需要正常征税。如果纳税人选择按期纳税,月销售额未超过10万元(按季纳税的小规模纳税人,为季度销售额未超过30万元)的,可以按规定享受增值税免税政策。

【例5-29】 假设张某工作日每天提供一次咨询服务,每次收费1 000元,4月份共提供22次咨询服务,收费22 000元。

如果张某按次纳税,每次销售额超过了起征点,需要按照全额纳税。

$$应纳增值税 = 1\,000 \div (1+3\%) \times 3\% \times 22 = 640.78(元)$$

如果张某按月纳税,月销售额没有超过10万元,可以享受增值税免税政策。

对于经常发生应税行为的自然人,应该主动办理税务登记或临时税务登记,实行按期纳税,以充分享受小规模纳税人月销售额10万元以下免税的政策。

2. 按月纳税和按季纳税的筹划

按照固定期限纳税的小规模纳税人可以根据自己的实际经营情况选择实行按月纳税或按季纳税。如果是按月纳税的小规模纳税人,那么月销售额超过10万元的当月是无法享受免税政策的;如果是按季纳税的小规模纳税人,那么季度中某一个月销售额超过10万元,但季度销售额不超过30万元的,可以按规定享受免税政策。

【例5-30】 某小规模纳税人甲企业第一季度销售收入分别为:1月11万元,2月9万元,3月9.5万元。

如果甲企业按月纳税,

$$甲企业1月份应纳税额 = 11 \div (1+3\%) \times 3\% = 0.32(万元)$$

2月和3月均未超过10万元,不用缴纳增值税。

如果甲企业按季纳税,甲企业第一季度销售额共29.5万元,未超过30万元,不用缴纳增值税。

所以甲企业选择按季纳税,比按月纳税可以少交增值税0.32万元。

需要注意的是,为确保年度内纳税人的纳税期限相对稳定,纳税人一经选择,一个会计年度内不得变更。纳税人变更纳税期限的实际申请时间不同,其变更后纳税期限的生效时间不同:如在季度第一个月内申请变更纳税期限的,可自申请变更的当季起按变更后的纳税期限申报纳税;在季度第二、三个月内申请变更纳税期限的,申请变更的当季内仍按变更前的纳税期限申报纳税,自下季度起按变更后的纳税期限申报纳税。如上例中的甲企业,在1月份申请变更为按季申报纳税,可自申请变更的当季即第一季度起按季申报纳税,适用季度销售额不超过30万元的免税标准;如在2月或3月申请变更为按季申报纳税的,在第一季度仍按月申报纳税,适用月销售额不超过10万元的免税标准,自第二季度起按季申报纳税,适用季度销售额不超过30万元的免税标准。

(二)起征点标准的筹划

由于增值税起征点的规定,小规模纳税人一旦销售额超过起征点就要全额缴纳增值税及附加税,因此,如果纳税人的销售额在起征点附近,应该尽量使自己的销售额低于起征点,从而享受免税的优惠。

【例5-31】 王某出租门面房一套,租期一年,一次性收取租金130万元。

根据税法规定,自然人采取一次性收取租金的形式出租不动产,取得的租金收入可在租金对应的租赁期内平均分摊,分摊后的月租金收入不超过10万元的,可享受小微企业免征增值税优惠政策。分摊后的月租金收入超过10万元的,按照5%的征收率计算应纳税额。计算公式为:

应纳税款 = 含税销售额 ÷ (1+5%) × 5%

王某每月分摊租金不含税收入 = 130 ÷ 12 ÷ (1+5%) = 10.32(万元)

月租金收入超过10万元,王某应就租金收入全额纳税。

王某应纳增值税 = 130 ÷ (1+5%) × 5% = 6.19(万元)

王某实际租金收入 = 130 - 6.19 = 123.81(万元)

如果王某将租金降到一年125万元,仍然采取一次性收取租金的方式。

王某每月分摊租金不含税收入 = 125 ÷ 12 ÷ (1+5%) = 9.92(万元)

由于王某月租金收入未超过10万元,不用缴纳增值税。王某实际租金收入为125万元。

二、加计扣除的筹划

(一)收购农产品加计扣除的筹划

企业从一般纳税人购进或者进口农产品,按照取得的增值税专用发票或海关进口增值税专用缴款书上注明的增值税额,从销项税额中抵扣;从按照简易计税方法依照3%征收率计算缴纳增值税的小规模纳税人取得增值税专用发票的,以增值税专用发票上注明的金额和9%的扣除率计算进项税额;取得或开具农产品收购发票的,以农产品收购发票上注明的农产品买价和9%的扣除率计算进项税额。

企业购进用于生产销售或委托受托加工13%税率货物的农产品加计扣除1%,按照10%的扣除率计算进项税额。企业购进农产品既用于生产销售或委托受托加工13%税率货物又用于生产销售其他货物服务的,应当分别核算用于生产销售或委托受托加工13%税率货物和其他货物服务的农产品进项税额。未分别核算的,统一以增值税专用发票或海关进口增值税专用缴款书上注明的增值税额为进项税额,或以农产品收购发票或销售发票上注明的农产品买价和9%的扣除率计算进项税额。

因此,纳税人应当尽量分别核算用于生产销售或委托受托加工13%税率货物和其他货物服务的农产品进项税额,从而最大限度提高进项税额的抵扣比率,减轻企业纳税负担。

【例5-32】 甲企业是增值税一般纳税人,主要经营范围是收购茶青(从茶树上采摘下来的鲜叶和嫩芽),经吹干、揉拌、发酵、烘干等工序制成茶叶对外销售,同时也销售掺兑各种药物的茶和茶饮料。5月,购进一批茶青用于生产茶叶和加工药茶和茶饮料。农产品收购发票上注明的买价为300万元。上述购进的茶青大约60%用于生产茶叶,40%用于加工药茶和茶饮料。假设当月茶叶不含税销售额为250万元,药茶和茶饮料的不含税销售额为350万元。

方案1 甲企业未分别核算用于生产茶叶和药茶茶饮料的茶青进项税额,则适用9%的扣除率计算进项税额。

5月进项税额 =300×9%=27(万元)
5月销项税额 =250×9% + 350×13% =68(万元)
5月应纳增值税 =68-27=41(万元)

方案2 甲企业分别核算用于生产茶叶和药茶茶饮料的茶青进项税额。

5月进项税额 =300×60%×9%+300×40%×10%=28.2(万元)
5月销项税额 =250×9% + 350×13% =68(万元)
5月应纳增值税 =68-28.2=39.8(万元)

由此可见,通过对茶青的进项税额分别核算,方案2比方案1少缴纳增值税1.2万元(41-39.8)。

(二)进项税额加计抵减的筹划

税法规定,自2019年4月1日至2021年12月31日,允许生产、生活性服务业纳税人按照当期可抵扣进项税额加计10%,抵减应纳税额。

生产、生活性服务业纳税人,是指提供邮政服务、电信服务、现代服务、生活服务取得的销售额占全部销售额的比重超过50%的纳税人。如果纳税人享受差额计税政策,应该以差额后的销售额参与计算。

2019年3月31日前设立的纳税人,自2018年4月至2019年3月期间的销售额(经营期不满12个月的,按照实际经营期的销售额)符合上述规定条件的,自2019年4月1日起适用加计抵减政策。2019年4月1日后设立的纳税人,自设立之日起3个月的销售额符合上述规定条件的,自登记为一般纳税人之日起适用加计抵减政策。纳税人确定适用加计抵减政策后,当年内不再调整,以后年度是否适用,根据上年度销售额计算确定。纳税人可计提但未计提的加计抵减额,可在确定适用加计抵减政策当期一并计提。

纳税人应按照当期可抵扣进项税额的10%计提当期加计抵减额。按照现行规定不得从销项税额中抵扣的进项税额,不得计提加计抵减额;已计提加计抵减额的进项税额,按规定作

进项税额转出的,应在进项税额转出当期,相应调减加计抵减额。计算公式如下:

当期计提加计抵减额 = 当期可抵扣进项税额 × 10%

当期可抵减加计抵减额 = 上期末加计抵减额余额 + 当期计提加计抵减额 – 当期调减加计抵减额

纳税人出口货物劳务、发生跨境应税行为不适用加计抵减政策,其对应的进项税额不得计提加计抵减额。纳税人兼营出口货物劳务、发生跨境应税行为且无法划分不得计提加计抵减额的进项税额,按照以下公式计算:

不得计提加计抵减额的进项税额 = 当期无法划分的全部进项税额 × 当期出口货物劳务和发生跨境应税行为的销售额 ÷ 当期全部销售额

【例5-33】 甲企业2019年4月设立,并于2019年5月被认定为增值税一般纳税人,主要经营范围包括汽车销售和汽车租赁。4月汽车销售金额50万元,汽车租赁费30万元,可以抵扣的进项税额10万元;5月汽车销售金额200万元,汽车租赁费200万元,可以抵扣的进项税额30万元;6月汽车销售金额150万元,汽车租赁费170万元,可以抵扣的进项税额25万元。

甲企业4月应纳增值税 =(50+30)×13%–10=0.4(万元)

甲企业5月应纳增值税 =(200+200)×13%–30=22(万元)

甲企业6月应纳增值税 =(150+170)×13%–25=16.6(万元)

4—6月份,甲企业汽车租赁累计销售额为400万元,货物累计销售额为400万元。

汽车租赁销售额占全部销售额的比重 =400÷(400+400)=50%

汽车租赁销售额占全部销售额的比重没有超过50%,按照规定,不能享受加计抵减政策。

如果甲企业在6月适当减少汽车销售额,或者适当增加汽车租赁费收入,例如甲企业6月汽车销售金额减少到140万元,其他条件不变。

4—6月份,甲企业汽车租赁累计销售额为400万元,货物累计销售额为390万元。

汽车租赁销售额占全部销售额的比重 =400÷(400+390)=50.63%

汽车租赁销售额占全部销售额的比重超过50%,按照规定,可以享受加计抵减政策。

甲企业6月进项税额 =25(万元)

甲企业6月加计抵减进项税额 =(30+25)×10%=5.5(万元)

甲企业6月应纳增值税 =(140+170)×13%–25–5.5=9.8(万元)

甲企业也可以将6月汽车租赁费收入增加到171万元,其他条件不变。

4—6月份,甲企业汽车租赁累计销售额为401万元,货物累计销售额为400万元。

汽车租赁销售额占全部销售额的比重 =401÷(401+400)=50.125%

汽车租赁销售额占全部销售额的比重超过50%,按照规定,可以享受加计抵减政策。

甲企业6月进项税额 =25(万元)

甲企业6月加计抵减进项税额 =(30+25)×10%=5.5(万元)

甲企业6月应纳增值税 =(140+171)×13%–25–5.5=9.93(万元)

第六节 出口退税的税务筹划

出口货物退税是退还出口货物在国内生产、加工、销售环节已纳的增值税、消费税。通过出口退税可以使出口商品以不含税价格进入国际市场,提高本国产品在国际市场中的竞争能力,避免对跨国流动物品重复征税,促进一个国家或地区的对外出口贸易。由于出口货物在出口报关环节存在着多种税收优惠政策,如何充分地把握和应用各种税收优惠,做好出口退税的筹划,是出口企业应考虑的问题。本节主要介绍出口退增值税的税务筹划,出口退消费税的税务筹划将在第六章介绍。

一、出口退税税务筹划概述

出口退税税务筹划是运用税务筹划基本理论,在充分利用出口货物退税政策的基础上,出口企业通过资金、经营方式等安排,合法享受免税或取得出口退税,或者避开因对出口货物退税政策不解和误解而产生的税收陷阱,从而实现自身利益最大化的一种税务筹划方法。进行出口退税税务筹划,应把握以下四方面:出口退税的条件、出口退税的货物范围、出口退税的计算方法、出口退税率。

(一) 出口退税的条件

出口企业出口货物,办理出口退税必须符合以下条件:

1. 属于增值税、消费税缴纳范围的货物

出口货物退税的税种是增值税和消费税,其他对出口货物缴纳的税种以及以增值税、消费税为计税依据附征的城建税、教育费附加等都不属于出口货物退税的范围。

2. 必须报关离境

凡在国内销售而不报关离境的货物,不论出口企业是以外币结算还是以人民币结算,也不论企业在财务上或其他管理办法是如何处理,均不能作为出口货物办理出口退税。

3. 在财务会计上作出口销售处理

目前,我国出口退税政策只适用于贸易性的出口货物,对于非贸易性的出口货物,如捐赠的礼品、不作销售的展品、样品以及个人在国内购买自带离境的货物等,不能办理出口退税。

4. 必须已经收汇

对有下列情形之一的出口企业,在申报出口退税时,必须提供收汇资料:

(1) 出口退(免)税企业分类管理类别为四类的;

(2) 主管税务机关发现出口企业申报的不能收汇原因是虚假的;

(3) 主管税务机关发现出口企业提供的出口货物收汇凭证是冒用的。

(二) 出口退税的货物范围

我国对出口货物采取了出口退税与免税相结合的政策,但对某些国家紧缺的货物不予退税,如面对由于大量出口给国内粮食供应带来的压力,从2007年12月20日起取消小麦、稻谷、大米、玉米、大豆等原粮及其制粉的出口退税,以减弱相关粮食品种的出口积极性,增加国内市场的供应,从而达到缓解CPI增长过快的目的。根据出口企业的不同形式和出口货物的不同种类,我国的出口货物税收政策分为三种形式:

1. 免税又退税的出口货物

出口货物免税是指在货物出口环节不征增值税、消费税;出口退税是指退还出口货物从原材料到产成品销售各个环节已缴纳的增值税。

2. 免税但不予退税的出口货物

根据税法规定,下列出口货物免征增值税,但不办理退税:

(1) 增值税小规模纳税人出口的货物。

(2) 避孕药品和用具,古旧图书。

(3) 软件产品。

(4) 含黄金、铂金成分的货物,钻石及其饰品。

(5) 国家计划内出口的卷烟。

(6) 已使用过的设备。具体是指购进时未取得增值税专用发票、海关进口增值税专用缴款书但其他相关单证齐全的已使用过的设备。

(7) 非出口企业委托出口的货物。

(8) 非列名生产企业出口的非视同自产货物。

(9) 农业生产者自产农产品。

(10) 油画、花生果仁、黑大豆等财政部和国家税务总局规定的出口免税的货物。

(11) 外贸企业取得普通发票、废旧物资收购凭证、农产品收购发票、政府非税收入票据的货物。

(12) 来料加工复出口的货物。

(13) 特殊区域内的企业出口的特殊区域内的货物。

(14) 以人民币现金作为结算方式的边境地区出口企业从所在省(自治区)的边境口岸出口到接壤国家的一般贸易和边境小额贸易出口货物。

(15) 以旅游购物贸易方式报关出口的货物。

3. 不免税也不退税的出口货物

下列出口货物劳务,不免税也不退税:

(1) 出口企业出口或视同出口财政部和国家税务总局根据国务院决定明确的取消出口退(免)税的货物(不包括来料加工复出口货物、中标机电产品、列名原材料、输入特殊区域的水电气、海洋工程结构物)。

(2) 出口企业或其他单位销售给特殊区域内的生活消费用品和交通运输工具。

(3) 出口企业或其他单位因骗取出口退税被税务机关停止办理增值税退(免)税期间出口的货物。

(4) 出口企业或其他单位提供虚假备案单证的货物。

(5) 出口企业或其他单位增值税退(免)税凭证有伪造或内容不实的货物。

(6) 出口企业或其他单位未在国家税务总局规定期限内申报免税核销以及经主管税务机关审核不予免税核销的出口卷烟。

(7) 出口企业或其他单位具有以下情形之一的出口货物劳务:

① 将空白的出口货物报关单、出口收汇核销单等退(免)税凭证交由除签有委托合同的货代公司、报关行,或由境外进口方指定的货代公司(提供合同约定或者其他相关证明)以外的其他单位或个人使用的。

② 以自营名义出口,其出口业务实质上是由本企业及其投资的企业以外的单位或个人借该出口企业名义操作完成的。

③ 以自营名义出口,其出口的同一批货物既签订购货合同,又签订代理出口合同(或协议)的。

④ 出口货物在海关验放后,自己或委托货代承运人对该笔货物的海运提单或其他运输单据等上的品名、规格等进行修改,造成出口货物报关单与海运提单或其他运输单据有关内容不符的。

⑤ 以自营名义出口,但不承担出口货物的质量、收款或退税风险之一的,即出口货物发生质量问题不承担购买方的索赔责任(合同中有约定质量责任承担者除外);不承担未按期收款导致不能核销的责任(合同中有约定收款责任承担者除外);不承担因申报出口退(免)税的资料、单证等出现问题造成不退税责任的。

⑥ 未实质参与出口经营活动、接受并从事由中间人介绍的其他出口业务,但仍以自营名义出口的。

出口退税是建立在征税基础上的,因为只有对出口的货物实现了征税,才可能在其出口后办理退税。因此,出口货物退税税务筹划应以依法纳税为原则,任何税务筹划手段和方法若违反了这一原则,都将是违法、违章的。

(三) 出口退税的计算方法

1. 免抵退税办法

生产企业出口自产货物和视同自产货物及对外提供加工修理修配劳务,以及列名生产企业出口非自产货物,免征增值税,相应的进项税额抵减应纳增值税额(不包括适用增值税即征即退、先征后退政策的应纳增值税额),未抵减完的部分予以退还。

2. 免退税办法

不具有生产能力的出口企业(以下称外贸企业)或其他单位出口货物劳务,免征增值税,相应的进项税额予以退还。

出口企业既有适用增值税免抵退项目,也有增值税即征即退、先征后退项目的,增值税即征即退和先征后退项目不参与出口项目免抵退税计算。出口企业应分别核算增值税免抵退项目和增值税即征即退、先征后退项目,并分别申请享受增值税即征即退、先征后退和免抵退税政策。

用于增值税即征即退或者先征后退项目的进项税额无法划分的,按照下列公式计算:

$$\text{无法划分进项税额中用于增值税即征即退或者先征后退项目的部分} = \frac{\text{当月无法划分的全部进项税额} \times \text{当月增值税即征即退或者先征后退项目销售额}}{\text{当月全部销售额合计}}$$

(四) 增值税出口退税率

出口货物实行零税率的本义是使出口货物以不含税成本进入国际市场,实行"征多少、退多少""未征不退"和"彻底退税"的原则。但鉴于出口政策方面的考虑和管理需要,为了既支持外贸的发展又兼顾财政的实际情况,在制定出口退税具体政策时往往会对出口退税额进行适当的控制,即实行"不完全退税"政策,对不同类型的出口货物分别核定不同的退税率,并由国家税务机关适时公布执行。

(1) 除财政部和国家税务总局根据国务院决定而明确的增值税出口退税率外,出口货物的退税率为其适用税率。国家税务总局根据上述规定将退税率通过出口货物劳务退税率文库予以发布,供征纳双方执行。退税率有调整的,除另有规定外,其执行时间以货物(包括被加工修理修配的货物)出口货物报关单(出口退税专用)上注明的出口日期为准。

(2) 外贸企业购进按简易办法征税的出口货物、从小规模纳税人购进的出口货物,其退税率分别为简易办法实际执行的征收率、小规模纳税人征收率。上述出口货物取得增值税专用发票的,退税率按照增值税专用发票上的税率和出口货物退税率孰低的原则确定。

(3) 出口企业委托加工修理修配货物,其加工修理修配费用的退税率,为出口货物的退税率。

(4) 中标机电产品、出口企业向海关报关进入特殊区域销售给特殊区域内生产企业生产耗用的列名原材料、输入特殊区域的水电气,其退税率为适用税率。如果国家调整列名原材料的退税率,列名原材料应当自调整之日起按调整后的退税率执行。

(5) 适用不同退税率的货物劳务,应分开报关、核算并申报退(免)税,未分开报关、核算或划分不清的,从低适用退税率。

二、出口方式的税务筹划

目前,我国企业出口商品主要有生产企业自营出口和通过外贸企业出口两种方式。自营出口由生产企业自己办理出口业务,出口商品定价和与出口业务有关的一切国内外费用以及佣金支出、索赔、理赔等,均由生产企业负担。生产企业按照免抵退税办法计算应退增值税。通过外贸企业出口是指生产企业把货物卖给外贸企业,由外贸企业办理货物出口和出口退税。外贸企业出口货物按照免退税办法计算应退增值税。生产企业自营出口与通过外贸企业出口采取不同的退税方式,会对企业的税负产生不同影响。

当征税率 = 退税率时,自营出口与通过关联外贸企业出口,企业所负担的增值税税负相同。

当征税率 > 退税率时,自营出口与通过关联外贸企业出口,企业所负担的增值税税负存在差异。

如果生产企业当期投入料件全部来自国内采购,当产品出口价格大于外贸企业的收购价格时,企业通过关联外贸企业出口产品有利于减轻增值税税负。并且,在产品出口价格确定的情况下,利用外贸企业出口可为生产企业进行税务筹划提供更广阔的空间,因为生产企业在将产品销售给关联外贸企业时,可以通过压低销售价格进行税务筹划,从而获得更多的税收利益。

【例5-34】 甲公司采购国内原材料生产工业品并全部用于出口,出口产品销售额8 000万元,本月可抵扣进项税额为416万元,增值税税率为13%,产品出口退税率为9%,无上期留抵税额。甲公司可采用以下不同方式办理出口退税:

(1) 甲公司采取自营出口方式,出口退税采用"免、抵、退"办法。

(2) 设立关联方外贸公司乙,按8 000万元价格将出口商品卖给乙公司,乙公司按同样的价格出口销售,由乙公司报关出口并申请退税,乙公司采用"免退税"办法办理退税。

(3) 设立关联方外贸公司乙,按8 000万元价格将出口商品卖给乙公司,乙公司按8 200

万元的价格出口销售,由乙公司报关出口并申请退税,乙公司采用"免退税"办法办理退税。

(4) 设立关联方外贸公司乙,按 6 000 万元价格将出口商品卖给乙公司,乙公司按 8 000 万元的价格出口销售,由乙公司报关出口并申请退税,乙公司采用"免退税"办法办理退税。

分析甲公司采用哪种方式出口商品最有利。

方案1　甲公司采用自营出口方式,出口退税计算如下:

$$应纳税额 = 0 - [416 - 8\,000 \times (13\% - 9\%)] = -96(万元)$$

$$免抵退税额 = 8\,000 \times 9\% = 720(万元)$$

所以应退税额为 96 万元。

方案2　甲公司通过关联外贸企业乙公司出口,甲公司把产品以 8 000 万元的价格销售给乙公司,开具增值税专用发票并计算缴纳增值税。乙公司再以 8 000 万元的价格出口销售。甲、乙公司增值税计算如下:

$$甲公司应纳增值税 = 8\,000 \times 13\% - 416 = 624(万元)$$

$$乙公司应退增值税 = 8\,000 \times 9\% = 720(万元)$$

$$甲乙公司合计增值税税负 = 624 - 720 = -96(万元)$$

从计算结果看,方案 2 的税负与方案 1 相同。但是,如果采用方案 2,甲公司缴纳 624 万元增值税的同时,还要按应纳增值税的 7% 和 3% 缴纳城建税和教育费附加,而这一部分并不退税,实际上增加了甲公司的税负。

方案3　甲公司通过关联外贸企业乙公司出口,甲公司把产品以 8 000 万元的价格销售给乙公司,开具增值税专用发票并计算缴纳增值税。乙公司再以 8 200 万元的价格出口销售。甲、乙公司增值税计算如下:

$$甲公司应纳增值税 = 8\,000 \times 13\% - 416 = 624(万元)$$

$$乙公司应退增值税 = 8\,200 \times 9\% = 738(万元)$$

$$甲乙公司合计增值税税负 = 624 - 738 = -114(万元)$$

从计算结果看,和方案 1 比较,方案 3 能够得到更多的退税,可以降低增值税税负。

方案4　甲公司通过关联外贸企业乙公司出口,甲公司利用转让定价,把产品以 6 000 万元的价格销售给乙公司,开具增值税专用发票并计算缴纳增值税。乙公司再以 8 000 万元的价格出口销售。甲、乙公司增值税计算如下:

$$甲公司应纳增值税 = 6\,000 \times 13\% - 416 = 364(万元)$$

$$乙公司应退增值税 = 8\,000 \times 9\% = 720(万元)$$

$$甲乙公司合计增值税税负 = 364 - 720 = -356(万元)$$

所以,甲公司利用转让定价,可以进一步降低企业增值税税负。但需要注意的是,税法明确规定,企业与其关联方之间的业务往来,不符合独立交易原则而减少企业或者其关联方应纳税收入或者所得额的,税务机关有权按照合理方法调整。

在进料加工贸易方式下,生产企业在选择出口方式时,必须权衡来自国外的进口料件价格、生产企业将产品出售给关联外贸企业的不含税价格、出口产品离岸价三者之间的关系,从而选择最有利的出口方式。同时,生产企业选择自营或通过外贸企业出口方式时,可通过调整国内料件与进口料件投入比例进行税务筹划,从而获得更多的税收利益。

当国外进口料件价格与生产企业把出口产品销售给关联外贸企业的不含税价格的合计

数小于本期出口产品总售价时,生产企业通过外贸企业进行出口有利于减轻增值税税负,同时生产企业可利用销售价格进行税收筹划,从而获取更多税收利益。

当国外进口料件价格与生产企业把出口产品销售给关联外贸企业的不含税价格的合计数大于本期出口产品总售价时,生产企业自营出口有利于减轻增值税税负。进一步研究可发现,在当期投入料件价格为定量时,生产企业可通过调整国内采购料件与国外进口料件的比例,进行税务筹划,并且进口料件所占比例越大,生产企业获得税收好处越多。

【例5-35】 某外资企业A计划出口价值1 053万元的自产产品,当期投入进口料件到岸价600万元,国内采购料件不含税价格200万元,增值税税率为13%,出口退税率为9%,无上期留抵税额。A企业可采用以下不同方式办理出口退税:

(1) 采取自营出口方式,出口退税采用"免、抵、退"办法。

(2) 通过外贸公司B出口,A企业按1 000万元的价格将产品卖给B公司,B公司按1 053万元的价格出口销售,由B公司报关出口并申请退税,B公司采用"免退税"办法办理退税。

方案1 A企业采用自营出口方式,出口退税计算如下:

应纳税额 $=0-[200×13\%-(1\ 053-600)×(13\%-9\%)]=-7.88$(万元)

免抵退税额 $=(1\ 053-600)×9\%=40.77$(万元)

所以应退税额为7.88万元。

方案2 A企业通过外贸公司B出口,A企业以1 000万元的价格销售给B公司,B公司再以1 053万元出口,则A、B企业增值税计算如下:

A企业应纳增值税 $=1\ 000×13\%-200×13\%=104$(万元)

B公司应退增值税 $=1\ 053×9\%=94.77$(万元)

甲乙公司合计增值税税负 $=104-94.77=9.23$(万元)

可见,同样的外销收入,却产生了不同的结果。从A、B两企业来看,自营出口实际应纳增值税为-7.88万元,而通过外贸企业出口实际应纳的增值税是9.23万元。显然A企业自营出口有利于减轻增值税税负。

三、国外料件加工复出口的税务筹划

1. 国外料件加工复出口业务的贸易方式

企业发生国外料件加工复出口业务,可采取三种贸易方式,出口退税分别按"免、抵、退"办法和"免税"办法处理。

一是自营进口方式。将国外料件正常报关进口,缴纳进口环节的增值税或消费税及关税,加工复出口后再申请退还增值税或消费税。

二是进料加工方式。"进料加工"是专门为制造外销货物而进口原、辅材料等,经加工制成成品出口的一种国际贸易方式。进料加工实行退税而非免税,即进口原料、零部件时减征进口环节增值税,而对其加工复出口时则享受退税待遇。出口企业开展"进料加工"业务,应先持主管部门的批件,送主管税务机关的退税部门审核签章,税务机关须逐笔登记并将复印件留存备查。海关凭盖有主管税务机关的退税部门印章的外经贸主管部门的批件,方能办理进口料件登记手册;加工的货物出口后,可申请办理加工及生产环节已缴纳增值税的出口退税。

三是来料加工方式。"来料加工"是由外商无偿提供全部或部分原辅料或半成品,由我方

按对方要求进行加工、装配,成品交外方,我方只收取加工费的一种贸易方式。来料加工方式下,在来料进口及成品生产环节均予免税,不实行退税。

出口企业以来料加工贸易方式免税进口原材料、零部件后,凭海关核签的来料加工进口货物报关单和来料加工登记手册向主管税务机关的退税部门办理"来料加工免税证明",据此证明向主管税务机关的征税部门申报办理免征其加工或委托加工货物及其工缴费的增值税、消费税。货物出口后,出口企业凭来料加工出口货物报关单和海关已核销的来料加工登记手册、收汇凭证向主管税务机关的退税部门办理核销手续。逾期未核销的,主管税务机关的退税部门将会同海关和主管税务机关的征税部门及时予以补税和处罚。

2. 国外料件加工复出口货物的税务筹划

从税务筹划上讲,进料加工方式和来料加工方式才是出口退税政策的选择方案,出口企业承接国外料件加工,是采取进料加工方式还是采取来料加工方式,要经过全面考虑和具体分析后才能作出最佳选择。

(1) 当企业出口货物的征税率与其退税率相等时,无论加工复出口货物耗用的国产料件多少,利润率高低,都应该选择进料方式。因为进料加工业务,货物出口后可以办理全部进项税额的出口退税,而来料加工业务,虽然免征增值税,但进项税额不予办理退税,从而增加了出口货物的销售成本。

(2) 当企业出口货物的征税率大于其退税率时,可分为以下几种情况:

当加工复出口货物耗用的国产料件少、利润率较高时,应选择来料加工方式。来料加工业务免征增值税,而进料加工虽可办理增值税退税,但由于退税率可能低于征税率,其增值税差额要计入出口货物销售成本,这使进料加工方式业务成本较大。

当加工复出口货物耗用的国产料件较多、利润率较低时,应选择进料加工方式。进料加工业务可办理出口退税,虽然因退税率低于征税率而增加了出口货物成本,但与来料加工业务相比,随着耗用国产料件数量的增多,其成本会逐渐地抵消,甚至小于后者的业务成本。

若仅从此出发,出口企业应选择进料加工贸易方式。但若从资金运作角度看,进料加工业务占用的资金数额大,来料加工占用资金小或不占资金(外商预付定金的情况下),而且,在进料加工贸易办理退税时,因出口货物退税率低于征税率而产生的增值税差额计入出口货物销售成本,势必增大成本,减少利润,少缴了一部分企业所得税。

总之,不同贸易经营方式或者不同退税方式对企业的成本和收益以及现金流量都有很大影响。出口企业是采用来料加工还是进料加工方式,还要考虑不同的贸易方式下货物的所有权和货物定价权问题。在来料加工方式下,料件和成品的所有权均归外商所有,承接来料加工的企业只收加工费,出口企业也没有成品的定价权;而在进料加工方式下,料件和加工成品的所有权及定价权都属于承接进料加工的出口企业,因此,也可以通过提高货物售价来增大出口盈利,从而最大限度地提高出口退税的数额,这也是企业贸易方式筹划的一个方面。

关键词

税负平衡点　　进项税额　　销项税额　　优惠政策　　出口退税

小结

增值税纳税人划分为小规模纳税人和一般纳税人,企业可以通过增值率、抵扣率等的计算,以确定两类纳税人的税负平衡点,选择税负较轻的增值税纳税人身份。一般纳税人在发生购销业务时,应当尽可能地降低销项税额、增大进项税额。销项税额的降低主要通过对不同的销售方式、结算方式的选择来实现;进项税额的增大主要是通过对不同购进价格、不同抵扣时间、农产品采购、运输方式的选择来实现。有出口业务时,企业要熟知相关优惠政策,结合自身生产特点,对经营方式及货物出口方式进行税务筹划。同时,要注意对起征点和加计扣除等优惠政策的税务筹划。

即测即评

请扫描右侧的二维码,进行即测即评。

案例分析

案例 5-1

某投资者依据现有的资源欲投资于商品零售,若新设成立一家商业企业,预测每年可实现的销售商品价款为 900 万元,购进商品价款为 500 万元,符合认定为增值税一般纳税人的条件,适用的增值税税率为 13%。若分别新设成立甲、乙两家商业企业,预测甲企业每年度可实现的销售商品价款为 480 万元,购进商品价款为 280 万元;乙企业每年度可实现的销售商品价款为 420 万元,购进商品价款为 220 万元。甲、乙企业只能认定为小规模纳税人,征收率为 3%。

分析要求:分别采用增值率筹划法、抵扣率筹划法为该投资者进行纳税人身份的选择。

案例 5-2

某商场分别于元旦和春节推出大减价活动,活动方案有如下几种:

① 对商品打 7 折进行销售;
② 购物满 100 元赠送 30 元的商品;
③ 购物满 100 元赠送 30 元购物券;
④ 购物满 100 元返还现金 30 元。

该商场的增值税适用税率为 13%,企业所得税适用税率为 25%,商品毛利率为 40%。

分析要求:该商场应选择哪一个方案?

案例 5-3

某生产企业为增值税一般纳税人,适用增值税税率 13%,主要耗用甲材料加工产品。现有 A、B、C 三个企业提供甲材料,其中 A 为生产甲材料的一般纳税人,能够出具增值税专用发票,适用税率 13%;B 为生产甲材料的小规模纳税人,能够委托主管税务局代开增值税征收率为 3% 的专用发票;C 为个体工商户,只能出具普通发票,A、B、C 三个企业所提供的材料质量相同,但是含税价格却不同,分别为 133 元、103 元、100 元。

分析要求:该企业应当与A、B、C三家企业中的哪一家企业签订购销合同?

案例5-4

服装生产企业A委托棉线生产企业B加工棉线4吨,双方商定,如果采用经销加工生产,每吨棉线12 000元,供应棉纱5吨,每吨作价8 000元,不能提供增值税专用发票;如果采用来料加工生产方式,每吨棉线支付加工费1 800元,供应的棉纱不作价,B企业电费等可抵扣的增值税税额为500元。

分析要求:A、B企业应当如何选择加工方式?

案例5-5

某生产性集团公司本月出口销售额为500万元,产品成本(不考虑工资费用和固定资产折旧)为200万元,进项税额为26万元,征税率为13%,退税率为10%。该集团公司可以采用以下方案办理出口及退税。

方案1 集团公司自营出口产品,出口退税采用"免、抵、退"税办法。

方案2 该集团公司设有独立的进出口公司,按出口销售价格卖给进出口公司,由进出口公司报关并申请退税。

方案3 该集团公司设有独立的进出口公司,所有出口商品由集团公司按成本价卖给进出口公司,由进出口公司报关并申请退税。

分析要求:比较上述3种方案哪种税负最轻?

复习思考题

1. 增值税两类纳税人的税负是否存在差异?如何利用纳税人身份进行税务筹划?
2. 如何进行销售方式的税务筹划?
3. 如何进行购进价格的税务筹划?
4. 如何进行以物易物的税务筹划?
5. 如何进行兼营行为的税务筹划?
6. 如何进行代销方式的税务筹划?
7. 如何选择出口方式进行出口退税的税务筹划?
8. 如何进行国外料件加工复出口业务的税务筹划?
9. 如何进行增值税起征点的税务筹划?
10. 如何对加计扣除的优惠政策进行税务筹划?

第六章 消费税的税务筹划

消费税是对在我国境内生产、委托加工和进口应税消费品的单位和个人征收的一种税,是对特定的消费品和消费行为征税,在我国税收体系中占有重要地位,是税务筹划的重点。消费税实行价内税,主要在应税消费品的生产、委托加工和进口环节缴纳。

第一节 自产销售应税消费品的税务筹划

根据税法规定,自产销售应税消费品应纳消费税的计税办法分为从价计缴、从量计缴和复合计缴三种类型。

1. 从价计缴

在正常销售情况下,实行从价计缴办法的应税消费品以销售额为计税依据。即:

$$应纳税额 = 应税消费品的销售额 \times 消费税税率$$

"销售额"是指纳税人销售应税消费品向购买者收取的全部价款和价外费用,不包括应向购货方收取的增值税税款。如果纳税人应税消费品的销售额中含有增值税税款或者因不得开具增值税专用发票而发生价款与增值税税款合并收取的,在计算消费税时,应将销售额和增值税进行分离,即换算成不含增值税的销售额。其计算公式为:

$$不含增值税的销售额 = \frac{含增值税的销售额}{1+增值税税率或征收率}$$

"价外费用"是指价外收取的基金、集资费、返还利润、补贴、违约金(延期付款利息)和手续费、包装费、储备费、优质费、运输装卸费、代收款项、代垫款项以及其他各种性质的价外收费。

2. 从量计缴

企业外销应税消费品,实行从量定额计缴的,其计税依据是应税消费品的实际销售数量。其应纳税额的计算公式为:

$$应纳税额 = 销售数量 \times 单位税额$$

3. 复合计缴

实行复合计缴办法的应税消费品主要包括白酒和卷烟。复合计税办法下应纳消费税额的计算公式为:

$$应纳税额 = 销售数量 \times 定额税率 + 销售额 \times 比例税率$$

所以纳税人可以通过减少销售额或销售数量、降低应税消费品适用的税率或单位税额的方式,进行自产销售应税消费品应纳消费税的税务筹划。

一、应税消费品定价的税务筹划

(一)价格临界点的税务筹划

消费税的征税目的之一是为了调节消费,引导人们的消费行为,所以消费税的税目中包含一些高档消费品或奢侈品。有些应税消费品会有一个消费税的价格临界点,高于这个点就交消费税或者按照比较高的税率交消费税,低于这个点就不交消费税或者按照比较低的税率交消费税。纳税人在定价时应该合理筹划,因为提高售价可能导致销量的减少、税负的增加,而降低售价会使税负减少,同时能兼顾销量,提升产品的竞争力。

例如每标准条卷烟不含增值税价款低于70元时,生产环节应纳消费税按36%的比例税率加定额税率计算,每标准条卷烟不含增值税价款一旦达到70元,生产环节应纳消费税按56%的比例税率加定额税率计算。每吨啤酒不含增值税出厂价小于3 000元时,消费税按照每吨220元征收,每吨啤酒不含增值税出厂价达到3 000元以后,消费税按照每吨250元征收。化妆品不含增值税的价格在10元/毫升(克)或15元/片(张)及以上时,属于高档美容、修饰类化妆品和高档护肤类化妆品,需要交消费税,低于这个价格无须交消费税。零售价格130万元(不含增值税)及以上的乘用车和中轻型商用客车,在零售环节加征消费税,低于这个价格的乘用车和中轻型商用客车只在生产环节征消费税,零售环节不征消费税。不含增值税的价格在10 000元及以上的手表属于高档手表,要征收消费税,低于这个价格的不征消费税。

【例6-1】 某市卷烟厂生产出一种新产品,正在制定该种新产品的出厂价。经测算,每标准箱分摊的成本费用在4 000元左右,每标准箱(每标准箱是250条,每条10包,每包20支)可抵扣的进项税额在500元左右。在该产品的定价问题上,销售经理依据以往的销售经验,提出每标准条定价在80元(含税)比较合适,预计当年能够销售10 000箱,财务经理则提出了不同意见,认为每标准条定价80元不如定价51元(含税)所获得的利润高,建议把每标准条的出厂价定在51元。

请问:如何进行卷烟新产品定价的税务筹划?

方案1 每标准条定价80元。

该卷烟每标准条出厂价按80元定价时,其不含税价为70.8[80÷(1+13%)]元,大于70元,属于甲类卷烟,其从价计征的消费税适用56%的税率。

(1)每标准箱卷烟出厂环节应纳消费税为:

$$80 \times 250 \times 56\% \div 1.13 + 150 = 10\ 061.5(元)$$

(2)每标准箱卷烟出厂环节应纳增值税为:

$$80 \times 250 \times 13\% \div 1.13 - 500 = 1\ 800.88(元)$$

(3)每标准箱卷烟出厂环节应纳的城建税和教育费附加为:

$$(10\ 061.5 + 1\ 800.88) \times (7\% + 3\%) = 1\ 186.24(元)$$

(4)每标准箱卷烟出厂环节负担的税金及附加合计为:

$$10\ 061.5 + 1\ 186.24 = 11\ 247.74(元)$$

(5)每标准箱卷烟获得的利润为:

$$80 \times 250 \div 1.13 - 4\ 000 - 11\ 247.74 = 2\ 451.38(元)$$

(6)10 000箱卷烟获得的利润为:

$$2\,451.38×10\,000=2\,451.38(万元)$$

方案2 每标准条定价51元。

该卷烟每标准条出厂价按51元定价时，其不含税价为45.13［51÷(1+13%)］元，小于70元，属于乙类卷烟，其从价计征的消费税适用36%的税率。

(1) 每标准箱卷烟出厂环节应纳消费税为：
$$51×250×36\%÷1.13+150=4\,211.95(元)$$

(2) 每标准箱卷烟出厂环节应纳增值税为：
$$51×250×13\%÷1.13-500=966.81(元)$$

(3) 每标准箱卷烟出厂环节应纳城建税和教育费附加为：
$$(4\,211.95+966.81)×(7\%+3\%)=517.88(元)$$

(4) 每标准箱卷烟出厂环节负担的税金及附加合计为：
$$4\,211.95+517.88=4\,729.83(元)$$

(5) 每标准箱卷烟获得的利润为：
$$51×250÷1.13-4\,000-4\,729.83=2\,553.36(元)$$

(6) 10 000箱卷烟获得的利润为：
$$2\,553.36×10\,000=2\,553.36(万元)$$

按照人们常规的思维，在销售量一定的情况下，售价越高，获得的利润越多，但在本例中，在每标准条售价80元获得的利润反而比每标准条售价51元获得的利润低101.98万元(2 553.36－2 451.38)。是什么原因导致如此差异呢？

根据消费税暂行条例的规定，卷烟产品在生产环节消费税的从价计征税率为：单条调拨价格在70元(含70元)以上的按56%的税率缴纳，单条调拨价格在70元以下的按36%的税率缴纳。本案例中，定价为每标准条51元时，其不含税价格为45.13元，低于70元，属于乙类卷烟，适用36%的消费税税率，而定价为每标准条80元时，其不含税价格为70.8元，超过了70元，属于甲类卷烟，适用56%的消费税税率。尽管方案1与方案2相比每标准条卷烟的定价提高了29元，使得方案1与方案2相比收入有所提高，但由于定价的提高使其适用消费税税率发生变化，以致方案1比方案2的税负有了更大幅度的提高，其中，收入提高了6 415.93万元(29×250÷1.13×10 000)，税金及附加提高了6 517.91万元(11 247.74－4 729.83)，进而使得最终售价高的方案比售价低的方案利润低101.98万元。

可见，卷烟生产企业在卷烟产品的定价上，并非售价越高，所获利润越多。每标准条卷烟定价在79.09元即不含增值税单价为69.99元时，利润达到极值点6 226.2万元，在低于该极值点的区域，利润随售价的提高而增加；在每标准条定价为79.1元即不含增值税单价为70元时，取得利润的极小值2 377.5万元，在之后高于该极值点的区域，利润随售价的提高而增加。当价格在126.56元即不含增值税单价为112元时，其获得的利润与定价在79.09元时的利润基本相等。在79.09元与126.56元的区域，售价的提高不足以弥补由于税率的提高而多缴纳的税金，会造成利润一定幅度的下降；当每标准条卷烟定价高于126.56元时，产生的边际收益会大于缴纳的税金，这时，卷烟产品定价越高，卷烟生产企业所获得的利润也会越多。即每标准条卷烟定价要么在79.09元以下，要么在126.56元以上，定价在79.09元与126.56元之间是不合适的。

由此可以得出,卷烟生产企业在进行新产品的定价决策时要充分考虑国家的税收政策,进行必要的税务筹划,否则看似可行的方案可能并非最优方案。本例中每标准条售价80元反而没有每标准条售价51元所获得的利润高,每标准条售价80元不仅加重公司的税收负担,还有可能会因为高售价影响卷烟的销售,进而影响资金周转速度。卷烟生产企业在制定卷烟的出厂价格时应该考虑这一因素的影响。采用低价位的销售策略,对企业来讲,有利于加快销售,提高资金周转速度,对消费者来说,低价格无疑更受欢迎。同时,根据财税[2015]60号文的规定,卷烟批发环节加征一道从价税,税率为11%,并按0.005元/支加征从量税。若再考虑这个因素,若每标准条售价定为80元,在批发环节会缴纳更多的消费税,这些税最终都转移到消费者身上,使消费者购买该卷烟的成本提高,则更加不利于该卷烟的销售。

另外,卷烟生产企业产品的定价也需要考虑该产品所对应的目标客户群。由于出厂价格的变化会导致零售价格的变化,进而会影响到该产品所属的消费档次,卷烟生产企业需要考虑由于消费档次的变化而对销售量的影响。

(二) 转让定价的税务筹划

转让定价是指在经济活动中,有经济关系的企业各方为均摊利润或转移利润,在产品交换或买卖过程中,不依照市场买卖规则和市场价格进行交易,而是根据他们之间的共同利益进行产品或非产品转让。在这种转让中,产品的转让价格根据双方的意愿,可高于或低于市场上由供求关系决定的价格,以达到少纳税甚至不纳税的目的。比如,在生产企业和商业企业承担的纳税负担不一致的情况下,若商业企业适用的税率高于生产企业或反过来生产企业所适用的税率高于商业企业,那么,有联系的商业企业和生产企业就可以通过某种契约的形式,增加低税率一方的利润,使两者共同承担的税负最小化。

众所周知,商品价格上的任何增减变化都会带来明显的税收后果。对一个生产经营企业来说,产品价格的变动与经济利益有着十分密切的关系,基于价格变动对生产企业的影响,纳税人往往不遗余力地对价格制度和转让定价进行分析研究,寻找最佳的纳税筹划方法。

消费税的纳税行为发生在生产领域而非流通领域或终极的消费环节,因而,关联企业中生产应税消费品的企业,如果以较低的价格将应税消费品销售给其独立核算的销售公司,则可以降低销售额,从而减少应纳税销售额。而独立核算的销售公司,由于处在销售环节上,只缴纳增值税,不缴纳消费税,因而,这样做可以使集团的整体消费税负下降,但增值税税负不变。

由于消费税的课征只选择单一环节,而消费品的流通还存在着批发、零售等若干个流转环节,这在客观上为企业选择一定的方式进行税务筹划提供了可能。企业可以采用分设独立核算的销售公司的办法,降低生产环节的销售价格向他们供货,销售公司再以正常价格对外销售,由于消费税主要在产制环节缴纳,企业的税收负担会因此减轻许多。

【例6-2】 某企业小汽车的正常出厂价为115 200元/辆,适用税率为5%。而该厂分设了独立核算的经销公司,向经销公司供货时价格定为88 200元/辆,当月出厂小汽车200辆。

两种销售方式税负对比如下:

厂家直接销售,应纳消费税额为:
$$115\,200 \times 200 \times 5\% = 1\,152\,000(元)$$

由经销公司销售,应纳消费税额为:

$$88\ 200 \times 200 \times 5\% = 882\ 000(元)$$

由此，企业少纳消费税：

$$1\ 152\ 000 - 882\ 000 = 270\ 000(元)$$

这种做法在生产酒、化妆品、摩托车、小汽车的行业里得到较为普遍的应用。

这里需要企业注意两点：

(1) 如果纳税人通过自设的非独立核算门市部销售的自产应税消费品，销售额为门市部实际对外收取的不含增值税的销售额，则达不到税务筹划的目的。

(2) 生产厂家向经销公司出售应税消费品时，只能适度压低价格。由于独立核算的经销公司与生产企业之间存在关联关系，按照《中华人民共和国税收征收管理法》规定，企业或者外国企业在中国境内设立的从事生产、经营的机构、场所与其关联企业之间的业务往来，应当按照独立企业之间的业务往来收取或者支付价款、费用；不按照独立企业之间的业务往来收取或者支付价款、费用，而减少其应纳税的收入或者所得额的，税务机关有权进行合理调整。因此，企业销售给下属经销公司的产品价格应当参照销售给其他商家当期的平均价格确定。如果压低幅度过大，就属于税法所称"价格明显偏低"，此时，税务机关就可以行使对价格的调整权。

二、价外费用的税务筹划

价外费用是指价外收取的基金、集资费、返还利润、补贴、违约金(延期付款利息)和手续费、包装费、储备费、优质费、运输装卸费、代收款项、代垫款项以及其他各种性质的价外收费。根据《消费税暂行条例实施细则》，同时符合下列条件的代垫运输费用不包括在应税销售额中：

(1) 承运部门的运费发票开具给购货方的。

(2) 纳税人将该项发票转交给购货方的。

其他价外费用，无论是否属于纳税人的收入，均应并入销售额计算征税。

(一) 包装费的筹划

在一般产品销售活动中，包装物随产品销售是很普遍的。从其形式看，产品销售活动中的包装物可以分成如下四种类型：第一，用于包装产品作为消费品组成部分的包装物；第二，随同产品出售不单独计价的包装物；第三，随同产品出售单独计价的包装物；第四，出租或出借给购买产品的单位使用的包装物。根据《消费税暂行条例实施细则》的规定，实行从价定率办法计算应纳税额的应税消费品连同包装物销售的，无论包装物是否单独计价，也不论在会计上如何核算，均应并入应税消费品的销售额中按其所包装消费品的适用税率缴纳消费税。

企业可采用变"先包装后销售"为"先销售后包装"方式，将应税消费品和包装物按照各自的价格分别销售给零售商，再由零售商包装后对外销售。这样企业就可以不必对包装物本身的价值缴纳消费税，而零售商处于零售环节，也无须缴纳消费税。虽然增值税负没有任何变化，但包装物价格不会被作为价外费用计征消费税，从而起到节税效果。

【例6-3】 A酒厂生产销售精装粮食白酒2 000瓶给B商场，每瓶白酒500克，取得不含增值税的销售收入300 000元，其中包括价值270 000元的白酒和价值30 000元的高档包装物作为礼品盒。已知白酒的消费税税率为20%，每500克定额税率0.5元。

方案1 采取"先包装后销售"的方式。
$$应纳消费税额 = 300\,000 \times 20\% + 2\,000 \times 0.5 = 61\,000（元）$$

方案2 采取"先销售后包装"的方式。先将白酒和礼品盒分开销售给商场，并分别开具白酒和礼品盒销售发票，分别核算销售收入，然后再由商场包装成精装礼品酒后对外销售。在这种情况下，价值30 000元的礼品盒不需要缴纳消费税。
$$应纳消费税额 = 270\,000 \times 20\% + 2\,000 \times 0.5 = 55\,000（元）$$

可见，方案2比方案1节税6 000（61 000−55 000）元。

（二）运费的筹划

企业在销售商品时可以约定由卖方负担运费，也可以约定由买方负担运费。如果由买方负担运费，还可能有两种方式。一种是购买方委托运输方式，即由销售方企业委托运输公司运送货物，并由销售方向运输公司代垫运费，运输公司向购买方开具增值税专用发票并送达购买方手中。另一种是销售方委托运输方式，即销售方企业委托运输公司运送货物并向运输公司支付运费，运输公司向销售方企业开具增值税专用发票。同时，销售方企业向购买方收取等额运费，或者通过增加商品售价的方式收回运费，将商品单价提高。

第一种方式下，符合税法规定的不包括在应税销售额中的代垫运费的条件：① 承运部门的运费发票开具给购货方；② 纳税人将该项发票转交给购货方。销售方企业不必把代垫运费计入价外费用计税。第二种方式下，不符合上述两个条件，所以销售方企业向购买方收取的运费要计入价外费用，征收增值税和消费税。

【例6-4】 甲厂为增值税一般纳税人，生产各种高尔夫球杆，销售男式球杆500个，不含税售价600元/个。开具增值税专用发票注明价款300 000元，税额39 000元，运费2 180元。

方案1 甲厂委托运输公司运送高尔夫球杆，支付运费2 180元，取得运输公司向购买方开具的增值税专用发票（运费2 000元，增值税180元）并送达购买方手中。
$$甲厂增值税销项税额 = 300\,000 \times 13\% = 39\,000（元）$$
$$甲厂应纳消费税 = 300\,000 \times 10\% = 30\,000（元）$$

方案2 甲厂委托运输公司运送高尔夫球杆，支付运费2 180元，取得运输公司向甲厂开具的增值税专用发票（运费2 000元，增值税180元）。同时甲厂向购买方收取运费2 180元并开具普通发票。
$$甲厂增值税销项税额 = 300\,000 \times 13\% + 2\,180 \div (1+13\%) \times 13\% = 39\,250.8（元）$$
$$甲厂增值税进项税额 = 180（元）$$
$$甲厂应纳消费税 = 300\,000 \times 10\% + 2\,180 \div (1+13\%) \times 10\% = 30\,192.92（元）$$

可见，如果采用方案2，甲厂会多缴纳增值税70.8元（39 250.8−180−39 000），多缴纳消费税192.92元（30 192.92−30 000）。

三、兼营应税消费品的税务筹划

消费税的兼营行为，包括兼营不同税率的应税消费品和兼营非应税消费品两种情况。对于消费税纳税人同时经营两种以上税率的应税消费品行为，税法明确规定：纳税人兼营多种不同税率的应税消费品，应当分别核算不同税率应税消费品的销售额、销售数量；未分别核算销售额、销售数量，或者将不同税率的应税消费品组成成套消费品销售的，应从高适用税率。

对此,纳税人可考虑从以下两个角度进行税务筹划,以避免在消费税兼营行为中承担不必要的税收负担。

1. 将不同税率应税产品的销售额和销售数量分别核算

在企业的生产经营中,往往会发生同一企业生产不同税率产品,并分别销售的情况。企业从降低自身税收负担的角度考虑,应严格将不同税率产品的销售额和销售数量分别核算,否则将面临对全部产品统一适用高税率的可能。

【例6-5】 某酒厂本月生产并销售白酒15吨,实现销售收入150万元,同时销售药酒5吨,实现销售收入30万元。

按照规定,白酒应在缴纳20%从价税的基础上再缴纳每500克0.5元的从量税,药酒则按照销售价格的10%缴纳消费税。

如果该企业没有将两种产品分别核算,那么应从高适用税率,即将全部产品按照白酒适用的税率纳税,该月应缴纳消费税为:

$$(150+30)\times20\%+(15+5)\times2\,000\times0.5\div10\,000=38(万元)$$

如果该企业将所销售的白酒和药酒的销售数量和销售额分别核算,则应缴纳消费税为:

$$150\times20\%+15\times2\,000\times0.5\div10\,000+30\times10\%=34.5(万元)$$

可见,分别核算比原来减少了3.5万元的税收负担。

2. 将应税产品和非应税产品的销售额和销售数量分别核算

随着人们生活和消费水平的提高,"成套"消费品的市场需求日益扩大。销售成套消费品,不仅可以扩大生产企业产品的市场需求,而且能增强企业在市场中的竞争优势。但按规定,纳税人将应税消费品和非应税消费品组成成套消费品销售的,应一并征收消费税。

【例6-6】 假设某化妆品公司生产并销售系列化妆品和护肤护发品,其中销路较好的几种产品的出厂价分别为口红80元、眼影120元、粉饼100元、洗面奶30元。另外,该企业新开发的润肤霜出厂价为70元。

以上产品中前三种属于高档化妆品,适用15%的消费税税率,后两种为护肤护发品,不属于消费税征收范围。

如果以上产品各销售一件,则企业应缴纳消费税45元。

现在该公司为推销其新产品润肤霜,计划将前述几种产品与润肤霜组成礼品套装销售,出厂价仍为各个品种出厂价之和,即400元。但此时,企业每销售一套产品,需缴纳消费税60(400×15%)元,税负增加了33.3%。

第二节 自产自用应税消费品的税务筹划

纳税人自产自用的消费品,主要包括两个方面:一是用于连续生产应税消费品,二是用于生产非应税消费品和建筑工程、管理部门、非生产机构、提供劳务以及用于捐赠、赞助、集资、广告、样品、职工福利、奖励等方面。

如果用于连续生产应税消费品,根据《消费税暂行条例实施细则》的规定,纳税人自产自用应税消费品,用于连续生产应税消费品的,是指作为生产最终应税消费品的直接材料,并构成产品实体的应税消费品。例如,烟厂将自产的烟丝用于连续生产卷烟,烟丝和卷烟都属于应税消费品,在用烟丝连续生产的卷烟中,烟丝既属于卷烟的直接材料计入卷烟的生产成本,又构成了卷烟的实体。对于纳税人将自产的烟丝又连续生产卷烟的情况,不视为发生了应税行为,不缴纳消费税。

如果纳税人将自产的应税消费品用于其他方面,在移送使用时即发生了应税行为,应按规定的税率计算缴纳消费税。例如,炼油企业将自产的汽油用于本企业运输队,尽管运输队是为本企业生产服务的,但运输所用汽油应当缴纳消费税。税法规定,纳税人自产自用的应税消费品计税依据为同类消费品的销售价格。适用从量计缴的应税消费品,自产自用应税消费品的销售数量为应税消费品的移送使用数量。

"同类消费品的销售价格",是指纳税人近期销售的同类消费品的销售价格,如果近期同类消费品销售价格高低不同,应按销售数量加权平均计算。但销售的应税消费品有下列情况之一的,不得列入加权平均计算:

(1) 销售价格明显偏低又无正当理由的;
(2) 无销售价格的。

如果纳税人近期无销售,应按照同行近期同类消费品的销售价格计算纳税。如果没有同类应税消费品销售价格的,按照组成计税价格计算纳税。

实行从价定率办法计算纳税的组成计税价格计算公式为:

$$组成计税价格 =(成本 + 利润) \div (1 - 比例税率)$$

实行复合计税办法计算纳税的组成计税价格计算公式为:

$$组成计税价格 =(成本 + 利润 + 自产自用数量 \times 定额税率) \div (1 - 比例税率)$$

$$应纳税额 = 销售额 \times 比例税率 + 销售数量 \times 定额税率$$

一、计税依据的税务筹划

税法规定,纳税人自产的应税消费品用于换取生产资料和消费资料、投资入股或抵偿债务等方面,应当按照纳税人同类应税消费品的最高销售价格作为计税依据。在实际操作中,当纳税人用应税消费品换取货物或者投资入股、抵偿债务时,一般是按照双方的协议价或评估价确定的,而协议价往往是市场的平均价。如果按照同类应税消费品的最高销售价作为计税依据,显然会加重纳税人的负担。显然,如果采取先销售后入股(换货、抵债)的方式,会达到减轻税负的目的。

【例6-7】 某摩托车生产企业,当月对外销售同型号的摩托车(气缸容量250毫升以上)时共有三种价格,以4 000元的单价销售80辆,以4 500元的单价销售16辆,以4 800元的单价销售8辆。当月用32辆同型号的摩托车与甲企业换取原材料。双方按当月的加权平均销售价格确定摩托车的价格,该种排气量的摩托车消费税税率为10%。

按税法规定,应纳消费税为:

$$4\ 800 \times 32 \times 10\% = 15\ 360(元)$$

纳税人经过筹划,将这32辆摩托车按照当月的加权平均价销售后,再购买原材料,则应纳消费税为:

$$(4\ 000 \times 80 + 4\ 500 \times 16 + 4\ 800 \times 8) \div (80 + 16 + 8) \times 32 \times 10\% = 13\ 243.07(元)$$

这样,企业可减轻税负2 116.93元。

二、经营方式的税务筹划

根据税法规定,纳税人自产自用的应税消费品,用于连续生产应税消费品的不纳税。如果两个生产企业是各自独立的且彼此之间是供应链的上下游企业的关系,一个企业向另一个企业销售产品属于正常的商品购销,应该按照销售价格计算缴纳消费税。如果将这两个企业合并,则可以将正常的商品购销关系变为企业内部的生产领用原材料。因此,原材料产品应纳的消费税可以递延到最终的产品生产环节,如果最终产品环节的消费税税率比原材料环节的税率低,通过合并还可以直接减少企业的消费税税负。

【例 6-8】 甲厂和乙厂都是独立核算的法人企业,是增值税一般纳税人,甲厂主要经营粮食类白酒,适用税率为 20% 加 0.5 元/500 克。乙厂以甲厂生产的粮食白酒为原料生产药酒,适用税率 10%。甲厂每年要向乙厂提供 400 吨粮食白酒,每吨不含税单价为 4 万元。乙厂每年销售药酒 30 万瓶,每瓶不含税单价 250 元。假设甲厂每年允许抵扣的增值税进项税额为 150 万元,乙厂除从甲厂购入的粮食白酒外其他允许抵扣的增值税进项税额为 380 万元。

甲厂应纳增值税 =400×4×13%-150=58(万元)

甲厂应纳消费税 =400×4×20%+400×2 000×0.5÷10 000=360(万元)

乙厂应纳增值税 =30×250×13%-400×4×13%-380=387(万元)

乙厂应纳消费税 =30×250×10%=750(万元)

甲乙合计应纳增值税 445 万元,合计应纳消费税 1 110 万元。

如果乙厂将甲厂合并,应纳税款计算如下:

应纳增值税 =30×250×13%-150-380=445(万元)

应纳消费税 =30×250×10%=750(万元)

和合并前相比,可以少交消费税 360 万元。

第三节 委托加工应税消费品的税务筹划

委托加工的应税消费品,是指由委托方提供原料和主要材料,受托方只收取加工费和代垫部分辅助材料加工的应税消费品。对于由受托方提供原材料生产的应税消费品,或者受托方先将原材料卖给委托方,然后再接受加工的应税消费品,以及由受托方以委托方的名义购进原材料生产的应税消费品,不论企业在财务上是否作销售处理,都不得作为委托加工应税消费品,而应当按照销售自制应税消费品缴纳消费税。这主要是因为,委托加工应税消费品是由受托方代收代缴消费税税款的,受托方只就其加工劳务缴纳增值税。如果委托方不能提供原料和主要材料,而是受托方以某种形式提供原料,就有可能出现受托方人为地压低计税价格,虚假代收代缴消费税的现象。

对于纳税人委托他人加工应税消费品的,税法规定,由受托方在向委托方交货时代收代缴消费税。但纳税人委托个体经营者加工应税消费品的,一律由委托方收回后在委托方所在地缴纳消费税。

委托加工应税消费品采取从量定额计缴的,计税依据为纳税人收回的应税消费品的数量;采取从价计缴的,按照受托方近期同类消费品的销售价格计算纳税,计算公式为:

应纳税额=应税消费品提货数量×销售单价×适用税率

如果近期同类消费品销售价格高低不同,应按销售数量加权平均计算。当销售的应税消费品有下列情况之一的,不得列入加权平均计算:销售价格明显偏低又无正当理由的;无销售价格的。如果没有同类消费品销售价格的,按照组成计税价格计算纳税。

实行从价定率办法计算纳税的组成计税价格计算公式为:

$$组成计税价格=(材料成本+加工费)\div(1-比例税率)$$

实行复合计税办法计算纳税的组成计税价格计算公式为:

$$组成计税价格=\frac{材料成本+加工费+委托加工数量\times 定额税率}{1-比例税率}$$

"材料成本"是指委托方所提供加工材料的实际成本。按规定,委托加工应税消费品的纳税人必须在委托加工合同上如实注明(或以其他方式提供)材料成本,凡未提供材料成本的,受托方所在地主管税务机关有权核定其材料成本。"加工费"是指受托方加工应税消费品向委托方收取的全部费用(包括代垫材料的实际成本)。受托方必须如实提供向委托方收取的全部费用,这样才能保证组成计税价格及代收代缴消费税准确地计算出来。

一、加工方式的税务筹划

企业的加工方式可以分为三种:全部委托加工、部分委托加工和自行加工。全部委托加工是指企业将材料交付受托方,加工成产成品收回后直接对外出售。部分委托加工是指企业将材料交付受托方,加工成半成品收回,自己继续加工成产成品后出售。自行加工是指企业自行加工成产成品后出售。不同加工方式下,消费税的计税方法会有所不同。那么加工方式会对企业应缴纳的消费税产生影响吗?

【例6-9】 某卷烟厂3月购入一批成本为150万元的烟叶,企业有以下三种方案可以选择:

方案1 全部委托加工。该卷烟厂直接委托其他卷烟厂将烟叶加工成甲类卷烟800箱,加工费用为220万元,收回卷烟成品后直接对外销售,销售额为1 800万元。

该卷烟厂支付受托方代收代缴消费税税额为:

800×150+(1 500 000+2 200 000+800×150)÷(1-56%)×56%=4 981 818.18(元)

该卷烟厂销售卷烟补缴消费税为:

[18 000 000-(1 500 000+2 200 000+800×150)÷(1-56%)]×56%=5 218 181.82(元)

该卷烟厂消费税税负合计10 200 000元。

方案2 部分委托加工。该卷烟厂委托其他卷烟厂将烟叶加工成烟丝,加工费120万元。然后卷烟厂将收回的烟丝继续加工成甲类卷烟800箱,加工成本共计100万元,该批卷烟最终实现销售额1 800万元。

该卷烟厂支付受托方代收代缴消费税税额为:

(1 500 000+1 200 000)÷(1-30%)×30%=1 157 143(元)

该卷烟厂销售卷烟应纳消费税税额为:

800×150+18 000 000×56%-1 157 143=9 042 857(元)

该卷烟厂消费税税负合计 10 200 000 元。

方案3 自行加工。该卷烟厂自行将烟叶加工成甲类卷烟800箱,加工成本220万元,售价1 800万元。

该卷烟厂销售卷烟应纳消费税为:
$$800×150+18\ 000\ 000×56\%=10\ 200\ 000(元)$$

三种情况下企业消费税总额相等,均为 10 200 000 元。相比较而言,第一种情况下企业由受托方代收代缴的消费税较多,销售卷烟时缴纳消费税较少。由于销售卷烟是在委托加工收回卷烟之后发生的,考虑货币时间价值因素,第三种情况对企业最为有利,第二种情况次之。

上例中三种不同加工方式的消费税总额相等的结论是在一定假设条件下得出的。如果假设条件发生变化,则不同加工方式的消费税税负会产生差异。例如企业选择不同加工方式时如果加工费用不同,会导致企业税负和税后净利润的不同,企业应根据具体情况进行筹划。

二、加工应税消费品收回出售的税务筹划

根据税法规定,委托方将收回的应税消费品,以不高于受托方的计税价格出售的,为直接出售,不再缴纳消费税;委托方以高于受托方的计税价格出售的,不属于直接出售,需按照规定申报缴纳消费税,在计税时准予扣除受托方已代收代缴的消费税。可见,委托方将收回的应税消费品出售是否需要补缴消费税,取决于销售价格的高低。企业可以按不高于受托方计税价格的单价先出售给自己的关联企业如独立的销售子公司,则根据规定不需再交纳消费税,之后由销售公司再以正常价格对外销售,对外售价高于计税价格的部分,仍然不用计缴消费税。

【例6-10】 甲公司准备把一批价值100万元的原材料加工成实木地板,有两个方案可以选择。

方案1 自行加工。甲公司加工过程中发生的制造费用及人工等全部费用预计为90万元。

方案2 全部委托加工。甲公司委托乙公司加工,加工完毕收回后直接销售,需要支付的不含增值税加工费及辅助材料为90万元。假设乙公司没有同类应税消费品销售。

该批实木地板不含增值税售价为400万元,消费税税率5%。

方案1 如果自行加工成实木地板,甲公司应纳消费税计算如下:
$$应纳消费税 =400×5\%=20(万元)$$

方案2 如果委托乙公司加工成实木地板,且协议规定加工费90万元,由于乙公司没有同类应税消费品销售价格,所以按组成计税价格代收代缴消费税,甲公司收回后按照400万元的价格对外销售。甲公司负担的消费税计算如下:

乙公司代收代缴消费税的组成计税价格 =(100+90)÷(1−5%)=200(万元)

乙公司代收代缴的消费税 =200×5%=10(万元)

甲公司销售实木地板应纳消费税 =400×5%−10=10(万元)

甲公司负担的消费税合计20万元,与自行加工税负相同。如果甲公司收回实木地板后按200万元的价格销售给其关联方(独立的销售公司),其关联方公司再按400万元对外销售。应纳消费税计算如下:

乙公司代收代缴的消费税 =200×5%=10(万元)

由于甲公司收回实木地板后对外销售的价格不高于委托加工环节的计税依据200万元,所以不用交消费税。

甲公司的关联方公司由于不是实木地板的生产环节,也不用交消费税。

可见,采取委托加工成产成品收回后直接销售、按组成计税价格计算应纳消费税的方式,与自行生产自行销售方式相比,消费税的节税效果依旧很明显,只是销售时需多一次流转环节。

第四节　特殊情况消费税的税务筹划

一、纳税义务发生时间的税务筹划

消费税纳税义务发生时间,按照以下规定进行:

(1)纳税人销售应税消费品的,按不同的销售结算方式分别为:① 采取赊销和分期收款结算方式的,为书面合同约定的收款日期的当天,书面合同没有约定收款日期或者无书面合同的,为发出应税消费品的当天;② 采取预收货款结算方式的,为发出应税消费品的当天;③ 采取托收承付和委托银行收款方式的,为发出应税消费品并办妥托收手续的当天;④ 采取其他结算方式的,为收讫销售款或者取得索取销售款凭据的当天。

(2)纳税人自产自用应税消费品的,为移送使用的当天。

(3)纳税人委托加工应税消费品的,为纳税人提货的当天。

(4)纳税人进口应税消费品的,为报关进口的当天。

纳税人采取赊销和分期收款结算方式来销售消费产品,可以使企业延期纳税,为企业赢得资金的时间价值。

【例6-11】甲公司是一家化妆品生产企业,主要产品为香粉、口红、眼霜、面膜等高档化妆品。是增值税一般纳税人,增值税税率为13%。8月10日,与乙商场签订了一笔化妆品销售合同,销售金额为339万元,货物已发出,A商场支付货款113万元,并承诺余下的货款会在三个月内支付。

如果采用直接收款方式,纳税义务发生时间为收讫销售款项或取得索取款项凭据的当天。

甲公司8月份增值税销项税额 =339/(1+13%)×13%=39(万元)

甲公司8月份应纳消费税 =339/(1+13%)×15%=45(万元)

如果甲公司与乙商场协商采用分期收款结算方式,货款分三次在9月1日、10月1日、11月1日分别支付113万元。分期收款结算方式纳税义务发生时间为销售合同规定的收款日期当天。

甲公司9月份增值税销项税额 =113/(1+13%)×13%=13(万元)

甲公司9月份应纳消费税 =113/(1+13%)×15%=15(万元)

甲公司10月、11月增值税销项税额和应纳消费税与9月份相同。

由此可以看出,虽然甲公司增值税和消费税总额相等,但是如果采用分期收款结算方式,可以将缴纳税款的时间向后推迟,为企业获得资金时间价值。

二、外币折算汇率的税务筹划

纳税人销售的应税消费品,以外汇结算销售额时,应按外汇市场牌价折合成人民币销售额以后,再按公式计算应纳税额。人民币折合汇率既可以采用结算当天的国家外汇牌价,也可以采用当月1日的外汇牌价。如果能以较低的人民币汇率计算应纳税额,对于企业显然是非常有利的。

【例6-12】 某纳税人10月15日销售应税消费品(国内销售,以外币结算),取得销售收入150 000美元。当日汇率1∶6.5,10月1日的汇率为1∶6.3。假设该产品适用的消费税税率为30%。

如果采用当日汇率将销售额折合成人民币,即150 000×6.5=975 000(元),则应纳税额为975 000×30%=292 500(元)。

如果采用当月1日汇率将销售额折合成人民币,即150 000×6.3=945 000(元),则应纳税额为945 000×30%=283 500(元)。

采用两种不同的汇率税额相差9 000元。企业应从减轻税负的角度考虑,根据外汇市场的变动趋势,选择有利于企业的汇率。一般的,越是以较低的人民币汇率计算应纳税额,越有利于减轻税负;外汇市场波动越大,进行税务筹划的必要性也越强。不过,这里需要注意,税法中规定,汇率的折算方法一经确定,一年内不得随意变动。因此,在选择汇率折算方法时需要纳税人对未来的经济形势及汇率走势做出恰当的判断。

三、包装物押金的税务筹划

根据税法规定,包装物押金的计税有三种情况:① 因逾期未收回包装物而不再退还的包装物押金;② 已收取一年以上的包装物押金;③ 收到包装物押金。具体如何计税又取决于所包装的产品种类,如表6-1所示。

表6-1 包装物押金的计税规定

包装产品		增值税		消费税	
		收到押金	逾期不还或超过一年	收到押金	逾期不还或超过一年
非酒类产品		×	√	×	√
酒类产品	啤酒、黄酒	×	√	×	×
	其他酒	√	×	√	×

如果是非酒类产品的包装物押金,收到押金时不交增值税和消费税,因逾期未收回包装物而不再退还的和已收取一年以上的押金,应并入应税消费品的销售额,按照应税消费品的适用税率计征增值税和消费税。如果是啤酒、黄酒以外的其他酒类产品的包装物押金,一律并入押金收取当期的酒类产品销售额,计征增值税和消费税,因逾期未收回包装物而不再退还的和已收取一年以上的押金不再征收增值税和消费税。如果是啤酒、黄酒的包装物押金,收到押金时不交增值税,因逾期未收回包装物而不再退还的和已收取一年以上的押金,应并入销售额计征增值税,啤酒、黄酒包装物押金的消费税则不在收到押金、没收押金或者收取押金一

年以上时征收,而是在根据产品的出厂价判断产品适用的单位税额时考虑(出厂价在3 000元/吨及以上时适用250元/吨的单位税额,出厂价在3 000元/吨以下时适用220元/吨的单位税额)。

包装物押金应视为价外费用。对增值税一般纳税人向购买方收取的价外费用和应计税的包装物押金,应视为含税收入,在计算增值税和消费税时应首先换算成不含税收入,再并入销售额计税。

由上表可知,非酒类产品的包装物押金,收到押金时不交增值税和消费税,因逾期未收回包装物而不再退还的和已收取一年以上的押金,再并入应税消费品的销售额计税。啤酒、黄酒包装物押金增值税的缴纳也是这种情况。但是如果企业销售产品时不是采用收取包装物押金的方式,而是采取包装物作价随同产品一同销售的方式,无论包装物是否单独计价,也不论在会计上如何核算,均应并入应税消费品的销售额中按其所包装消费品的适用税率缴纳增值税和消费税。企业应尽量采取收取包装物押金的方式,只要押金在一年内按时返还,就无须缴纳增值税和消费税。即使后期因逾期未收回包装物而不再退还的和已收取一年以上的押金需要计税,也可起到递延纳税的效果。

【例6-13】 某涂料厂为增值税一般纳税人,增值税税率为13%。5月销售涂料150吨,使用包装桶450个,涂料的销售价格为每千克100元(不含增值税)。有两个方案可供选择:一是包装桶随同涂料作价销售,包装桶不收取押金,每个包装桶销售价格为60元;二是包装桶随同涂料销售,但包装桶不作价销售而是收取押金,每个包装桶收取押金60元。涂料消费税税率为4%。确定该厂当月销售涂料应纳的消费税额。

方案1 包装桶随同涂料作价销售。

应纳消费税 =(150×1 000×100+450×60÷1.13)×4%=600 955.75(元)

增值税销项税额 =(150×1 000×100+450×60÷1.13)×13%=1 953 106.2(元)

方案2 包装桶随涂料销售,不作价只收取押金。

应纳消费税 =150×1 000×100×4%=600 000(元)

增值税销项税额 =150×1 000×100×13%=1 950 000(元)

假如1年后方案2有150个不随同涂料作价销售只收取押金的包装桶未收回,根据现行规定,如果包装物不作价随同产品销售,而是收取押金,此项押金不应并入应税消费品销售额中征税。但对逾期未收回的包装物不再退还的和已收取一年以上的押金,应并入应税消费品的销售额中,按照应税消费品的适用税率缴纳增值税和消费税。逾期未退回包装物的押金应换算为不含增值税的收入后,并入销售额中计税,其计税依据为:

150×60÷(1+13%)=7 964.6(元)

应纳消费税 =7 964.6×4%=318.58(元)

增值税销项税额 =7 964.6×13%=1 035.4(元)

可见方案2的税负较轻。因此,企业如果想在包装物上节省消费税,关键是包装物不能作价随同产品销售,而应采取收取押金的形式,且在规定的期限内将包装物收回时,才可以达到最大限度地节税。

需要注意的是,对酒类产品生产企业销售啤酒、黄酒以外的酒类产品收取的包装物押金,无论押金是否返还及会计上如何核算,均需并入酒类产品销售额中缴纳增值税和消费税。企业可以设法将包装物押金变成借用周转金,将包装物转换为借款合同的抵押物,以规避增值税和消费税纳税义务。

【例6-14】 甲白酒厂因业务需要借给乙企业50个价值100万元的陶缸用于储存白酒,合同约定一年,乙企业支付押金113万元。乙企业承诺如果逾期不归还或者损坏陶缸,甲白酒厂可以没收全部押金。

如果甲白酒厂签订正常的收取押金出借陶缸的合同,因销售除啤酒、黄酒外的其他酒类产品而收取的包装物押金,无论是否返还,均应并入当期销售额征税。因此,甲白酒厂收取押金后的应纳税款如下:

$$增值税销项税额 = 113 \div (1+13\%) \times 13\% = 13(万元)$$
$$应纳消费税 = 113 \div (1+13\%) \times 20\% = 20(万元)$$

如果甲白酒厂在签订合同时,将出借陶缸的合同改为向乙企业借用周转金的合同,同时以陶缸作为借款合同的抵押物,则甲白酒厂收到的押金就成为收取的借款,当乙企业按期归还陶缸时,就是甲白酒厂偿还借款收回抵押物。这样,甲白酒厂无须缴纳增值税和消费税。

四、出口退税的税务筹划

增值税和消费税属于交叉缴纳的税种,出口应税消费品在出口报关时,往往既涉及增值税的退税,同时也涉及消费税的退税,因此,通常所说的出口退税,主要指的就是退增值税和消费税,一些相关的退税政策也将这两个税种合并阐述(可参照增值税的税务筹划部分)。而消费税和增值税不同之处则在于退税税率的确定和出口应税消费品退税额的计算上。

(一)出口退消费税的政策

1. 对有出口经营权的企业的有关规定

有出口经营权的企业,出口和代理出口的应税消费品,除另有规定者外,可在消费品报关出口并在财务上作销售处理后,凭有关凭证按月报送税务机关批准退还或免征消费税。

2. 企业出口的应税消费品特准退还或免征消费税的条件

下列企业出口的应税消费品特准退还或免征消费税:

(1)对外承包工程公司运出境外用于对外承包项目的。
(2)对外承接修理、修配业务的企业用于对外修理、修配的。
(3)外轮供应公司、远洋运输供应公司销售给外轮、远洋国轮而收取外汇的。
(4)企业在国内采购并运往境外作为在国外投资的。

3. 出口某些应税消费品免征消费税,在出口时不再办理退税的条件

出口下列应税消费品免征消费税,在出口时不再办理退税:

(1)卷烟。
(2)军品以及军队系统企业出口军需工厂生产或军需部门调拨的消费品。
(3)有出口经营权的生产企业自营出口的应税消费品,依据其实际出口数量及金额予以免税。
(4)来料加工复出口的应税消费品。

4. 外商投资企业免税规定

外商投资企业生产的应税消费品直接出口的,免征消费税。外商投资企业以"来料加工""进料加工"贸易方式进口的应税消费品,免征进口环节的消费税。加工应税消费品出口

后,免征加工或委托加工应税消费品及工缴费的消费税。

外商投资企业用进口料件加工成品后不直接出口,而是转让给另一承接进料加工的外商投资企业进行再加工、装配后出口的,免征生产环节消费税。

外商投资企业生产的应税消费品销售给国内出口企业或委托国内出口企业代理出口的,一律视同内销,照章缴纳消费税。

5. 出口卷烟的退免税政策

有出口卷烟经营权的企业出口国家出口卷烟计划内的卷烟,按下列办法免征增值税、消费税。其他非计划内出口的卷烟照章缴纳增值税和消费税,出口后一律不退税。

(1) 出口企业向卷烟厂购进卷烟用于出口时,应先向主管其出口退税的税务机关申报办理"准予免税购进出口卷烟证明",然后转交卷烟厂,由卷烟厂据此向主管其征税的税务机关申报办理免税手续。已批准免税的卷烟,卷烟厂必须以不含消费税、增值税的价格销售给出口企业。

(2) 主管出口退税的税务机关必须严格按照国家出口卷烟免税计划的数量核签"准予免税购进出口卷烟证明"。国家出口卷烟免税计划以国家税务总局下达的计划为准。年初在出口卷烟免税计划下达之前,各地主管出口退税的税务机关可以按照出口企业上年初完成的国家出口卷烟免税计划的进度核签"准予免税购进出口卷烟证明"。

(3) 主管卷烟厂征税的税务机关必须严格按照"准予免税购进出口卷烟证明"所列品种、规格、数量核准免税。核准免税后,主管征税的税务机关应填写"出口卷烟已免税证明",并直接寄送主管购货方出口退税的税务机关。

(4) 出口企业将免税购进的出口卷烟出口后,凭出口货物报关单(出口退税联)、收汇单、出口发票按月向主管其出口退税的税务机关办理免税核销手续。

(二) 消费税出口退税率

生产企业出口自产的属于应征消费税的产品,实行免征消费税办法。免征消费税是指对生产企业按其实际出口额(量)免缴生产环节的消费税,该应税消费品出口时,已经不含消费税,因此也不能再办理退还消费税。

外贸企业自营出口或委托代理出口的应税消费品,采取先征后退的办法。消费税的出口退税率或单位税额,依照《消费税暂行条例》所附的《消费税税目税率(税额)表》规定的税率或单位税额执行。办理出口退税的企业,应将出口的不同税率的应税消费品分开核算和申报,凡是因未分开核算而划分不清适用税率的,一律从低适用税率计算退免税税额。

总之,围绕出口退税开展税务筹划,应建立在充分把握出口税收的优惠政策的基础上,其关键是在生产和流通环节进行。因为出口涉及的增值税、消费税是在生产和流通环节产生的,通过筹划,使产品的生产和流通实现较高的出口退税,从而达到降低税收成本的目的。

(三) 出口应税消费品应退消费税额的计算

1. 外贸企业出口和代理出口应税消费品应退消费税额的计算

实行从价定率办法计缴消费税的应税消费品,应以外贸企业从工厂购进该应税消费品时缴纳消费税的价格作为退税依据,计算应退消费税税额。计算公式为:

$$应退消费税税额 = 出口应税消费品的工厂销售额 \times 适用税率$$
$$= 出口数量 \times 购进单价 \times 适用税率$$

实行从量定额办法计缴消费税的应税消费品,应以外贸企业报关出口的数量作为退税依

据,计算应退消费税税额。计算公式为:

$$应退消费税税额 = 应税消费品的出口数量 \times 单位税额$$

2. 相关规定

有进出口经营权的生产企业自营出口或委托出口自产应税消费品,免征消费税;其他生产企业即没有进出口经营权的生产企业委托出口的应纳消费税的自产货物,实行先征后退办法,其应退税额等于出口应征消费税额。其计算公式为:

实行从价定率缴纳的:

$$出口应退消费税 = 出口货物离岸价格 \times 人民币外汇牌价 \times 消费税税率$$

实行定额缴纳的:

$$出口应退消费税 = 出口货物数量 \times 消费税单位税额$$

办理出口退税的企业,应将出口的不同税率的应税消费品分开核算和申报,凡划分不清的,一律从低适用税率计算应退消费税税额。

出口的应税消费品,销售额及税额明显偏高而无正当理由的,税务机关有权拒绝办理退税或免税。

(四) 出口退消费税的筹划

现行《消费税暂行条例》规定,只要纳税人出口的消费品不是国家禁止或限制出口的货物,在出口环节均可以享受退税的待遇。这就是鼓励纳税人在满足国内市场需求的基础上,尽量扩大出口规模。从税务筹划的角度出发,纳税人也应该想方设法开拓国际市场,为本企业谋求尽可能多的合理利益。

1. 退货的税务筹划

因企业出口商品时已获得国家退税,既然发生退货,国家自然要收回已退税款。出口的应税消费品办理退税后发生退关,或者国外退货,进口时予以免税的,由报关出口者按规定期限向其所在地主管税务机关申请办理补缴已退的消费税税款。由纳税人直接出口的应税消费品,办理免税后发生退关,或者国外退货,进口时已予以免税的,经所在地主管税务机关批准后,可暂不办理补税,待其转为国内销售时,再向主管税务机关申报补缴消费税。根据税法规定,企业完全可以占有资金的时间价值,充分利用退货款和推迟纳税人的应退税款,为企业创造新的效益。因为,在货物出口到退货与退款之间,出口企业可以无偿占有该笔退货货款的时间价值(利息),同时在退税和补税的间隔中,企业又占有了税款的利息收益。这里,纳税人进行税务筹划的关键在于较好地解决两个问题:一是要获取所在地主管税务机关的批准可以暂不办理退税;二是尽量延长转为国内销售时缴纳税款的时间。

2. 提高消费税征税范围内货物的经营比重

一般来说,作为外贸出口企业,应提高属于消费税征税范围的货物出口比重,因其收益比非消费税缴纳范围内的货物要大得多。收购属消费税范围内的货物出口,不仅能得到增值税退税,而且能获得消费税退税,从而大幅度降低了出口成本。当然,并非每一个外贸出口企业都可随意提高这一比重,这种方法也受到一定限制。

(五) 出口退消费税筹划中应注意的问题

1. 依法纳税,合法退免税

出口退税就是将已报关离境的出口货物在国内生产、流通各环节已缴纳的增值税或消费税实行退税。所以,出口退税是建立在征税基础上的,因为只有对出口的货物实现了征税,才可能在其出口后办理退税。因此,出口货物退税税务筹划应以此为原则,任何税务筹划手段和方法若违反了这一原则,都将是违法违章的。

出口企业出口货物报关离境后,应按规定提供真实、有效、齐全的退税凭证向主管税务机关申请出口货物的退税或免税。不仅如此,出口企业从办理出口退税登记、退税申报到税款退库,都应真实、合法。此外,出口货物还要依法接受出口货物退税检查和依法进行出口货物退税清算等。

出口企业在出口货物退税税务筹划中,要统筹考虑,不能单一从某一角度来看问题,否则,税务筹划可能得不偿失、适得其反。

2. 避免不必要的损失

毫无疑问,损失增加会降低企业盈利。在实际经营中,除一些费用不得不支付外,出口企业应力争避免以下情况可能带来的涉税损失:

(1) 不按规定办理出口货物退税登记或每年一次的退税登记验证(年审)。其后果:一是被罚款;二是在办理登记或验证之间出口的货物不能办理出口货物退税。

(2) 应享受免税的业务不按规定及时申报办理有关免税手续而丧失了免税待遇。出口企业经常发生不按规定的期限申报办理出口货物的免税或退税手续的情况。结果不能享受免税或退税,甚至要补缴税款或罚款、滞纳金。

(3) 不按规定进行免税核销、退税清算和检查等而被补征了税款或罚款、滞纳金。

(4) 不按规定开设、使用、保管账簿和记账凭证而被罚款。

(5) 受出口许可证或出口配额的限制,购进的货物不能出口而遭受损失。在此情况下,出口企业可将购进的货物以委托出口方式或将其再销售给其他不受限制的出口企业,出口后仍可办理出口退税。

3. 避开出口货物退税"税收陷阱"

出口企业应及时、充分地了解出口货物退税政策,尽力避开因对政策的误解、不了解而产生的"税收陷阱"。对出口企业来说,下列几个方面容易形成"税收陷阱":

(1) 因对政策不了解,出口了国家规定不予退税的货物(了解此方面的政策并愿意出口的除外),误解为该货物出口后可享受免税待遇,结果不但不能办理出口退税,反而被税收机关就出口销售补征了消费税或罚款和滞纳金。

(2) 对阶段性退税货物的税收政策不了解或了解不详,出口后不能办理退税或失去了出口机会。

4. 避免不必要的法律诉讼

市场经济就是法治经济。出口企业遇到纠纷应当通过法律途径来解决。但并不是说任何矛盾和纠纷都必须通过法律途径来解决。对不必要的纠纷应避免"打官司",尤其不要因税收问题与税务机关"打官司"。这里,并不是反对出口企业与税务机关或交易的另一方"打官司",而是因为:

(1) 出口货物退税与税务机关"打官司",一般税务机关占主动地位。因为,在当前税收法律法规不明确或有分歧的情况下,作为纳税人的企业同通晓甚至制定税法的税务机关打官司,失败的往往是企业,即使胜诉,损失较大的也都是企业。在税收政策尤其是出口退税政策不断变动的今天,在涉及的出口退税法律诉讼中,以企业失败居多,近几年的出口退税实践已证明了这一点。

(2) 在出口交易中,国内交易及出口交易双方尤其是前者因出口退税问题引起的诉讼,抑或是因退税凭证不真实、不规范或货物未完税而不能办理出口退税引起诉讼。这类诉讼,胜负虽有定论,但结案后因种种原因而难以执行,因此大多是两败俱伤。

关键词

自产销售应税消费品　　自产自用应税消费品　　委托加工应税消费品
包装物押金　　出口退税

小结

消费税的计缴主要取决于三个因素,即纳税人的选定、税率的高低及计税依据的大小。纳税人和税率筹划的空间较小,而销售额的大小,直接关系到应纳税额的多少,因此,消费税的计税依据成为税务筹划的主要内容。自产销售应税消费品、自产自用应税消费品、委托加工应税消费品的计税依据不同,企业应根据具体情况进行筹划。不同销售方式下,消费税纳税义务发生时间不同,不同情况下,包装物押金的税负不同,企业应结合自身经营特点选择有利的方案。对于有出口业务的企业来说,出口退免消费税的税务筹划也是必不可少的环节。

即测即评

请扫描右侧的二维码,进行即测即评。

案例分析

案例 6-1

某日用化妆品厂,将生产的化妆品、护肤护发品、化妆工具及小工艺品等组成成套消费品销售。每套消费品由下列产品组成:化妆品包括一瓶香水 120 元、一瓶指甲油 40 元、一支口红 60 元;护肤护发品包括两瓶浴液 100 元、一瓶摩丝 32 元;化妆工具及小工艺品 10 元、塑料包装盒 5 元。高档化妆品消费税税率为 15%,上述价格均不含税。

分析要求:从税务筹划角度,分析企业采用成套销售是否有利?

案例 6-2

长江公司委托黄河公司将一批价值 160 万元的原料加工成甲半成品,加工费 120 万元。长江公司将甲半成品收回后继续加工成乙产成品,发生加工成本 152 万元。该批产品售价 1 120 万元。甲半成品消费税税率为 30%,乙产成品消费税税率为 40%。如果长江公司将购入的原料自行加工成乙产成品,加工成本共计 280 万元。

分析要求:企业应选择哪种加工方式更有利?

复习思考题

1. 如何通过卷烟新产品定价进行税务筹划?
2. 如何利用转让定价降低消费税的计税依据?
3. 如果对价外费用进行税务筹划?
4. 怎样做好消费税兼营行为的税务筹划?
5. 对自产自用应税消费品应如何进行税务筹划?
6. 如何利用加工方式进行应税消费品的税务筹划?
7. 如何利用销售方式进行税务筹划?
8. 以外汇结算的应税消费品如何进行税务筹划?
9. 如何进行包装物押金税务筹划?
10. 如何利用退货进行出口退消费税的税务筹划?

第七章 关税的税务筹划

关税是海关对进出境货物和物品征收的一种税。货物是指贸易性商品,物品指入境旅客随身携带的行李物品、个人邮递物品、各种运输工具上的服务人员携带进口的自用物品、馈赠物品以及以其他方式进境的个人物品。由于关税税目规定明晰、税率的适用对象具体以及税基、减免优惠等方面的规定相当详尽,因此,关税税务筹划不像其他税种那样有较大的弹性空间。但确定完税价格的依据和方法、同一商品的税率等方面的规定却是不唯一的,有多种方案可供纳税人选择,这就为纳税人在《中华人民共和国海关法》(以下简称《海关法》)、《中华人民共和国进出口关税条例》(以下简称《进出口关税条例》)规定的范围内,选择税负最轻的方法来计算和缴纳关税,进行关税的税务筹划提供了条件。

第一节 关税完税价格的税务筹划

目前,大部分国家和地区将进口商品的成交价格作为海关确定完税价格的依据,但也还有较多国家以正常价格作为海关确定完税价格的依据。正常价格是指在进口国立法确定的某一时间和地点,在正常贸易过程中有充分竞争的条件下,该种货物的价格,而不一定是实际买卖合同的价格。我国目前实施的是后一种,不过在海关估价实务中也兼用了前一种的很多做法。二者相比,前一种定价法有利于自由贸易,而后一种更强调海关审定价格的作用,有利于关税征管。但不管是采用哪一种估价规则,都会遇到许多不确定因素,从而使关税体现出一定的弹性,给纳税人从事进口货物完税价格的税务筹划提供了条件。因此,在税率固定的情况下,进口货物完税价格直接关系到纳税人关税负担的多少,如果进口货物在规定的范围内,能够制定或获取较低的完税价格,便可以达到降低关税税负的目的。

一、进口货物完税价格的确定

《海关法》规定:进口货物的完税价格,由海关以该货物的成交价格为基础审查确定,成交价格不能确定时,完税价格由海关依法估定。

(一) 进口货物完税价格的审定方法

我国《海关法》规定了进口货物的完税价格应由货物的货价、货物运抵我国境内输入地点起卸前的运费及其相关费用、保险费等构成,进口货物的价款以成交价格为基础,即以买方为购买该货物并按《中华人民共和国海关审定进出口货物完税价格办法》(以下简称《完税价格办法》)有关规定调整后的实付或应付价格为基础。

进口货物的成交价格必须符合相关的要求,如买方对进口货物的处置或使用不受限制,但国内法律、行政法规规定的限制和对货物转售地域的限制,以及对货物价格无实质影响的限制除外;货物的价格不得受到使该货物成交价格无法确定的条件或因素的影响;卖方不得直接或间接获得因买方转售、处置或使用进口货物而产生的任何收益,除非能够按照《完税价格办法》的有关规定做出调整;买卖双方之间没有特殊关系,若有特殊关系,应当符合《完税价格办法》的有关规定。

实付或应付价格是指买方为购买进口货物直接或间接支付的款项总额,即作为卖方销售进口货物的条件,由买方向卖方或为履行卖方义务向第三方已经支付或将要支付的全部款项。如果下列费用或者价值未包括在进口货物的实付或者应付价格中,应当计入完税价格,如:由买方负担的除购货佣金以外的佣金和经纪费;由买方负担的与该货物视为一体的容器费用;由买方负担的包装材料和包装劳务费用;与该货物的生产和向境内销售有关的由买方免费或者以低于成本的价格提供并可以按适当比例分摊的料件、工具、模具、消耗材料及类似货物的价款,以及在境外开发、设计等相关服务的费用;与该货物有关并作为卖方向我国销售该货物的一项条件,应当由买方直接或间接支付的特许权使用费;卖方直接或间接从买方对该货物进口后转售、处置或使用所得中获得的收益。能与该货物实付或者应付价格区分开的费用,不得计入完税价格,如厂房、机械、设备等货物进口后的基建、安装、装配、维修和技术服务的费用;货物运抵境内输入地点之后的运输费用、保险费和其他相关费用;进口关税及其他国内税。

根据进口货物不同的成交价格,海关对最终完税价格的审定方法是:

(1) 成交价格为 CIF 价格:

$$完税价格 = CIF 价格$$

(2) 成交价格为 FOB 价格:

$$完税价格 = FOB 价格 + 运费 + 保险费$$

或

$$完税价格 = \frac{FOB 价格 + 运费}{1 - 保险费率}$$

(3) 成交价格为 CFR 价格:

$$完税价格 = CFR 价格 + 保险费$$

或

$$完税价格 = \frac{CFR 价格}{1 - 保险费率}$$

(二) 进口货物完税价格的估定方法

进口货物的价格不符合成交价格条件或者成交价格不能确定的,海关应当依次以相同货物成交价格方法、类似货物成交价格方法、倒扣价格方法、计算价格方法及其他合理方法确定的价格为基础,估定完税价格。如果进口货物的收货人提出要求,并提供相关资料,经海关同意,可以选择倒扣价格方法和计算价格方法的适用次序。

1. 相同或类似货物成交价格方法

相同或类似货物成交价格方法是以与被估价的进口货物同时或大约同时(在海关接受申报进口之日的前后各 45 天以内)进口的相同或类似货物的成交价格为基础,估定完税价格。"相同货物"指与进口货物在同一国家或地区生产的,在物理性质、质量和信誉等所有方面都相同的货物,但表面的微小差异允许存在;"类似货物"指与进口货物在同一国家或地区生产的,虽然不是在所有方面都相同,但却具有相似的特征、相似的组成材料、同样的功能,并且在商业中可以互换的货物。

以该方法估定完税价格时,应使用与该货物相同商业水平且进口数量基本一致的相同或类似货物的成交价格,但对因运输距离和运输方式不同,在成本和其他费用方面产生的差异应当进行调整。在没有上述的相同或类似货物的成交价格的情况下,可以使用不同商业水平或不同进口数量的相同或类似货物的成交价格,但对因商业水平、进口数量、运输距离和运输方式不同,而在价格、成本和其他费用方面产生的差异应当做出调整。

以该方法估定完税价格时,应当首先使用同一生产商生产的相同或类似货物的成交价格,只有在没有这一成交价格的情况下,才可以使用同一生产国或地区生产的相同或类似货物的成交价格。如果有多个相同或类似货物的成交价格,应当以最低的成交价格为基础,估定进口货物的完税价格。

2. 倒扣价格方法

倒扣价格方法是以被估价的进口货物、相同或类似进口货物在境内销售的价格为基础,估定完税价格。按该价格销售的货物应当同时符合五个条件:在被估货物进口时或大约同时销售;按照进口时的状态销售;在境内第一环节销售;合计的货物销售总量最大;向境内无特殊关系方销售。以该方法估定完税价格时,应当扣除的项目有:该货物的同等级或同种类货物在境内销售时的利润和一般费用及通常支付的佣金;货物运抵境内输入地点之后的运费、保险费、装卸费及其他相关费用;进口关税、进口环节税和其他与进口或销售上述货物有关的国内税。

3. 计算价格方法

计算价格方法是以相关项目的总和计算出的价格估定完税价格。相关项目包括:生产该货物所使用的原材料价值和进行装配或其他加工的费用;与向境内出口销售同等级或同种类货物的利润、一般费用相符的利润和一般费用;货物运抵境内输入地点起卸前的运输及相关费用、保险费。

4. 其他合理方法

使用其他合理方法时,应当根据《完税价格办法》规定的估价原则,以在境内获得的数据资料为基础估定完税价格。但不得使用以下价格:境内生产的货物在境内的销售价格;可供选择的价格中较高的价格;货物在出口地市场的销售价格;以计算价格方法规定的有关各项之外的价值或费用计算的价格;出口到第三国或地区的货物的销售价格;最低限价或武断虚构的价格。

(三) 特殊进口货物完税价格的确定

1. 加工贸易进口料件及其制成品

加工贸易进口料件及其制成品需征税或内销补税的,海关按照一般进口货物的完税价格规定,审定完税价格。进口时需征税的进料加工进口料件,以该料件申报进口时的价格估定;内销的进料加工进口料件或其制成品(包括残次品、副产品),以料件原进口时的价格估定;内销的来料加工进口料件或其制成品(包括残次品、副产品),以料件申报内销时的价格估定;出口加工区内的加工企业内销的制成品(包括残次品、副产品),以制成品申报内销时的价格估定;保税区内的加工企业内销的进口料件或其制成品(包括残次品、副产品),分别以料件或其制成品申报内销时的价格估定,如果内销的制成品中含有从境内采购的料件,则以所含从境外购入的料件原进口时的价格估定;加工贸易加工过程中产生的边角料,以申报内销时的价格估定。

2. 保税区、出口加工区货物

从保税区或出口加工区销往区外、从保税仓库出库内销的进口货物(加工贸易进口料件及其制成品除外),以海关审定的价格估定完税价格。对经审核后销售价格不能确定的,海关应当按照一般进口货物估价办法的规定,估定完税价格。如销售价格中未包括在保税区、出口加工区或保税仓库中发生的仓储、运输及其他相关费用,应当按照客观量化的数据资料予以计入。

3. 运往境外修理的货物

运往境外修理的机械器具、运输工具或其他货物,出境时已向海关报关,并在海关规定期限内复运进境的,应当以海关审定的境外修理费和料件费为完税价格。

4. 运往境外加工的货物

运往境外加工的货物,出境时已向海关报关,并在海关规定期限内复运进境的,应当以海关审定的境外加工费和料件费,以及该货物复运进境的运输及其相关费用、保险费估定完税价格。

5. 暂时进境货物

对于经海关批准的暂时进境的货物,应当按照一般进口货物估价的规定,估定完税价格。

6. 以租赁方式进口的货物

以租赁方式进口的货物中,以租金方式对外支付的租赁货物,在租赁期间以海关审定的租金作为完税价格;留购的租赁货物,以海关审定的留购价格作为完税价格;承租人申请一次性缴纳税款的,经海关同意,按照一般进口货物估价办法的规定估定完税价格。

7. 留购的进口货样等

对于境内留购的进口货样、展览品和广告陈列品,将海关审定的留购价格作为完税价格。

8. 予以补税的减免税货物

减税或免税进口的货物需予补税时,应当以海关审定的该货物原进口时的价格,扣除其折旧价值作为完税价格。

9. 以其他方式进口的货物

以易货贸易、寄售、捐赠、赠送等其他方式进口的货物,应当按照一般进口货物估价办法的规定,估定完税价格。

二、出口货物完税价格的确定

从价格基础而言,出口货物完税价格与进口货物完税价格的基本内容是一样的,出口货物也应以成交价格为基础审定完税价格,其成交价格也应是该项货物的买方为购买该出口货物而向卖方实际支付或应当支付的价格。由于世界各国对出口一般都不征税,只对资源性产品等征税,因而对出口货物的估价方法都很简单。

(一) 出口货物完税价格的审定

出口货物的完税价格,由海关以该货物向境外销售的成交价格为基础审查确定,并应包括货物运至我国境内输出地点装载前的运输及其相关费用、保险费,但应当扣除所包含的出口关税税额。出口货物的成交价格,是指该货物出口销售到我国境外时买方向卖方实付或应付的价格,出口货物的成交价格中含有支付给境外的佣金的,如果单独列明,应当扣除。

(二)出口货物完税价格的估定方法

出口货物的成交价格不能确定时,完税价格由海关依次使用下列方法估定:同时或大约同时向同一国家或地区出口的相同货物的成交价格;同时或大约同时向同一国家或地区出口的类似货物的成交价格;根据境内生产相同或类似货物的成本、利润和一般费用、境内发生的运输及其相关费用、保险费计算所得的价格;按照合理方法估定的价格。

三、进出口货物完税价格的税务筹划

(一)进口货物审定完税价格的税务筹划

纳税人向海关申报的进口货物的价格,如果经海关审定认为符合成交价格的要求和有关规定,就可以此作为计算完税价格的依据,然后经海关对货价费用和运费、保险费等进行必要的调整后,即可确定其完税价格。在审定成交价格下,如何缩小进口货物的申报价格而又能为海关审定认可为正常成交价格就成为筹划的关键所在,而成交价格实际上是指进口货物的买方为购买该项货物而向卖方实际支付的或应当支付的价格,其核心内容是货物本身的价格(即不包括运费、保险费等)。因此,要达到降低税负的目的,纳税人在进口货物时,应当选择同类货物中成交价格比较低或运输、保险费等相对低的货物进口,才能降低完税价格。

【例7-1】 某传输设备生产企业需进口工业皮革50吨,国际市场上主要有两个国家生产的工业皮革符合该企业的质量要求:一是澳大利亚,进口工业皮革的FOB价格为5 000美元/吨,运费总额为6 000美元,保险费率3‰;二是加拿大,进口工业皮革的FOB价格为4 800美元/吨,运费总额为15 000美元,保险费率3‰。进口工业皮革的关税税率为14%,外汇折合率为100美元=640元人民币。该企业从关税角度考虑应当选择哪一个国家的产品?

(1)从澳大利亚进口工业皮革的应纳关税额:

完税价格 =(50×5 000×6.4+6 000×6.4)÷(1-3‰)=1 643 330(元)

应纳关税额 =1 643 330×14%=230 066(元)

(2)从加拿大进口工业皮革的应纳关税额:

完税价格 =(50×4 800×6.4+15 000×6.4)÷(1-3‰)=1 636 911(元)

应纳关税额 =1 636 911×14%=229 168(元)

因此,从加拿大进口比从澳大利亚进口的完税价格降低6 419(1 643 330-1 636 911)元,从而使进口关税降低了898(230 066-229 168)元。

(二)进口货物估定完税价格的税务筹划

进口货物的价格不符合成交价格条件或者成交价格不能确定的,海关应当估定完税价格。对于一般进口货物,国内国外市场均有参考价格,其税务筹划的空间不大,但对于目前市场上还没有或很少出现的产品,如高新技术产品、特种资源、新产品等,由于这些产品进口没有确定的市场价格,而其预期市场价格一般要远远高于市场类似产品的价格,也就为进口完税价格的申报留下了较大的空间。

【例7-2】 A企业得知国外某企业开发出了一种高新技术产品,该产品刚刚走出实验室,其确切的市场价格尚未形成。A企业确认其未来的国内市场价格将远远高于目前国内市场上

的类似产品的价格,预计该产品进口到国内市场上的售价将达到 300 万美元,而其类似产品的市场价格仅为 200 万美元。因此,A 企业决定进口该产品。

(1) 当 A 企业到海关进行进口货物申报时,可以以 180 万美元申报,因为该产品是一种刚刚研制开发出来的新产品,当海关认定其完税价格为 180 万美元时,即可征税放行。

(2) 当海关认为该产品 180 万美元的申报价格不合理时,就会对该产品的完税价格进行估定,因为市场上目前还没有同种产品,海关将会按类似货物成交价格法进行估价,因此,该新产品的完税价格至多也只能被估定为 200 万美元。

总之,A 企业能将该产品的进口完税价格降低 100 万美元至 120 万美元,从而降低关税税负。

(三)出口货物完税价格的税务筹划

大多数企业在进行出口货物的关税筹划时,通常采用的方法就是降低出口货物的完税价格。但是,任何企业在出口货物时,如果直接降低价格向其他企业销售货物,无疑是将自己的利润无偿地转移给其他企业。因此为配合完税价格的降低,企业通常的做法是在相应国家设立自己的子公司,通过关联企业的交易,进行国际转让定价的筹划。

转让定价具有正常的方面,也有不正常的方面。作为关联企业之间的交易价格,虽然与独立企业之间的交易价格不完全吻合,但符合市场营运常规,即关联企业之间的内部交易价格可以采取与市场正常价格有别的灵活价格,对于这类转让定价应理解为是正常的、合理的出口货物完税价格筹划。但对于不正常的转让定价,如采用欺诈手段虚开购销凭证、设置假账等方式,不属于税务筹划范畴的转让定价,而是偷税行为。

第二节 关税税率的税务筹划

一、关税税率

关税税率是指国家征收关税的比率,是关税制度的核心要素,可以说整个关税制度的大部分内容都是围绕税率来制定的。进出口税则规定了我国海关征收关税使用的全部税率,目前我国的关税税率有以下五种形式。

(一)进口关税税率

我国进口税则对进口货物的关税税率设有最惠国税率、协定税率、特惠税率、普通税率、关税配额税率等。

(二)出口关税税率

为鼓励国内企业出口创汇,提高国内产品在国际市场的竞争力,我国对大部分出口货物不征收出口关税。为控制高能耗、高污染和资源性产品出口,自 2019 年 1 月 1 日起继续对铬铁等 108 项出口商品征收出口关税或实行出口暂定税率。

(三)暂定关税税率

为了满足特定时期对关税税率进行临时性变更的需要,进出口关税则规定,国务院关税税则委员会有权负责制定比优惠税率更低的暂定税率。2019 年实行进口暂定税率的商品种类达到 706 种,重点是为发挥关税支持农业生产、促进经济发展方式转变、优化经济结构和促进贸易平衡方面的宏观调控作用。实行进口暂定税率的商品，一般是国内供应不足的商品，或是国内同类商品生产性能和技术不能满足要求，其绝大部分是原材料、资源性商品及一些关键的零部件。主要包括硼酸盐、石脑油、航空煤油等资源能源类产品；氧化铝、飞机自动驾驶系统等重要原材料和关键设备及零部件；抗癌药原料、免疫制品等与公共卫生相关的产品及部分家居生活用品等。进口暂定税率大多不到法定税率的一半，暂定税率期限为一年，到期后可以保留，也可能继续降低或恢复为法定税率。

（四）配额关税税率

当今世界各国海关控制货物进口的基本手段主要有两种：一种是关税手段，即向进口货物征收关税；另一种是非关税手段，即一些行政性的管制措施，如进口配额管理、进口许可证管理。配额税率是将二者结合使用的一种限制进口的管理方法。我国海关规定，对在进口配额范围内进口的货物可适用于更低的配额税率，对超出进口配额范围内进口的货物按普通税率征收关税。2019年，继续对小麦等8类商品实施关税配额管理，税率不变。其中，对尿素、复合肥、磷酸氢铵3种化肥的关税配额税率继续实施1%的进口暂定税率。继续对配额外进口的一定数量棉花实施滑准税，并进行适当调整。

（五）关税的从量税率、复合税率和滑准税率

上述税率都是从价税率，对以完税价格为征税依据确定应纳关税税额的进出口货物，其税率即为从价税率。我国在调低关税税率的同时，也对关税税率的种类进行了一些调整，对少数几种进口商品实行以下几种税率：一是从量税率，即不以货物的完税价格为征税依据，而是以其重量、数量、容量等为征税依据的进口货物所适用的税率。二是复合税率，即采用从价税率和从量税率两种征税标准相结合的税率，而且从价税率中的从量税率必须随着完税价格和进口数量的不同等级而变化。三是滑准税率，即特殊的从价税率，其特殊性在于税率的大小与完税价格的大小相反，即完税价格越高，滑准税率越低；反之滑准税率越高。采用滑准税率征税的货物，其完税价格是用特殊方法计算出来的。例如对配额外进口的一定数量棉花，适用滑准税形式暂定关税，具体方式如下：

（1）当进口棉花完税价格高于或等于15.000元/千克时，按0.300元/千克计征从量税；

（2）当进口棉花完税价格低于15.000元/千克时，暂定从价税率按下式计算：

$$R_i = 9.45/P_i + 2.6\% \times P_i - 1$$

对上式计算结果四舍五入保留3位小数。其中R_i为暂定从价税率，当按上式计算值高于40%时，R_i取值40%；P_i为关税完税价格，单位为元/千克。

二、关税税率的税务筹划

（一）零部件与成品关税的税务筹划

虽然关税税率是不可变的，但是通过分析不难发现，原材料、零部件的关税税率与成品的关税税率相比，原材料和零部件的关税税率最低，半成品的税率次之，产成品的税率最高。因此企业可以考虑进口原材料和零部件进行加工生产，从而降低关税税负。

【例7-3】国外汽车生产企业A向中国汽车销售企业B销售100辆小轿车，每辆小轿车的完税价格为8万元，假定进口环节的关税率为28%，消费税率为5%，增值税率为13%。如果完全按市场价格进口，则B企业应纳税额计算如下：

$$应纳关税额 =8×100×28\%=224(万元)$$
$$应纳消费税额 =(8×100+224)÷(1-5\%)×5\%=53.89(万元)$$
$$应纳增值税额 =(8×100+224)÷(1-5\%)×13\%=140.13(万元)$$
$$应纳税额 =224+53.89+140.13=418.02(万元)$$

B企业经过税务筹划，决定在中国设立自己的汽车组装兼销售公司C，并且将原来进口整装汽车的方式改为进口散装汽车零部件。一辆汽车的全套零部件以6万元的价格转让给公司C，这样，散装零部件进口环节关税税率将为10%，而且进口环节不用缴纳消费税，则C企业应纳税额计算如下：

$$应纳关税额 =6×100×10\%=60(万元)$$
$$应纳增值税额 =(100×6+60)×13\%=85.8(万元)$$
$$应纳税额 =60+85.8=145.8(万元)$$

由此可见，经过税务筹划，C企业仅需缴纳145.8万元进口环节税款，虽然消费税和增值税的一部分在以后生产销售环节需要补缴，但这样延缓了纳税时间，相当于向财政部门获取了无息贷款，而仅从关税的减少额而言，该企业至少可节约税款164万元。

（二）保税制度的税务筹划

保税制是对保税货物加以监管的一种制度，是关税制度的一个重要组成部分，该制度可以简化手续，便利通关，有利于促进对外加工、装配贸易等外向型经济的发展。目前我国的保税制度包括保税仓库、保税工厂和保税区等制度。

保税制度为各出口企业提供了延迟缴纳进口货物应纳税款的优惠，从而相当于从海关获得了一笔无息贷款。实现这种可能性的关键环节是出口企业能否将其进口货物向海关申请为保税货物。如果能够申请，从批准日起暂时免征进口关税，而后视货物经储存或加工或装配后是否复运出境，再决定需不需要补缴税款。显然，作为用进口货物加工出口商品的企业，不论其进口货物最终流向何处，都能在批准日到补缴税款之间的期间内占有该笔税款的时间价值，从而能达到降低税负的目的和效果。

另外，保税是一个包含众多环节的过程，如果进口货物最终将复运出境，其基本环节就是进口和出口环节，通过进出口环节可以寻找到税务筹划的切入点。在这两个环节，既是进口公司又是出口公司的企业都必须向海关报关，企业填写的报关表中有单耗计量单位一栏，其表示方式有：度量衡单位／度量衡单位，如：米／米、吨／立方米等；度量衡单位／自然单位，如：吨／块、米／套等；自然单位／自然单位，如：件／套、匹／件等。度量衡单位容易测量，而自然单位要具体测量则很困难，所以利用自然单位／自然单位的计量形式便可以进行税务筹划。

【例7-4】我国某地有一生产出口产品的家具生产公司A，当年1月从某国进口一批木材，并向当地海关申请保税，其报关表上填写的单耗计量单位为：200块／套，即做成一套家具需耗用200块木材。而该公司由于近期引进先进设备，目前加工一套家具仅需耗用150块木材，由于其准确测量难度较大，海关认为A公司诚信良好，给予批准。8个月后，A公司将成品复运出口，完成了一个保税过程。现假设A公司进口木材10万块，每块价格100元，关税税率为50%，其关税税负降低额为：

$$(100\,000-100\,000÷200×150)×100×50\%=125(万元)$$

A公司由于灵活运用单耗计量单位，成功地降低税负125万元。

(三) 原产地的税务筹划

关税条例规定,进口税率分设有普通税率和优惠税率(最惠国税率、协定税率和特惠税率)。对于原产地是与我国未签订关税互惠协议的国家或地区的进口货物,按普通税率征税;对于原产地是与我国签订有关税互惠协议的国家或地区的进口货物,按优惠税率征税。因此,原产地的税务筹划关键在于如何避免普通税率的重负,获取优惠税率的利益。关于原产地的确认,我国基本上采用了国际上通用的两种原产地标准:一是全部产地标准,即对于完全在一个国家内生产或制造的进口货物,其生产或制造国就是该货物的原产国。二是实质性加工标准,指经过几个国家加工、制造的进口货物,将对货物进行实质性加工的国家作为有关货物原产国。实质性加工是指产品经过加工后,在进出口税则中四位数税号一级的税则归类已经有了改变;或者其加工增值部分所占新产品总值的比例已经超过30%。

企业应根据所需要进口货物的关税优惠税率的相关政策,对其进行有效的税务筹划。对于第一个标准,即全部产地标准,进行关税税务筹划的可能性较小;但对于第二个标准,即实质性加工标准,显然具有税务筹划的可能。其一,就实质性加工的第一个条件而言,从税收角度来看,重要的是必须表现为税目税率的改变。例如,某企业在新加坡、韩国、菲律宾、马来西亚和越南设有零部件供应企业,新加坡的子公司生产汽车仪表,韩国的子公司生产汽车轴承和发动机,菲律宾的子公司生产阀门,马来西亚的子公司生产轮胎,越南的子公司供应玻璃,那么总装配厂应当选择在何地设置,才能使国内销售的关税税负较低,需要科学地选择和决策。首先要了解这些国家、地区是否与中国签有关税互惠协议,并仔细比较与中国签订关税互惠协定的国家或地区中,哪一个更优惠,哪一个在经济成本上更为有利可图,从而做出选择。当然除了考虑关税因素外,还要兼顾该国家或地区是否施行外汇管制和出口配额控制、政治经济形势是否稳定以及其他一些影响因素。因此,经过比较权衡便可以确定总装配厂的设置地,从而有利于关税税负的降低。其二,就第二个条件而言,如果已经选择了一个非常有利于降低税负的国家和地区,并建立总装配厂,可是总装配厂的加工增值部分的技术和价值含量达不到产品总值的30%,对此可以通过转让定价的方法,降低其他国家或地区的零部件生产价格,从而加大总装配厂增值部分占产品总值的比重,使之达到或超过30%。

(四) 关税减免的税务筹划

关税减免是国家对某些纳税人和征税对象给予鼓励和照顾的一种特殊调节手段,因此,企业应当充分理解和掌握关税减免政策,创造相关且合法的条件,使企业的进出口业务能够享受关税的减免优惠,从而降低关税税负。根据《海关法》的规定,关税减免以最惠国税率或普通税率为基准,具体减免分为法定减免税、特定减免税和临时减免税。

法定减免税是税法中明确列出的减税或免税。符合税法规定可予减免税的进出口货物,纳税人无须提出申请,海关可按规定直接予以减免税。《海关法》和《中华人民共和国货物进出口管理条例》明确规定可以减免税的进出口货物有:规定数额以内的物品;无商业价值的广告品和货样;外国政府、国际组织无偿赠送的物资;在海关放行前遭受损坏或者损失的货物;进出境运输工具装载的途中必需的燃料、物料和饮食用品;中华人民共和国缔结或者参加的国际条约规定减征、免征关税的货物、物品。纳税义务人自缴纳税款之日起1年内,可以申请退还关税的情形包括:已征进口关税的货物,因品质或者规格原因,原状退货复运出境的;已征出口关税的货物,因品质或者规格原因,原状退货复运进境,并已重新缴纳因出口而退还的国内环节有关税收的;已征出口关税的货物,因故未装运出口,申报退关的。

特定减免税也称政策性减免税,是在法定减免税之外,国家按照国际通行规则和我国实际情况,制定发布的有关进出口货物减免关税的政策。特定减免税货物一般有地区、企业和用途的限制,《海关法》明确规定的适用特定减免税的货物有:科教用品;残疾人专用品;扶贫、慈善性捐赠物资;加工贸易产品,包括加工装配和补偿贸易、进料加工;边境贸易进口物资;保税区进出口货物;出口加工区进出口货物;进口设备;特定行业或用途的减免税政策。

临时减免税是指以上法定和特定减免税以外的其他减免税,即由国务院根据《海关法》对某个单位、某类商品、某个项目或某批进出口货物的特殊情况,给予特别照顾,一案一批,专文下达的减免税。

第三节 特别关税的税务筹划

随着中国加入WTO,产品在不断地进入国际市场,并在许多国家的进口贸易中比重不断上升。同时很多企业也已认识到,在激烈的国际贸易竞争中,国与国之间采取缴纳特别关税的措施限制对方产品进口的行为经常发生,而最直接的受害者无疑是从事产品生产、销售的企业。因此,如何进行特别关税的税务筹划,避免或降低贸易争端给企业带来的损失,便成为企业从事进出口业务必须考虑的重要问题之一。

一、特别关税的内容

特别关税包括报复性关税、反倾销税与反补贴税、保障性关税。缴纳特别关税的货物、适用国别、税率、期限和缴纳办法,由国务院关税税则委员会决定,海关总署负责实施。

(一)报复性关税

报复性关税是指为报复他国对本国出口货物的关税歧视,而对相关国家的进口货物征收的一种进口附加税。任何国家或者地区违反与我国签订或者共同参加的贸易协定及相关协定,对我国在贸易方面采取禁止、限制、加征关税或者其他影响正常贸易的措施的,对原产于该国家或者地区的进口货物可以征收报复性关税。

(二)反倾销税与反补贴税

反倾销税与反补贴税是指进口国海关对外国的倾销商品,在缴纳关税的同时附加缴纳的一种特别关税,其目的在于抵销他国的补贴。在激烈的市场竞争中,倾销和补贴行为在国际贸易中时常发生,且有愈演愈烈之势,其危害是使用不公平手段抢占市场份额,抑制我国相关产业的发展。为保护我国产业,根据《中华人民共和国反倾销条例》和《中华人民共和国反补贴条例》的规定,进口产品经初裁确定倾销或者补贴成立,并由此对国内产业造成损害的,可以采取临时反倾销或反补贴措施,实施期限为自决定公告规定实施之日起,不超过4个月。采取临时反补贴措施在特殊情形下,可以延长至9个月。经终裁确定倾销或者补贴成立,并由此对国内产业造成损害的,可对其征收反倾销税和反补贴税,征收期限一般不超过5年,但经复审确定终止征收反倾销税或反补贴税,有可能导致倾销或补贴以及损害的继续或再度发生的,征收期限可以适当延长。反倾销税和反补贴税的纳税人为倾销或补贴产品的进口经营者。

(三) 保障性关税

当某类商品进口量剧增,对我国相关产业带来巨大威胁或损害时,按照 WTO 有关规则,可以启动一般保障措施,即在与有实质利益的国家或地区进行磋商后,在一定时期内提高该项商品的进口关税或采取数量限制措施,以保护国内相关产业不受损害。根据《中华人民共和国保障措施条例》规定,有明确证据表明进口产品数量增加,在不采取临时保障措施将对国内产业造成难以补救的损害的紧急情况下,可以做出初裁决定,并采取临时保障措施。临时保障措施采取提高关税的形式。终裁决定确定进口产品数量增加,并由此对国内产业造成损害的,可以采取保障措施。保障措施可以提高关税、数量限制等形式,针对正在进口的产品实施,不区分产品来源国家或地区。

二、特别关税的税务筹划

出口型企业应当针对特别关税的负面影响,采取正确有效的税务筹划,避免不公平的特别关税给企业造成的损失。主要筹划应从以下几方面着手:一是尽量减少被控诉的可能,包括提高产品附加值,取消片面的低价策略;组建出口企业商会,加强内部协调和管理,塑造我国出口型企业的整体战略集团形象;分散出口市场,降低受控风险。二是顺利通过调查,避免被认定为倾销,如果企业的出口产品在国际市场上面临反倾销调查,可以选用适当的技术手段灵活地应对,包括及时上调价格,因为欧美商业裁判机构于每征满 1 年反倾销税时会重新调查该倾销商是否仍有倾销行为,若及时上调价格,就能被认为不具倾销行为,从而出口产品所被征的反倾销税也立即取消;调整产品利润预测,改进企业会计财务核算,以符合国际规范和商业惯例,同时还要密切注意国际外汇市场的浮动状况;促使国外进口商组织起来,推动其反贸易保护活动,因为一旦我国产品被征收反倾销税,受损失的还有外国进口商;通过加强与当地工商组织的交流,以实际的商业利益为砝码促使其向政府施加压力;与外方投诉厂商私下进行谈判、妥协。三是避免出口行为被裁定为损害进口国产业,我国出口企业应该注意:不要迫使进口国厂商采取降价促销的营销手段;全面搜集有关资料信息情报,有效地获取进口国市场的商情动态,查证控诉方并未受到损失,以便在应诉中占据主动地位;在出口地设立企业,筹建跨国公司,由此可以使我国产品免受进口配额等歧视性贸易条款的限制;以便利的销售条件、优质的产品、高水平的服务和良好的运输条件去占领市场,提高单位产品的价值(效用),降低其替代率,从而增强国外消费市场对我国产品的依赖性,获取国外消费者的支持。

【例 7-5】 某国决定对从中国进口的大葱、鲜蘑等产品采取紧急进口限制措施,即在一定的额度内,保持原有税水平不变,如果超过额度,则将征收高达 260% 的关税。次日,我国国务院关税税则委员会发出公告:根据《中华人民共和国进出口关税条例》第 6 条的规定,决定自次日起,对原产于该国的汽车、手持和车载无线电话机、空气调节器加征税率为 100% 的特别关税,即在原关税的基础上,再加征 100% 的关税。自从双方采取以上特别关税措施以来,对双方产品的出口都产生了很大影响,例如,中国上述农产品的出口锐减,原来出口到中国的该国汽车纷纷停产,已运往中国的汽车停止报关等。

双方征收特别关税后,该国商用空调最大生产企业宣布,将在中国销售的楼房用大型商用空调由出口改为在中国生产,以此来应对中国为报复该国对中国农产品实施限制进口而采取的对空调进口加征 100% 特别关税的措施。该空调生产企业为实施战略转移,将投入数亿元人民币引进大型机种的生产设备,准备在中国某地生产由一台室外机带几台室内机的大型机种。毫无疑问,如果该空调企业的战略得以顺利实施,将彻底避免承担关税和特别关税的税负,这种行为,主要是应对特别关税而采取的投资决策,属于典型的特别关税筹划。其主要思路是根据关税的性质和纳税环节,由原来在本国生产后再出口到中国,改为在中国直接生产、销售,从而彻底避免了缴纳关税。当然,为应对特别关税的税负,该空调企业采取的方法可能是最有效的方法,同时也是投入最高的方法,因其涉及投资战略的转变,需耗费较多的物力、财力和时间,不是任何企业都可以采用的方法。

【例7-6】 美国ITV公司曾经以中国向美国出口的弹簧垫圈的企业享受国家优惠为由,指控中国生产弹簧垫圈的企业倾销,要求美国政府对中国企业征收90%和130%的反倾销税。在中国的11家出口企业中,有10家放弃了应诉的权利,只有一家乡镇企业据理力争。经过长达1年多的艰苦应诉,终于在次年11月得以最后裁决。美国商务部对该乡镇企业的进口关税税率从初裁的128.6%减至69.88%,而其余未敢应诉的10家企业均按128.6%税率缴纳关税。

随着我国对外贸易的蓬勃发展,特别是在出口贸易中,中国产品正以物美价廉的形象打入国际市场,并在许多国家的进口贸易中比重不断上升。但这种高速发展也给我国企业带来了一些难题。许多国家在我国优质低价产品的冲击下,在国内生产厂商的"保护民族工业"抗议声中,纷纷认定中国的出口商具有"倾销行为",通过立法程序——反倾销税法案,对中国进口的商品征收反倾销税,极大地损害了我国对外贸易的发展和我国出口产品在国际市场上的形象,同时也使我国大批出口企业,特别是乡镇企业、传统产品、外贸企业等因高额关税而陷入困境。

目前,各国已经比较普遍地采取了给予中国应诉企业分别裁决的做法。在这种情况下,应诉企业有可能取得一个比较低的税率,而不应诉企业得到的"统一税率"往往大大高于应诉企业的税率。另外,我国逐步建立应诉与受益对称机制,在管理中依据"谁应诉、谁受益"的原则,对应诉与不应诉的企业,采取区别对待的政策。积极应诉和胜诉的企业将享受专营权、出口许可证、配额等优先权。如果反倾销案是以"终止协议"或"价格承诺"的方式结案,那么只有应诉企业才能参加出口数量限制的分配,而其他未参加应诉的企业再出口时则必须缴纳反倾销税。因此,涉案企业一定要积极应诉,以取得低税率或某些优先权等。

关键词

完税价格　　关税税率　　特别关税

小结

关税是海关对进出境货物和物品征收的一种税。尽管关税税目规定明晰、税率的适用对象具体以及税基、减免优惠等方面的规定详尽,纳税人仍可从货物的进出口完税价格、关税税率以及特别关税角度进行税务筹划。

即测即评

请扫描右侧的二维码，进行即测即评。

案例分析

案例 7-1

某钢铁企业急需进口一批矿石，在可供选择的进货渠道中有两个国家：一个是澳大利亚，另一个是加拿大。如果进口需求为 20 万吨，从澳大利亚进口优质高品位矿石，其价格为 20 美元/吨，运费总额为 20 万美元；若从加拿大进口较低品位的矿石，价格为 19 美元/吨，由于其航程是澳大利亚的两倍，运费及其杂费为 55 万美元。该矿石的进口关税税率为 30%。

分析要求：该钢铁企业应从哪一国家进口矿石？

案例 7-2

某外贸进出口企业主要从事进口某国际知名品牌洗衣机的销售，年销售量为 10 000 台，每台国内的销售价格为 5 000 元，进口完税价格为 3 000 元，假定进口环节适用的关税税率为 20%，增值税率为 13%。该企业管理层提出议案：在取得该品牌洗衣机厂商的同意和技术协作的情况下，进口该品牌洗衣机的电路板和电动机，进口完税价格为整机价格的 60%，假定进口环节适用的关税税率为 15%。其他配件委托国内技术先进的企业加工，并完成整机组装，所发生的成本费用为进口完税价格的 50%，购进配件及劳务的增值税税率为 13%。

分析要求：该管理层议案是否具有经济可行性？为什么？

复习思考题

1. 进口货物完税价格的估定方法有哪些？
2. 纳税人如何进行进口货物完税价格的税务筹划？
3. 纳税人如何进行出口货物完税价格的税务筹划？
4. 纳税人如何进行零部件与产成品关税的税务筹划？
5. 纳税人如何进行原产地的税务筹划？
6. 纳税人如何进行反倾销税的税务筹划？

第八章 企业所得税的税务筹划

我国现行《中华人民共和国企业所得税法》(以下简称《企业所得税法》)是在合并1991年4月9日第七届全国人民代表大会第四次会议通过的《中华人民共和国外商投资企业和外国企业所得税法》和1993年12月13日国务院发布的《中华人民共和国企业所得税暂行条例》的基础上于2008年1月1日正式实施的。企业所得税是对我国境内除个人独资企业和合伙企业以外的企业和其他组织,就其应税收入而征收的一种税。企业所得税基本计算公式为:

应纳税额 = 应纳税所得额 × 税率 − 减免税额 − 抵免税额

应纳税所得额 = 收入总额 − 不征税收入 − 免税收入 − 各项扣除 − 允许弥补的以前年度亏损

企业所得税涉及大量的企事业单位和其他组织,其税额的多少与纳税人的经济利益息息相关。因此,在日常的各项生产经营活动中,纳税人如何在合法的前提下开展税务筹划,就显得尤为重要。

第一节 收入的税务筹划

企业以货币形式和非货币形式从各种来源取得的收入,为收入总额。包括:

(1) 销售货物收入,是指企业销售商品、产品、原材料、包装物、低值易耗品以及其他存货取得的收入。

(2) 提供劳务收入,是指企业从事建筑安装、修理修配、交通运输、仓储租赁、金融保险、邮电通信、咨询经纪、文化体育、科学研究、技术服务、教育培训、餐饮住宿、中介代理、卫生保健、社区服务、旅游、娱乐、加工以及其他劳务服务活动取得的收入。

(3) 转让财产收入,是指企业转让固定资产、生物资产、无形资产、股权、债权等财产取得的收入。

(4) 股息、红利等权益性投资收益,是指企业因权益性投资从被投资方取得的收入。

(5) 利息收入,是指企业将资金提供他人使用但不构成权益性投资,或者因他人占用本企业资金取得的收入,包括存款利息、贷款利息、债券利息、欠款利息等收入。

(6) 租金收入,是指企业提供固定资产、包装物或者其他有形资产的使用权取得的收入。

(7) 特许权使用费收入,是指企业提供专利权、非专利技术、商标权、著作权以及其他特许权的使用权取得的收入。

(8) 接受捐赠收入,是指企业接受的来自其他企业、组织或者个人无偿给予的货币性资产、非货币性资产。

(9) 其他收入,是指企业取得的除企业所得税法第六条第(一)项至第(八)项规定的收入外的其他收入,包括企业资产溢余收入、逾期未退包装物押金收入、确实无法偿付的应付款项、已作坏账损失处理后又收回的应收款项、债务重组收入、补贴收入、违约金收入、汇兑收益等。

一、收入确认的税务筹划

企业确认收入时,在遵循权责发生制原则的基础上,应该注意:

第一,企业销售商品同时满足下列条件的,应确认收入的实现:

(1) 商品销售合同已经签订,企业已将与商品所有权相关的主要风险和报酬转移给购货方。

(2) 企业对已售出的商品既没有保留通常与所有权相联系的继续管理权,也没有实施有效控制。

(3) 收入的金额能够可靠地计量。

(4) 已发生或将发生的销售方的成本能够可靠地核算。

第二,符合上款收入确认条件,采取下列商品销售方式的,应按以下规定确认收入实现时间:

(1) 销售商品采用托收承付方式的,在办妥托收手续时确认收入。

(2) 销售商品采取预收款方式的,在发出商品时确认收入。

(3) 销售商品需要安装和检验的,在购买方接受商品以及安装和检验完毕时确认收入。如果安装程序比较简单,可在发出商品时确认收入。

(4) 销售商品采用支付手续费方式委托代销的,在收到代销清单时确认收入。

第三,采用售后回购方式销售商品的,销售的商品按售价确认收入,回购的商品作为购进商品处理。有证据表明不符合销售收入确认条件的,如以销售商品方式进行融资,收到的款项应确认为负债,回购价格大于原售价的,差额应在回购期间确认为利息费用。

第四,销售商品以旧换新的,销售商品应当按照销售商品收入确认条件确认收入,回收的商品作为购进商品处理。

第五,企业以买一赠一等方式组合销售本企业商品的,不属于捐赠,应将总的销售金额按各项商品的公允价值的比例来分摊确认各项的销售收入。

纳税人应该通过一定的合法渠道调整会计核算,以压缩应税收入额、推迟应税收入确认期间,减轻企业税收负担。企业可以通过合理选择销售方式和结算方式,采取没有收到货款不开发票的方式来实现延期纳税的目的。尽可能采用支票、银行本票和汇兑结算方式销售货物,避免采用托收承付和委托收款结算方式销售货物,若在不能及时收到货款的情况下,采用分期收款结算方式。

二、不征税收入的税务筹划

企业的下列收入为不征税收入:财政拨款、依法收取并纳入财政管理的行政事业性收费及政府性基金、国务院规定的其他不征税收入。《关于专项用途财政性资金企业所得税处理问题的通知》(财税[2011]70号)等规定:企业从县级以上各级人民政府财政部门及其他部门取得的应计入收入总额的财政性资金,凡同时符合以下条件的,可以作为不征税收入,在计算应纳税所得额时从收入总额中减除:① 企业能够提供规定资金专项用途的资金拨付文件;② 财政部门或其他拨付资金的政府部门对该资金有专门的资金管理办法或具体管理要求;③ 企业对该资金以及以该资金发生的支出单独进行核算。上述不征税收入用于支出所形成的费用,不得在计算应纳税所得额时扣除;用于支出所形成的资产,其计算的折旧、摊销不得在计算应纳税所得额时扣除。企业将符合规定条件的财政性资金作不征税收入处理后,在 5 年(60 个月)内未发生支出且未缴回财政部门或其他拨付资金的政府部门的部分,应计入取得该资金第六年的应税收入总额;计入应税收入总额的财政性资金发生的支出,允许在计算应纳税所得额时扣除。

根据上述规定,企业可以将满足条件的财政性资金作为不征税收入,也可以选择作为征税收入,则其对应的成本费用也可以税前扣除。所以根据具体情况,针对这些专项用途财政性资金进行不同的税务处理,可以实现企业税收利益的最大化。

【例 8-1】 甲公司是从事新材料研发的企业,已成立六年。第 1 年亏损 1 000 万元,第 2 年至第 5 年分别盈利 50 万元、200 万元、200 万元、250 万元。第 6 年全年收入 2 000 万元,成本费用 1 800 万元,获得符合条件的专项用途财政性资金支持 600 万元,该资金全部用于购买一项设备。假设该设备按直线法折旧,折旧年限 6 年,净残值为 0,不存在其他纳税调整事项,企业所得税税率 25%。公司有两个方案可供选择:

方案 1 将该笔专项用途财政性资金 600 万元作为不征税收入;
方案 2 将该笔专项用途财政性资金 600 万元作为征税收入。

甲公司应选择哪个方案?

如果甲公司选择方案 1,将该笔专项用途财政性资金 600 万元作为不征税收入,则相应的设备折旧费用不能扣除。

$$应纳税所得额 = 2\ 000 - 1\ 800 - 200 = 0$$

甲公司第 1 年亏损 1 000 万元,第 2 年至第 5 年分别盈利 50 万元、200 万元、200 万元、250 万元,尚有未弥补的亏损 300 万元。200 万元用于弥补以前年度亏损以后不用交税。剩下尚未弥补的 100 万元亏损已经超过了税前补亏的年限要求,只能用税后利润弥补。

如果甲公司选择方案 2,将该笔专项用途财政性资金 1 000 万元作为征税收入,则相应的设备折旧费用就可以扣除。应纳所得税计算如下:

$$应纳税所得额 = 2\ 000 + 600 - 1\ 800 - 100 - 300 = 400(万元)$$

$$应纳税额 = 400 \times 25\% = 100(万元)$$

甲公司收入多了 600 万元,当期折旧费用多了 100 万元,因此利润增加到 700 万元,弥补以前年度亏损 300 万元后应纳税所得额为 400 万元。虽然甲公司当期多交了 100 万元的企业所得税,但是由于设备尚有 500 万元的折旧可以抵销以后年度的应纳税所得额,共计可减少企业所得税 125 万元。

因此,不考虑货币时间价值,方案 2 比方案 1 的要少缴税 25 万元。方案 2 更优。

当企业处于免税减税期时,如果符合条件的财政性资金当期没有使用或者当期没有全部使用,将其作为征税收入处理,一方面可以享受当期免税减税的税收优惠,另一方面对应的成本费用在免税减税期结束后再扣除,可以实现企业税收利益的最大化。

三、减计收入的税务筹划

税法规定,企业综合利用资源,生产符合国家产业政策规定的产品所取得的收入,可以在计算应纳税所得额时减计收入,即企业以《资源综合利用企业所得税优惠目录》规定的资源作为主要原材料,生产国家非限制和禁止并符合国家和行业相关标准的产品取得的收入,减按90%计入收入总额。要求原材料占生产产品材料的比例不得低于《资源综合利用企业所得税优惠目录》规定的标准。企业同时从事其他项目而取得的非资源综合利用收入,应与资源综合利用收入分开核算,没有分开核算的,不得享受优惠政策。企业从事不符合实施条例和《目录》规定范围、条件和技术标准的项目,不得享受资源综合利用企业所得税优惠政策。

【例8-2】 甲公司是一家生产各种钢材的钢厂,在生产过程中对转炉渣进行回收利用,可以生产铁,进一步加工后的最终产品为各类钢坯和钢材。公司全年收入8 000万元,其中利用转炉渣回收利用生产的铁收入为1 000万元,成本费用5 000万元,假设不存在其他纳税调整事项,企业所得税税率25%。公司有两个方案可供选择:

方案1 将铁的收入与其他收入分开核算,可以享受减计收入的税收优惠;

方案2 将铁的收入与其他收入没有分开核算,不得享受减计收入的税收优惠。

甲公司应选择哪个方案?

如果甲公司选择方案1,将铁的收入与其他收入分开核算,可以享受减计收入的税收优惠,应纳所得税计算如下:

$$应纳税所得额 = 7\,000 + 1\,000 \times 90\% - 5\,000 = 2\,900(万元)$$

$$应纳税额 = 2\,900 \times 25\% = 725(万元)$$

如果甲公司选择方案2,将铁的收入与其他收入没有分开核算,不得享受减计收入的税收优惠,应纳所得税计算如下:

$$应纳税所得额 = 8\,000 - 5\,000 = 3\,000(万元)$$

$$应纳税额 = 3\,000 \times 25\% = 750(万元)$$

因此,方案2比方案1的要多缴税25(750-725)万元。方案1更优。

第二节 税前扣除项目的税务筹划

税前扣除项目是指企业实际发生的与取得收入有关的、合理的支出,包括:

(1) 成本,是指企业在生产经营过程中发生的销售成本、销货成本、业务支出以及其他耗费。

(2) 费用,是指企业在生产经营活动中发生的销售费用、管理费用和财务费用。

(3) 税金,是指企业实际发生的除企业所得税和允许抵扣的增值税以外的各项税金及附加。

(4) 损失,是指企业在生产经营活动中发生的固定资产和存货的盘亏、毁损、报废损失,转让财产损失,呆账损失,坏账损失,自然灾害等不可抗力因素造成的损失以及其他损失。

(5) 其他支出,是指除成本、费用、税金、损失外,企业在生产经营活动中发生的与生产经营活动有关的、合理的支出。

一、工资薪金的税务筹划

《企业所得税法实施条例》第34条规定,企业实际发生的合理的工资、薪金支出准予扣除。这里的工资、薪金,是指企业每一纳税年度支付给在本企业任职或者受雇的员工的所有现金形式或者非现金形式的劳动报酬,包括基本工资、奖金、津贴、补贴、年终加薪、加班工资,以及与员工任职或者受雇有关的其他支出。

企业实际发生的合理的工资薪金支出,在企业所得税税前扣除时,不受计税工资或工时挂钩扣除限额的限制,可以全额据实扣除。因此,企业在安排工资、薪金支出时,应当充分考虑工资、薪金支出对企业所得税和个人所得税的影响,并且在事前做好筹划,尽可能实现税负最小化和总收益最大化。

(1) 企业要合理安排薪资结构,适当调整工资、奖金和各种福利补贴的比例,在保证职工工资总额不变的前提下,争取企业和职工的税收支出最少。

(2) 充分利用职工工资和企业经营费用之间的相互转化,降低企业和职工的税负。例如企业为职工提供的带薪休假、工作餐、医疗保健等,通过增加职工的福利待遇,既可以保证职工的实际工资水平不会降低,又可以使职工少缴个人所得税,同时也不会增加甚至减少企业的税款负担。再如企业一般以较高的利息向职工集资,但是税法要求按照不高于金融机构的同类同期贷款利率进行扣除,企业可以将税法规定可以扣除的利息以利息形式支付给企业员工,超过税法规定可以扣除的利息部分转化为奖金形式支付给企业参加集资的员工。又如某些企业职工同时也是企业的股东,从企业取得收入的途径有税前列支工资和税后分配股利两种途径。由于发放工资可减少企业所得税,而税后分配的股息、红利不能减轻企业税负,股东个人还要按20%缴纳个人所得税,因此只要企业所得税适用税率与20%之和大于"工资、薪金所得"适用的个人所得税最高税率,税前列支工资就比税后分配股利更有利。当然企业还应考虑职工工薪所得缴纳个人所得税和股息红利所得个人所得税优惠政策等因素,以求得最大的节税效果。

(3) 在职工从事研究开发期间,可多安排工资、奖金,从而更多地享受加计扣除的税收优惠。当然多安排工资、奖金相应增加的个人所得税负担,不能超过加计扣除部分减少的企业所得税负担,否则将得不偿失。

(4) 企业可以依据自身情况,吸收残疾人员在本企业就业,以充分享受税收优惠,减轻税负。税法规定,单位支付给残疾人员的实际工资,在计算应纳税所得额时加计扣除。这里的"残疾人"是指持有"中华人民共和国残疾人证"上注明属于视力残疾、听力残疾、言语残疾、肢体残疾、智力残疾和精神残疾的人员和持有"中华人民共和国残疾军人证(1至8级)"的人员。

【例8-3】 某外商投资企业,现有职工40人,预计当年实现应纳税所得额900万元。现因扩大生产规模,企业需要招聘20名新员工,新增加的20名员工需要增加支付的工资总额63万元。企业如何进行招聘员工的税务筹划?

分析:在不影响企业生产经营的前提下,可以招聘残疾人员来本企业就业,也可以招聘健康人员来本企业就业。

(1) 招聘20名残疾人员。

当年该外商投资企业应纳所得税 = (900−63×2)×25%=193.5(万元)

(2) 招聘20名健康人员。

当年该外商投资企业应纳所得税 = (900−63)×25%=209.25(万元)

因此,外商投资企业因为安置20名残疾人员就业获得了15.75万元的节税利益。

需要注意的是,要享受以上税务优惠,必须符合国家有关规定。依据《关于安置残疾人员就业有关企业所得税优惠政策问题的通知》(财税[2009]70号),企业享受安置残疾职工工资100%加计扣除应同时具备如下条件:依法与安置的每位残疾人签订了一年以上(含)的劳动合同或服务协议,且安置的每位残疾人在单位实际上岗工作;月平均实际安置的残疾人占单位在职职工总数的比例应高于25%(含25%),并且实际安置的残疾人人数多于10人(含10人),或占单位在职职工总数比例低于25%(不含25%)但高于1.5%(含1.5%)且实际安置的残疾人人数多于5人(含5人);为安置的每位残疾人按月足额缴纳了规定的基本养老保险、基本医疗保险、失业保险和工伤保险等社会保险;通过银行等金融机构向安置的每位残疾人实际支付了不低于省政府批准的最低工资标准的工资;具备安置残疾人上岗工作的基本设施等。

二、利息费用的税务筹划

税法规定,非金融企业在生产、经营期间,向金融机构借款的利息支出、金融企业的各项存款利息支出和同业拆借利息支出、企业经批准发行债券的利息支出,按照实际发生数扣除;向非金融机构借款的利息支出,不高于按照金融机构同类、同期贷款利率计算的数额以内的部分,准予扣除。

企业从其关联方接受的债权性投资与权益性投资的比例超过规定标准而发生的利息支出,不超过以下规定比例和税法及其实施条例有关规定计算的部分,准予扣除,超过的部分不得在发生当期和以后年度扣除。企业接受关联方债权性投资与其权益性投资比例为:金融企业为5:1;其他企业为2:1。企业如果能够按照税法及其实施条例的有关规定提供相关资料,并证明相关交易活动符合独立交易原则的;或者该企业的实际税负(指企业所得税负)不高于境内关联方的,其实际支付给境内关联方的利息支出,在计算应纳税所得额时准予扣除。企业同时从事金融业务和非金融业务,其实际支付给关联方的利息支出,应按照合理方法分开计算。

对企业主管部门或企业集团中的核心企业等单位(简称统借方)向金融机构借款后,将所借资金分拨给下属单位(包括独立核算单位和非独立核算单位),不属于关联企业之间的借款。所以,只要集团公司能够出具从金融机构取得贷款的证明文件,其所属企业使用集团公司转贷的金融机构借款支付的利息,不高于金融企业同类同期贷款利率的部分,允许在税前全额扣除,不受债权性投资与其权益性投资比例的限制。

【例8-4】 T公司是一家集冰箱、空调器、洗衣机、电视机、微波炉、家用电脑等多种家电产品生产经营的企业集团,甲公司是该集团的一个下属子公司,T公司对甲公司的股权投资为800万元。甲公司需要资金1 000万元,向T集团公司借入款项。甲公司实际税负高于T公司,且甲公司无法提供资料证明其借款活动符合独立交易原则。假设同期银行贷款利率8%,有以下两个方案可供选择:

方案1 甲公司直接向T集团公司借入2 000万元,利率8%;

方案2 由T集团公司采取统借统贷的方式从银行借入5 000万元,其中借给甲公司2 000万元,利率8%。

甲公司应选择哪个方案?

方案1 甲公司直接向T集团公司借入2 000万元,利率8%。

由于甲公司实际税负高于T公司,且甲公司无法提供资料证明其借款活动符合独立交易原则,甲公司实际支付给T公司的利息支出,不超过规定的债权性投资与其权益性投资比例计算的部分,准予扣除,超过的部分不得在发生当期和以后年度扣除。甲公司接受T公司的债权性投资和权益性投资分别为2 000万元和800万元,其比例为2.5∶1,高于规定的2∶1,所以T公司借款利息不能全额税前扣除。可税前扣除的借款额为800×2=1 600(万元),利息额为1 600×8%=128(万元)。共支付T公司利息2 000×8%=160(万元),可税前扣除128万元,其余32万元应纳税调整,且在以后年度也不可扣除。

方案2 由T集团公司采取统借统贷的方式从银行借入5 000万元,其中借给甲公司2 000万元,利率8%。

集团公司统一向银行借款统一借给下属公司使用,不受关联企业中的其他企业债权性投资与其权益性投资比例为2∶1的限制。其发生的借款利息只要不超过金融企业同期贷款利率的部分,凭银行开具的金融利息票据可以全部在税前扣除。甲公司共支付利息2 000×8%=160(万元),可全额税前扣除。

三、研发费用的税务筹划

为了促进企业技术进步,鼓励企业积极研究开发新技术、新产品、新工艺,企业所得税法规定,企业开发新技术、新产品、新工艺发生的研究开发费用,未形成无形资产计入当期损益的,可以在计算应纳税所得额时加计扣除,即在按照规定据实扣除的基础上,按照研究开发费用的75%加计扣除;形成无形资产的,按照无形资产成本的175%摊销。

适用政策的研发活动,是指企业为获得科学与技术新知识,创造性运用科学技术新知识,或实质性改进技术、产品(服务)、工艺而持续进行的具有明确目标的系统性活动。其中不适用税前加计扣除政策的活动包括:企业产品(服务)的常规性升级;对某项科研成果的直接应用,如直接采用公开的新工艺、材料、装置、产品、服务或知识等;企业在商品化后为顾客提供的技术支持活动;对现存产品、服务、技术、材料或工艺流程进行的重复或简单改变;市场调查研究、效率调查或管理研究;作为工业(服务)流程环节或常规的质量控制、测试分析、维修维护;社会科学、艺术或人文方面的研究。

不适用税前加计扣除政策的行业,包括烟草制造业、住宿和餐饮业、批发和零售业、房地产业、租赁和商务服务业、娱乐业、财政部和国家税务总局规定的其他行业。

研发费用的具体范围包括:① 人员人工费用,即直接从事研发活动人员的工资薪金、基本养老保险费、基本医疗保险费、失业保险费、工伤保险费和住房公积金,以及外聘研发人员的劳务费用。② 直接投入费用,包括:研发活动直接消耗的材料、燃料和动力费用;用于中间试验和产品试制的模具、工艺装备开发及制造费,不构成固定资产的样品、样机及一般测试手段购置费,试制产品的检验费;用于研发活动的仪器、设备的运行维护、调整、检验、维修等费用,以及通过经营租赁方式租入的用于研发活动的仪器、设备租赁费。③ 用于研发活动的仪器、设备的折旧费。④ 用于研发活动的软件、专利权、非专利技术(包括许可证、专有技术、设计和计算方法等)的摊销费用。⑤ 新产品设计费、新工艺规程制定费、新药研制的临床试验费、勘探开发技术的现场试验费。⑥ 与研发活动直接相关的其他费用,如技术图书资料费、资料翻译费、专家咨询费、高新科技研发保险费,研发成果的检索、分析、评议、论证、鉴定、评审、评估、验收费用,知识产权的申请费、注册费、代理费、差旅费、会议费等。此项费用总额不得超过可加计扣除研发费用总额的10%。

企业委托外部机构或个人进行研发活动所发生的费用,按照费用实际发生额的80%计入委托方研发费用并计算加计扣除,受托方不得再进行加计扣除。委托外部研究开发费用实际发生额应按照独立交易原则确定。委托境外进行研发活动所发生的费用,按照费用实际发生额的80%计入委托方的委托境外研发费用。委托境外研发费用不超过境内符合条件的研发费用2/3的部分,可以按规定在企业所得税前加计扣除。委托境外个人进行的研发活动不得按照委托境外研发费用享受企业所得税加计扣除的税收优惠。

【例8-5】 甲公司为在我国境内成立的境外独资企业,该公司开展了两项研发活动,项目一需要研发活动费用900万元,项目二需要研发活动费用600万元,共计1 500万元。有以下两个方案可供选择:

方案1 项目一全部委托给境外某公司,项目二全部委托给境内某公司。
方案2 项目一全部委托给境内某公司,项目二全部委托给境外某公司。
甲公司应选择哪个方案?
如果甲公司选择方案1:

$$委托境外研发费用 = 900 \times 80\% = 720（万元）$$
$$境内符合条件的研发费用 = 600 \times 80\% = 480（万元）$$

720>480×2/3,

$$可以加计扣除的研发费用 = (480+480 \times 2/3) \times 75\% = 600（万元）$$

如果甲公司选择方案2:

$$委托境外研发费用 = 600 \times 80\% = 480（万元）$$
$$境内符合条件的研发费用 = 900 \times 80\% = 720（万元）$$

480=720×2/3,

$$可以加计扣除的研发费用 = (720+480) \times 75\% = 900（万元）$$

方案2中甲公司加计扣除的研发费用比方案1多300(900-600)万元,可以少交所得税75(300×25%)万元,因此方案2优于方案1。

四、固定资产折旧的税务筹划

企业对固定资产的折旧核算是企业成本分摊的过程,即将固定资产的取得成本按合理而系统的方法,在它的估计有效使用期间内进行分摊。影响固定资产折旧的因素包括固定资产原值、预计净残值、折旧年限和折旧方法。

税法对固定资产的折旧年限有限制性规定,除国务院财政、税务主管部门另有规定外,固定资产计算折旧的最低年限如下:

(1) 房屋、建筑物,为20年;
(2) 飞机、火车、轮船、机器、机械和其他生产设备,为10年;
(3) 与生产经营活动有关的器具、工具、家具等,为5年;
(4) 飞机、火车、轮船以外的运输工具,为4年;
(5) 电子设备,为3年。

常用的固定资产折旧方法有平均年限法、工作量法、双倍余额递减法和年数总和法。其中前两种为直线折旧法，后两种为加速折旧法。税法一般要求企业固定资产按照直线法计提折旧，除非符合以下条件的固定资产可以采取加速折旧的方法或者缩短折旧年限，但不得低于税法规定最低折旧年限的60%。

（1）由于技术进步，产品更新换代较快的；

（2）常年处于强震动、高腐蚀状态的。

税法规定，企业在2018年1月1日至2020年12月31日期间新购进的设备、器具，单位价值不超过500万元的，允许一次性计入当期成本费用在计算应纳税所得额时扣除，不再分年度计算折旧；单位价值超过500万元的，仍按企业所得税法实施条例、《财政部 国家税务总局关于完善固定资产加速折旧企业所得税政策的通知》（财税[2014]75号）、《财政部 国家税务总局关于进一步完善固定资产加速折旧企业所得税政策的通知》（财税[2015]106号）等相关规定执行。

我国企业所得税实行比例税率，在企业正常盈利的状态下，无论是采用加速折旧方法，缩短折旧年限，还是一次性计入成本费用，对企业都更为有利。虽然不同的折旧方法和折旧年限计算出来的折旧额总量相等，累计应纳所得税税额相等，但运用加速折旧法或缩短折旧年限计算折旧时，开始的年份提取了更多的折旧，企业前期利润少，纳税少，后期利润多，纳税较多，获得延期纳税的好处。同时，可使企业加速对设备的更新，促进技术进步，增强企业的发展后劲。

【例8-6】 华新造船厂有一台大型设备，原值40万元，预计残值率3%，为简化计算，假设折旧年限为5年，每一年度扣除折旧前的应纳税所得额均为100万元，折现率10%。

（1）平均年限法。

年折旧率 =（1- 预计净残值率）÷ 折旧年限 ×100%=19.4%

每年折旧额 =（40-40×3%）÷5=7.76（万元）

或

40×19.4%=7.76（万元）

每年应缴所得税额 =（100-7.76）×25%=23.06（万元）

每年应提折旧额及应纳所得税税额如表8-1所示。

表8-1 平均年限法下计算的年应提折旧额　　　　　　　　　　　　单位：万元

年份	原值-预计净残值	折旧率	年折旧额	年所得额	应缴所得税额	应缴所得税额现值
第一年	38.8	19.4%	7.76	92.24	23.06	20.96
第二年	38.8	19.4%	7.76	92.24	23.06	19.06
第三年	38.8	19.4%	7.76	92.24	23.06	17.32
第四年	38.8	19.4%	7.76	92.24	23.06	15.75
第五年	38.8	19.4%	7.76	92.24	23.06	14.32
合计	—	—	38.8	461.2	115.3	87.4

(2) 双倍余额递减法。

年折旧率 = 2 ÷ 折旧年限 × 100% = 40%

年折旧额 = 年初固定资产账面净值 × 年折旧率

第四年、第五年的折旧额 = (第四年年初固定资产净值 − 预计净残值) ÷ 2

= (8.64 − 1.2) ÷ 2 = 3.72

每年应提折旧额及应纳所得税税额如表8-2所示。

表8-2 双倍余额递减法下计算的年应提折旧额　　　单位：万元

年份	期初账面净值	折旧率	年折旧额	年所得额	应缴所得税额	应缴所得税额现值
第一年	40	40%	16	84	21	19.09
第二年	24	40%	9.6	90.4	22.6	18.68
第三年	14.4	40%	5.76	94.24	23.56	17.7
第四年	8.64	50%	3.72	96.28	24.07	16.44
第五年	4.92	50%	3.72	96.28	24.07	14.95
合计	—	—	38.8	461.2	115.3	86.86

(3) 年数总和法。

年折旧率 = (预计使用年限 − 已使用年限) ÷ [预计使用年限 × (预计使用年限 + 1) ÷ 2] × 100%

年折旧额 = (固定资产原值 − 预计净残值) × 年折旧率

每年应提取折旧额及应纳所得税税额如表8-3所示。

表8-3 年数总和法下计算的年应提折旧额　　　单位：万元

年份	原值 − 预计净残值	折旧率	年折旧额	年所得额	应缴所得税额	应缴所得税额现值
第一年	38.8	5/15	12.93	87.07	21.77	19.79
第二年	38.8	4/15	10.35	89.65	22.41	18.52
第三年	38.8	3/15	7.76	92.24	23.06	17.32
第四年	38.8	2/15	5.17	94.83	23.71	16.19
第五年	38.8	1/15	2.59	97.41	24.35	15.12
合计	—	—	38.8	461.2	115.3	86.94

在上述各种折旧方法中，尽管五年内提取的折旧总额、应纳所得税总额是相同的，但是，运用不同的折旧方法所计算出来的年折旧额不一致，每年缴纳的所得税额也有较大差异。从应纳税额的现值来看，运用双倍余额递减法计算折旧时，税额最少，年数总和法次之，而运用直线法计算折旧时，税额最多。所以采用加速折旧法比直线法能获得更大的时间价值。这就为纳税人进行税务筹划提供了很大的空间。

在特殊情况下，企业采取加速折旧方法或者缩短折旧年限也存在一定的风险。若企业处于税收减免优惠期间,加速折旧和缩短折旧年限对企业所得税的影响是相反的,不仅不能少缴税,反而会多缴税。企业应选择直线折旧法或者较长的折旧年限,有利于企业充分享受税收优惠政策,把税收优惠政策对折旧费用抵税效应的抵消作用降低到最低限度,从而达到降低企业所得税税负的目的。亏损企业选择折旧方法和确定最佳折旧年限时,必须充分考虑企业亏损的税前弥补规定,如果某一纳税年度的亏损额不能在今后的纳税年度中得到税前弥补或不能全部得到税前弥补,则该纳税年度折旧费用的抵税效应就不能发挥或不能完全发挥作用。在这种情况下,纳税人只有通过选择合理的折旧方法或折旧年限,使因亏损税前弥补不足对折旧费用抵税效应的抵消作用降到最低程度,才能充分发挥折旧费用的抵税效应,从而降低所得税税负。所以企业可根据自己的具体情况,选择对企业有利的固定资产折旧方法和折旧年限,以此来达到节税目的。

【例 8-7】 接上例,假设华新造船厂前三年税额减半征收,后两年正常计税。

(1) 平均年限法下应提折旧额如表 8-4 所示。

表 8-4　平均年限法下计算的年应提折旧额　　　　　　　　　　单位:万元

年份	原值-预计净残值	折旧率	年折旧额	年所得额	应缴所得税额
第一年	38.8	19.4%	7.76	92.24	11.53
第二年	38.8	19.4%	7.76	92.24	11.53
第三年	38.8	19.4%	7.76	92.24	11.53
第四年	38.8	19.4%	7.76	92.24	23.06
第五年	38.8	19.4%	7.76	92.24	23.06
合计	—	—	38.8	461.2	80.71

(2) 双倍余额递减法下应提折旧额如表 8-5 所示。

表 8-5　双倍余额递减法下计算的年应提折旧额　　　　　　　　单位:万元

年份	期初账面净值	折旧率	年折旧额	年所得额	应缴所得税额
第一年	40	40%	16	84	10.5
第二年	24	40%	9.6	90.4	11.3
第三年	14.4	40%	5.76	94.24	11.78
第四年	8.64	50%	3.72	96.28	24.07
第五年	4.92	50%	3.72	96.28	24.07
合计	—	—	38.8	461.2	81.72

(3) 年数总和法下应提折旧额如表 8-6 所示。

可见,当企业享受税收优惠时,选择加速折旧方法会比直线折旧方法缴纳更多的企业所得税。

表 8-6 年数总和法下计算的年应提折旧额　　　　　　　单位：万元

年份	原值－预计净残值	折旧率	年折旧额	年所得额	应缴所得税额
第一年	38.8	5/15	12.93	87.07	10.88
第二年	38.8	4/15	10.35	89.65	11.21
第三年	38.8	3/15	7.76	92.24	11.53
第四年	38.8	2/15	5.17	94.83	23.71
第五年	38.8	1/15	2.59	97.41	24.35
合计	—	—	38.8	461.2	81.68

五、固定资产修理的税务筹划

固定资产修理包括日常修理和大修理。日常修理是指保持固定资产正常使用效能进行的经常性维修。税法规定固定资产日常修理费用在发生当期计入损益，允许在计算企业所得税时作为成本费用项目全额扣除。大修理是指为恢复固定资产使用效能对主要部分或大部分零件进行更换或修理。税法规定固定资产的大修理支出是指同时符合下列条件的支出：① 修理支出达到取得固定资产时的计税基础 50% 以上；② 修理后固定资产的使用年限延长 2 年以上。企业发生的固定资产的大修理支出不能直接扣除，应作为长期待摊费用，按照规定摊销的部分准予扣除。

如果企业能够在正常纳税的盈利年度，及时安排好固定资产的日常修理，而不是等到最后进行固定资产大修理，从而将固定资产的大修理尽可能分解为几个年度的几次修理，就可以作为日常修理费用在发生当期直接扣除，减少当期应纳所得税。

【例8-8】 甲公司1月起对一台机器设备进行大修，当月完工，该设备原价为5 000万元，发生修理费用3 000万元。修理后机器设备的使用寿命延长3年。假设甲公司连续3年均实现利润4 000万元（不包括固定资产修理费用），无其他纳税调整事项。折现率10%。

按照甲公司修理方案，固定资产修理支出占固定资产计税基础为60%（3 000÷5 000），超过50%；修理后固定资产的使用寿命延长2年以上，属于固定资产的大修理支出。按税法规定不允许直接扣除，应作为长期待摊费用处理。假设修理费用在3年内摊销：

当年税前可摊销修理费用 =3 000÷3=1 000（万元）

当年应纳税所得额 =4 000-1 000=3 000（万元）

当年应纳税额 =3 000×25%=750（万元）

以后两年均与第一年相同。

如果甲公司改变修理方案，将该机器设备的修理分两次在两年内进行，每次修理费用为1 500万元。修理支出占固定资产的计税基础为30%（1 500÷5 000），不符合税法规定的大修理条件，修理费用1 500万元可以直接在发生当期抵扣。

第1、2年应纳税所得额 =4 000-1 500=2 500（万元）

第1、2年应纳税额 =2 500×25%=625（万元）

第 3 年应纳税所得额 =4 000(万元)

第 3 年应纳税额 =4 000×25%=1 000(万元)

从表 8-7 可以看出,虽然不同的修理方案下,甲公司三年应纳税额总数相同,但是如果分为两次进行日常修理,前两年应纳税额较少,第 3 年应纳税额较多。所以这种修理方案应纳税额的现值较小,可以获得延期纳税的好处。

表 8-7　不同修理方案下各年应纳税额　　　　　　　单位:万元

年份	一次大修理		两次日常修理	
	应纳税额	应纳税额现值	应纳税额	应纳税额现值
第一年	750	681.825	625	568.187 5
第二年	750	619.8	625	516.5
第三年	750	563.475	1 000	751.3
合计	2 250	1 865.1	2 250	1 835.987 5

在进行固定资产修理的税务筹划过程中,还要考虑企业的盈亏情况和是否处于减税免税期间。同固定资产折旧的税务筹划类似,如果企业在一段时间内预计亏损,或者企业处于减税免税期间,则固定资产大修理的方案对企业比较有利。同时固定资产修理的时间安排必须考虑生产经营的需要。

六、存货发出计价的税务筹划

存货是指企业在生产经营中,为销售或耗用目的而储存的有形资产。包括原材料、在产品、产成品、商品等。依据《企业所得税暂行条例》的规定,各项存货的发出或领用的成本计价方法,可以在个别计价法、先进先出法、加权平均法等方法中任选一种。纳税人可以根据实际情况,灵活利用存货计价方法进行税务筹划。

1. 个别计价法

只有那些具有可识别的特征而且数量不多,单位价格又相当高的商品,如大型元器件、汽车和重型设备、珠宝和其他贵重物品等,在存货计价中采用个别计价法才是适合的。

2. 加权平均法

加权平均法,是在材料等存货按实际成本进行明细分类核算时,以本期各批收货数量和期初数量为权数计算材料等存货的平均单位成本的一种方法。其计算公式为:

材料平均单价 =(月初结存材料实际成本 + 本月收入材料实际成本)÷
　　　　　　　(月初结存材料实际数量 + 本月收入材料实际数量)

发出材料的实际成本 = 发出材料数量 × 材料平均单价

期末材料的实际成本 = 期末结存材料数量 × 材料平均单价

3. 先进先出法

先进先出法,是假定"先入库的材料先发出",每次发出材料的实际单价要按库存材料中最先购买的那批材料的实际单价计价。采用这种方法要求分清所购每批材料的数量和单价。发出材料时,除逐笔登记发出数量外,还要登记金额,并给出结存的数量和金额。

存货不同的计价方法,对纳税产生不同的影响。当材料价格不断上涨时,先进先出法要求先入库的材料先发出,和加权平均法相比,前期计入成本费用的少,利润就多,则缴纳所得税就多。采用加权平均法,企业可以获得延期纳税的好处。如果企业正处于所得税的减税免税期,企业获得的利润越多,其得到的免税额就越多,企业选择先进先出法计算发出存货成本,可以减少计入成本的存货费用,增加当期利润,享受更多的税收优惠。当材料价格不断下跌时则正好相反。

【例8-9】 甲公司期初结存A商品3 000件,单价2.5元。购进A商品两次(5月2 000件,单价3元;10月6 000件,单价3.5元)。当年出售A商品两次(7月1 000件,售价8元/件;11月5 000件,售价8元/件)。其余商品在第二年全部售出,售价8元/件。企业所得税适用税率为25%。

从表8-8可以看出,虽然销售收入、销售成本、税前利润、所得税额和净利润两年合计都相同,但加权平均法和先进先出法下每年除销售收入以外并不一样。第1年,企业应纳所得税额在加权平均法下为7 300元,在先进先出法下为7 750元。可见,采用加权平均法,在物价上升的情况下,企业销售成本较高,可以少缴所得税。

表8-8 不同存货发出计价方法下应纳税额　　　　　　　　单位:元

项目	加权平均法			先进先出法		
	第1年	第2年	合计	第1年	第2年	合计
销售收入	48 000	40 000	88 000	48 000	40 000	88 000
销售成本	18 800	15 700	34 500	17 000	17 500	34 500
税前利润	29 200	24 300	53 500	31 000	22 500	53 500
所得税	7 300	6 075	13 375	7 750	5 625	13 375
净利润	21 900	18 225	40 125	23 250	16 875	40 125

因此,企业必须在年末根据企业经济运行的状况作出正确判断,选择下一年度对企业节税有利的存货计价方法。可以分析下一个年度内所需购买的主要材料市场价格的总趋势。一般情况下,在通货膨胀的情况下,表现为材料价格上涨的趋势。在通货紧缩的市场经济环境下,材料的价格往往会下降。在原材料价格逐步上涨的情况下,采用加权平均法有利于企业当期少交税收,而在材料价格下降的情况下,则应采用先进先出法更有利于节税。

七、广告费和业务招待费的税务筹划

税法规定,企业发生的与生产经营活动有关的业务招待费支出,按照发生额的60%扣除,但最高不得超过当年销售(营业)收入的5‰。企业发生的符合条件的广告费和业务宣传费支出,除国务院财政、税务主管部门另有规定外,不超过当年销售(营业)收入15%的部分,准予扣除;超过部分,准予在以后纳税年度结转扣除。对化妆品制造、医药制造和饮料制造(不含酒类制造)企业发生的广告费和业务宣传费支出,不超过当年销售(营业)收入30%的部分,准予扣除;超过部分,准予在以后纳税年度结转扣除。烟草企业的烟草广告费和业务宣传费支出,一律不得在计算应纳税所得额时扣除。

因为广告费和业务招待费都是以营业收入为标准计算扣除限额的,如果将企业的销售部门设立成一个独立核算的销售公司,将企业产品销售给销售公司,再由销售公司实现对外销售,这样就增加了一次营业收入,提高了广告费和业务招待费的计算基数。

【例8-10】 甲公司某年度实现销售收入15 000万元,"管理费用"中列支业务招待费150万元,"销售费用"中列支广告费和业务宣传费3 000万元,税前会计利润2 000万元。企业所得税率25%。

$$150 \times 60\% = 90(万元)$$
$$15\ 000 \times 5‰ = 75(万元)$$

允许扣除的业务招待费为75万元

允许扣除的广告费和业务宣传费 =15 000×15%= 2 250(万元)

应纳税所得额 =2 000+(150-75)+(3 000-2 250)=2 825(万元)

应纳所得税 =2 825×25%=706.25 万元

税后净利润 =2 000-706.25=1 293.75(万元)

如果甲公司将销售部门分离出去,成立一个独立核算的销售公司乙。将产品以10 000万元卖给乙公司,乙公司再以15 000万元对外销售。业务招待费和广告费在甲公司和乙公司之间分配:业务招待费甲公司70万元,乙公司80万元;广告费和业务宣传费甲公司1 500万元,乙公司1 500万元。甲公司税前会计利润1 300万元,乙公司税前会计利润700万元。

甲公司应纳税额计算如下:

$$70 \times 60\% = 42(万元)$$
$$10\ 000 \times 5‰ = 50(万元)$$

允许扣除的业务招待费为42万元

允许扣除的广告费和业务宣传费 =10 000×15%= 1 500(万元)

应纳税所得额 =1 300+(70-42)=1 328(万元)

应纳所得税 =1 328×25%=332 万元

税后净利润 =1 300-332=968(万元)

乙公司应纳税额计算如下:

$$80 \times 60\% = 48(万元)$$
$$15\ 000 \times 5‰ = 75(万元)$$

允许扣除的业务招待费为48万元

允许扣除的广告费和业务宣传费 =15 000×15%= 2 250(万元)

应纳税所得额 =700+(80-48)=732(万元)

应纳所得税 =732×25%=183 万元

税后净利润 =700-183=517(万元)

甲乙公司合计应纳所得税515(332+183)万元,比销售公司没有分离出来以前少交所得税191.25(706.25-515)万元。主要是由于业务招待费多扣除了15万元(42+48-75),广告费多扣除了750万元。

设立独立核算的销售公司不但可以增加广告费和业务招待费的计提基数,有时还可以使公司享受小微企业的优惠政策,获得节税收益。还扩大整个企业集团的产品销售市场,当然也会因此增加一些管理成本。纳税人应根据企业规模的大小以及产品的具体特点,兼顾成本与效益原则,从长远利益考虑,决定是否设立独立核算的销售公司。

八、捐赠的税务筹划

《企业所得税法》第9条规定,企业发生的公益性捐赠支出,在年度利润总额12%以内的部分,准予在计算应纳税所得额时扣除,超过年度利润总额12%的部分,准予结转以后三年内在计算应纳税所得额时扣除。企业自行直接发生的捐赠以及非公益性捐赠不得在税前扣除。

公益性捐赠,是指企业通过公益性社会团体或者县级以上人民政府及其部门,用于《公益事业捐赠法》规定的公益事业的捐赠。这里的公益性社会团体,是指同时符合规定条件的基金会、慈善组织等社会团体。

这里的公益性社会团体,必须是同时符合下列条件的基金会、慈善组织等社会团体:
(1) 依法登记,具有法人资格。
(2) 以发展公益事业为宗旨,且不以营利为目的。
(3) 全部资产及其增值为法人所有。
(4) 收益和营运结余主要用于符合该法人设立目的的事业。
(5) 终止后的剩余财产不归属任何个人或者营利组织。
(6) 不经营与其设立目的无关的业务。
(7) 有健全的财务会计制度。
(8) 捐赠者不以任何形式参与社会团体财产的分配。
(9) 国务院财政、税务主管部门会同国务院民政部门等登记管理部门规定的其他条件。

【例8-11】甲企业某年实现会计利润1 200万元。当企业得知南方部分地区遭受罕见冰雪灾害时,决定捐赠200万元。无其他纳税调整项目。企业有两种捐赠方案可以选择:

(1) 通过公益性社会团体或者受灾地区县民政局进行捐赠。捐赠在年度利润总额12%以内的部分,准予在计算应纳税所得额时扣除。

$$捐赠的扣除限额 = 1\,200 \times 12\% = 144(万元)$$

企业捐赠的金额为200万元,而捐赠抵扣限额只有144万元,超出限额的56万元捐赠金额不得在当年计算所得额时扣除,需要相应调增所得额56万元。但可以结转以后三年内扣除。

$$应纳企业所得税 = (1\,200 + 56) \times 25\% = 314(万元)$$

(2) 通过受灾地区乡政府进行捐赠或通过企业主管行政部门进行捐赠。不符合企业所得税法规定的抵扣条件,所发生的捐赠不得扣除,需要相应调增所得额200万元。

$$应纳企业所得税额 = (1\,200 + 200) \times 25\% = 350(万元)$$

可见,选择的捐赠方式不同,同样金额的捐赠支出导致计算所得额时的抵扣额有很大差别,影响到企业的实际应纳所得税也有较大区别。

企业在发生公益性捐赠业务时,应该先预估一下会计利润额,尽量把捐赠额度控制在抵扣限额之内,或者把超出抵扣部分的捐赠安排在以后年度进行,以最大限度地享受抵扣应纳税所得额的优惠。

企业在对外捐赠时,可以选择捐钱或者捐物。按照增值税法的规定,单位或个体经营者将自产、委托加工或购买的货物无偿赠送他人,视同销售货物。如果企业捐赠的是货物,需要视同销售货物缴纳增值税。按照企业所得税法的规定,企业发生非货币性资产交换,以及将货物、财产、劳务用于捐赠、偿债、赞助、集资、广告、样品、职工福利或者利润分配等用途的,应当视同销售货物、转让财产或者提供劳务,但国务院财政、税务主管部门另有规定的除外。因此,企业还需视同销售缴纳企业所得税。

第三节　应纳税所得额的税务筹划

一、亏损弥补的税务筹划

按照税法规定,纳税人发生年度亏损的,可以在以后5年内逐年延续弥补。弥补亏损年限必须自亏损年度的下一年起不间断地连续计算,5年内不论是盈利或亏损,都作为实际弥补期限计算。连续发生亏损的,从第一个亏损年度起计算,先亏先补,按顺序连续计算亏损弥补期,而不能将每个亏损年度的连续弥补期相加,更不得断开计算。若超过5年弥补期仍未弥补完,则不能再用以后年度的应纳税所得额弥补,只能在税后弥补或用盈余公积金弥补。

高新技术企业和科技型中小企业亏损结转弥补年限延长到10年。

如果企业既有应税项目,又有免税项目,其应税项目发生亏损,或应税项目所得不足弥补以前年度亏损时,免税项目的所得不能用于弥补亏损,应税项目所得也不可以弥补减免税项目亏损。

在企业重组过程中,按照一般性税务处理的规定,被合并企业的亏损不得在合并企业结转弥补。如果企业合并符合特殊性税务处理的规定,即企业股东在企业合并发生时取得的股权支付金额不低于其交易支付总额的85%,以及同一控制下且不需要支付对价的企业合并,其合并具有合理的商业目的,不以减少、免除或者推迟缴纳税款为主要目的,企业合并后的连续12个月内不改变资产原来的实质性经营活动,企业合并中取得股权支付的原主要股东在合并后连续12个月内不转让所取得的股权的,

可由合并企业弥补的被合并企业亏损的限额=被合并企业净资产公允价值×截至合并业务发生当年年末国家发行的最长期限的国债利率

企业境外业务(同一国家)之间的盈亏可以互相弥补,但企业境外营业机构的亏损不得抵减其境内营业机构的利润。

企业在进行税前利润弥补亏损的税务筹划时,在条件允许的情况下,可以提前确认收入或延迟确认费用,例如将列入当期费用的项目予以资本化或将某些可控费用(如广告费、展销费等)延后支付。因为这时产生的利润如果属于前一年,可以弥补以前年度的亏损,这样企业就可以达到不纳税或少纳税的目的。

【例8-12】某企业某年度亏损4 000万元,假设该企业以后6年各纳税年度应纳税所得额见表8-9。企业所得税税率为25%。计算该企业应缴纳的企业所得税。

表8-9　各纳税年度应纳税所得额　　　　　　　　　　单位:万元

年份	亏损年度	第1年	第2年	第3年	第4年	第5年	第6年
应纳税所得额	-4 000	500	500	750	1 000	1 000	1 500

该企业亏损年度不用缴纳企业所得税。根据税法规定,4 000 万元的亏损可以用以后 5 年的利润弥补,共计 3 750 万元,所以第 1 年至第 5 年也不用缴纳企业所得税。第 6 年需要缴纳企业所得税,计算如下:

$$1\,500 \times 25\% = 375(万元)$$

如果企业能够在第 5 年进行税务筹划,将某些费用延后确认,或者提前确认某些收入,将第 5 年的应纳税所得额增加到 1 250 万元,第 6 年的应纳税所得额相应减少 250 万元,则该企业亏损年度和第 1 年到第 5 年仍然不用缴纳企业所得税。第 6 年需要缴纳企业所得税,计算如下:

$$1\,250 \times 25\% = 312.5(万元)$$

减少企业所得税应纳税额 62.5 万元。

【例 8-13】 甲公司准备吸收合并乙公司。相关资料如下:

(1) 合并日甲公司全部资产的公允价值为 25 000 万元,账面价值和计税成本均为 22 500 万元,全部负债的公允价值、账面价值和计税成本均为 15 000 万元,净资产的公允价值约为 10 000 万元。甲公司以前年度无亏损。

(2) 合并日乙公司全部资产的公允价值为 10 000 万元,账面价值和计税成本均为 9 000 万元,全部负债的公允价值、账面价值和计税成本均为 9 500 万元,净资产的公允价值约为 500 万元。乙公司前 3 年亏损分别为 100 万元、50 万元和 250 万元,共计 400 万元。

(3) 甲公司发行 90 万股股票(每股面值 1 元,市价 5 元)并支付 50 万元人民币吸收合并乙公司。合并后,乙公司不改变实质性经营活动,且乙公司原股东 12 个月内不转让合并过程中取得的新股权。

假设股票发行前后市价不变,最长期限的国债利率为 5%,企业所得税税率为 25%。

由于股权支付额 450 万元(90×5)超过交易支付总额 500 万元的 85%,经税务机关审核符合条件,可以适用特殊性税务处理规定。乙公司的亏损可由甲公司弥补。

$$亏损弥补限额 = 500 \times 5\% = 25(万元)$$

虽然乙公司亏损 400 万元都在补亏期,但由于乙公司净资产公允价值为 500 万元,当年可由甲公司弥补的亏损限额为 25 万元。显然,被并企业净资产越少,可弥补的亏损限额就越少,甚至为零。即使合并后的企业能够产生大量的应纳税所得额,也无法用于弥补亏损,一旦超过了补亏期限,被合并企业未弥补亏损的税收挡板作用就会被浪费掉。为充分而合理地利用被合并企业的亏损,可采用"债转股"的方式,即在合并前由被合并企业向其债权人申请债务重组,将其债权等值转化为股权,这样被合并企业可以在不产生重组收益的条件下实现净资产的增加,也可相应增加合并后企业的补亏限额。如果乙公司通过"债转股"的方式使其净资产的公允价值增加到 5 000 万元,则:

$$亏损弥补限额 = 5\,000 \times 5\% = 250(万元)$$

如果本例中采用由乙公司吸收合并甲公司的方式,仍然选择特殊性税务处理,那么乙公司 400 万元的亏损在合并后两个年度内,就可以全额在税前得到弥补。

二、技术转让的税务筹划

企业所得税法规定,一个纳税年度内,居民企业技术转让所得不超过 500 万元的部分,免征企业所得税;超过500万元的部分,减半征收企业所得税。

根据企业所得税法规定,享受减免企业所得税优惠的技术转让应符合以下条件:

(1) 享受优惠的技术转让主体是企业所得税法规定的居民企业。

(2) 技术转让属于财政部、国家税务总局规定的范围。

(3) 境内技术转让经省级以上科技部门认定。

(4) 向境外转让技术经省级以上商务部门认定。

(5) 国务院税务主管部门规定的其他条件。

技术转让是指居民企业转让专利技术、计算机软件著作权、集成电路布图设计权、植物新品种、生物医药新品种,以及财政部和国家税务总局确定的其他技术。其中:专利技术,是指法律授予独占权的发明、实用新型和非简单改变产品图案的外观设计。技术转让,是指居民企业转让其拥有符合上述范围规定技术的所有权或5年以上(含5年)全球独占许可使用权或全国范围内的非独占许可使用权的行为。

技术转让所得=技术转让收入-技术转让成本-相关税费。技术转让收入是指当事人履行技术转让合同后获得的价款,不包括销售或转让设备、仪器、零部件、原材料等非技术性收入。不属于与技术转让项目密不可分的技术咨询、技术服务、技术培训等收入,不得计入技术转让收入。技术转让成本是指转让的无形资产的净值,即该无形资产的计税基础减除在资产使用期间按照规定计算的摊销扣除额后的余额。相关税费是指技术转让过程中实际发生的有关税费,包括除企业所得税和允许抵扣的增值税以外的各项税金及其附加、合同签订费用、律师费等相关费用及其他支出。

享受技术转让所得减免企业所得税优惠的企业,应单独计算转让所得,并合理分摊企业的期间费用;没有单独计算的,不得享受技术转让企业所得税减免优惠。为了堵塞利用关联交易造成税款流失的漏洞,税法规定关联企业之间进行技术转让不享受此优惠。

居民企业要恰当利用技术转让所得的临界点进行税务筹划。

【例8-14】某国有股份公司(居民企业)转让技术,与受让方签订了3年的协议,共需收取2 400万元技术转让费,假设每年的技术转让成本及相关税费是当年收取的技术转让费的一半。请选择一种收取技术转让费的方案。

(1) 三年平均收取技术转让费。合计收取2 400万元,则平均每年收取技术转让费800万元。每年技术转让所得均在纳税免征额以下,三年均不发生企业所得税纳税义务。

(2) 第一年收技术转让费1 400万元,后续两年平均收技术转让费(每年500万元)。第一年收取1 400万元技术转让费,技术转让所得700万元,超出了免征额200万元,需要减半缴纳企业所得税;第二年、第三年免税。则三年应纳企业所得税税额为:

$$(700-500)\times 25\%\times 50\%+0+0=25(万元)$$

(3) 第一年收取200万元技术转让费,第二年收取400万元技术转让费,第三年收取1 800万元技术转让费。由上述税收优惠规定可知,第一年、第二年的技术转让所得免税。第三年收取1 800万元技术转让费,技术转让所得900万元,超出免征额400万元,需要减半缴纳企业所得税。则三年应纳企业所得税税额为:

$$0+0+(900-500)\times 25\%\times 50\%=50(万元)$$

各种收取转让费方案的比较如表8-10所示。

表 8-10　各种收取技术转让费方案的比较　　　　　　　　　　　　单位:万元

方案年度	技术转让所得			应纳所得税额			
	第一年	第二年	第三年	第一年	第二年	第三年	
1	400	400	400	0	0	0	0
2	700	250	250	25[①]	0	0	25
3	100	200	900	0	0	50[②]	50

注:① =(700-500)×25%×50%+0+0=25(万元)
　　② =0+0+(900-500)×25%×50%=50(万元)

在三个方案中,该公司 3 年内收取的技术转让费总额都是 2 400 万元,技术转让所得总额都是 1 200 万元,但由于方案(1)将每年实现的技术转让所得均衡地控制在免征额以下,所以每年的应纳企业所得税税额均为 0,取得了最大的减税效应。

三、创业投资的税务筹划

企业所得税法规定,企业从事国家需要重点扶持和鼓励的创业投资,可以按投资额的一定比例抵扣应纳税所得额。

创业投资企业采取股权投资方式投资于未上市的中小高新技术企业 2 年以上(含 2 年)、符合条件的,可以按照其投资额的 70% 在股权持有满 2 年的当年抵扣该创业投资企业的应纳税所得额;当年不足抵扣的,可在以后纳税年度逐年延续抵扣。

需要符合的主要条件有:

(1) 经营范围符合规定,且工商登记为"创业投资有限责任公司"、"创业投资股份有限公司"等专业性创业投资企业。在 2005 年 11 月 15 日《创业投资企业管理暂行办法》发布前完成工商登记的,可保留原有工商登记名称,但经营范围须符合《创业投资企业管理暂行办法》规定。

(2) 遵照规定的条件和程序完成备案程序,经备案管理部门核实,投资运作符合有关规定。

(3) 创业投资企业投资的中小高新技术企业职工人数不超过 500 人,年销售额不超过 2 亿元,资产总额不超过 2 亿元。

(4) 创业投资企业申请投资抵扣应纳税所得额时,所投资的中小高新技术企业当年用于高新技术及其产品研究开发经费须占本企业销售额的 5% 以上(含 5%),技术性收入与高新技术产品销售收入的合计须占本企业当年总收入的 60% 以上(含 60%)。

创业投资企业采取股权投资方式直接投资于种子期、初创期科技型企业(以下简称初创科技型企业)满 2 年(24 个月,下同)的,可以按照投资额的 70% 在股权持有满 2 年的当年抵扣该公司制创业投资企业的应纳税所得额;当年不足抵扣的,可以在以后纳税年度结转抵扣。

初创科技型企业应同时符合以下条件:

(1) 在中国境内(不包括港、澳、台地区)注册成立、实行查账征收的居民企业;

(2) 接受投资时,从业人数不超过 200 人,其中具有大学本科以上学历的从业人数不低于

30%,资产总额和年销售收入均不超过3 000万元;

(3) 接受投资时设立时间不超过5年(60个月);

(4) 接受投资时以及接受投资后2年内未在境内外证券交易所上市;

(5) 接受投资当年及下一纳税年度,研发费用总额占成本费用支出的比例不低于20%。

创业投资企业应同时符合以下条件:

(1) 在中国境内(不含港、澳、台地区)注册成立、实行查账征收的居民企业或合伙创投企业,且不属于被投资初创科技型企业的发起人;

(2) 符合《创业投资企业管理暂行办法》(发展改革委等10部门令第39号)规定或者《私募投资基金监督管理暂行办法》(证监会令第105号)关于创业投资基金的特别规定,按照上述规定完成备案且规范运作;

(3) 投资后2年内,创业投资企业及其关联方持有被投资初创科技型企业的股权比例合计应低于50%。

享受税收优惠政策的投资,仅限于通过向被投资初创科技型企业直接支付现金方式取得的股权投资,不包括受让其他股东的存量股权。

【例8-15】 宇环创业投资有限责任公司(以下简称宇环公司),当年拟用1 200万元选一家未上市的企业进行股权投资。备选的有甲、乙两家高新技术企业,情况如表8-10所示。

表8-11 甲、乙企业情况

企业情况	甲	乙
类别	未上市	上市公司
职工人数(人)	360	600
年销售额(亿元)	0.9	2.8
资产总额(亿元)	1.6	3.1

假定宇环公司在进行股权投资的第三年取得所得额800万元,第四年取得所得额1 100万元。

方案1 宇环公司以股权方式把1 200万元资金投资到甲企业2年以上(含2年)。由上表资料可知,甲企业符合中小型高新技术企业的认定条件。宇环公司如果将资金以股权方式投资到甲企业2年以上(含2年)的,可以按照其投资额的70%在股权持有满2年的当年抵扣该创业投资企业的应纳税所得额;当年不足抵扣的,可在以后纳税年度逐年延续抵扣。

宇环公司可以抵扣的投资额 =1 200×70%=840(万元)

第三年宇环公司应纳税所得额 =800-840=-40万元,不足抵扣。企业当年不缴纳企业所得税,且把尚未得到抵扣的40万元股权投资额从第四年实现的所得额中抵扣。

第四年宇环公司应纳所得税额 =(1 100-40)×25%=265(万元)

方案2 宇环公司以股权方式把1 200万元资金投资到乙企业2年以上(含2年),不得享受上述所得税优惠。

第三年至第四年宇环公司应纳所得税额 =(800+1 100)×25%=475(万元)

宇环公司以股权方式投资到中小型高新技术企业比投资到普通企业,实现节税210万元。

第四节 税率的税务筹划

一、小型微利企业的税务筹划

税法规定,对小型微利企业年应纳税所得额不超过100万元的部分,减按25%计入应纳税所得额,按20%的税率缴纳企业所得税;对年应纳税所得额超过100万元但不超过300万元的部分,减按50%计入应纳税所得额,按20%的税率缴纳企业所得税。企业所得税法中的小型微利企业,是指除从事国家非限制和禁止行业外,主要体现在一个是小型、一个是微利,还需符合三个标准,即资产总额、从业人数、税收指标。具体如下:① 年度应纳税所得额不超过300万元,② 从业人数不超过300人,③ 资产总额不超过5 000万元。从业人数,包括与企业建立劳动关系的职工人数和企业接受的劳务派遣用工人数。所称从业人数和资产总额指标,应按企业全年的季度平均值确定。具体计算公式如下:

$$季度平均值 = (季初值 + 季末值) \div 2$$

$$全年季度平均值 = 全年各季度平均值之和 \div 4$$

年度中间开业或者终止经营活动的,以其实际经营期作为一个纳税年度确定上述相关指标。

符合规定条件的小型微利企业,无论采取查账征收还是核定征收方式,均可享受小型微利企业所得税优惠政策。符合规定条件的小型微利企业,在季度预缴企业所得税时,可以自行享受小型微利企业所得税优惠政策,无须税务机关审核批准。

所得税税率的差异,给纳税人创造了充分的筹划空间,在纳税人预测到年所得额刚好超过级距界点时,可以事先进行筹划。

【例8-16】 某企业资产总额3 000万元,有职工160人。当年实现应纳税所得额为301万元。

$$应纳税额 = 301 \times 25\% = 75.25(万元)$$

如果该企业在当年12月前预测到这个结果,则可以进行如下筹划:

(1) 多发工资或绩效考核奖金1万元,降低应纳税所得额到300万元。

$$应纳税额 = 100 \times 25\% \times 20\% + (300-100) \times 50\% \times 20\% = 25(万元)$$

需要注意的是,上述工资奖金的安排一定要合理,发放额度合理,发放程序规范,并及时代扣代缴个人所得税,否则会有税收风险。

(2) 开展促销活动,降低商品或服务价格,或者给客户适当的折扣、折让,从而减少所得额到300万元。

(3) 正确适用固定资产加速折旧政策。企业所得税法规定,企业持有的固定资产,单位价值不超过5 000元的,可以一次性在计算应纳税所得额时扣除。企业可检查是否有单价低于5 000元的固定资产,可以享受加速折旧政策而未享受的,或者新购置符合条件的固定资产。让应纳税所得额减少到300万元以下,从而享受小型微利企业的优惠政策。

(4) 合理安排公益性捐赠1万元,减少应纳税所得额到300万元。

二、高新技术企业的税务筹划

为了继续保持高新技术企业税收优惠政策的稳定性和连续性,促进高新技术企业加快技术创新和科技进步的步伐,企业所得税法规定,对于国家需要重点扶持的高新技术企业,减按15%的税率征收企业所得税,不再作地域限制,在全国范围都适用。

这里的国家需要重点扶持的高新技术企业,是指在《国家重点支持的高新技术领域》内,持续进行研究开发与技术成果转化,形成企业核心自主知识产权,并以此为基础开展经营活动,在中国境内(不包括港、澳、台地区)注册的居民企业,并同时符合下列条件:

(1) 企业申请认定时须注册成立一年以上。

(2) 企业通过自主研发、受让、受赠、并购等方式,获得对其主要产品(服务)在技术上发挥核心支持作用的知识产权的所有权。

(3) 对企业主要产品(服务)发挥核心支持作用的技术属于《国家重点支持的高新技术领域》规定的范围。

(4) 企业从事研发和相关技术创新活动的科技人员占企业当年职工总数的比例不低于10%。

(5) 企业近三个会计年度(实际经营期不满三年的按实际经营时间计算,下同)的研发开发费用总额占同期销售收入总额的比例符合如下要求:① 最近一年销售收入小于5 000万元(含)的企业,比例不低于5%;② 最近一年销售收入在5 000万元至2亿元(含)的企业,比例不低于4%;③ 最近一年销售收入在2亿元以上的企业,比例不低于3%。其中,企业在中国境内发生的研究开发费用总额占全部研究开发费用总额的比例不低于60%。

(6) 最近一年高新技术产品(服务)收入占企业同期总收入的比例不低于60%。

(7) 企业创新能力评价应达到相应要求。

(8) 企业申请认定前一年内未发生重大安全、重大质量事故或严重环境违法行为。

《国家重点支持的高新技术领域》和高新技术企业认定管理办法由国务院科技、财政、税务主管部门同国务院有关部门制定,报国务院批准后公布施行。

【例8-17】 某企业5月经工商管理机关登记注册,并于当年实现所得额320万元。

(1) 如果该企业符合高新技术企业认定条件,可以享受按照15%税率缴纳所得税的优惠。

$$应纳税额 = 320 \times 15\% = 48(万元)$$

(2) 假如企业不符合高新技术企业的认定条件,就只能作为普通企业按照25%的税率缴纳企业所得税。

$$应纳税额 = 320 \times 25\% = 80(万元)$$

从以上两个方案看,企业投资于高新技术领域并被认定为高新技术企业的,比作为普通企业会取得更好的税务筹划效果。但是国家对高新技术企业的认定条件、认定标准及程序非常严格,特别是科技人员占企业当年职工总数的比例、研发开发费用总额占同期销售收入总额的比例、高新技术产品(服务)收入占企业同期总收入的比例等一些关键指标。因此,企业为了符合高新技术企业的认定条件,也可以将部分业务和人员分离出来成立单独的企业。

三、投资地区选择的税务筹划

国家税收政策在不同区域内有不同的优惠规定,企业在选择投资地区时,可根据税法对不同区域的所得税优惠政策,在投资决策前找出几个可能投资的区域并拟出相应的投资方案,计算各方案的成本、收益及税负水平,选择既能减轻税负又能获得最大经济效益的区域投资。

企业所得税法是以区域性的税收优惠作为补充,主要倾向于给予西部地区和少数民族地区等区域优惠。

《财政部 海关总署 国家税务总局关于深入实施西部大开发战略有关税收政策问题的通知》(财税[2011]58号)和《国家税务总局关于深入实施西部大开发战略有关企业所得税问题的公告》(国家税务总局公告2012年第12号)明确了西部大开发税收优惠政策:自2011年1月1日至2020年12月31日,对设在西部地区的以《西部地区鼓励类产业目录》中规定的产业项目为主营业务,且其主营业务收入占企业收入总额70%以上的企业减按15%的税率征收企业所得税。对西部地区2010年12月31日前新办的、根据《财政部 国家税务总局 海关总署关于西部大开发税收优惠政策问题的通知》(财税[2001]202号)规定可以享受企业所得税"两免三减半"优惠的交通、电力、水利、邮政、广播电视企业,其享受的企业所得税"两免三减半"优惠可以继续享受到期满为止。

总机构设在西部大开发税收优惠地区的企业,仅就设在优惠地区的总机构和分支机构(不含优惠地区外设立的二级分支机构在优惠地区内设立的三级以下分支机构)的所得确定适用15%优惠税率。在确定该企业是否符合优惠条件时,以该企业设在优惠地区的总机构和分支机构的主营业务是否符合《西部地区鼓励类产业目录》及其主营业务收入占其收入总额的比重加以确定,不考虑该企业设在优惠地区以外分支机构的因素。总机构设在西部大开发税收优惠地区外的企业,其在优惠地区内设立的分支机构(不含仅在优惠地区内设立的三级以下分支机构),仅就该分支机构所得确定适用15%优惠税率。在确定该分支机构是否符合优惠条件时,仅以该分支机构的主营业务是否符合《西部地区鼓励类产业目录》及其主营业务收入占其收入总额的比重加以确定。

依照《中华人民共和国民族区域自治法》的规定,实行民族区域自治的自治区、自治州、自治县对本民族自治地方的企业应缴纳的企业所得税中属于地方分享的部分,可以决定减征或者免征。自治州、自治县决定减征或者免征的,须报省、自治区、直辖市人民政府批准。对民族自治地方内国家限制和禁止行业的企业,不得减征或者免征企业所得税。

第五节 应纳税额的税务筹划

一、投资产业方向的税务筹划

企业所得税法规定,国家对重点扶持和鼓励发展的产业和项目,给予减免企业所得税优惠。企业从事农、林、牧、渔业项目的所得,从事国家重点扶持的公共基础设施项目投资经营的所得,从事符合条件的环境保护、节能节水项目的所得等,可以免征、减征企业所得税。企业可以充分利用这些税收优惠,进行税务筹划。

1. 运用投资于农、林、牧、渔项目进行税务筹划

企业所得税法规定,企业从事下列项目的所得,免征企业所得税:① 蔬菜、谷物、薯类、

油料、豆类、棉花、麻类、糖料、水果、坚果的种植;② 农作物新品种的选育;③ 中药材的种植;④ 林木的培育和种植;⑤ 牲畜、家禽的饲养;⑥ 林产品的采集;⑦ 灌溉、农产品初加工、兽医、农技推广、农机作业和维修等农、林、牧、渔服务业项目;⑧ 远洋捕捞。

企业从事下列项目的所得,减半征收企业所得税:① 花卉、茶以及其他饮料作物和香料作物的种植;② 海水养殖、内陆养殖。

2. 运用投资于公共基础设施项目进行税务筹划

企业所得税法规定,企业从事国家重点扶持的公共基础设施项目的投资经营的所得,自项目取得第一笔生产经营收入所属纳税年度起,第一年至第三年免征企业所得税,第四年至第六年减半征收企业所得税。这里的公共基础设施是指符合规定的港口码头、机场、铁路、公路、城市公共交通、电力、水利等项目。

3. 运用投资于环境保护、节能节水项目进行税务筹划

企业所得税法规定,企业从事符合条件的环境保护、节能节水项目的所得,自项目取得第一笔生产经营收入所属纳税年度起,第一年至第三年免征企业所得税,第四年至第六年减半征收企业所得税。这里的环境保护、节能节水项目,包括公共污水处理、公共垃圾处理、沼气综合开发利用、节能减排技术改造、海水淡化等。

4. 运用投资新兴产业进行税务筹划

依据《财政部 国家税务总局关于进一步鼓励软件产业和集成电路产业发展企业所得税政策的通知》(财税[2012]27号)、《财政部 国家税务总局 发展改革委 工业和信息化部关于进一步鼓励集成电路产业发展企业所得税政策的通知》(财税[2015]6号)、《财政部 国家税务总局 发展改革委 工业和信息化部关于软件和集成电路产业企业所得税优惠政策有关问题的通知》(财税[2016]49号)规定,新办的集成电路线宽小于0.25微米或投资额超过80亿元的集成电路生产企业,减按15%的税率征收企业所得税,其中经营期在15年以上的,在2017年12月31日前自获利年度起计算优惠期,第一年至第五年免征企业所得税,第六年至第十年按照25%的法定税率减半征收企业所得税,并享受至期满为止。新办的集成电路设计企业和符合条件的软件企业,以及集成电路线宽小于0.8微米(含)的集成电路生产企业,在2017年12月31日前自获利年度起计算优惠期,第一年和第二年免征企业所得税,第三年至第五年按照25%的法定税率减半征收企业所得税,并享受到期满为止。国家规划布局内的重点软件生产企业和集成电路设计企业,如当年未享受免税优惠的,可减按10%的税率征收企业所得税。符合条件的集成电路封装、测试企业以及集成电路关键专用材料生产企业、集成电路专用设备生产企业,在2017年(含2017年)前实现获利的,自获利年度起,第一年至第二年免征企业所得税,第三年至第五年按照25%的法定税率减半征收企业所得税,并享受至期满为止;2017年前未实现获利的,自2017年起计算优惠期,享受至期满为止。

【例8-18】甲公司是一家以养鸡业、养猪业为主导、兼营食品加工的大型企业集团,全年应纳税所得额1 000万元。甲公司有两种经营模式可供选择:

(1) 由养户提供场地,负责饲养,甲公司提供猪(鸡)苗、饲料、药物和技术指导,肉猪(鸡)由公司包销,销售所得扣除公司提供的猪(鸡)苗、饲料、药物等成本后剩余部分(毛利)归农户所有。

在这种经营模式下,甲公司的经营业务属于农、林、牧、渔业项目中牲畜、家禽的饲养,可

以享受企业所得税的免税优惠政策,不用交企业所得税。

(2) 由养户自行饲养,甲公司收购后直接出售。

在这种经营模式下,甲公司的经营业务不属于农、林、牧、渔业项目中牲畜、家禽的饲养,无法享受企业所得税的免税优惠政策。

$$应交企业所得税 = 1\,000 \times 25\% = 250(万元)$$

二、专用设备投资的税务筹划

为鼓励企业加大投资力度,支持企业技术改造,促进产业结构优化调整,体现节能减排、环保、安全生产的立法精神,企业所得税法规定,企业购置用于环境保护、节能节水、安全生产等专用设备的投资额,可以按一定比例实行税额抵免。

企业所得税法所称税额抵免,是指自2008年1月1日起企业购置并实际使用《环境保护专用设备企业所得税优惠目录》《节能节水专用设备企业所得税优惠目录》和《安全生产专用设备企业所得税优惠目录》规定的环境保护、节能节水、安全生产等专用设备的,该专用设备的投资额的10%可以从企业当年的应纳税额中抵免;当年不足抵免的,可以在以后5个纳税年度结转抵免。

【例8-19】 某公司为扩大生产规模,当年决定购买设备生产节能新产品,投资额1 400万元。公司预计以后年度的所得额如表8-12所示。该企业如何在购买设备上进行税务筹划?

表8-12 公司预计实现所得额情况

年份	当年	第二年	第三年
年所得额(万元)	180	260	480

(1) 公司选择购买节能专用设备,企业允许抵免的专用设备投资额1 400万元的10%,共140万元。

$$当年应纳企业所得税 = 180 \times 25\% - 45 = 0(万元)$$

当年能够得到抵免的专用设备投资额是45万元,当年实际缴纳企业所得税为零。

$$第二年应纳企业所得税 = 260 \times 25\% - 65 = 0(万元)$$

第二年能够得到抵免的专用设备投资额是65万元,第二年实际缴纳企业所得税为零。

$$第三年应纳企业所得税 = 480 \times 25\% - (140 - 45 - 65) = 90(万元)$$

第三年能够将剩余允许抵免的专用设备投资额的30万元进行抵免。第三年实际缴纳企业所得税税额为90万元。

综上所述,在公司选择购买节能专用设备、抵免10%设备投资额的情况下,该企业三年实际缴纳企业所得税额是90万元。

(2) 公司选择购买普通设备。

$$三年应纳企业所得税合计 = (180 + 260 + 480) \times 25\% = 230(万元)$$

三年缴纳企业所得税税额230万元,比购置节能专用设备多缴纳的企业所得税为140万元。

可见,由于恰当地选择了购置节能专用设备,该公司在购买设备的三年内少缴企业所得税140万元。

筹划时要注意的是，必须是购置符合抵免所得税的环境保护、节能节水和安全生产规定的专用设备，才能从实际缴纳税额中抵免。该设备必须是企业实际购置并自身实际投入使用的；企业购置并实际投入使用、已开始享受税收优惠的专用设备，如从购置之日起5个纳税年度内转让、出租的，应在该专用设备停止使用当月停止享受企业所得税优惠，并补缴已经抵免的企业所得税税款。转让的受让方可以按照该专用设备投资额的10%抵免当年企业所得税应纳税额；当年应纳税额不足抵免的，可以在以后5个纳税年度内结转抵免。

三、境外所得抵免的税务筹划

境外所得已纳税额的抵免，是指国家对企业来自境外所得依法缴纳企业所得税时，允许企业将其已在境外缴纳的所得税税额从其应向本国缴纳的所得税税额中抵免。税额抵免是避免国际上对同一所得重复征税的一项重要措施，它能保证对同一笔所得只征一次税；能比较彻底地消除国际上的重复征税，平衡境外投资所得与境内投资所得的税负，有利于国际投资，有利于维护各国的税收管辖权和经济利益。

税额抵免有全额抵免与限额抵免，我国税法实行限额抵免。我国企业所得税税法规定，纳税人来源于中国境外的所得，已在境外缴纳的所得税税额，准予在汇总纳税时，从其应纳税额中抵免，但是抵免额不得超过其境外所得依照中国税法规定计算的应纳税额，其超过部分不得在本年度的应纳税额中扣除，可用以后年度税额扣除的余额补扣，补扣期限最长不得超过5年。

税法规定，可抵免的境外所得税税额，是指企业来源于中国境外的所得依照中国境外税收法律以及相关规定应当缴纳并已实际缴纳的企业所得税性质的税款。但不包括：

(1) 按照境外所得税收法律及相关规定属于错缴或错征的境外所得税税款。

(2) 按照税收协定规定不应征收的境外所得税税款。

(3) 因少缴或迟缴境外所得税而追加的利息、滞纳金或罚款。

(4) 境外所得税纳税人或者其利害关系人从境外征税主体得到实际返还或补偿的境外所得税税款。

(5) 按照我国企业所得税法及其实施条例规定，已经免征我国企业所得税的境外所得负担的境外所得税税款。

(6) 按照国务院财政、税务主管部门有关规定已经从企业境外应纳税所得额中扣除的境外所得税税款。

对纳税人境外投资、经营活动按所在国(地区)税法规定或者政府规定获得的减免所得税，按以下办法处理：

(1) 纳税人在已与中国缔结避免双重征税协定的国家，按所在国(地区)税法规定及政府规定获得的所得税减免税额，由纳税人提供有关证明，经税务机关审核后视同已经缴纳所得税进行抵免。

(2) 对外经济合作企业承揽中国政府援外项目、当地国家(地区)的政府项目、世界银行等世界性经济组织的援建项目和中国政府驻外使、领馆项目，获当地国家(地区)政府减免所得税的，由纳税人提供有关证明，经税务机关审核后，视同已经缴纳所得税进行抵免。

汇总纳税时,纳税人可选以下一种方法抵免,一经确定不得任意更改。

1. 分国不分项抵免

企业能提供境外完税凭证的,可以采取分国不分项抵免。纳税人在境外取得的所得,应分国计算抵免限额,境外所得税低于抵免限额的,按实际扣除;超过税款抵免限额的,按限额扣除。纳税人应提供所在国税务机关核发的纳税凭证或纳税证明、减免税证明,如实申报其在境外缴纳的所得税税款。

2. 定率抵免

为便于计算和缴纳,经企业申请,税务机关批准,企业也可以不区分免税或非免税项目,统一按境外应纳税所得额的 12.5% 的比率缴纳。

税法规定,属于下列情形的,经企业申请,主管税务机关核准,可以采取简易办法对境外所得已纳税额计算抵免:企业从境外取得营业利润所得以及符合境外税额间接抵免条件的股息所得,虽有所得来源国(地区)政府机关核发的具有纳税性质的凭证或证明,但因客观原因无法真实、准确地确认应当缴纳并已经实际缴纳的境外所得税税额的,除就该所得直接缴纳及间接负担的税额在所得来源国(地区)的实际有效税率低于我国企业所得税法规定税率 50% 以上的外,经企业申请,主管税务机关核准,可以采取简易办法,按境外应纳税所得额的 12.5% 作为抵免限额。企业按该国(地区)税务机关或政府机关核发具有纳税性质凭证或证明的金额,其不超过抵免限额的部分,准予抵免;超过的部分不得抵免。

这些规定为纳税人进行税务筹划提供了空间,纳税人可以根据被投资国所得税税率的高低,选择适当的境外已纳税款的抵扣方法。

【例 8-20】 某企业某年度境内应纳税所得额 150 万元,所得税税率 25%;其在 A、B 两国设有分支结构,在 A 国机构的所得额 60 万元,所得税税率为 20%;在 B 国机构的所得额 50 万元,所得税税率 30%。在 A、B 两国已分别缴纳所得税 12 万元、15 万元。企业境外所得已纳税款选择哪种抵免方式对自己有利?

(1) 限额抵免法。

境内外所得按我国税法计算的应纳税额 =(150+60+50)×25%=65(万元)

A 国抵免限额 =(150+60)×25%×[60÷(150+60)]=15(万元)

B 国抵免限额 =(150+50)×25%×[50÷(150+50)]=12.5(万元)

在 A 国纳所得税 12 万元,低于抵免限额,可全额抵免;在 B 国纳所得税 15 万元,高于抵免限额,按限额抵免。

企业当年境内外所得应纳所得税额 =65−12−12.5=40.5(万元)

(2) 定率抵免法。

抵免额 =(60+50)×12.5%=13.75(万元)

应纳所得税税额 =65−13.75=51.25(万元)

采用限额抵免法比采用定率抵免法节省税收 10.75 万元。

关键词

收入　　税前扣除项目　　应纳税所得额　　税率　　应纳税额

小结

企业所得税可以通过税基、税率或税额进行税务筹划。针对税基的税务筹划方法可以通过合理压缩收入总额、加大扣除项目、利用亏损弥补等来尽可能缩小所得额;针对税率的税务筹划方法是使企业满足小型微利企业、高新技术企业等条件,享受优惠税率;针对税额的税务筹划方法包括利用优惠政策享受税额减免和境外所得已纳税额抵免的税务筹划。

即测即评

请扫描右侧的二维码,进行即测即评。

案例分析

案例 8-1

某企业有一台大型设备,原值 200 万元,预计残值率 5%,折旧年限为 5 年,每一年度扣除折旧前的应纳税所得额均为 800 万元,假设折现率 10%。

分析要求:

(1) 哪种固定资产折旧方法对企业最为有利?

(2) 如果该企业存在尚有一年就到期的税前未弥补亏损 100 万元,哪种固定资产折旧方法对企业最为有利?

案例 8-2

某公司某年度实现销售收入 35 000 万元,"管理费用"中列支业务招待费 350 万元,"销售费用"中列支广告费和业务宣传费 7 000 万元,税前会计利润 4 000 万元。如果该公司将销售部门分离出去,成立一个独立核算的销售公司。该公司将产品以 30 000 万元卖给乙公司,销售公司再以 35 000 万元对外销售。企业所得税率 25%。

分析要求:企业将销售公司独立的做法是否可以少交企业所得税?

案例 8-3

某企业每年年实现会计利润 1 000 万元,企业所得税率 25%。当企业得知西部遭受自然灾害时,决定捐赠 200 万元。

分析要求:企业应该如何利用捐赠进行税务筹划,以减轻纳税负担?

案例 8-4

某居民企业转让技术,与受让方签订了 3 年的协议,共需收取 2 100 万元技术转让费,假设每年的技术转让成本及相关税费是当年收取的技术转让费的 40%。有以下三种收取技术转让费的方案:

(1) 三年平均收取技术转让费。

(2) 第一年收技术转让费 1 100 万元,后续两年平均收技术转让费(每年 500 万元)。

(3) 第一年收取 100 万元技术转让费,第二年收取 100 万元技术转让费,第三年收取 1 900

万元技术转让费。

分析要求:哪种收取技术转让费的方法对企业最为有利?

案例 8-5

某企业某年度境内应纳税所得额 1 000 万元,所得税税率 25%;该企业在 A、B 两国设有分支结构,在 A 国分支机构的应纳税所得额 300 万元,所得税税率为 20%;在 B 国分支机构的应纳税所得额 200 万元,所得税税率 30%。在 A、B 两国已分别缴纳所得税 60 万元。

分析要求:企业境外所得已纳税款选择哪种抵免方式对自己有利?

复习思考题

1. 如何对收入总额进行税务筹划?
2. 如何对税前扣除项目进行税务筹划?
3. 如何利用缩小应纳税所得额进行税务筹划?
4. 如何对适用税率进行税务筹划?
5. 如何利用购买专用设备进行税务筹划?
6. 如何对境外所得已纳税额的抵免进行税务筹划?

第九章　个人所得税的税务筹划

我国《中华人民共和国个人所得税法》(以下简称《个人所得税法》)由第 13 届全国人民代表大会常务委员会第 5 次会议于 2018 年 8 月 31 日通过,自 2019 年 1 月 1 日起施行。个人所得税法要求,对在中国境内有住所或者无住所而在境内居住满一年的个人,从中国境内和境外取得的所得,依法缴纳个人所得税;在中国境内无住所又不居住或者无住所而在境内居住不满一年的个人,从中国境内取得的所得,依法缴纳个人所得税。所以我国个人所得税的纳税义务人包括:① 中国公民、个体工商户、个人独资企业和合伙企业;② 外籍人员、华侨;③ 中国香港、澳门、台湾地区的同胞。

个人所得税法规定,下列各项个人所得,应当缴纳个人所得税:

(1) 工资、薪金所得;
(2) 劳务报酬所得;
(3) 稿酬所得;
(4) 特许权使用费所得;
(5) 经营所得;
(6) 利息、股息、红利所得;
(7) 财产租赁所得;
(8) 财产转让所得;
(9) 偶然所得。

居民个人取得第一项至第四项所得(以下称综合所得),按纳税年度合并计算个人所得税;非居民个人取得第一项至第四项所得,按月或者按次分项计算个人所得税。

在个人取得各项收入的过程中,可以利用收入形式转化、纳税人身份变化等政策,进行充分的税前扣除,尽量减小应纳税所得额,以减轻纳税人税收负担,使纳税人获得更大的经济效益。

第一节　综合所得的税务筹划

个人所得税法规定,居民个人的综合所得,以每一纳税年度的收入额减除费用六万元以及专项扣除、专项附加扣除和依法确定的其他扣除后的余额,为应纳税所得额。非居民个人的工资、薪金所得,以每月收入额减除费用五千元后的余额为应纳税所得额;劳务报酬所得、稿酬所得、特许权使用费所得,以每次收入额为应纳税所得额。综合所得适用 3%~45% 的超额累进税率。

一、工资薪金所得的税务筹划

个人所得税的工资、薪金所得,是指个人因任职或者受雇取得的工资、薪金、奖金、年终加薪、劳动分红、津贴、补贴以及与任职或者受雇有关的其他所得。

根据财税【2018】164号《关于个人所得税法修改后有关优惠政策衔接问题的通知》规定,下列几项所得,在2021年12月31日前,不并入当年综合所得,单独计算纳税。具体包括:

(1)居民个人取得全年一次性奖金,中央企业负责人取得年度绩效薪金延期兑现收入和任期奖励,可以不并入当年综合所得,以全年一次性奖金收入除以12个月得到的数额,确定适用税率和速算扣除数,单独计算纳税。计算公式为:

应纳税额 = 全年一次性奖金收入 × 适用税率 − 速算扣除数

居民个人取得全年一次性奖金,也可以选择并入当年综合所得计算纳税。

(2)居民个人取得股票期权、股票增值权、限制性股票、股权奖励等股权激励(以下简称股权激励),不并入当年综合所得,全额单独适用综合所得税率表,计算纳税。计算公式为:

应纳税额 = 股权激励收入 × 适用税率 − 速算扣除数

居民个人一个纳税年度内取得两次以上(含两次)股权激励的,应合并计算纳税。

(3)个人达到国家规定的退休年龄,领取的企业年金、职业年金,不并入综合所得,全额单独计算应纳税款。其中按月领取的,适用月度税率表计算纳税;按季领取的,平均分摊计入各月,按每月领取额适用月度税率表计算纳税;按年领取的,适用综合所得税率表计算纳税。个人因出境定居而一次性领取的年金个人账户资金,或个人死亡后,其指定的受益人或法定继承人一次性领取的年金个人账户余额,适用综合所得税率表计算纳税。对个人除上述特殊原因外一次性领取年金个人账户资金或余额的,适用月度税率表计算纳税。

(4)个人与用人单位解除劳动关系取得一次性补偿收入(包括用人单位发放的经济补偿金、生活补助费和其他补助费),在当地上年职工平均工资3倍数额以内的部分,免征个人所得税;超过3倍数额的部分,不并入当年综合所得,单独适用综合所得税率表,计算纳税。

(5)个人办理提前退休手续而取得的一次性补贴收入,应按照办理提前退休手续至法定离退休年龄之间实际年度数平均分摊,确定适用税率和速算扣除数,单独适用综合所得税率表,计算纳税。计算公式:

应纳税额 ={[(一次性补贴收入 ÷ 办理提前退休手续至法定退休年龄的实际年度数)
− 费用扣除标准]× 适用税率 − 速算扣除数}×
办理提前退休手续至法定退休年龄的实际年度数

(6)单位按低于购置或建造成本价格出售住房给职工,职工因此而少支出的差价部分,不并入当年综合所得,以差价收入除以12个月得到的数额,按照月度税率表确定适用税率和速算扣除数,单独计算纳税。计算公式为:

应纳税额 = 职工实际支付的购房价款低于该房屋的购置或建造成本价格的差额 ×
适用税率 − 速算扣除数

(一)全年一次性奖金的合理发放

全年一次性奖金是指行政机关、企事业单位等扣缴义务人根据其全年经济效益和对雇员全年工作业绩的综合考核情况,向雇员发放的一次性奖金。包括年终加薪、实行年薪制和绩效工资办法的单位根据考核情况兑现的年薪和绩效工资。由于个人所得税法规定了3年的优惠过渡期,即,自2019年1月1日起到2021年12月31日,居民个人取得全年一次性奖金可以自行选择以下两种方式计算个税:不并入当年综合所得,单独计算纳税;并入当年综合所得,一起计算纳税。

如果居民个人收入较低,将全年一次性奖金并入当年工资薪金所得,扣除基本减除费用、专项扣除、专项附加扣除等后,可能根本无需缴税或者缴纳很少税款,将全年一次性奖金采取单独计税方式,反而会产生应纳税款或者增加税负,所以合并计税比较好。如果居民个人收入较高,结论可能恰恰相反。企业可以据此进行相应的税务筹划。

【例9-1】 公司职工王某和张某,有关情况如表9-1所示。

表9-1 工资和奖金情况表　　　　　　　　　　　　单位:元

姓名	年龄	每月工资	每月基本减除费用	每月专项扣除费用	每月专项附加扣除费用	全年一次性奖金
王某	28岁	5 000	5 000	1 500	首套住房贷款利息1 000	36 000
张某	40岁	15 000	5 000	4 500	子女教育支出1 000 赡养老人支出1 000	36 000

王某应纳个人所得税计算如下:

如果采取方式一,即将全年一次性奖金不并入当年综合所得,单独计算纳税。

36 000÷12=3 000元,适用税率为3%,

王某全年一次性奖金应纳个人所得税 =36 000×3%=1 080(元)

5 000×12−5 000×12−1 500×12−1 000×12=−30 000(元)

计算结果为负数,王某全年工资薪金应纳个人所得税为0。

两项相加,王某全年应缴纳个人所得税1 080元。

如果采取方式二,即将全年一次性奖金并入当年综合所得,一起计算纳税。

王某全年工资薪金个人所得税应纳税所得额 =5 000×12+36 000−5 000×12−1 500×12−
1 000×12=6 000(元)

王某应纳个人所得税 =6 000×3%=180(元)

因此王某选择方式二缴税,可少交900元(1 080−180)的个人所得税。

张某应纳个人所得税计算如下:

如果采取方式一,即将全年一次性奖金不并入当年综合所得,单独计算纳税。

36 000÷12=3 000元,适用税率为3%,

张某全年一次性奖金应纳个人所得税 =36 000×3%=1 080(元)

张某全年工资薪金个人所得税应纳税所得额 =15 000×12−5 000×12−4 500×12−
2 000×12=42 000(元)

张某全年工资薪金应纳个人所得税 =42 000×10%−2 520=1 680(元)

两项相加,张某全年应缴纳个人所得税2 760元。

如果采取方式二,即将全年一次性奖金并入当年综合所得,一起计算纳税。

张某全年工资薪金个人所得税应纳税所得额 =15 000×12+36 000−5 000×12−
4 500×12−2 000×12=78 000(元)

张某应纳个人所得税 =78 000×10%−2 520=5 280(元)

因此张某选择方式一缴税,可少交 2 520 元(5 280-2 760)的个人所得税。

通过以上分析可见,职工收入不同,每月工资薪金和全年一次性奖金的分配不同,适用的税率就会存在不同,需要承担的税收也就不同,因此需要财务人员对职工的每月工资和全年一次性奖金进行统筹考虑。另外,由于全年一次性奖金特殊的计税方法,可能会出现职工"多发少得"的情况,即全年一次性奖金计税临界点的现象。企业应充分考虑这个问题,合理发放职工的工资和奖金。

【例 9-2】 某公司职工李先生,假设他的全年一次性奖金采取不并入当年综合所得,单独计算纳税的方式。比较全年一次性奖金分别为 36 000 元和 38 000 元时他的实际所得。

当他的全年一次性奖金为 36 000 元时,

36 000÷12=3 000 元,适用税率为 3%,

李先生全年一次性奖金应纳个人所得税 =36 000×3%=1 080(元)

李先生实际所得 =36 000-1 080=34 920(元)

当他的全年一次性奖金为 38 000 元时,

38 000÷12=3 166.67 元,适用税率为 10%,速算扣除数为 210,

李先生全年一次性奖金应纳个人所得税 =38 000×10%-210=3 590(元)

李先生实际所得 =38 000-3 590=34 410(元)

年终奖为 36 000 元时,税后实际所得是 34 920 元;年终奖为 38 000 元时,税后实际所得是 34 410 元。虽然税前年终奖 38 000 元高于 36 000 元,但税后实际所得却减少 510 元。

假设全年一次性奖金为 X 时税后实际所得等于 34 920 元,即和奖金为 36 000 元时的税后实际所得相等,

X-(X×10%-210)=34 920,则 X=38 566.67。

因此临界点为 38 566.67 元。也就是说,只有全年一次性奖金为 36 000 元和 38 566.67 元时,税后实际所得一样多,在此区间的其他全年一次性奖金税后实际所得都少于 34 920 元,企业发放全年一次性奖金时,最好避开此区间。按照这个思路,可以计算出如下全年一次性奖金的临界点,如表 9-2 所示。

表 9-2 全年一次性奖金临界点 单位:元

级数	月度应纳税所得额	税率(%)	速算扣除数	临界点金额	税收无差别点金额	避免发放金额
1	不超过 3 000 元的	3	0	36 000		
2	超过 3 000 元至 12 000 元的部分	10	210	144 000	38 566.67	36 000-38 566.67
3	超过 12 000 元至 25 000 元的部分	20	1 410	300 000	160 500	144 000-160 500
4	超过 25 000 元至 35 000 元的部分	25	2 660	420 000	318 333.33	300 000-318 333.33
5	超过 35 000 元至 55 000 元的部分	30	4 410	660 000	447 500	420 000-447 500
6	超过 55 000 元至 80 000 元的部分	35	7 160	960 000	706 538.46	660 000-706 538.46
7	超过 80 000 元的部分	45	15 160		1 120 000	960 000-1 120 000

(二) 名义工资与福利待遇的合理安排

工资薪金所得适用超额累进税率,也就是说,随着工资薪金的增长,新增工资薪金带给职工个人的税后实际所得会逐步减少。如果企业能够减少名义工资,通过增加职工的福利待遇,既可以保证职工的实际工资水平不会降低,又可以使职工少缴个人所得税。企业可以将职工个人用税后收入负担的支出改由企业提供福利,例如:

(1) 为职工创造居住条件。企业可以将住房以较低的价格出租给职工,或者企业直接负担租金,并根据职工的要求配备家具,还可以为职工免费提供后勤服务,如免收物业费、清洁费、网络使用费、停车费等。

(2) 为职工提供交通服务。企业可以通过提供免费的班车接送服务,或者将单位的车租给职工使用,或者为职工报销交通费等方式解决职工的上下班交通问题。

(3) 为职工提供工作所需的设备和用品。有些企业职工所进行的工作,需要大量的办公设施及用品。例如在家上班的广告设计人员所需的计算机,或电影工作者的摄影机等。相比由职工自行购买、企业提高工资的方式,由企业直接提供既可以满足职工工作需要,还能增加企业税前扣除金额。

(4) 为职工提供免费或低收费的医疗服务。

(5) 为职工提供培训机会。企业可以成立自己的培训中心,也可以委托其他培训中心进行培训,还可以采取由职工自己选择、单位统一管理支出的方式。与给职工提高工资、由职工自行安排培训的方式比较,完全由企业出资为职工提供培训更有利于职工的节税。

(6) 为职工提供免费的餐饮服务。

(7) 为员工免费提供文体活动场所,如免费开放职工活动中心、员工之家、体育馆等。

企业可以通过不同方式的福利形式降低职工的生活成本,减少职工应纳个人所得税,提高职工的实际收入。

【例9-3】 赵某为一家计算机公司的技术骨干,该公司主要从事软硬件技术开发、网络管理、第三方支付平台运营等。现有员工40人,其中技术部人员10人,商务部人员23人,职能部门7人。赵某每月工资25 000元,假设专项扣除费用为月工资的30%,首套住房贷款利息支出1 000元,子女教育支出1 000元,赡养老人支出1 000元。公司经营状况良好,由于赵某的突出表现,准备给赵某加薪。公司提出两个方案:

方案1 给赵某加薪5 000元/月。

方案2 给赵某加薪3 000元/月,同时为赵某提供去普通大学培训的机会,每年培训费用24 000元。

方案3 给赵某提供去重点大学培训的机会,每年培训费60 000元。

加薪前赵某应纳税所得额 =25 000×12-5 000×12-25 000×30%×12-3 000×12=114 000(元)

加薪前赵某应纳个人所得税 =114 000×10%-2 520=8 880(元)

如果采用方案1,

加薪后赵某应纳税所得额 =30 000×12-5 000×12-30 000×30%×12-3 000×12=156 000(元)

加薪后赵某应纳个人所得税 =156 000×20%-16 920=14 280(元)

赵某全年多交个人所得税 =14 280-8 880=5 400(元)

如果采用方案2,

加薪后赵某应纳税所得额 =28 000×12−5 000×12−28 000×30%×12−3 000×12=139 200（元）
加薪后赵某应纳个人所得税 =139 200×10%−2 520=11 400（元）
赵某全年多交个人所得税 =11 400−8 880=2 520（元）
如果采用方案3,赵某应纳个人所得税没有变化。

（三）外籍居民个人的合理筹划

根据财税【2018】164号《关于个人所得税法修改后有关优惠政策衔接问题的通知》规定，2019年1月1日至2021年12月31日期间，外籍个人符合居民个人条件的，可以选择享受个人所得税专项附加扣除，也可以选择享受住房补贴、语言训练费、子女教育费等津贴补贴免税优惠政策，但不得同时享受。外籍个人一经选择，在一个纳税年度内不得变更。由于不同的公司给与外籍职工的住房补贴、语言训练费、子女教育费等津贴补贴的金额大小不同，纳税人可以与个人所得税专项附加扣除的标准比较，选择对自己有利的计税方法。

【例9-4】 查理是一家中国公司的外籍员工,已在中国工作六年有余。查理每月工资30 000元,专项扣除费用9 000元,住房租金支出1 500元,子女教育支出2 000元。公司给与外籍职工的住房补贴、语言训练费、子女教育费等津贴补贴每月5 000元。

如果查理选择享受个人所得税专项附加扣除,
查理全年应纳税所得额 =30 000×12−5 000×12−9 000×12−3 500×12=150 000（元）
查理全年应纳个人所得税 =150 000×20%−16 920=13 080（元）

如果查理选择享受住房补贴、语言训练费、子女教育费等津贴补贴免税优惠政策,
查理全年应纳税所得额 =25 000×12−5 000×12−9 000×12=132 000（元）
查理全年应纳个人所得税 =132 000×10%−2 520=10 680（元）

可见,查理选择享受住房补贴、语言训练费、子女教育费等津贴补贴免税优惠政策,比选择享受个人所得税专项附加扣除可以少交个人所得税2 400元（13 080−10 680）。

二、劳务报酬所得、稿酬所得和特许权使用费所得的税务筹划

劳务报酬所得,是指个人从事劳务取得的所得,包括从事设计、装潢、安装、制图、化验、测试、医疗、法律、会计、咨询、讲学、翻译、审稿、书画、雕刻、影视、录音、录像、演出、表演、广告、展览、技术服务、介绍服务、经纪服务、代办服务以及其他劳务取得的所得。稿酬所得,是指个人因其作品以图书、报刊等形式出版、发表而取得的所得。特许权使用费所得,是指个人提供专利权、商标权、著作权、非专利技术以及其他特许权的使用权取得的所得。

劳务报酬所得、稿酬所得、特许权使用费所得以收入减除20%的费用后的余额为收入额。稿酬所得的收入额减按70%计算。每次按照下列方法确定:属于一次性收入的,以取得该项收入为一次;属于同一项目连续性收入的,以一个月内取得的收入为一次。

（一）费用项目的适当转移

取得劳务报酬、稿酬或者特许权使用费收入的纳税人可以通过转移费用项目的方式进行筹划,即将本应由自己承担的费用,改由对方承担,同时适当减少自己的报酬,从而减少收入的金额,少交个人所得税。

【例9-5】 某高级工程师秦某,每月工资15 000元,专项扣除费用4 500元,首套住房贷款利息1 000元,子女教育支出1 000元,赡养老人支出1 000元。秦某到深圳为某公司进行

一项产品设计,双方签订合同,由深圳公司支付给秦某产品设计费60 000元,往返交通费、食宿费等10 000元全部由秦某自己承担。在该笔劳务费收入中,秦某如何进行个人所得税的税务筹划?

(1) 如果按照现行合同约定,

秦某全年应纳税所得额=15 000×12+60 000×(1–20%)–5 000×12–4 500×12–3 000×12=78 000(元)

秦某全年应纳个人所得税=78 000×10%–2 520=5 280(元)

秦某实际得到的税后所得=15 000×12+60 000–4 500×12–5 280=180 720

扣除由秦某自己承担的往返交通费、食宿费10 000元后,秦某的净收入为170 720元。

(2) 如果签订合同时,秦某与深圳公司协商,让公司承担交通费、食宿费等,并相应将劳务报酬降低到50 000元。

秦某全年应纳税所得额=15 000×12+50 000×(1–20%)–5 000×12–4 500×12–3 000×12=70 000(元)

秦某全年应纳个人所得税=70 000×10%–2 520=4 480(元)

秦某实际得到的税后所得=15 000×12+50 000–4 500×12–4 480=171 520

由于交通费和食宿费等由深圳公司承担,秦某的净收入即为171 520元。

可见,在进行税务筹划后,尽管秦某的名义收入减少了10 000元,但是净收入却增加了800元(171 520–170 720)。

(二) 费用支付的适当安排

综合所得适用超额累进税率,为了避免适用高档次税率,筹划的主要方法就是尽量使不同年度的收入额相等。税法规定,对同一项目取得连续收入所得的,以每个月的收入为一次。但是,在现实生活中,由于种种原因,某些行业收入的获得具有一定的阶段性,即在某个时期收入可能较多,而在另一些时期收入可能会很少甚至没有收入。这样就有可能在收入较多时适用较高的税率,而在收入较少时适用较低税率、甚至低于免征额,造成总体税收较高。可以通过合理安排,增加支付次数,并且使每次支付金额比较平均,从而适用较低的税率。

【例9-6】 谢某是某行政单位的软件开发员,每月工资25 000元,专项扣除费用7 500元,首套住房贷款利息1 000元,子女教育支出1 000元,赡养老人支出1 000元。谢某利用业余时间为某电脑公司开发软件并提供一年的维护服务,按照协议可取得劳务报酬60 000元。谢某可以要求对方事先一次性支付该报酬,也可以要求对方按照软件维护期12个月支付,每月支付5 000元,即第一年7月至12月谢某共获得劳务报酬30 000元,第二年1月至6月共获得劳务报酬30 000元。谢某如何进行个人所得税的税务筹划?

分析:

(1) 一次性支付劳务报酬,

谢某第一年应纳税所得额=25 000×12+60 000×(1–20%)–5 000×12–7 500×12–3 000×12
=162 000(元)

谢某第一年应纳个人所得税=162 000×20%–16 920=15 480(元)

谢某第二年应纳税所得额=25 000×12–5 000×12–7 500×12–3 000×12=114 000(元)

谢某第二年应纳个人所得税=114 000×10%–2 520=8 880(元)

谢某两年合计应纳个人所得税24 360元。

(2) 按月分12次支付该劳务报酬,

谢某第一年应纳税所得额 =25 000×12+30 000×(1−20%)−5 000×12−7 500×12−3 000×12
=138 000(元)

谢某第一年应纳个人所得税 =138 000×10%−2 520=11 280(元)

谢某第二年应纳税所得额 =25 000×12+30 000×(1−20%)−5 000×12−7 500×12−3 000×12
=138 000(元)

谢某第二年应纳个人所得税 =138 000×10%−2 520=11 280(元)

谢某两年合计应纳个人所得税 22 560 元。

由以上计算可知,谢某通过和劳务报酬支付人商议,把劳务报酬所得分次支付,能使得谢某每年的综合所得比较平均,从而适用较低的税率。这种支付方式也使得支付人(即扣缴义务人)不必一次性支付较高费用,减轻了其经济负担。分次支付让谢某实现了节税 2 800 元 (24 360−22 560)的效果。

对于稿酬所得,不同的作品是分开计税的,这就为纳税人制造了税务筹划的空间。如果某些著作可以分解为几个独立部分,以系列丛书的形式出版,则该著作可被认定为几个单独的作品,分别扣除费用后分别计算纳税。这样也可以使每年的综合所得比较平均,从而适用较低的税率。

【例 9-7】 陈教授是某大学教师,每月工资 25 000 元,专项扣除费用 7 500 元,赡养老人支出 1 000 元。陈教授拟出版一部专著,出版合同规定,由出版社承担相关出版费用,并支付稿酬 30 000 元。如何进行税务筹划?

分析:

(1) 如果该著作以一本书的形式出版,陈教授一次性获得稿酬 30 000 元。

陈教授第一年应纳税所得额 =25 000×12+30 000×(1−20%)×(1−30%)−
5 000×12−7 500×12−1 000×12=154 800(元)

陈教授第一年应纳个人所得税 =154 800×20%−16 920=14 040(元)

陈教授第二年应纳税所得额 =25 000×12−5 000×12−7 500×12−1 000×12=138 000(元)

陈教授第二年应纳个人所得税 =138 000×10%−2 520=11 280(元)

陈教授两年合计应纳个人所得税 25 320 元。

(2) 如果该著作可以分解成两本书,以系列丛书形式分两年出版,陈教授在两年内分别获得稿酬 15 000 元。

陈教授第一年应纳税所得额 =25 000×12+15 000×(1−20%)×(1−30%)−
5 000×12−7 500×12−1 000×12=146 400(元)

陈教授第一年应纳个人所得税 =146 400×20%−16 920=12 360(元)

陈教授第二年应纳税所得额 =25 000×12+15 000×(1−20%)×(1−30%)−
5 000×12−7 500×12−1 000×12=146 400(元)

陈教授第二年应纳个人所得税 =146 400×20%−16 920=12 360(元)

陈教授两年合计应纳个人所得税 24 720 元。

经过上面的计算可知,经过筹划,陈教授可以节税 600 元。

三、不同所得形式转换的税务筹划

居民个人的综合所得,包括工资薪金所得、劳务报酬所得、稿酬所得和特许权使用费所得。其中,工资薪金所得全额计入每一纳税年度的收入额,劳务报酬所得、稿酬所得、特许权使用费所得以收入减除百分之二十的费用后的余额为收入额,稿酬所得的收入额减按百分之七十计算。所以,同样的收入额按照不同的所得类别缴纳的税额是不同的。个人所得税的所得项目之间有的可以互相转化,纳税人可以利用不同应税项目的转化来恰当地进行税务筹划。

(一)利用工资薪金所得与劳务报酬所得转换进行税务筹划

工资薪金所得和劳务报酬所得的区别在于,取得所得的个人是否与单位存在雇佣关系。因此,当某些情况下,纳税人可以通过对雇佣关系的处理将工资薪金所得转化为劳务报酬所得,从而达到节税的目的。

【例9-8】 苏教授是某大学工商管理系在编教师,每月工资25 000元,专项扣除费用7 500元,子女教育支出2 000元,赡养老人支出1 000元。苏教授受邀每月为某企业提供企业管理咨询服务一次,每次取得收入3 000元。如何进行税务筹划?

分析:

(1)如果苏教授与该企业存在雇佣关系,取得的3 000元就属于工资薪金所得,需要两项工资收入合并计缴个人所得税。

苏教授应纳税所得额 =25 000×12+3 000×12−5 000×12−7 500×12−3 000×12=150 000(元)

苏教授应纳个人所得税 =150 000×20%−16 920=13 080(元)

(2)如果苏教授与该企业不存在固定的雇佣关系,取得的3 000元就属于劳务报酬所得,需要以收入减除百分之二十的费用后的余额为收入额。

苏教授应纳税所得额 =25 000×12+3 000×(1−20%)×12−5 000×12−7 500×12−3 000×12
=142 800(元)

苏教授应纳个人所得税 =142 800×10%−2 520=11 760(元)

通过以上计算可知,存在雇佣关系时,苏教授多缴纳1 320元(13 080−11 760)的个人所得税税额。

需要注意的是,收入性质的转化必须是真实合法的。此外,劳务界定时需要考虑保险、福利等其他非货币性报酬因素对纳税人税后实际收益的影响。

(二)利用工资薪金所得与稿酬所得转换进行税务筹划

【例9-9】 张记者就职于某专业报纸,月工资25 000元,专项扣除费用7 500元,首套住房贷款利息支出1 000元,子女教育支出1 000元,赡养老人支出1 000元。因张记者文笔清新流畅、视角独特,受另一家期刊社邀请每月发表一篇评论,每次可以获得3 000元的稿酬。张记者也可以选择在其工作的专业报纸上发表该评论,每月可以获得单位发放的3 000元绩效工资。如何进行税务筹划?

分析:

(1)张记者在其工作的专业报纸上发表评论,他获得的3 000元属于工资薪金所得。

张记者应纳税所得额 =25 000×12+3 000×12−5 000×12−7 500×12−3 000×12=150 000(元)

张记者应纳个人所得税 =150 000×20%−16 920=13 080(元)

(2)张记者在期刊上发表评论,他获得的3 000元属于稿酬所得。

张记者应纳税所得额 =25 000×12+3 000×(1−20%)×70%×12−5 000×12−7 500×12−3 000×12
=134 160(元)

张记者应纳个人所得税 =134 160×10%-2 520=10 896(元)

由以上计算可知,张记者的同样所得若以稿酬形式支付,个人所得税税负比以工资薪金方式支付节税 2 184 元(13 080-10 896)。

四、扣除项目的税务筹划

居民个人的综合所得在计算应纳个人所得税时,扣除项目共包括四项:每年 60 000 元的固定扣除费用,专项扣除,专项附加扣除,其他扣除。专项扣除包括居民个人按照国家规定的范围和标准缴纳的基本养老保险、基本医疗保险、失业保险等社会保险费和住房公积金等。专项附加扣除是指子女教育、继续教育、大病医疗、住房贷款利息、住房租金和赡养老人等 6 项专项附加扣除。本年度扣除不完的,不得结转以后年度扣除。

(1) 子女教育专项附加扣除。纳税人的子女接受学前教育和学历教育的相关支出,按照每个子女每年 12 000 元(每月 1 000 元)的标准定额扣除。受教育子女的父母分别按扣除标准的 50% 扣除;经父母约定,也可以选择由其中一方按扣除标准的 100% 扣除。具体扣除方式在一个纳税年度内不得变更。

(2) 继续教育专项附加扣除。纳税人接受学历继续教育的支出,在学历教育期间按照每年 4 800 元(每月 400 元)定额扣除。纳税人接受技能人员职业资格继续教育、专业技术人员职业资格继续教育支出,在取得相关证书的年度,按照每年 3 600 元定额扣除。个人接受同一学历教育事项,该项教育支出可以由其父母按照子女教育支出扣除,也可以由本人按照继续教育支出扣除,但不得同时扣除。

(3) 大病医疗专项附加扣除。一个纳税年度内,在社会医疗保险管理信息系统记录的(包括医保目录范围内的自付部分和医保目录范围外的自费部分)由个人负担超过 15 000 元的医药费用支出部分,为大病医疗支出,可以按照每年 60 000 元标准限额据实扣除。纳税人发生的大病医疗支出由纳税人本人扣除。

(4) 住房贷款利息专项附加扣除。纳税人本人或配偶使用商业银行或住房公积金个人住房贷款为本人或其配偶购买住房,发生的首套住房贷款利息支出,在偿还贷款期间,可以按照每年 12 000 元(每月 1 000 元)标准定额扣除。非首套住房贷款利息支出,纳税人不得扣除。纳税人只能享受一套首套住房贷款利息扣除。经夫妻双方约定,可以选择由其中一方扣除,具体扣除方式在一个纳税年度内不得变更。

(5) 住房租金专项附加扣除。纳税人本人及配偶在纳税人的主要工作城市没有住房,而在主要工作城市租赁住房发生的租金支出,可以按照一定标准定额扣除每年 14 400 元(每月 1 200 元)、每年 12 000 元(每月 1 000 元)或者每年 9 600 元(每月 800 元)。夫妻双方主要工作城市相同的,只能由一方扣除住房租金支出。夫妻双方主要工作城市不相同的,且各自在其主要工作城市都没有住房的,可以分别扣除住房租金支出。住房租金支出由签订租赁住房合同的承租人扣除。纳税人及其配偶不得同时分别享受住房贷款利息专项附加扣除和住房租金专项附加扣除。

(6) 赡养老人专项附加扣除。纳税人赡养 60 岁(含)以上父母以及其他法定赡养人的赡养支出,可以按照以下标准定额扣除:

① 纳税人为独生子女的,按照每年 24 000 元(每月 2 000 元)的标准定额扣除;

② 纳税人为非独生子女的,应当与其兄弟姐妹分摊每年24 000元(每月2 000元)的扣除额度,分摊方式包括平均分摊、被赡养人指定分摊或者赡养人约定分摊,具体分摊方式在一个纳税年度内不得变更。采取指定分摊或约定分摊方式的,每一纳税人分摊的扣除额最高不得超过每年12 000元(每月1 000元),并签订书面分摊协议。指定分摊与约定分摊不一致的,以指定分摊为准。纳税人赡养2个及以上老人的,不按老人人数加倍扣除。

其他扣除包括个人缴付符合国家规定的企业年金、职业年金,个人购买符合国家规定的商业健康保险、税收递延型商业养老保险的支出,以及国务院规定可以扣除的其他项目。

在对居民个人综合所得的扣除项目进行税务筹划时,企业要在国家规定的范围和标准内尽量提高社会保险和住房公积金的计提比率,同时积极利用税法允许扣除的其他扣除项目。

《财政部税务总局保监会关于将商业健康保险个人所得税试点政策推广到全国范围实施的通知》(财税[2017]39号)规定:对个人购买符合规定的商业健康保险产品的支出,允许在当年(月)计算应纳税所得额时予以税前扣除,扣除限额为2 400元/年(200元/月)。单位统一为员工购买符合规定的商业健康保险产品的支出,应分别计入员工个人工资薪金,视同个人购买,按上述限额予以扣除。

《关于企业年金 职业年金个人所得税有关问题的通知》(财税[2013]103号)规定,企事业单位为在本单位任职或者受雇的全体职工缴付的企业年金或职业年金单位缴费部分,在计入个人账户时,个人暂不缴纳个人所得税;个人根据国家有关政策规定缴付的年金个人缴费部分,在不超过本人缴费工资计税基数的4%标准内的部分,暂从个人当期的应纳税所得额中扣除。超过本规定的标准缴付的年金单位缴费和个人缴费部分,应并入个人当期的工资薪金所得,依法计征个人所得税。年金基金投资运营收益分配计入个人账户时,个人暂不缴纳个人所得税。个人达到国家规定的退休年龄,领取的企业年金、职业年金,不并入综合所得,全额单独计算应纳税款。其中按月领取的,适用月度税率表计算纳税;按季领取的,平均分摊计入各月,按每月领取额适用月度税率表计算纳税;按年领取的,适用综合所得税率表计算纳税。个人因出境定居而一次性领取的年金个人账户资金,或个人死亡后,其指定的受益人或法定继承人一次性领取的年金个人账户余额,适用综合所得税率表计算纳税。对个人除上述特殊原因外一次性领取年金个人账户资金或余额的,适用月度税率表计算纳税。

由上可知,目前年金个人所得税政策的规定,在年金缴费环节和年金基金投资环节,参保者均可享受递延纳税的好处,相当一部分参保者还会在一定程度上降低个人所得税税负。

在专项附加扣除的不同项目中,税法有很多由纳税人自行选择扣除人的规定,为纳税人进行税务筹划提供了机会。例如子女教育专项附加可以由受教育子女的父母分别按扣除标准的50%扣除,也可以选择由其中一方按扣除标准的100%扣除。同一学历教育专项附加可以由其父母按照子女教育支出扣除,也可以由本人按照继续教育支出扣除。首套住房贷款利息和住房租金支出可以选择由夫妻其中一方扣除。纳税人可以比较双方每年的收入总额,选择最适当的扣税方案。

【例9-10】 赵先生和王女士是夫妻,有两个孩子都处于学历教育阶段。赵先生和王女士都是月工资15 000元,专项扣除费用4 500元,赡养老人支出1 000元。以下有三种子女教育支出的扣除方案,分析哪个方案该夫妻交税最少?

方案1　赵先生每月扣除子女教育支出2 000元,王女士每月扣除子女教育支出0;

方案2　赵先生每月扣除子女教育支出1 000元,王女士每月扣除子女教育支出1 000元;

方案3　赵先生每月扣除子女教育支出0,王女士每月扣除子女教育支出2 000元。

方案1　赵先生每月扣除子女教育支出2 000元,王女士每月扣除子女教育支出0。

赵先生应纳税所得额 =15 000×12-5 000×12-4 500×12-3 000×12=30 000(元)

赵先生应纳个人所得税 =30 000×3%=900(元)

王女士应纳税所得额 =15 000×12-5 000×12-4 500×12-1 000×12=54 000(元)

王女士应纳个人所得税 =54 000×10%-2 520=2 880(元)

夫妻合计应纳个人所得税 3 780元。

方案2　赵先生每月扣除子女教育支出1 000元,王女士每月扣除子女教育支出1 000元。

赵先生应纳税所得额 =15 000×12-5 000×12-4 500×12-2 000×12=42 000(元)

赵先生应纳个人所得税 =42 000×10%-2 520=1 680(元)

王女士应纳税所得额 =15 000×12-5 000×12-4 500×12-2 000×12=42 000(元)

王女士应纳个人所得税 =42 000×10%-2 520=1 680(元)

夫妻合计应纳个人所得税 3 360元。

方案3　赵先生每月扣除子女教育支出0,王女士每月扣除子女教育支出2 000元。

赵先生应纳税所得额 =15 000×12-5 000×12-4 500×12-1 000×12=54 000(元)

赵先生应纳个人所得税 =54 000×10%-2 520=2 880(元)

王女士应纳税所得额 =15 000×12-5 000×12-4 500×12-3 000×12=30 000(元)

王女士应纳个人所得税 =30 000×3%=900(元)

夫妻合计应纳个人所得税 3 780元。

通过比较可知,夫妻每月各自扣除子女教育支出的50%这种方案交税比较少。

第二节　其他所得的税务筹划

一、经营所得的税务筹划

税法规定,经营所得包括以下内容:

1. 个体工商户从事生产、经营活动取得的所得,个人独资企业投资人、合伙企业的个人合伙人来源于境内注册的个人独资企业、合伙企业生产、经营的所得;

2. 个人依法从事办学、医疗、咨询以及其他有偿服务活动取得的所得;

3. 个人对企业、事业单位承包经营、承租经营以及转包、转租取得的所得;

4. 个人从事其他生产、经营活动取得的所得。

纳税人取得经营所得,按年计算个人所得税,以每一纳税年度的收入总额减除成本、费用以及损失后的余额,为应纳税所得额,适用百分之五至百分之三十五的超额累进税率。取得经营所得的个人,没有综合所得的,计算其每一纳税年度的应纳税所得额时,应当减除费用6万元、专项扣除、专项附加扣除以及依法确定的其他扣除。从事生产、经营活动,未提供完整、准确的纳税资料,不能正确计算应纳税所得额的,由主管税务机关核定应纳税所得额或者应纳税额。

随着经济的发展,个人投资成为越来越热门的话题。作为投资者个人,在进行投资前必然会对不同的投资方式进行比较,以选择最佳方式进行投资。目前,个人可以选择的投资方式主要有:作为个体工商户,从事生产经营;成立个人独资企业;组建合伙企业;设立有限责任公司。在对这些投资方式进行比较时,如果其他因素相同,投资者应承担的税收,尤其是所得税便成为投资决策的关键。

在上述几种投资方式中,在收入相同的情况下,个体工商户、个人独资企业、合伙制企业、有限责任制企业的税负是不一样的,有限责任制企业的税负最重。个体工商户、个人独资企业和合伙企业没有独立的法人资格,只对其征收个人所得税。有限责任公司与其股东是两个不同的法律主体,因此在纳税时将公司与其股东分别对待,既对公司征收企业所得税,又对股东分得的税后利润征收个人所得税,实行双重征税。

但是,虽然有限责任制企业是双重纳税,但其投资者承担有限责任。与个人独资企业和合伙企业相比,有限责任制企业有完善的法律体系做保证,投资者能更为有效地控制公司的运转,参与公司决策。与个体工商户相比,个人独资企业、合伙制企业、有限责任制企业等三种形式的企业,在发票的申购、纳税人的认定等方面占有优势,比较容易开展业务,经营的范围也比较广,并且可以享受国家的一些税收优惠政策。因此,投资者在法律许可的范围内,通过对企业所得税纳税人与个人所得税纳税人的选择进行税务筹划有较大的节税空间。

【例9-11】 某个人独资企业与某一人有限责任公司,在个人独资企业未扣除投资者费用、一人有限责任公司未扣除投资者工资的情况下,年度利润同为400 000元。假设该投资者没有其他综合所得,专项扣除54 000元,专项附加扣除24 000元。

分析:
(1) 个人独资企业的税负如下:
全年应缴纳个人所得税税额为:
$$(400\,000-60\,000-54\,000-24\,000)\times20\%-10\,500=41\,900(元)$$
税负率为:
$$41\,900/400\,000\times100\%=10.475\%$$
(2) 一人有限责任公司的税负如下:
假设一人有限责任公司的投资者每月发放15 000元工资。则公司应缴纳企业所得税税额为:
$$(400\,000-15\,000\times12)\times20\%\times25\%=11\,000(元)$$
投资者个人全年工资薪金收入应缴纳个人所得税税额为:
$$(15\,000\times12-60\,000-54\,000-24\,000)\times10\%-2\,520=1\,680(元)$$
投资者个人分回的股利收入为:
$$400\,000-12\times15\,000-11\,000=209\,000(元)$$
投资者分回的股利应纳个人所得税税额为:
$$209\,000\times20\%=41\,800(元)$$
该一人有限责任公司的企业所得税税额与个人所得税税额合计为:
$$11\,000+1\,680+41\,800=54\,480(元)$$

一人有限责任公司税负率 =54 480÷400 000×100%=13.62%

由上可知,一人有限责任公司的税负比个人独资企业的税负高 3.145 个百分点。

从上面的例子可以看出,一人有限责任公司与个人独资企业在多项所得税处理上存在差异。

第一,在工资支出上,有限公司发生的合理的工资、薪金支出(包括法定代表人或投资者本人),准予扣除;个人独资企业向其从业人员实际支付的合理的工资、薪金支出,允许在税前据实扣除,投资者本人的工资不得在税前扣除,但投资者本人的费用扣除标准确定为 60 000 元 / 年),准予在税前扣除。

第二,在公益性捐赠上,有限公司发生的公益性捐赠支出,在年度利润总额 12% 以内的部分,准予在计算应纳税所得额时扣除;个人独资企业发生的公益性捐赠支出,不超过其应纳税所得额 30% 的部分可以据实扣除。

第三,在税收优惠上,有限公司可以享受的税收优惠政策较多,如企业从事农、林、牧、渔业项目的所得,可以免征、减征企业所得税;符合小型微利企业条件,其年应纳税所得额不超过 100 万元的部分,减按 25% 计入应纳税所得额,按 20% 的税率缴纳企业所得税;对年应纳税所得额超过 100 万元但不超过 300 万元的部分,减按 50% 计入应纳税所得额,按 20% 的税率缴纳企业所得税;符合高新技术企业条件,减按 15% 的税率征收所得税;应纳税所得额可以加计扣除支出等。

因此,投资者要综合考虑所得税税负及各方面因素,选择适合自身实际情况的企业组织形式,以实现投资效益的最大化。

二、财产转让所得的税务筹划

财产转让所得是指个人转让有价证券、股权、合伙企业中的财产份额、不动产、机器设备、车船以及其他财产取得的所得。财产转让所得以转让财产的收入额减除财产原值和合理费用后的余额,为应纳税所得额,适用 20% 的比例税率。财产原值按照下列方法确定:

(1) 有价证券,为买入价以及买入时按照规定交纳的有关费用;
(2) 建筑物,为建造费或者购进价格以及其他有关费用;
(3) 土地使用权,为取得土地使用权所支付的金额、开发土地的费用以及其他有关费用;
(4) 机器设备、车船,为购进价格、运输费、安装费以及其他有关费用。

纳税人未提供完整、准确的财产原值凭证,不能按照前面规定的方法确定财产原值的,由主管税务机关核定财产原值。

纳税人可以利用财产转让所得这两种不同计税方法的差异进行税务筹划。

例如税法规定,拍卖行或拍卖公司拍卖画家的字画,其两种计税方法分别为:

1. 应纳税所得额 = 转让收入额 – 财产原值 – 合理费用

$$应纳税额 = 应纳税所得额 \times 20\%$$

2. 如不能提供合法、完整、准确的字画原值凭证,不能正确计算字画原值的,

$$应纳税额 = 转让收入额 \times 3\%$$

拍卖的字画为经文物部门认定是海外回流文物的,

$$应纳税额 = 转让收入额 \times 2\%$$

【例9-12】 张先生六年前以200万元从拍卖行拍到一幅字画,由于今年急需用钱需要尽快变现。假设这幅字画升值很大,已经涨到了500万元。假设合理费用为拍卖价的8%。分析张先生采用哪种计税方法可以少交税?

如果采用第一种计税方法,

$$应纳税所得额 =500-200-500×8\%=260(万元)$$
$$应纳税额 =260×20\%=52(万元)$$

如果张先生未提供完整准确的财产原值凭证,采用第二种计税方法,

$$应纳税额 =500×3\%=15(万元)$$

采用第二种计税方法可以少交税37万元(52-15)。

如果这幅字画价值变动不大,今年拍卖价假设250万元。

采用第一种计税方法,

$$应纳税所得额 =250-200-250×8\%=30(万元)$$
$$应纳税额 =30×20\%=6(万元)$$

如果张先生未提供完整准确的财产原值凭证,采用第二种计税方法,

$$应纳税额 =250×3\%=7.5(万元)$$

采用第一种计税方法可以少交税1.5万元(7.5-6)。

第三节 特殊项目的税务筹划

一、捐赠的税务筹划

根据《个人所得税法》规定,个人将其所得通过公益性社会组织、国家机关向教育、扶贫、济困等公益慈善事业的捐赠,捐赠额未超过纳税义务人申报的应纳税所得额30%的部分,可以从其应纳税所得额中扣除。个人在捐赠时,可以在捐赠方式选择、捐赠时间与次数、捐赠投向、捐赠额等方面做必要筹划,在符合法规规定并取得合法凭证的同时,使捐赠款得到最大限度扣除,以最大程度减轻个人纳税负担。

(一)捐赠方式的选择

【例9-13】 周先生就职于某公司,月工资18 000元,专项扣除费用5 400元,首套住房贷款利息支出1 000元,子女教育支出2 000元,赡养老人支出1 000元。周先生准备向灾区学生捐赠8 000元。

分析:

(1)假如周先生将8 000元通过境内的社会团体捐赠给灾区:

$$周先生应纳税所得额 =18\,000×12-5\,000×12-5\,400×12-4\,000×12=43\,200(元)$$
$$捐赠扣除限额 =43\,200×30\%=12\,960(元)$$

周先生捐赠金额为8 000元,低于12 960元的抵扣限额,捐赠额可以全额扣除。

$$周先生应纳个人所得税 =(43\,200-8\,000)×3\%=1\,056(元)$$

(2)假如周先生将8 000元直接捐献给灾区的学生,就不符合捐赠扣除的条件,其发生的8 000元捐赠支出就不得扣除。

周先生应纳税所得额 =18 000×12–5 000×12–5 400×12–4 000×12=43 200（元）
周先生应纳个人所得税 =43 200×10%–2 520=1 800（元）

由上可知，合适的捐赠方式可以获得明显的节税效应，方案（1）比方案（2）少缴纳 744 元（1 800–1 056）个人所得税。

（二）捐赠次数的选择

【例 9-14】 华某是某公司管理人员，月工资 30 000 元，专项扣除费用 9 000 元，首套住房贷款利息支出 1 000 元，子女教育支出 1 000 元，赡养老人支出 1 000 元。华某准备向社会福利事业捐赠 60 000 元。如何进行筹划？

分析：

华某应纳税所得额 =30 000×12–5 000×12–9 000×12–3 000×12=156 000（元）
华某允许扣除的捐赠限额 =156 000×30%=46 800（元）

（1）如果华某当年一次性对外捐赠 60 000 元，则：

当年应缴纳的个人所得税 =（156 000–46 800）×10%–2 520=8 400（元）

以后两年假设华某收入没有变化，

应缴纳的个人所得税 =156 000×20%–16 920=14 280（元）

三年合计应缴纳的个人所得税税额是 36 960 元。

（2）假如华某将 60 000 元捐赠分别在两年进行，每年捐赠 30 000 元。

华某每年捐赠金额为 30 000 元，低于 46 800 元的抵扣限额，捐赠额可以全额扣除。

华某前两年应缴纳的个人所得税 =（156 000–30 000）×10%–2 520=10 080（元）
华某第三年应缴纳的个人所得税 =156 000×20%–16 920=14 280（元）

三年合计应缴纳的个人所得税税额是 34 440 元。

由以上两个方案比较可知，分次捐赠可以让华某的捐赠金额低于税法规定的扣除限额，少交个人所得税。

（三）捐赠数额的分配

纳税人在对外捐赠过程中，不仅可以通过改变捐赠次数进行税务筹划，还可以通过捐赠数额的合理分配进行税务筹划。

【例 9-15】 接【例 9-14】，假设华某有以下三种方案可以选择，如何进行筹划？

方案 1 华某将 60 000 元捐赠分别在两年进行，每年捐赠 30 000 元。
方案 2 华某将 60 000 元捐赠分别在三年进行，每年捐赠 20 000 元。
方案 3 华某将 60 000 元捐赠分别在三年进行，第一年捐赠 10 000 元，第二年捐赠 20 000 元，第三年捐赠 30 000 元。

分析：

方案 1 华某将 60 000 元捐赠分别在两年进行，每年捐赠 30 000 元。

华某每年捐赠金额为 30 000 元，低于 46 800 元的抵扣限额，捐赠额可以全额扣除。

华某前两年应缴纳的个人所得税 =（156 000–30 000）×10%–2 520=10 080（元）
华某第三年应缴纳的个人所得税 =156 000×20%–16 920=14 280（元）

三年合计应缴纳的个人所得税税额是 34 440 元。

方案 2 华某将 60 000 元捐赠分别在三年进行，每年捐赠 20 000 元。

华某每年捐赠金额为20 000元,低于46 800元的抵扣限额,捐赠额可以全额扣除。

华某每年应缴纳的个人所得税 =(156 000−20 000)×10%−2 520=11 080(元)

三年合计应缴纳的个人所得税税额是33 240元。

方案3 华某将60 000元捐赠分别在三年进行,第一年捐赠10 000元,第二年捐赠20 000元,第三年捐赠30 000元。

华某每年捐赠金额均低于46 800元的抵扣限额,捐赠额可以全额扣除。

华某第一年应缴纳的个人所得税 =(156 000−10 000)×20%−16 920=12 280(元)

华某第二年应缴纳的个人所得税 =(156 000−20 000)×10%−2 520=11 080(元)

华某第三年应缴纳的个人所得税 =(156 000−30 000)×10%−2 520=10 080(元)

三年合计应缴纳的个人所得税税额是33 440元。

由以上几个方案比较可知,因为综合所得适用超额累进税率,所以通过捐赠金额的合理分配使华某在各年的应纳税所得额比较平均,避免由于某一年应纳税所得额过高而适用较高的税率,可以使华某少交个人所得税。和方案1相比,方案2可以少交1 200元(34 440−33 240)的个人所得税;和方案3相比,方案2可以少交200元(33 440−33 240)的个人所得税。

除此之外,由于个人所得税还有其他所得实行分项计税,各项所得的适用税率高低也存在很大差异。纳税人可以通过优先将捐赠额分配在适用高税率纳税的所得项目上的方式,来最大程度减轻纳税义务。

【例9-16】 居民纳税人程某月工资30 000元,专项扣除费用9 000元,首套住房贷款利息支出1 000元,子女教育支出2 000元,赡养老人支出1 000元。中奖收入30 000元。程某想通过社会公益组织对外捐赠20 000元。如何进行个人所得税的税务筹划?

分析:

(1) 程某各项所得的捐赠扣除限额分别为:

程某综合所得应纳税所得额 =30 000×12−5 000×12−9 000×12−4 000×12=144 000(元)

综合所得的捐赠扣除限额 =144 000×30%=43 200(元)

程某偶然所得的捐赠扣除限额 =30 000×30%=9 000(元)

可以从各项所得中扣除的捐赠总额为52 200元。

因此,程某20 000元公益捐赠可以在当年一次性对外捐赠后扣除。

(2) 按照适用税率自高向低分摊时的应纳个人所得税税额。

综合所得适用税率10%,偶然所得适用税率20%,纳税人应该优先将捐赠额分配在适用高税率纳税的所得项目上,因此捐赠应该首先分摊在偶然所得上,其次是综合所得。分配的捐赠额分别是9 000元、11 000元,此时纳税人发生的20 000元捐赠可以享受最大的税后所得。

各项所得的应纳个人所得税税额如下:

偶然所得应纳个人所得税 =(30 000−9 000)×20%=4 200(元)

综合所得应纳个人所得税 =(144 000−11 000)×10%−2 520=10 780(元)

程某合计应缴纳个人所得税 =4 200+10 780=14 980(元)

(3) 按照适用税率自低向高分摊时的应纳个人所得税税额。

如果捐赠首先分摊在综合所得上,其次是偶然所得。由于综合所得的捐赠扣除限额大于程某当年对外捐赠的金额,所以程某对外捐赠的20 000元都分配在综合所得上。此时纳税人各项所得的应纳个人所得税税额如下：

综合所得应纳个人所得税 =(144 000-20 000)×10%-2 520=9 880(元)

偶然所得应纳个人所得税 =30 000×20%=6 000(元)

程某合计应缴纳个人所得税 =9 880+6 000=15 880(元)

明显比上一方案的税负增加了 900 元。

因此，一旦发生捐赠的当期纳税人取得的收入属于不同的应税项目时，允许扣除多少就要看如何对捐赠额进行分配了。分类计税方式下，属于哪一项所得捐赠的，就要从哪一项应税所得额中扣除捐赠款项，然后按照适用税率计算缴纳个人所得税。纳税人适当地将捐赠额分散在各个应税所得项目中，目的是最大限度地享受税前扣除，最大程度取得节税效果。

二、纳税人身份的税务筹划

个人所得税的纳税人，既包括居民纳税人，也包括非居民纳税人。居民纳税人负有无限纳税义务，必须就其来源于中国境内外的全部所得缴纳个人所得税；非居民纳税人负有限纳税义务，只需要就来源于中国境内的所得缴纳个人所得税。显然，非居民纳税义务人的税负较轻。因此，借助于纳税人身份的认定来减轻纳税义务、实现节税效果是可行的。

1. 纳税人身份的认定

个人所得税纳税人具体分为以下几种情况：

(1) 在我国境内有住所的个人（指因户籍、家庭、经济利益关系而在我国境内习惯性居住者），或者无住所而一个纳税年度内在中国境内居住累计满一百八十三天的个人，为居民个人，应当就其从我国境内、境外取得的全部所得纳税。

(2) 在中国境内无住所的个人，在中国境内居住累计满 183 天的年度连续不满六年的，经向主管税务机关备案，其来源于中国境外且由境外单位或者个人支付的所得，免予缴纳个人所得税。

无住所个人一个纳税年度在中国境内累计居住满 183 天的，如果此前六年在中国境内每年累计居住天数都满 183 天而且没有任何一年单次离境超过 30 天，该纳税年度来源于中国境内、境外所得应当缴纳个人所得税；如果此前六年的任一年在中国境内累计居住天数不满 183 天或者单次离境超过 30 天，该纳税年度来源于中国境外且由境外单位或者个人支付的所得，免予缴纳个人所得税。其在中国境内居住累计满 183 天的年度的连续年限重新起算。

(3) 在中国境内无住所又不居住，或者无住所而一个纳税年度内在中国境内居住累计不满一百八十三天的个人，为非居民个人，应当就其从我国境内取得的所得纳税。

(4) 在我国境内无住所，但是在一个纳税年度内在我国境内连续或者累计居住不超过 90 日的个人，其来源于我国境内的所得，由境外雇主支付并且不由该雇主在我国境内的机构、场所负担的部分，免予缴纳个人所得税。

无住所个人一个纳税年度内在中国境内累计居住天数，按照个人在中国境内累计停留的天数计算。在中国境内停留的当天满 24 小时的，计入中国境内居住天数，在中国境内停留的当天不足 24 小时的，不计入中国境内居住天数。

2. 来源于境内所得的认定

下列所得，不论支付地点是否在中国境内，均为来源于中国境内的所得：

(1) 因任职、受雇、履约等在中国境内提供劳务取得的所得；
(2) 将财产出租给承租人在中国境内使用而取得的所得；
(3) 许可各种特许权在中国境内使用而取得的所得；
(4) 转让中国境内的不动产等财产或者在中国境内转让其他财产取得的所得；
(5) 从中国境内企业、事业单位、其他组织以及居民个人取得的利息、股息、红利所得。

同时还要注意以下规定：

(1) 个人取得归属于中国境内工作期间的工资薪金所得为来源于境内的工资薪金所得。境内工作期间按照个人在境内工作天数计算，包括其在境内的实际工作日以及境内工作期间在境内、境外享受的公休假、个人休假、接受培训的天数。在境内、境外单位同时担任职务或者仅在境外单位任职的个人，在境内停留的当天不足24小时的，按照半天计算境内工作天数。

无住所个人在境内、境外单位同时担任职务或者仅在境外单位任职，且当期同时在境内、境外工作的，按照工资薪金所属境内、境外工作天数占当期公历天数的比例计算确定来源于境内、境外工资薪金所得的收入额。境外工作天数按照当期公历天数减去当期境内工作天数计算。

(2) 无住所个人在境内履职或者执行职务时收到的数月奖金或者股权激励所得，归属于境外工作期间的部分，为来源于境外的工资薪金所得；无住所个人停止在境内履约或者执行职务离境后收到的数月奖金或者股权激励所得，对属于境内工作期间的部分，为来源于境内的工资薪金所得。具体计算方法为：数月奖金或者股权激励乘以数月奖金或者股权激励所属工作期间境内工作天数与所属工作期间公历天数之比。

无住所个人一个月内取得的境内外数月奖金或者股权激励包含归属于不同期间的多笔所得的，应当先分别计算不同归属期间来源于境内的所得，然后再加总计算当月来源于境内的数月奖金或者股权激励收入额。

(3) 对于担任境内居民企业的董事、监事及高层管理职务的个人，无论是否在境内履行职务，取得由境内居民企业支付或者负担的董事费、监事费、工资薪金或者其他类似报酬，属于来源于境内的所得。

(4) 由境内企业、事业单位、其他组织支付或者负担的稿酬所得，为来源于境内的所得。

3. 纳税人身份的筹划方法

由于对居民纳税人和非居民纳税人的税收政策不同，对纳税人身份的筹划，主要是避免成为个人所得税的居民纳税义务人。

(1) 利用居住地变动进行税务筹划。纳税人可以通过住所(居住地)变动进行税务筹划。通过个人的住所或居住地跨越税境的迁移，即当事人把自己的居所迁出某一国，但又不在任何地方取得住所，从而躲避所在国对其纳税人身份的确认，进而免除个人所得税的纳税义务。

国际上，许多国家往往把拥有住所并在该国居住一定的时间以上的个人确定为纳税义务人。如我国《个人所得税法》规定：在中国境内有住所，或者无住所而一个纳税年度内在中国境内居住累计满一百八十三天的人，应当就其从中国境内和境外取得的全部所得纳税。在中国境内无住所又不居住或者无住所而一个纳税年度内在中国境内居住累计不满一百八十三天的个人，应当就其从我国境内取得的所得纳税。各国确认的居住时间并不一致，有的规定为一年，有的规定为半年，还有的规定为三个月，当然也有规定以永久住宅为标准。因此，一些从事跨国活动的人员就可以自由地游离于各国之间,不成为任何一个国家的居民纳税人,从而达到少缴税或不缴税的目的。

(2) 利用居住时间进行税务筹划。在我国境内无住所的个人,纳税义务的差异取决于在境内居住时间的长短。纳税人可以充分利用居住时间的临界点,安排好在境内居住时间,增加离境天数,避免成为居民纳税人,以减轻个人所得税负担。

【例9-17】 李先生为香港居民,在深圳工作,每周一早上来深圳上班,周五晚上回香港。周一和周五当天停留都不足24小时,因此不计入境内居住天数,再加上周六、周日2天也不计入,这样,每周可计入的天数仅为3天,按全年52周计算,李先生全年在境内居住天数为156天,未超过183天,不构成居民个人,李先生取得的全部境外所得,就可免缴个人所得税。

如果李先生由于客观原因必须每周日晚上来深圳上班,周六早上回香港。周六、周日2天每天停留不足24小时,不计入境内居住天数,每周可计入的天数为5天,按全年52周计算,李先生全年在境内居住天数为260天,超过183天,构成居民个人,李先生取得的境内境外所得都应缴纳个人所得税。如果李先生在中国境内居住累计满183天的年度连续不满六年的,经向主管税务机关备案,其来源于中国境外且由境外单位或者个人支付的所得,免予缴纳个人所得税。

如果李先生此前六年在中国境内每年累计居住天数都满183天而且没有任何一年单次离境超过30天,该纳税年度来源于中国境内境外所得都应当缴纳个人所得税。李先生为了享受上述优惠政策,可以选择在前面六年中的某一年申请30天以上的年假,从而满足一个纳税年度单次离境超过30天的条件,这样,李先生来源于中国境外且由境外单位或者个人支付的所得,可免予缴纳个人所得税。

关键词

综合所得　　扣除项目　　其他所得　　捐赠　　纳税人身份

小结

个人所得税可以通过选择合理的工资发放方式进行税务筹划;可以利用劳务报酬所得、稿酬所得、特许权使用费所得的费用转移、支付次数等方式进行税务筹划;可以利用工资薪金所得与劳务报酬所得和稿酬所得的转换进行税务筹划;可以利用扣除项目进行税务筹划;可以利用纳税人组织形式的选择、财产转让所得的不同计税方法进行税务筹划;还可以选择恰当的捐赠方式进行税务筹划;利用居住时间的调整、居住地变动等进行纳税人身份的个人所得税筹划。

即测即评

请扫描右侧的二维码,进行即测即评。

案例分析

案例 9-1

赵先生每月工资 25 000 元,假设专项扣除费用为月工资的 35%,首套住房贷款利息支出 1 000 元,子女教育支出 1 000 元,赡养老人支出 1 000 元。假设赵先生全年一次性奖金为 12 万元。

分析要求:比较全年一次性奖金两种不同计税方式对赵先生应纳个人所得税的影响。

案例 9-2

杨先生每月工资 20 000 元,专项扣除费用 6 500 元,首套住房贷款利息 1 000 元,子女教育支出 1 000 元,赡养老人支出 1 000 元。杨先生还同时为几家公司提供劳务服务,取得多项劳务收入:提供技术咨询获得报酬 8 000 元,给某合资企业提供翻译获得报酬 20 000 元,到外地某企业讲学获得报酬 30 000 元(食宿费 3 000 元、交通费 1 000 元自己承担)。

分析要求:杨先生如何进行个人所得税的税务筹划?

案例 9-3

王先生和周女士是夫妻,王先生月工资 25 000 元,专项扣除费用 8 000 元,赡养老人支出 1 000 元。周女士月工资 15 000 元,专项扣除费用 4 500 元,赡养老人支出 1 000 元。二人有两个正上学的孩子,有一套房子正处于还房贷期间(银行认定为首套房贷款)。

分析要求:王先生和周女士应该如何分配扣除项目,可以使夫妻二人交税最少?

案例 9-4

肖某取得多项收入,共计 180 000 元。其中,工资收入 120 000 元(其中专项扣除费用每月 3 000 元,子女教育支出和赡养老人支出每月 2 000 元),中奖收入 20 000 元,稿酬收入 20 000 元,劳务报酬收入 20 000 元。当年拟通过公益组织对外捐赠 30 000 元。

分析要求:针对不同的应税项目如何进行捐赠的个人所得税筹划?

复习思考题

1. 如何利用工资、薪金的不同形式进行个人所得税筹划?
2. 如何利用工资、薪金所得与劳务报酬所得、稿酬所得的转换进行税务筹划?
3. 如何利用综合所得的扣除项目进行个人所得税筹划?
4. 如何利用捐赠的不同安排来进行个人所得税筹划?
5. 如何利用纳税人身份认定来进行个人所得税筹划?

第十章 其他税种的税务筹划

本章主要阐述资源税的税务筹划、土地增值税的税务筹划、城镇土地使用税的税务筹划、房产税的税务筹划、印花税的税务筹划、契税的税务筹划、车船税的税务筹划、车辆购置税的税务筹划等。企业在发生涉税业务或行为时,除了关注主要税种的税务筹划外,也不应忽视相关"小税种"的税务筹划,以减轻企业税收负担,增加企业盈利。

第一节 资源税的税务筹划

资源税的纳税义务人是在中华人民共和国领域和管辖海域开采矿产品或者生产盐的单位和个人。资源税的纳税对象是应税矿产品和盐,其中矿产品包括原矿和选矿。目前正在河北、北京、天津、山西、内蒙古、河南、山东、四川、陕西、宁夏10个省省份开展水资源税改革试点工作,采取水资源费改税方式,将地表水和地下水纳入征税范围,实行从量定额计征,对高耗水行业、超计划用水以及在地下水超采地区取用地下水,适当提高税额标准,正常生产生活用水维持原有负担水平不变。并逐步对森林、草场、滩涂等自然资源开征资源税。

1993年12月,国务院出台资源税暂行条例,规定对开采矿产品或者生产盐的单位和个人征收资源税,资源税实行从量计征。2010年6月起,资源税从价计征改革逐步实施,国务院于2011年9月对暂行条例作了部分修改,明确资源税按照从价定率或者从量定额的办法计算征收。2016年7月1日起,资源税从价计征改革全面推开。根据资源税税目税率表,除地热、石灰岩、其他粘土、砂石、矿泉水、天然卤水等6个税目可以选择实行从价计征或者从量计征以外,其他均采用从价计征方式。

一、利用准确核算进行税务筹划

根据《资源税暂行条例》的规定,纳税人的减税、免税项目,应当单独核算销售额或销售数量,未单独核算或者不能准确提供减、免税产品销售额或销售数量的,不予减税或者免税。同时还规定,纳税人开采或生产不同税目应税产品的,应当分别核算不同税目应税产品的销售额或者销售数量;未分别核算或者不能准确提供不同税目应税产品的销售额或者销售数量的,从高适用税率缴税。原矿和精矿的销售额或者销售量应当分别核算,未分别核算的,从高确定计税销售额或者销售数量。

纳税人开采销售共伴生矿,共伴生矿与主矿产品销售额分开核算的,对共伴生矿暂不计征资源税;没有分开核算的,共伴生矿按主矿产品的税目和适用税率计征资源税。纳税人以自采未税产品和外购已税产品混合销售或者混合加工为应税产品销售的,在计算应税产品计税销售额时,准予扣减已单独核算的已税产品购进金额;未单独核算的,一并计算缴纳资源税。

因此,纳税人可以通过准确核算各税目的销售额,清楚区分应税与免税项目销售额,区分原矿和精矿的销售额,分清税率不同的应税资源产品,合理选择适用税率;清楚区分主矿产品和共伴生矿产品的销售额,区分自采未税产品和外购已税产品的销售额,以便充分地利用税收政策,达到节省资源税税款的目的。

【例10-1】 一家开采铁矿石的矿山5月共生产销售铁矿石精矿2万吨。在开采铁矿石的过程中,还开采销售了伴生矿锰矿石0.2万吨,铬矿石0.01万吨。该矿山开采的矿石全部用于对外销售,已知铁矿石精矿的单价是600元/吨,资源税税率为5%;锰矿石的单价是500元/吨,资源税税率为10%;铬矿石的单价是50 000元/吨,资源税税率为5%。

(1) 当该矿山分别核算时。

$$应纳资源税税额 = 2 \times 600 \times 5\% = 60(万元)$$

(2) 当该矿山未分别核算铁矿石和两种伴生矿的销售额,而仅仅知道铁矿石及伴生矿的总销售额是1 800万元时,按照资源税的相关规定,共伴生矿按主矿产品的税目和适用税率计征资源税。

$$应纳资源税税额 = 1\,800 \times 5\% = 90(万元)$$

由此可知,相对于未分别核算,单独核算可以减轻资源税纳税义务30万元。

二、利用税收优惠进行税务筹划

《资源税暂行条例》规定,符合下列情况之一的,可以减征或者免征资源税:

(1) 关于原油、天然气资源税优惠政策。对油田范围内运输稠油过程中用于加热的原油、天然气免征资源税。

对稠油、高凝油和高含硫天然气资源税减征40%。稠油,是指地层原油黏度大于或等于50毫帕/秒或原油密度大于或等于0.92克/立方厘米的原油。高凝油,是指凝固点大于40℃的原油。高含硫天然气,是指硫化氢含量大于或等于30克/立方米的天然气。

对三次采油资源税减征30%。三次采油,是指二次采油后继续以聚合物驱、复合驱、泡沫驱、气水交替驱、二氧化碳驱、微生物驱等方式进行采油。

对低丰度油气田资源税暂减征20%。陆上低丰度油田,是指每平方公里原油可采储量丰度在25万立方米(不含)以下的油田;陆上低丰度气田,是指每平方公里天然气可采储量丰度在2.5亿立方米(不含)以下的气田。海上低丰度油田,是指每平方公里原油可采储量丰度在60万立方米(不含)以下的油田;海上低丰度气田,是指每平方公里天然气可采储量丰度在6亿立方米(不含)以下的气田。

对深水油气田资源税减征30%。深水油气田,是指水深超过300米(不含)的油气田。

符合上述减免税规定的原油、天然气划分不清的,一律不予减免资源税;同时符合上述两项及两项以上减税规定的,只能选择其中一项执行,不能叠加适用。

(2) 关于煤炭的资源税优惠政策。对衰竭期煤矿开采的煤炭,资源税减征30%。衰竭期煤矿是指剩余可采储量下降到原设计可采储量的20%(含)以下,或者剩余服务年限不超过5年的煤矿。

对充填开采置换出来的煤炭,资源税减征50%。

需要说明的是,纳税人开采的煤炭,同时符合上述两项减税情形的,纳税人只能选择其中一项执行,不能叠加适用。

(3) 关于金属矿和非金属矿的资源税优惠政策。对依法在建筑物下、铁路下、水体下通过充填开采方式采出的矿产资源,资源税减征50%。充填开采是指随着回采工作面的推进,向采空区或离层带等空间充填废石、尾矿、废渣、建筑废料以及专用充填合格材料等采出矿产品的开采方法。减征资源税的充填开采,应当同时满足以下三个条件:一是采用先进适用的胶结或膏体等充填方式;二是对采空区实行全覆盖充填;三是对地下含水层和地表生态进行必要的保护。

对实际开采年限在15年以上的衰竭期矿山开采的矿产资源,资源税减征30%。衰竭期矿山是指剩余可采储量下降到原设计可采储量的20%(含)以下或剩余服务年限不超过5年的矿山,以开采企业下属的单个矿山为单位确定。

对鼓励利用的低品位矿、废石、尾矿、废渣、废水、废气等提取的矿产品,由省级人民政府根据实际情况确定是否给予减税或免税。

纳税人必须细化不同矿区的数据,区分开采后期、充填挖掘置换和其他正常挖掘的矿区,充分利用上述税法规定,选择对企业最为有利的优惠政策。例如煤炭和金属矿、非金属矿均存在两条优惠政策,衰竭期开采的资源税减征30%,充填开采的资源税减征50%。但如果纳税人同时符合两项减税条件的,只能选择其中一项。纳税人应选择优惠幅度最大的优惠政策。

三、利用折算比例进行税务筹划

纳税人不能准确提供应税产品销售数量或移送使用数量的,以应税产品的产量或主管税务机关确定的折算比换算成的数量为课税数量。对于连续加工前无法正确计算原煤移送使用量的煤炭,可以按加工产品的综合回收率,将加工产品实际销量和自用量折算成原煤数量,以此作为课税数量。对同一种应税产品,征税对象为精矿的,纳税人销售原矿时,应将原矿销售额换算为精矿销售额缴纳资源税;征税对象为原矿的,纳税人销售自采原矿加工的精矿,应将精矿销售额折算为原矿销售额缴纳资源税。换算比或折算率原则上应通过原矿售价、精矿售价和选矿比计算,也可通过原矿销售额、加工环节平均成本和利润计算。金矿以标准金锭为征税对象,纳税人销售金原矿、金精矿的,应比照前述规定将其销售额换算为金锭销售额缴纳资源税。

如果企业明确知道自身煤炭回收率或精矿折算率低于同行业平均回收率或折算率,或者原矿换算率高于同行业平均换算率,便可不提供应税资源的销售数量或自用数量,这时税务机关就会根据同行业的平均综合回收率或平均折算率和换算率来计算,计算出来的应税资源的数量就会少于实际使用数量,达到税务筹划的目的。

【例10-2】 某企业生产煤炭并连续加工生产某种煤炭制品,生产出的最终产品为1 000吨,每吨售价400元。同行业综合回收率为40%。由于该企业采用的加工技术相对落后,使得其产品的加工生产综合回收率相对同行业企业较低,仅为25%。该企业的资源税采用从价定率方式即按照应税煤炭销售额的6%征收。

在确知自己企业综合回收率相对较低、不能准确提供应税产品销售数量或移送数量时,税务机关将根据同行企业的平均综合回收率折算应税产品数量,就会相对少算课税数量,资源税采用的是从价定率计征纳税,课税数量的减少会明显地减少应纳资源税计税销售额,减轻企业的纳税义务。

企业实际应税销售数量是 1 000 吨/25%=4 000(吨),而税务机关认定应税销售数量为 1 000 吨/40%=2 500(吨)。

因此,由于采用合适的折算比例,企业的实际销售量与被税务机关认定的销售量之间就有了 1 500 吨的差额,企业可以减少的资源税税额为:(4 000-2 500)×400×6%=36 000(元)。

按照税务机关核定的折算数量比实际数量减少资源税纳税义务 36 000 元。

当然,如果企业的加工技术或选矿技术相对先进,本企业产品的加工生产综合回收率或金属矿选矿比相对于同行业较高,便应该准确核算回收率或金属矿选矿比,给税务机关提供准确的应税产品销售数量或移送数量。

四、利用结算方式进行税务筹划

依据资源税的有关规定,不同的结算方式,使得纳税义务发生的时间有较大差异。

(1) 采用分期收款结算方式销售的,其纳税义务发生时间为销售合同规定的收款日期当天。

(2) 采用预收货款结算方式的,其纳税义务发生时间为发出应税产品的当天。

(3) 采用其他结算方式的,其纳税义务发生时间则为收讫销售款项或取得索取款项凭据的当天。

(4) 纳税人自产自用应税产品的,其纳税义务发生时间为移送使用应税产品的当天。

【例 10-3】 某油田是增值税一般纳税人,适用增值税税率 13%,资源税税率 10%。10 月销售原油 3 次,数量合计 6 000 吨,具体情况如下:

第 1 次销售 3 000 吨,取得销售收入(不含增值税)900 万元,同时还向购买方收取违约金 2.26 万元;

第 2 次销售 3 000 吨,销售收入(不含增值税)900 万元,买方支付货款的一半,其余货款承诺一年后付清。

方案 1 采用直接收款方式;

方案 2 对第 2 次销售采用分期收款方式。

该油田增值税销项税额和应纳资源税计算如下:

如果采用方案 1,直接收款方式的纳税义务发生时间为收讫销售款项或取得索取款项凭据的当天。

油田 10 月份增值税销项税额 =[900+2.26/(1+13%)+900]×13%=234.26(万元)

油田 10 月份应纳资源税 =[900+2.26/(1+13%)+900]×10%=180.2(万元)

如果采用方案 2,采用分期收款结算方式销售的,其纳税义务发生时间为销售合同规定的收款日期当天。

油田 10 月份增值税销项税额 =[900+2.26/(1+13%)+450]×13%=175.76(万元)

油田 10 月份应纳资源税 =[900+2.26/(1+13%)+450]×10%=135.2(万元)

油田第 2 年 10 月份增值税销项税额 =450×13%=58.5(万元)

油田第 2 年 10 月份应纳资源税 =450×10%=45(万元)

由此可以看出,采用分期收款结算方式,可以为企业获得资金时间价值。

五、利用经营方式进行税务筹划

根据税法规定,资源税的纳税行为发生在生产环节,而非流通环节或终极消费环节。因而可以设立独立核算的销售公司,并利用关联企业的转移定价进行税务筹划。纳税人可以将应税矿产品适当降低价格销售给独立核算的销售公司,少交资源税。销售公司由于处在销售环节,只交增值税,不交资源税。这样可以使集团整体的增值税税负不变,但降低资源税税负。税法规定,纳税人与关联企业的购销业务,不按独立企业之间的业务往来作价的,税务机关可按调整其计税收入额或所得额,核定应纳税额。可见关联企业之间进行节税是有限度的,价格的确定也是有弹性的,在弹性区域内,利用价格的差异可以节税。

【例10-4】 甲公司是一家开采磷矿石的企业,为增值税一般纳税人,税率13%。4月份销售磷矿石原矿1万吨,每吨不含增值税价格为500元。该公司开采的磷矿石原适用的资源税税率是5%。假设甲公司允许抵扣的增值税进项税额为50万元。

方案1 甲公司直接销售磷矿石。

甲公司应纳增值税 =1×500×13%−50=15(万元)

甲公司应纳资源税 =1×500×5%=25(万元)

方案2 设立独立核算的销售公司乙,甲公司将1万吨磷矿石以每吨400元的价格销售给乙公司,乙公司以每吨500元的价格对外销售。

甲公司应纳增值税 =1×400×13%−50=2(万元)

甲公司应纳资源税 =1×400×5%=20(万元)

乙公司应纳增值税 =1×500×13%−1×400×13%=13(万元)

由此可以,方案2可以少交资源税5万元。

第二节 土地增值税的税务筹划

进行土地增值税的税务筹划,应根据土地增值税的税率特点及有关优惠政策,最大限度地控制增值额,从而适用低税率或享受免税待遇。

一、利用适当增值进行税务筹划

按照我国《土地增值税暂行条例》的规定,纳税人建造普通标准住宅出售,增值额未超过扣除项目金额的20%时,免征土地增值税;增值额超过扣除项目金额的20%时,应就其全部增值额按规定缴纳土地增值税。同时还规定,纳税人既建造普通标准住宅,又进行其他房地产开发的,应分别核算增值额;不分别核算增值额或不能准确核算增值额的,其建造的普通标准住宅不享受免税优惠。

当纳税人建造住宅出售的时候,应该充分考虑增值额增加带来的效益与放弃起征点优惠而增加的税收负担间的关系,以避免因增值率稍高于起征点而导致得不偿失。

按照《土地增值税暂行条例》的规定,土地增值税实行四级超率累进税率,税率从30%~60%。

在进行税务筹划时,确认增值额最关键。土地增值税的增值额是转让收入减除税法规定的扣除项目金额后的余额。税法规定的扣除项目有以下部分:取得土地使用权所支付的金额;房地产开发成本;房地产开发费用;与转让房地产有关的税金;其他扣除项目。其他扣除项目主要是指从事房地产开发的纳税人允许扣除取得土地使用权所支付金额和开发成本之和的20%;纳税人需特别注意的是:税法允许扣除的项目比企业自己实际核算中涉及的项目要少,计算增值额时必须以税法的规定为准。增值额小,计税额就小,适用的税率也低,土地增值税税负就轻。因此土地增值税筹划的关键点就是控制、降低增值额。

降低增值额可以通过增加可扣除项目金额和减少收入的方式实现。增加可扣除项目金额的途径很多,比如增加房地产开发成本、房地产开发费用等,使商品房的质量进一步提高。但是,在增加房地产开发费用时,应注意税法规定的比例限制。税法规定,开发费用的扣除比例不得超过取得土地使用权支付的金额和房地产开发成本金额总和的10%,而各省市在10%之内确定了不同的比例,纳税人要注意把握。

控制普通住宅增值率的另一种方法是降低房屋销售价格,销售收入减少了,而可扣除项目金额不变,增值率自然会降低。当然,这会带来另一种后果,即导致销售收入的减少,方法是否可取,就得比较减少的销售收入和控制增值率减少的税金支出的大小,从而做出选择。

房地产开发企业如果既建造普通住宅,又进行其他房地产开发的话,分开核算与不分开核算税负会有差异,这取决于两种住宅的销售额和可扣除项目金额。在分开核算的情况下,如果能把普通标准住宅的增值额控制在扣除项目金额的20%以内,从而免缴土地增值税,则可以减轻税负。

【例10-5】 某房地产开发企业,某年商品房销售收入为15 000万元,其中普通住宅的销售额为10 000万元,豪华住宅的销售额为5 000万元。税法规定的可扣除项目金额为11 000万元,其中普通住宅的可扣除项目金额为8 000万元,豪华住宅的可扣除项目金额为3 000万元。

(1) 不分开核算时,增值额与扣除项目金额的比例:

$$增值率 = \frac{15\,000-11\,000}{11\,000} \times 100\% = 36\%$$

适用30%的税率。

$$应纳土地增值税税额 = (15\,000-11\,000) \times 30\% = 1\,200(万元)$$

(2) 分开核算时,

普通住宅:

$$增值率 = \frac{10\,000-8\,000}{8\,000} \times 100\% = 25\%$$

适用30%的税率。

$$应纳土地增值税税额 = (10\,000-8\,000) \times 30\% = 600(万元)$$

豪华住宅:

$$增值率 = \frac{5\,000-3\,000}{3\,000} \times 100\% = 67\%$$

适用40%的税率。

$$应纳土地增值税税额 = (5\,000-3\,000) \times 40\% - 3\,000 \times 5\% = 650(万元)$$

普通住宅和豪华住宅应纳税合计 1 250 万元,分开核算比不分开核算多缴纳土地增值税 50 万元(1 250-1 200)。

因为普通标准住宅的增值率为 25%,超过 20%,还得缴纳土地增值税。进一步筹划的关键就是通过适当减少销售收入使普通住宅的增值率控制在 20% 以内。这样做的好处有两个:一是可以免缴土地增值税;二是降低房价或提高房屋质量、改善房屋的配套设施等,在激烈的销售战中取得优势。

假设该房地产开发企业 11 000 万元的可扣除项目金额中,普通住宅的可扣除项目金额为 8 400 万元,豪华住宅的可扣除项目金额为 2 600 万元,其他条件不变。

分开核算时普通住宅应纳土地增值税计算如下:

$$增值率 = (10\,000 - 8\,400) \div 8\,400 \times 100\% = 19.05\%$$

增值率未超过 20%,符合土地增值税优惠政策的条件,免征土地增值税。

分开核算时豪华住宅应纳土地增值税计算如下:

$$增值率 = (5\,000 - 2\,600) \div 2\,600 \times 100\% = 92.31\%$$

适用 40% 的税率,速算扣除系数为 5%。

$$应纳土地增值税 = (5\,000 - 2\,600) \times 40\% - 2\,600 \times 5\% = 830(万元)$$

普通住宅和豪华住宅应纳税合计 830 万元,分开核算比不分开核算少缴纳土地增值税 370 万元(1 200-830)。

二、利用分散收入进行税务筹划

在确定土地增值税税额时,十分重要的一点就是确定售出房地产的增值额。因为增值额是纳税人转让房地产所取得的收入减去规定扣除项目金额后的余额,因而纳税人转让房地产所取得的收入对其应纳税额有很大的影响。假如能采取一定的措施使得转让收入变少,就可以减少纳税人的增值额,从而达到节省税款的目的。

在累进税制下,通过分散收入来实施税务筹划显得更为重要。因为在累进税制下,收入的增长即预示着相同条件下增值额的增长,从而使得纳税时适用较高的税率,档次的爬升使得纳税人的税收负担急剧上升。因此,如何使收入合理分散化就是这一方法的关键。比较常见的方法是将可以分开单独处理的部分从整个房地产中分离(如房屋内部的各种设施等),因为对房地产的整体出售虽然可以省去很多麻烦,但却不利于税务筹划。如果企业出售的是经过装修的房屋或者房屋中包括一些设施,将房屋售价和装修款项或者设备款项分开核算,分别与购房者签订两份合同,一份是房屋销售合同,一份是房屋装修合同或者设备销售合同,由于房屋装修收入和设备销售收入不需要缴纳土地增值税,可以因此降低土地增值税税负。

【例 10-6】 甲公司是一房地产开发企业,商品房销售收入 10 791 万元(其中包括 981 万元的装修款),增值税率 9%,城建税率 7%,教育费附加征收率 3%,地方教育费征收率 2%。假设增值税允许抵扣的进项税额 400 万元(其中房屋装修允许抵扣的进项税额 40 万元),土地增值税除税金以外允许扣除项目金额为 4 800 万元。

$$应纳增值税 = 10\,791 \div (1 + 9\%) \times 9\% - 400 = 491(万元)$$

$$应纳城建税及附加 = 491 \times (7\% + 3\% + 2\%) = 58.92(万元)$$

$$土地增值税扣除项目 = 4\,800 + 58.92 = 4\,858.92(万元)$$

增值额 =10 791÷(1+9%)-4 858.92=5 041.08(万元)

增值率 =5 041.08÷4 858.92=103.75%

应纳土地增值税 =5 041.08×50%-4 858.92×15%=1 791.7(万元)

甲公司纳税合计 2 341.62 万元。

如果甲公司将房屋销售价款定为 9 810 万元,另签订一份 981 万元的房屋装修合同,其他条件不变。

应纳增值税 =9 810÷(1+9%)×9%+981÷(1+9%)×9%-400=491(万元)

应纳城建税及附加 =491×(7%+3%+2%)=58.92(万元)

土地增值税扣除项目 =4 800+[9 810÷(1+9%)×9%-360]×(7%+3%+2%)=4 854(万元)

增值额 =9 810÷(1+9%)-4 854=4 146(万元)

增值率 =4 146÷4 854=85.41%

应纳土地增值税 =4 146×40%-4 854×5%=1 415.7(万元)

甲公司纳税合计 1 965.62 万元,和以前相比可以节约税款 376 万元。

三、利用分摊成本费用进行税务筹划

房地产开发企业的成本费用开支有多项内容,不仅包括土地的征用及拆迁补偿费、前期工程费、建筑安装工程费、基础设施费、公共配套设施费、开发间接费等,而且还包括与房地产开发项目有关的销售费用、管理费用和财务费用。前者是房地产开发成本,后者是房地产开发费用。作为土地增值税扣除项目的房地产开发费用,不按纳税人房地产开发项目实际发生的费用进行扣除,而按《土地增值税暂行条例实施细则》的标准进行扣除,因而可以围绕缩减房地产开发成本进行税务筹划。

土地增值税纳税人转让房地产所取得的收入减除规定的扣除项目金额后的余额为增值额,作为扣除项目金额重要组成部分的房地产开发成本的大小会严重地影响纳税人应纳税额的大小,即房地产开发成本越高,应纳税额越小,房地产开发成本越低,应纳税额越大。如果纳税人能最大限度地扩大费用列支比例,则肯定会节省很多税款。当然这种筹划应有一定的限度,无节制地任意扩大的后果就是导致税务机关的纳税调整,结果反倒得不偿失。而且这种扩大也并不是越大越好,在必要的时候适当地减少费用开支可能效果会更好,这主要是针对房地产开发业务较多的企业。因为这类企业可能同时进行几处房地产的开发业务,不同地方开发成本比例因为物价或其他原因可能不同,这就会导致有的房屋开发出来销售后的增值率较高,而有的房屋增值率较低,这种不均匀的状态实际会加重企业的税收负担,这就要求企业对开发成本进行必要的调整,使得各处开发业务的增值率大致相同,从而节省税款。

大量的实践证明,平均费用分摊是抵消增值额、减少纳税的极好选择。只要生产经营者不是短期行为,而是长期从事开发业务,那么将一段时间内发生的各项开发成本进行最大限度的调整分摊,就可以将这段时期获得的增值额进行最大限度的平均,这样就不会出现某处或某段时期增值率过高的现象,从而节省部分税款的缴纳。

【例 10-7】[①] A 房产公司分期开发项目,领取了《建设工程规划许可证》。开发的物业类

---

① 张建庭. 房地产企业土增税全过程筹划的探究. 纳税 .2018(35).

型为花园洋房、高层,已全部售罄。如表10-1所示:

表10-1 A房产公司分期开发项目

类型	土地面积(平方米)	可售面积(平方米)	销售收入(万元)	销售均价(元)
高层普通住宅	15 000	65 000	78 000	12 000
洋房普通住宅	35 000	21 000	42 000	20 000
洋房非普通住宅		14 000	29 400	21 000
合计	50 000	100 000	149 400	14 940

方法1:按面积法分摊,方法2:与税务局沟通,花园洋房归类为排屋类型,全部作为非普通住宅类型计税,对花园洋房土地成本与高层土地成本按占地面积分摊,其他开发成本按建筑面积分摊。土地增值税计算结果,如表10-2所示:

表10-2 土地增值税计算结果

类型	方法1		方法2	
	普通住宅	非普通住宅	普通住宅	非普通住宅
可售面积(平方米)	86 000	14 000	65 000	35 000
销售收入(万元)	120 000	29 400	78 000	71 400
扣除项目合计(万元)	129 700	21 666	74 568	76 798
土地成本(万元)	43 000	7 000	15 000	35 000
开发成本(万元)	51 600	8 400	39 000	21 000
开发费用(万元)	9 460	1 540	5 400	5 600
税金(万元)	6 720	1 646.4	4 368	3 998.4
加计扣除(万元)	18 920	3 080	10 800	11 200
增值额(万元)	-9 700	7 734	3 432	-5 398
增值率	-7%	36%	5%	-7%
适用税率		30%		
应交土地增值税(万元)	0	2 320	0	0

根据上表计算结果可知,方法2优于方法1,在实际操作过程中,不要想当然地认为把花园洋房全部作为非普通住宅肯定不划算,需经过实际测算,由于花园洋房占地面积较大,增值额较低,所以土地成本按照占地面积法分摊更有利于企业。

四、利用利息支出进行税务筹划

房地产开发企业在进行房地产开发业务过程中,一般都会发生大量的借款,因此利息支出是不可避免的。利息支出的不同扣除方法会对企业的应纳税额产生很大的影响。财务费用中的利息支出,凡能够按转让房地产项目计算分摊并提供金融机构证明的,允许据实扣除,但最高不能超过按商业银行同类同期贷款利率计算的金额。其他房地产开发费用,按取得土地使用权所支付的金额和房地产开发成本计算的金额之和的5%以内计算扣除。用公式表示:

房地产开发费用 = 利息 +(取得土地使用权所支付的金额 + 房地产开发成本)×5%

如果纳税人不能按照转让房地产项目计算分摊利息支出,或不能够提供金融机构贷款证明的,房地产开发费用按取得土地使用权所支付的金额和房地产开发成本计算的金额之和的10%以内计算扣除。用公式表示:

房地产开发费用 =(取得土地使用权所支付的金额 + 房地产开发成本)×10%

也就是说,如果利息支出大于取得土地使用权支付的价款和房地产开发成本之和的5%时,把利息支出作为单独扣除项目对企业比较有利;如果利息支出小于取得土地使用权支付的价款和房地产开发成本之和的5%时,房地产开发费用按取得土地使用权所支付的金额和房地产开发成本计算的金额之和的10%以内计算扣除对企业更为有利。

企业在选择是否将利息支出作为单独扣除项目据实扣除时,应根据具体情况从多方面加以考虑。例如企业是以权益筹资方式为主还是以借款筹资方式为主,相关证明文件取得的难易程度等等。企业在对房地产开发项目进行预算时,如预计该项目在开发过程中主要依靠借款筹资,借款的利息超过取得土地使用权所支付的金额和房地产开发成本计算的金额合计的5%时,应对利息支出进行详细记录,以便在转让房地产时计算分摊利息支出。此外,应注意要取得银行贷款利息结算清单等贷款的证明资料,以使利息支出能够作为单独扣除项目。相反,预计开发过程中借款不多,利息费用率较低,预计不会超过土地价款和开发成本合计的5%时,企业可选择不将利息费用作为单独扣除项目据实扣除。

【例10-8】 甲某房地产开发公司开发一处房地产,为取得土地使用权支付2 000万元,为开发土地和新建房及配套设施花费3 000万元,财务费用中可以按转让房地产项目计算分摊的利息支出为400万元,不超过商业银行同期同类贷款利率。

分析:

如果不提供金融机构证明,不将利息支出据实扣除,甲公司能扣除开发费用最高限额为:

(2 000+3 000)×10%=500(万元)

如果提供金融机构证明,将利息费用作为单独项目据实扣除,甲公司能扣除开发费用的最高限额为:

400+(2 000+3 000)×5%=650(万元)

利息支出400万元超过了取得土地使用权支付的价款和房地产开发成本之和的5%250万元,因此,甲公司将利息支出作为单独扣除项目据实扣除对企业更为有利,可以多扣除房地产开发费用,少交土地增值税。

五、利用建房方式进行税务筹划

土地增值税税法对不同的建房方式进行了一系列界定,并规定某些方式的建房行为不属于土地增值税征税范围,不用缴纳土地增值税。纳税人如果能注意运用这些特殊政策进行纳税筹划,其减轻税负的效果是很明显的。

一种是房地产开发公司的代建房方式。这种方式是指房地产开发公司代客户进行房地产的开发,开发完成后向客户收取代建房报酬的行为。对于房地产开发公司来说,虽然取得了一定的收入,但由于房地产权自始至终是属于客户的,没有发生转移,其收入也属于劳务性质的收入,故不属于土地增值税的征税范围,而属于增值税的征税范围。由于建筑行业适用的是9%的比例税率,税负较低,而土地增值税适用的是30%~60%的四级超率累进税率,税负显然比前者为重,如果在相同收入的情况下,当然是前者更有利于实现收入最大化。因此,如果房地产开发公司在开发之初便能确定最终用户,就完全可以采用代建房方式进行开发,而不采用税负较重的开发后销售方式。这种筹划方式可以是由房地产开发公司以用户名义取得土地使用权和购买各种材料设备,也可以协商由客户自己取得和购买,只要从最终形式上看房地产权没有发生转移便可以了。为了使该项筹划更加顺利,房地产开发公司可以降低代建房劳务性质收入的数额,以取得客户的配合。由于房地产开发公司可以通过该项筹划节省不少税款,让利一部分给客户也是可能的,而且这样也会使得房屋各方面条件符合客户要求,低的价格也可以增强企业的市场竞争力。

另一种是合作建房方式。税法规定,对于一方出地,一方出资金,双方合作建房,建成后按比例分房自用的,暂免缴纳土地增值税。房地产开发企业也可以很好地利用该项政策。比如某房地产开发企业购得一块土地的使用权准备修建住宅,则该企业可以预收购房者的购房款作为合作建房的资金。这样,从形式上就符合了一方出土地,一方出资金的条件。一般而言,一幢住房中土地价款所占比例应该比较小,这样房地产开发企业分得的房屋就较少,大部分由出资金的用户分得自用。这样,在该房地产开发企业售出剩余部分住房前,各方都不用缴纳土地增值税,只有在房地产开发企业建成后转让属于自己的那部分住房时,才就这一部分缴纳土地增值税。

六、利用适当捐赠进行税务筹划

房地产的赠予是指房地产的原产权所有人和依照法律规定取得土地使用权的土地使用人,将自己所拥有的房地产无偿地捐赠给其他人的民事法律行为。这种赠予行为在我国目前尚无须缴纳土地增值税。因为按照课征土地增值税的三条标准,赠予人捐赠房产是无偿转让,并没有取得收入,因此不用缴纳土地增值税。

这里仅指以下两种情况:第一,房产所有人、土地使用权所有人将房屋产权、土地使用权赠予直系亲属或承担直接赡养义务人的。第二,房产所有人、土地使用权所有人通过中国境内非营利性的社会团体、国家机关将房屋产权、土地使用权赠予教育、民政和其他社会福利、公益事业的。上述社会团体是指中国青少年发展基金会、中国宋庆龄基金会、国家减灾委员会、中国红十字会、中国残疾人联合会、中国老龄事业发展基金会、老区建设促进会以及经民政部门批准成立的其他非营利性的公益组织。

房产所有人、土地使用权所有人将自己的房地产进行赠予时,如果不是以上所述两种情况,应该视同有偿转让房地产,缴纳土地增值税。因此,当事人应当注意自己的捐赠方式,以免捐赠完了之后,自己反而要承担大笔税款。具体来说,如果当事人在进行捐赠时可以采用以上两种方式,最好采用以上两种方式。比如某房地产所有人欲将其拥有的房地产捐赠给希望工程,就一定要符合法定的程序,即通过在中国境内非营利性的社会团体、国家机关如希望工程基金会进行捐赠,而不要自行捐赠。但如果当事人确实无法采用以上两种方式,则应充分考虑税收因素对自己及他人的影响。比如某房地产所有人欲将拥有的房地产赠予一位好朋友,则可以考虑让受赠人支付税款,也可以采用隐性赠予法,即让该好友实际占有使用该房地产,而不办理房地产产权转移登记手续。

七、利用计税方法进行税务筹划

《土地增值税暂行条例实施细则》(财法字[1995]6号)规定,对个人转让自有住房,凡居住满5年或5年以上的,经向税务机关申报批准,免于征收土地增值税;居住满3年未满5年的,减半征收土地增值税;居住未满3年的,按规定计征土地增值税。《财政部 国家税务总局关于调整房地产交易环节税收政策的通知》(财税字[2008]137号)规定,对个人销售住房暂免征收土地增值税。

可见,根据税法规定,个人转让住房免征土地增值税,个人转让非住房需缴纳土地增值税。个人转让非住房土地增值税具体计算主要分三种方法。

第一种:重置成本评估法。以重置成本评估价格作为扣除项目的,须提供由税务机关指定的房地产评估机构出具的重置成本评估报告。

应纳土地增值税税额 =〔转让收入 – 评估价格 – 与转让房地产有关的税金〕× 适用税率

第二种:发票按年加计扣除法。按购房发票加计扣除方式的,经税务机关确认,《中华人民共和国土地增值税暂行条例》第六条第(一)、(三)项规定的扣除项目的金额,可按发票所载金额并从购买年度起至转让年度止每年加计5%计算。对纳税人购房时缴纳的契税,凡能提供契税完税凭证的,准予作为"与转让房地产有关的税金"予以扣除,但不作为加计5%的基数。"每年"按购房发票所载日期起至售房发票开具之日止,每满12个月计一年;超过一年,未满12个月但超过6个月的,可以视同为一年。

应纳土地增值税税额 =〔转让收入 – 购入价 ×(1+5%×n)– 与转让房地产有关的税金〕× 适用税率

n 是指购入房屋到转让房屋的年度数。

第三种:核定征收方法。如果不能提供出原购房时的相关原始凭证,也不能提供房屋重置成本评估价格的,按核定征收方式计算土地增值税,根据《中华人民共和国税收征收管理法》第35条的规定,实行核定征收。

应纳土地增值税税额 = 转让收入 × 核定征收税率(具体由各省确定)

纳税人选择土地增值税计算方式,并经税务机关确认后,即以此方式征收,不允许再行更改。个人转让非住房时选择的计税方法不同,产生的计税结果也会存在差异。纳税人可对此进行税务筹划。

【例10-9】 段先生在某市以450万元购入一套商用房,缴纳契税15万元。两年后段先生将房屋售出,价款900万元,相关税费50万元。

(1)假设经房地产评估机构评估,房屋的评估价格为550万元。上述房屋原值及相关费用均提供出了合法有效凭据。

可扣除项目金额 =550+50=600（万元）
增值额 =900−600=300（万元）
增值率 =300÷600×100%=50%（增值率不超过50%，适用税率30%）
应缴土地增值税 =300×30%=90（万元）

(2) 不能取得评估价格，但能提供购房发票的计算方法。
可扣除项目金额 =450×(1+5%×2)+15+50=560（元）
增值额 =900−560=340（元）
增值率 =340÷560×100%=61%（增值率超过50%不到100%，适用税率40%）
应缴土地增值税 =340×40%−560×5%=108（万元）

(3) 既没有评估价格，又不能提供购房发票的计算方法。假设核对征收率为3%。
应缴土地增值税 =900×3%=27（万元）

需要注意的是，只是在一定条件下，个人在转让非住房时，采用不提供评估价格、又不提供购房发票的计税方法划算。当评估价格超过购入价×(1+5%×n)与购房缴纳的契税之和时，提供评估价格与购房发票比不提供评估价格、只提供购房发票，一般可以节税不少。

第三节　城镇土地使用税的税务筹划

城镇土地使用税，是对在城市、县城、建制镇和工矿区内使用土地的单位和个人，以其实际占用的土地面积为计税依据，按照规定的幅度差别定额税率计算征收的一个税种。城镇土地使用税是我国目前在土地保有环节征收的唯一税种。

土地使用税的纳税人是在城市、县城、建制镇、工矿区范围内使用土地的单位和个人，包括内资企业、外商投资企业、外国企业以及其他企业和其他单位、个体工商户以及其他个人。土地使用税实行按年计算、分期缴纳的计征办法。不论企业盈亏，实行按年计征，即只要占用城镇土地进行生产经营，每年都要缴纳土地使用税。对于经营者来说，土地使用税虽然不与经营收入的增减变化挂钩，但作为一种费用必然是经营纯收益的一个减项。因此，先行筹划非常重要。

一、利用不同征收范围进行税务筹划

（一）利用不同区域进行税务筹划

我国城镇土地使用税的征税实行幅度税额，只选择在企业分布相对比较集中的城镇地区课税，不包括农村。不同区域的土地使用税税额差别很大（如表10-3所示），大城市、中等城市、小城市、县城、建制镇和工矿区的税额各不相同，各省级人民政府可以根据当地实际情况在上述税额幅度内确定本地区的适用税额幅度。因此经营者可以结合投资项目的实际需要在征税区与非征税区之间、经济发达与经济欠发达的省份之间、同一省份内的大中小城市和县城以及工矿区之间、同一城市和县城以及工矿区之内的不同等级的土地之间做出选择。企业可以利用不同的征收范围、选择征收税收较低或免税的投资地点、选择不同级别的土地，来进行土地使用税的税务筹划。

表10-3 城镇土地使用税税率表

级别	每平方米税额（元）
大城市	1.5~30
中等城市	1.2~24
小城市	0.9~18
县城、建制镇、工矿区	0.6~12

【例10-10】 某食品厂目前占地6 000平方米，现需要征用新土地4 000平方米用来扩大厂区。随着城市化的推进，该厂所在位置由原来的郊县变成了市区，导致土地使用税剧增，且原材料的供应也不如原来稳定。该食品厂在选择征用土地建设新厂区时可以如何决策？（现执行的市区城镇土地使用税的税率为12元/平方米。）

分析：

(1) 该食品厂选择在市区内就近征用4 000平方米土地建设新厂区。

此时，食品厂征用土地后每年应缴纳的土地使用税税额为：

$$(6\,000+4\,000)\times 12=120\,000(元)$$

(2) 假如食品厂选择在农村征用4 000平方米土地建设新厂区，则位于农村的4 000平方米土地不发生缴纳土地使用税的纳税义务。

此时，食品厂征用土地后每年应缴纳的土地使用税税额为：

$$6\,000\times 12=72\,000(元)$$

此外，位于农村的这片土地上将来的房产还可以免缴房产税，城市维护建设税也会大大减少。

当然，如果企业设在农村会影响企业的业务发展的话，企业可以把总部、销售部门设在城市市区，而把工厂、生产车间设在农村，同时在厂房附近建立小麦等原材料生产基地，或与农户联合签订小麦等收购合同，就可以保证原材料的质量和来源稳定。

对于一些必须设置于城市繁华区域的大型餐饮、住宿、影院等企业，落户农村对企业发展影响极大，此时可以借助地区差别税额进行税务筹划。因为，即使是同一城市，位于市区交通条件、商业繁华程度不同的地段，土地使用税的税额也有差别。企业可以依据自身特点，在满足生产经营要求、不降低总体经济效益的情况下，尽可能选择土地使用税税负较低的地段去投资。

(二) 利用征用耕地与非耕地进行税务筹划

对于新办企业或需要扩大规模的老企业，在征用土地时，可以在征用耕地与非耕地之间作筹划。因为政策规定，新征用的土地，是耕地的，自批准征用之日起满1年时开始缴纳土地使用税；而征用的非耕地，自批准征用的次月起就应该缴纳土地使用税。

耕地是指种植农业作物的土地。占用园地、林地、草地、农田水利用地、养殖水面、渔业水域滩涂以及其他农用地建设建筑物、构筑物或者从事非农业建设的，也应缴纳耕地占用税。园地指果园、茶园、其他园地。林地，包括有林地、灌木林地、疏林地、未成林地、迹地、苗圃等，不包括居民点内部的绿化林木用地，铁路、公路征地范围内的林木用地，以及河流、沟渠的护堤林用地。牧草地,包括天然牧草地、人工牧草地。农田水利用地,包括农田排灌沟渠及相应附属设施用地。养殖水面,包括人工开挖或者天然形成的用于水产养殖的河流水面、湖泊水面、水库水面、坑塘水面及相应附属设施用地。渔业水域滩涂,包括专门用于种植或者养殖水生动植物的海水潮浸地带和滩地。草地,是指用于农业生产并已由相关行政主管部门发放使用权证的草地。苇田,是指用于种植芦苇并定期进行人工养护管理的苇田。占用上述农用地建设直接为农业生产服务的生产设施的,不缴纳耕地占用税。

【例 10-11】 甲企业 2019 年实际占地面积为 5 000 平方米,2019 年 4 月 30 日该企业为扩大生产,根据有关部门的批准,新征用非耕地 2 500 平方米,新征用耕地 1 500 平方米。该企业所处地段适用城镇土地使用税年税额 5 元/平方米,耕地占用税 20 元/平方米。

2019 年甲企业应纳城镇土地使用税和耕地占用税计算如下:

应纳城镇土地使用税 =5 000×5+2 500×5×8/12=25 000(元)

应纳耕地占用税 =1 500×20=30 000(元)

2020 年甲企业应纳城镇土地使用税和耕地占用税计算如下:

应纳城镇土地使用税 =7 500×5+1 500×5×9/12=43 125(元)

甲企业两年合计缴纳城镇土地使用税和耕地占用税 98 125 元。

如果甲企业新征用非耕地 1 500 平方米,新征用耕地 2 500 平方米。2019 年甲企业应纳城镇土地使用税和耕地占用税计算如下:

应纳城镇土地使用税 =5 000×5+1 500×5×8/12=30 000(元)

应纳耕地占用税 =2 500×20=50 000(元)

2020 年甲企业应纳城镇土地使用税和耕地占用税计算如下:

应纳城镇土地使用税 =6 500×5+2 500×5×9/12=41 875(元)

甲企业两年合计缴纳城镇土地使用税和耕地占用税 121 875 元。

二、利用税收优惠进行税务筹划

《城镇土地使用税暂行条例》(2006 年修订)规定,下列土地免缴土地使用税:国家机关、人民团体、军队自用的土地;由国家财政部门拨付事业经费的单位自用的土地;宗教寺庙、公园、名胜古迹自用的土地;市政街道、广场、绿化地带等公共用地(依据财税〔2008〕152 号《财政部 国家税务总局关于房产税城镇土地使用税有关问题的通知》,公园、名胜古迹内的索道公司经营用地,应按规定缴纳城镇土地使用税);直接用于农、林、牧、渔业的生产用地;经批准开山填海整治的土地和改造的废弃土地,从使用的月份起免缴土地使用税 5~10 年;由财政部另行规定免税的能源、交通、水利设施用地和其他用地。企业可以充分利用上述税收优惠进行税务筹划。

(一)利用改造废弃土地进行税务筹划

税法规定,经批准开山填海整治的土地和改造的废弃土地,从使用的月份起免缴土地使用税 5~10 年。企业可以充分利用城市、县城、建制镇、工矿区的废弃土地,进行开山填海利用土地,以获得免缴土地使用税的机会。

(二)利用经营采摘、观光农业进行税务筹划

税法规定,在城镇土地使用税征收范围内经营采摘、观光农业的单位和个人,其直接用于

采摘、观光的种植、养殖、饲养的土地,根据《城镇土地使用税暂行条例》中"直接用于农、林、牧、渔业的生产用地"的规定,免征城镇土地使用税。

(三)利用准确核算用地进行税务筹划

如果企业能够准确核算用地,就可以充分享受土地使用税设定的税收优惠条款。例如,将直接用于农、林、牧、渔业的生产用地与农副产品加工场地和生活办公用地相分离,就可以享受直接用于农、林、牧、渔业生产用地的免税条款。

(四)利用提高土地利用效率进行税务筹划

为提高土地利用效率,促进节约集约用地,2014年1月,财政部发布《关于企业范围内荒山 林地 湖泊等占地城镇土地使用税有关政策的通知》(财税[2014]1号),已按规定免征土地使用税的企业范围内荒山、林地、湖泊等占地,自2014年1月1日至2015年12月31日,按应纳税额减半征收城镇土地使用税;自2016年1月1日起,全额征收城镇土地使用税。

因此,为减轻税负,2016年后企业在征用土地时,可以适当减少荒山、林地、湖泊的占用,而选择其他可以享受税收优惠的土地,同时要及时开发。

第四节 房产税的税务筹划

房产税是对坐落在城市、县城、建制镇和工矿区范围内的房屋以房产为征税对象,依据房产价格或房产租金收入向房产所有人或经营人征收的一种税。房产税的纳税义务人是房屋的产权所有人。

一、利用计税依据进行税务筹划

房产税是以房产计税余值或房产租金收入为计税依据的。采用比例税率,分为从价计缴、从租计缴两种方式。从价计缴是房产税依照房产原值一次减除10%~30%后的余值、按1.2%的税率计算缴纳;从租计缴是按照房产出租的租金收入、按12%征税。

1. 合理确定房产原值

根据税法规定,房产税的征税对象是房产,即有屋面和围护结构(有墙或两边有柱),能够遮风避雨,可供人们在其中生产、学习、工作、娱乐、居住或贮藏物资的场所。独立于房屋之外的其他建筑物如围墙、烟囱、水塔、变电塔、油池油柜、酒窖菜窖、酒精池、糖蜜池、室外游泳池、露天停车场、露天凉亭、喷泉设施、玻璃暖房、砖瓦厂灰窑以及各种油气罐等,均不属于房产,不征房产税。房产原值是指纳税人按照会计准则规定,在"固定资产"科目中记载的房屋原价。房产原值包括与房屋不可分割的各种附属设施或一般不单独计算价值的配套设施。如暖气、卫生、通风、照明、煤气等设备;各种管线如给排水管道及电力、电信、电缆导线;电梯、过道、晒台等。凡以房屋为载体,不可随意移动的附属设施和配套设施如给排水、采暖、消防、中央空调、电气及智能化楼宇设备等,无论在会计核算中是否单独记账与核算,都应计入房产原值,计征房产税。

因为独立于房屋之外的建筑物不征房产税,纳税人在核算房屋原值时,应合理确定房产的范围,对房屋与非房屋建筑物以及各种附属设施、配套设施应进行适当划分。

【例10-12】 某企业想兴建一座花园式工厂,除厂房、办公用房外,还包括厂区围墙、水塔、变电站、停车场、露天凉亭、游泳池、喷泉设施等建筑物,总造价1亿元。其中除厂房、办公用房外的建筑物的造价为800万元(当地政府规定房产余值为房屋原值减房屋原值的30%比例进行计算)。如何进行房产税的税务筹划?

分析:如果1亿元都作为房产原值的话,该企业自工厂建成的次月起就应缴纳房产税。每年应纳税额为:

$$应纳房产税税额 = 10\,000 \times (1-30\%) \times 1.2\% = 84(万元)$$

而如果企业把停车场和游泳池都建成露天的,并且把这些独立的建筑物的造价与厂房、办公用房的造价分开,在会计账簿中单独记载,则这部分建筑物的造价不计入房产原值,不需缴纳房产税。

$$应纳房产税税额 = (10\,000-800) \times (1-30\%) \times 1.2\% = 77.28(万元)$$

每年可以减少房产税税额6.72万元,即84-77.28=6.72(万元)。

2. 区分实际租金收入和代收收入

房产出租的,房产税采用从租计征方式,以租金收入为计税依据,按12%税率计缴。所以租金收入的变化对房产税税额影响很大。筹划中要注意,不属于实际租金收入的代收项目收入,一定要分开核算,否则会虚增税基。

【例10-13】 某公司在市中心建成一幢高层写字楼,配套设施齐全,并提供完善的物业服务。当年的全年租金2 800万元,其中代收的水电费650万元、宽带网络费30万元、物业管理费380万元。如何进行房产税的筹划?

分析:

(1) 如果该公司把房屋租赁相关收入合并征收,应缴纳的房产税为:

$$房产税税额 = 2\,800 \times 12\% = 336(万元)$$

(2) 如果该公司进行税务筹划,将房屋租赁各相关收入分别单独签订合同,如物业管理费使用物业公司的合同,水电费、宽带网络费按照承租人实际耗用的数量和规定的价格标准结算、代收代缴,就会免除房产税的纳税义务。此时应缴纳的房产税为:

$$房产税税额 = (2\,800-650-30-380) \times 12\% = 208.8(万元)$$

公司减轻房产税负担127.2万元,如果加上同时减轻的增值税、城市维护建设税和教育费附加的税额,筹划的空间就更大了。

二、利用纳税义务发生时间进行税务筹划

房产税的纳税义务发生时间规定如下:
(1) 将原有房产用于生产经营的纳税义务发生时间从生产经营之月起;
(2) 自建房屋用于生产经营的纳税义务发生时间从建成之日的次月起;
(3) 委托施工企业建设的房屋的纳税义务发生时间从办理验收手续之次月起;
(4) 纳税人购置新建商品房的纳税义务发生时间自房屋交付使用之次月起;
(5) 购置存量房的纳税义务发生时间自办理房屋权属转移,登记机关签发房屋权属证书之次月起;
(6) 纳税人出租、出借房产的纳税义务发生时间自交付出租、出借房产之次月起;
(7) 房地产开发企业自用、出租、出借本企业建造商品房的纳税义务发生时间自房屋使用

或交付之次月起。

根据《财政部国家税务总局关于房产税、城镇土地使用税有关问题的通知》(财税[2009]128号)规定,融资租赁的房产,由承租人自融资租赁合同约定开始日的次月起依照房产余值缴纳房产税。合同未约定开始日的,由承租人自合同签订的次月起依照房产余值缴纳房产税。因此出租人无需继续缴纳房产税,自融资租赁合同约定开始日的次月起由承租人依照房产余值缴纳房产税。

【例10-14】 甲企业有一处房产,原值为1 000万元。2019年12月20日,将A房产以融资租赁的方式租给乙企业,合同约定租期从2020年1月1日到2023年12月31日,共四年,每年租金120万元,于每期期初支付。2019年12月30日,将B房产以融资租赁的方式租给乙企业,合同只注明租期5年,每年租金190万元,没约定租期开始日。假设当地政府规定房产余值为房屋原值减房屋原值的30%比例进行计算。

2020年甲、乙企业房产税计算如下:

甲企业房产税应纳税额=[1 000×(1−30%)×1.2%]×1/12=0.7(万元)

乙企业房产税应纳税额=[1 000×(1−30%)×1.2%]×11/12=7.7(万元)

如果甲企业签订租赁合同时只注明租期5年,每年租金120万元,没约定租期开始日。2020年甲、乙企业房产税计算如下:

甲企业房产税应纳税额=0

乙企业房产税应纳税额=1 000×(1−30%)×1.2%=8.4(万元)

三、利用经营方式进行税务筹划

房产税对不同用途的应税房屋采用不同的计税依据和适用税率。对自用的应税房屋,以其原值减除10%~30%折旧后的余值为计税依据,按年计征,适用税率为1.2%;而对出租的房屋则以收取的租金收入为计税依据,适用12%的税率。由于应税房屋的计税余值是以房屋的历史成本为基础计算的,而租金收入则是按现实交易价格计算的,两者的计算口径不同,加之适用税率不同,往往会出现同一房屋按不同方法计征房产税,而导致税负高低相差悬殊的现象。这就为企业通过合理选择经营方式进行房产税税务筹划提供了空间。

【例10-15】 甲公司将一处门面房出租给乙公司用于销售产品,每年收取租金327万元,该房产的计税原值为2 000万元。假设当地政府规定房产余值为房屋原值减房屋原值的30%比例进行计算,甲公司和乙公司均为增值税一般纳税人。

甲公司租金收入增值税销项税额和房产税计算如下:

增值税销项税额=327÷(1+9%)×9%=27(万元)

应纳房产税=327÷(1+9%)×12%=36(万元)

如果甲公司利用门面房采取收取手续费的方式为乙公司代销产品,代销产品的品种和价格由乙公司确定,甲公司只收取代销手续费。假设甲公司每年收取的代销手续费仍为327万元。甲公司代销手续费收入增值税销项税额和租金收入房产税计算如下:

增值税销项税额=327÷(1+6%)×6%=18.51(万元)

应纳房产税=2 000×(1−30%)×1.2%=16.8(万元)

可见,筹划后甲公司可少负担房产税19.2万元(36−16.8),少负担增值税8.49万元(27−

18.51)。

这种改变经营方式的筹划思路同样适用于某些暂时闲置、没有租出去的房产。企业可以通过合理安排,将这些暂时闲置的房产出租,只收取极少的象征意义的租金。由于租金很低,据此计算的房产税会低于按照房屋余值计算的房产税,从而降低了房产税税负。

四、利用投资方式进行税务筹划

企业利用房产对外投资有两种情况:

(1) 企业作为投资者参与被投资方的利润分红,且共担风险。这种情况下,企业以房产余值作为计税依据计征房产税。

(2) 企业以房产对外投资,只收取固定的收入,不承担被投资方的风险。这种情况下,企业按租金计征房产税。

由于投资采用两种不同的分配方式和不同的计税办法,这就为纳税人进行纳税筹划提供了可能性。

【例10-16】 甲公司有房产5 000万元,准备用其中的1 000万元房产向乙公司进行投资。假设市场上房屋租金占房产价值的比例为8%,当地政府规定房产余值为房屋原值减房屋原值的30%比例进行计算。

如果对外投资按分红方式,甲公司用于投资的房产房产税计算如下:

$$应纳房产税 = 1\,000 \times (1-30\%) \times 1.2\% = 8.4(万元)$$

如果对外投资按取得固定收入的方式,甲公司用于投资的房产房产税计算如下:

$$应纳房产税 = 1\,000 \times 8\% \times 12\% = 9.6(万元)$$

可见,甲公司应选择按分红方式对外进行投资,这样可以少缴房产税1.2万元(9.6-8.4)。

五、利用租金支付方式进行税务筹划

房屋出租按房屋租金计算房产税,税率12%。对出租房产,租赁双方签订的租赁合同约定有免收租金期限的,免收租金期间由产权所有人按照房产原值缴纳房产税。企业在出租房产时,可以与租户进行沟通,不采用免租期的形式,而是将租金总额合理的分配至整个租期,从而达到降低房产税税额的目的。

【例10-17】 甲公司出租某房产,合同规定:租期2年,免租期6个月,从第一年的第7个月开始租金为10万元/月,第二年开始租金为15万元/月,总租金为240万元。该房产的原值为1 000万元。当地政府规定房产余值为房屋原值减房屋原值的30%比例进行计算。

甲公司应纳房产税计算如下:

$$第一年应纳房产税 = 1\,000 \times (1-30\%) \times 1.2\% \times 6/12 + (10 \times 6) \times 12\% = 11.4(万元)$$

$$第二年应纳房产税 = 15 \times 12 \times 12\% = 21.6(万元)$$

甲公司两年合计应纳房产税33万元。

如果甲公司将合同条款修改为:租期2年,每月租金为10万元/月,总租金为240万元。甲公司应纳房产税计算如下:

$$第一年应纳房产税 = 10 \times 12 \times 12\% = 14.4(万元)$$

$$第二年应纳房产税 = 10 \times 12 \times 12\% = 14.4(万元)$$

甲公司两年合计应纳房产税 28.8 万元。

可见,甲公司可以少缴房产税 4.2 万元(33−28.8)。

六、利用税收优惠进行税务筹划

依据房产税的相关规定,以下房产享受减免税优惠政策:

(1) 国家机关、人民团体、军队本身自用的办公用房和公务用房免征房产税。

(2) 由国家财政部门拨付事业经费的单位,其本身使用的业务用房免征房产税。

(3) 宗教寺庙举行宗教仪式等的房屋和宗教人员使用的生活用房,公园、名胜古迹自用的供公共参观游览的房屋及其管理单位的办公用房免征房产税。

(4) 个人所有的非营业用房免征房产税。个人所有的非营业用房,主要是指居民住房,不分面积多少,一律免征房产税。对个人拥有的营业用房或者出租的房产,不属于免税房产,应照章纳税。

(5) 经财政部批准免税的其他房产。例如,对企业开办的各类学校、医院、托儿所、幼儿园自用的房产,免征房产税;损坏不堪使用的房屋和危险房屋,经有关部门鉴定,在停止使用后,免征房产税;房屋大修停用半年以上的,经纳税人申请,在大修期间可免征房产税;从 2001 年 1 月 1 日起,对按政府规定价格出租的公有住房和廉租住房等,暂免缴纳房产税;对符合条件的科技园、孵化器自用以及无偿或通过出租等方式提供给孵化企业使用的房产,免征房产税。

需要重点注意的是,上述免税单位出租的房产以及非本身业务用的生产、营业用房产不属于免税范围,应征收房产税。同时,纳税单位与免税单位共同使用的房屋,按各自使用的部分划分,分别征收或免征房产税,否则不得享受免税待遇。

第五节 印花税的税务筹划

印花税是一种具有行为税性质的凭证税,印花税的纳税人是订立、领受在中华人民共和国境内具有法律效力的应税凭证,或者在中华人民共和国境内进行证券交易的单位和个人。印花税的征税对象为书面形式的合同、产权转移书据、营业账簿和权利、许可证照,以及上市交易或者挂牌转让的公司股票和以股票为基础发行的存托凭证。

由于印花税的计税依据是合同金额,因而可以通过缩小计税金额、采取不同核算方式、减少参与合同签订人员等方法,实施税务筹划。

一、利用减免税优惠进行税务筹划

根据《中华人民共和国印花税法(征求意见稿)》规定,下列情形,免征或者减征印花税:

(1) 为避免重复征税,对应税凭证的副本或者抄本免税;

(2) 为支持农业发展,对农民、农民专业合作社、农村集体经济组织、村民委员会购买农业生产资料或者销售自产农产品订立的买卖合同和农业保险合同免税;

(3) 为支持特定主体融资,对无息或者贴息借款合同、国际金融组织向我国提供优惠贷款订立的借款合同、金融机构与小型微型企业订立的借款合同免税;

(4)为支持公共事业发展,对财产所有权人将财产赠与政府、学校、社会福利机构订立的产权转移书据免税;

(5)为支持国防建设,对军队、武警部队订立、领受的应税凭证免税;

(6)为减轻个人住房负担,对转让、租赁住房订立的应税凭证,免征个人应当缴纳的印花税。

二、利用模糊金额进行税务筹划

模糊金额筹划法,具体来说是指经济合同当事人在签订数额较大的合同时,有意地使合同上所载金额,在本来能够明确的条件下,不最终确定,以达到暂时少缴印花税税款目的的一种行为。

在现实经济生活中,各种经济合同的当事人在签订合同时,有时会遇到计税金额无法最终确定的情况。而我国印花税的计税依据大多数都是根据合同所记载金额和适用税率确定,计税依据无法最终确定时,纳税人的应纳印花税税额也就相应地无法确定。此时,可以采取不同方法来实施税务筹划。

税法规定,有些合同在签订时无法确定计税金额,如技术转让合同中的转让收入,是按销售收入的一定比例收取的,或是按其实现利润多少进行分成的;租赁合同,只是规定了月(天)租金标准而无租赁期限等。对这类合同,可在签订时先按定额5元贴花,以后结算时再按照实际的金额计税,补贴印花。这便给纳税人进行纳税筹划创造了条件。

【例10-18】 某设备租赁公司欲和某生产企业签订一份租赁合同,租金每年200万元。

(1)如果在签订合同时明确规定年租金200万元,则两企业均应缴纳印花税。

各自应纳印花税税额=200×0.1%=0.2(万元)

(2)如果两企业在签订合同时仅规定每天的租金数,而不具体确定租赁合同的执行时限,则两企业只需各自先缴纳5元钱的印花税,余下部分等到最终结算时才缴纳。企业通过延缓纳税,获得了货币的时间价值,企业得到了利益。

三、利用压缩金额进行税务筹划

(一)压缩应纳税收入金额实施税务筹划

税法规定,经济合同的纳税人是订立合同的双方或多方当事人,其计税依据是合同所载的金额。因而出于共同利益,双方或多方当事人可以经过合理筹划,压缩合同的记载金额,达到少缴税款的目的。

【例10-19】 甲企业和乙企业欲签订一份承揽合同,数额较大。由于承揽合同的计税依据是合同列明的价款或者报酬,即合同中规定的受托方的加工费收入和提供的辅助材料金额之和。因此,如果双方当事人能想办法将辅助材料金额压缩,问题便解决了。具体的做法就是由委托方自己提供辅助材料,合同的计税依据减少,只剩下受托方的加工费收入,从而达到税务筹划的目的。

(二)采取保守金额实施税务筹划

在实际生活中,预计可能实现或完全能实现的合同,可能会由于种种原因无法实现或无法完全实现,导致合同最终履行的结果与签订合同时有出入。而印花税是一种行为税,只要有签订应税合同的行为发生,双方或多方经济当事人的纳税义务便已产生,就应该计算应纳税额并贴花。根据税法,无论合同是否兑现或是否按期兑现,均应贴花。

【例10-20】 两个当事人订立合同之初认为履行合同数额为1 000万元,而实际最终结算时发现只履行800万元或甚至因为其他原因没有办法履行,则双方当事人就会无益地多负担一笔印花税税款。如果结合其他税种,比如增值税,便会代垫很大一笔税款,人为地造成自己企业资金的短缺。因而在合同设计时,双方当事人应充分地考虑到以后经济交往中可能会遇到的种种情况,根据这些可能情况,确定比较合理、比较保守的金额。如果这些合同属于金额难以确定的,也可以采用前面说过的模糊金额筹划法,等到合同最终实现后,根据实际结算情况再补贴印花,这样也能达到同样的效果。

此外,经济当事人还可以采取其他办法弥补多贴印花税票的损失。如在合同中注明"如果因为一方有过错导致合同不能履行或不能完全履行,有过错方负责赔偿无过错方多缴的税款",使得税负问题得到很好的解决。

四、利用参与人数进行税务筹划

利用参与人数进行税务筹划,思路就是尽量减少书立使用各种凭证的人数,使更少的人缴纳印花税,使当事人的总体税负下降,从而达到少缴税款的目的。

根据印花税相关法规,对于应税凭证,凡是由两方或两方以上当事人共同书立的,其当事人各方都是印花税的纳税人。如果几方当事人在书立合同时,能够不在合同上出现的当事人尽量不以当事人身份出现在合同上,则效果就达到了。

【例10-21】 比如甲、乙、丙、丁四人签订合同,乙、丙、丁三人基本利益一致,就可以任意选派一名代表,让其和甲签订合同,则合同的印花税纳税人便只有甲和代表人。这种筹划方法也可以应用到书立产权转移书报的立据人。因为一般来说,产权转移书据的纳税人只有立据人,不包括持据人,持据人只有在立据未贴或少贴印花税票时,才负责补贴印花税票。但是如果立据人和持据人双方当事人以合同形式签订产权转移书据,双方都应缴纳印花税。因而这时采取适当的方式使尽量少的当事人成为纳税人,税款自然就会减少。

五、利用分开核算进行税务筹划

税法规定,同一凭证,因载有两个或两个以上经济事项而适用不同税目税率,如分别记载金额的,应分别计算应纳税额,相加后按合计税额贴花;如未分别记载金额的,按税率高的计税贴花。

【例10-22】 某煤矿10月与铁道部门签订运输合同,所载运输费及保管费共计300万元。该合同中涉及运输合同和保管合同两个税目,而两者税率不相同,运输合同的税率为0.03%,保管合同的税率为0.1%。

(1)未分开核算时,因未分开记载金额,应按税率高的计税贴花,即按0.1%税率计算应贴印花。

$$应纳印花税税额 = 300 \times 0.1\% = 0.3(万元)$$

(2)分开核算时,假定运输合同列明,含货物运输费260万元,保管费40万元。则:

$$应纳印花税税额 = (260 \times 0.03\%) + (40 \times 0.1\%) = 0.118(万元)$$

企业通过简单的税务筹划,使得订立合同的双方均节省1 820元税款。

六、利用借款方式进行税务筹划

借款方式筹划法是指利用一定的筹资技术使企业达到最大获利水平和最小税负的方法。通常,自我积累筹资方式所承受的税收负担要重于向金融机构贷款筹资方法承受的税收负担。因为金融机构贷款利息对企业而言可以作为支出,相应地利润会有所减少,从而节省税款。银行及其他金融机构与借款人(不包括同业拆借)所签订的合同,以及只开借据并且作为合同使用,取得银行借款的借据应按照"借款合同"税目、缴纳借款金额0.05‰的印花税。而企业之间的借款合同则不用贴花。因而对企业来说,在利率相同或差异较小的时候,从企业借款效果会更好。

【例10-23】 某企业A因资金紧张,急需一笔为期一年的借款100万元。企业有两种选择:一是从某商业银行借款100万元;二是从企业B同业借款100万元,年利率都是6%。在两笔贷款利率相同时,企业从银行贷款需要缴纳50元印花税,而从企业借款则无须缴纳印花税,由此可节税50元。

由此可知,在贷款利率一致时,企业通过从企业借款可以减少缴纳税款,达到相应增加企业收益的目的。

七、利用最少转包进行税务筹划

根据印花税法的规定,建设工程合同的计税依据为合同上记载的承包金额,其适用税率为0.3‰。施工单位将自己承包的建设项目分包或者转包给其他施工单位所签订的分包合同或者转包合同,应按照新的分包合同或者转包合同上所记载的金额再次计算应纳税额。因为印花税是一种行为性质的税种,只要有应税行为发生,就应按税法的相关规定纳税。

【例10-24】 某市的城建公司A与某商城签订建设工程合同,总计金额为1亿元。该城建公司A因业务需要又分别与建筑公司B和C签订分包合同,其合同记载金额分别为4 000万元和4 000万元。B和C又分别将2 000万元转包给D和E。则应纳税额的计算如下:

(1)商城不与B、C、D、E签订合同时,

A与商城签合同时,双方均各自应纳印花税税额为:

应纳税额 =10 000×0.3‰ =3(万元)

A与B、C签订合同时,各方应纳印花税税额如下:

A应纳税额 =(4 000+4 000)×0.3‰ =2.4(万元)

B、C各应纳税额 =4 000×0.3‰ =1.2(万元)

B、C与D、E签订合同时,四方当事人各自应纳印花税税额如下:

应纳税额 =2 000×0.3‰ =0.6(万元)

A、B、C、D、E五家建筑公司以及商城应纳印花税合计为:

应纳税额 =(3+2.4+1.2×2+0.6×4)+3=13.2(万元)

(2)如果该商城分别与A、B、C、D、E五家建筑公司签订2 000万元建设工程合同,五家建筑公司合计应纳印花税:

$$应纳税额 =2\,000×0.3‰×5=3（万元）$$

商城应纳印花税税额不变，仍是 3 万元。

全部业务的应纳印花税额：

$$3+3=6（万元）$$

（3）节省的税款。当选择分别签订分包合同时，商城的纳税义务不变，但各家建筑公司一共可以节省 7.2 万元税款。

这种筹划方法的核心，就是尽量减少签订承包合同的环节，以书立最少的应税凭证，达到节约部分应缴税款的目的。

八、利用明确金额进行税务筹划

根据印花税法规定，应税合同的计税依据，为合同列明的价款或者报酬，不包括增值税税款；合同中价款或者报酬与增值税税款未分别列明的，按照合计金额确定。应税产权转移书据的计税依据，为产权转移书据列明的价款，不包括增值税税款；产权转移书据中价款与增值税税款未分别列明的，按照合计金额确定。所以按合同金额计征印花税有以下三种情况：

（1）如果合同中只有不含税金额，以不含税金额作为印花税的计税依据；

（2）如果合同中既有不含税金额又有增值税金额，且分别记载的，以不含税金额作为印花税的计税依据；

（3）如果合同所载金额中包含增值税金额，但未分别记载的，以合同所载金额（即含税金额）作为印花税的计税依据。

因此企业在签订合同时应明确合同中的不含税价款和增值税税款，以避免多交印花税。

【例 10-25】 甲公司与乙公司签订了一笔买卖合同，在合同中注明的货物不含税金额 10 000 万元，增值税额 1 300 万元。

$$乙公司应纳印花税 =10\,000×0.03\%=3（万元）$$

如果合同中注明货物含税金额总计 11 300 万元，

$$乙公司应纳印花税 =11\,300×0.03\%=3.39（万元）$$

比第一种合同签订方式多交印花税 3 900 元（3.39 万元 −3 万元）。

第六节 契税的税务筹划

契税是对在我国境内转移土地使用权和房屋所有权时，依据当事人双方订立的契约，以所有权发生转移的不动产为征税对象，由产权承受人缴纳的一种税。

一、充分利用税收优惠进行税务筹划

在进行契税的税务筹划时，应充分利用下列税收优惠政策：

（1）国家机关、事业单位、社会团体、军事单位承受土地、房屋用于办公、教学、医疗、科研和军事设施的，免税。

（2）城镇职工按规定第一次购买公有住房的，免税。

（3）因不可抗力灭失住房而重新购买住房的，酌情准予减税或者免税。

(4) 土地、房屋被县级以上人民政府征用、占用后,重新承受土地房屋权属的,由省级人民政府确定是否免税。

(5) 承受荒山、荒沟、荒丘、荒滩土地使用权,并用于农、林、牧、渔业生产的,免税。

(6) 依照我国法律以及我国缔结或参加的双边和多边条约的规定应当予以免税的外国驻华使馆、领事馆、联合国驻华机构及其外交代表、领事官员和其他外交人员承受土地、房屋权属的,经外交部确认,免征契税。

(7) 对金融租赁公司开展售后回租业务,承受承租人房屋、土地权属的,照章征税。对售后回租合同期满,承租人回购原房屋、土地权属的,免征契税。

(8) 对公租房经营管理单位购买住房作为公租房,免征契税。

(9) 在婚姻关系存续期间,房屋、土地权属原归夫妻一方所有,变更为夫妻双方共有或另一方所有的,或者房屋、土地权属原归夫妻双方共有,变更为其中一方所有的,或者房屋、土地权属原归夫妻双方共有,双方约定、变更共有份额的,免征契税。

(10) 对于《中华人民共和国继承法》规定的法定继承人(包括配偶、子女、父母、兄弟姐妹、祖父母、外祖父母)继承土地、房屋权属,不征契税。

(11) 企业按照《中华人民共和国公司法》有关规定整体改制,包括非公司制企业改制为有限责任公司或股份有限公司,有限责任公司变更为股份有限公司,股份有限公司变更为有限责任公司,原企业投资主体存续并在改制(变更)后的公司中所持股权(股份)比例超过75%,且改制(变更)后公司承继原企业权利、义务的,对改制(变更)后公司承受原企业土地、房屋权属,免征契税。

(12) 事业单位按照国家有关规定改制为企业,原投资主体存续并在改制后企业中出资(股权、股份)比例超过50%的,对改制后企业承受原事业单位土地、房屋权属,免征契税。

(13) 两个或两个以上的公司,依照法律规定、合同约定,合并为一个公司,且原投资主体存续的,对合并后公司承受原合并各方土地、房屋权属,免征契税。

(14) 公司依照法律规定、合同约定分立为两个或两个以上与原公司投资主体相同的公司,对分立后公司承受原公司土地、房屋权属,免征契税。

(15) 企业依照有关法律法规规定实施破产,债权人(包括破产企业职工)承受破产企业抵偿债务的土地、房屋权属,免征契税;对非债权人承受破产企业土地、房屋权属,凡按照《中华人民共和国劳动法》等国家有关法律法规政策妥善安置原企业全部职工规定,与原企业全部职工签订服务年限不少于三年的劳动用工合同的,对其承受所购企业土地、房屋权属,免征契税;与原企业超过30%的职工签订服务年限不少于三年的劳动用工合同的,减半征收契税。

(16) 对承受县级以上人民政府或国有资产管理部门按规定进行行政性调整、划转国有土地、房屋权属的单位,免征契税。

(17) 同一投资主体内部所属企业之间土地、房屋权属的划转,包括母公司与其全资子公司之间,同一公司所属全资子公司之间,同一自然人与其设立的个人独资企业、一人有限公司之间土地、房屋权属的划转,免征契税。母公司以土地、房屋权属向其全资子公司增资,视同划转,免征契税。

(18) 经国务院批准实施债权转股权的企业,对债权转股权后新设立的公司承受原企业的土地、房屋权属,免征契税。

(19) 在股权(股份)转让中,单位、个人承受公司股权(股份),公司土地、房屋权属不发生转移,不征收契税。

【例 10-26】 甲公司由于经营不善,依照有关法律规定进行破产清算。其中甲公司的一处房产以 600 万元的价格出售给乙公司,以偿还债权人丙公司的债务。契税税率 3%。

乙公司应纳契税计算如下:

$$应纳契税 =600×3\%=18(万元)$$

如果乙公司先用 600 万元购买丙公司债权,成为甲公司的债权人,然后接受甲公司以该房产抵偿债务。按照上述规定,企业依照有关法律、法规规定实施破产,债权人承受破产企业抵偿债务的土地、房屋权属,免征契税。因此,甲公司无需缴纳契税。

二、利用购买住房的类型进行税务筹划

个人在购买私用住房时,应认真学习研究税收政策,灵活运用,使自己的购买住房行为既符合国家政策,又可以节省部分税款。财政部、国家税务总局、住房城乡建设部三部门联合发布《关于调整房地产交易环节契税、营业税优惠政策的通知》,明确规定了最新房产契税政策。

(1) 对个人购买家庭唯一住房(家庭成员范围包括购房人、配偶以及未成年子女,下同),面积为 90 平方米及以下的,减按 1% 的税率征收契税;面积为 90 平方米以上的,减按 1.5% 的税率征收契税。

(2) 对个人购买家庭第二套改善性住房,面积为 90 平方米及以下的,减按 1% 的税率征收契税;面积为 90 平方米以上的,减按 2% 的税率征收契税。家庭第二套改善性住房是指已拥有一套住房的家庭,购买的家庭第二套住房。(北京市、上海市、广州市、深圳市暂不适用。)

个人在购买自用住宅时,应注意运用这些政策,尽量减少自己的应缴税款。

【例 10-27】 张先生想购买家庭第二套改善性住房,有两套规模结构相当的住房可供选择。一套面积 90 m^2,全部价格为 270 万元;另一套面积 93 m^2,全部价格也为 270 万元。前者按照 1% 缴纳契税,而后者应适用 2% 的税率纳税。其应纳税额计算如下:

$$购买第一套应纳契税税额 =270×1\% =2.7(万元)$$
$$购买第二套应纳契税税额 =270×2\%=5.4(万元)$$

显然购买前者合算,因为这将会节省 2.7 万元的税款。

三、利用等价交换进行税务筹划

根据《契税暂行条例》规定,土地使用权交换、房屋交换,以所交换土地使用权、房屋价格的差额为计税依据。这就是说,当双方当事人进行交换的价格相等时,因为差价为零,任何一方都不用缴纳契税。土地使用权、房屋的交换价格不相等的,由多交付货币、实物、无形资产或者其他经济利益的一方缴纳税款。

当纳税人交换土地使用权或房屋所有权的时候,如果能想办法保持双方的价格差额较小甚至没有,这时以价格为计税依据计算出来的应纳契税就会较少甚至没有。故而这种筹划的核心便是尽量地缩小两者的价差。

【例 10-28】 假定甲、乙两位当事人交换各自房屋所有权,甲的房屋市场价格大约为 100 万元,乙的房屋市场价格大约是 50 万元,如果不进行筹划,则乙应该缴纳一定数额的契税,其

计算如下(假设税率为4%):
$$应纳税额 =(100-50)×4\%=2(万元)$$

由于甲、乙两位当事人进行房屋所有权交换总是会用于某一特定目的,双方当事人为达到该目的交换房屋所有权之后再进行改造与交换之前进行改造,实际效果是一样的,都可以将房屋改造得适合于该项用途。这就给纳税人进行税务筹划创造了一定条件。

对于这一具体案例,可作筹划如下:

由纳税人乙将自己的房屋按照甲的要求进行改造,以满足甲的特定目的,该项改造应控制在一定的限度里,不要使乙改造后的房屋价格高于甲的房屋价格。假定改造后,乙拥有的房屋的市场价格可以升为 90 万元或更高一点。这时可以采用已装修、装饰的房屋或是将甲的房屋可以单独出售的部分从整体中分开,只将主要部分与乙相交换的方法进行筹划。但是,单纯地从价格上进行调节,很易导致税务机关的纳税调整,反而得不偿失。

【例 10-29】 A、B、C 三位当事人,A 和 C 各拥有一套价值 60 万元的房屋,B 想购买 A 的房屋,A 也想购买 C 的房屋后出售其原有房屋。

方案 1 如果不进行筹划,A 购买 C 的住房,应缴纳契税,其计算如下(假定税率为5%):
$$A 应纳税额 =60×5\%=3(万元)$$
同样,当 A 向 B 出售其住所时,B 也应缴纳契税,税款为:
$$B 应纳税额 =60×5\%=3(万元)$$
交易的全部税额为 6 万元。

方案 2 如果三方进行一下调整,先由 A 和 C 交换房屋,再由 C 将房屋出售给 B,这同样可以达到上述买卖的结果,但应纳税款就会有天壤之别。因为 A 和 C 交换房屋所有权为等价交换,没有价格差别,不用缴纳契税。只是在 C 将房屋出售给 B 时,应由 B 缴纳契税。其计算如下:
$$B 应纳税额 =60×5\%=3(万元)$$
方案 2 较方案 1 可以节省税款 3 万元。

四、利用过户方式进行税务筹划

父母将房产留给子女的方式主要有以下几种:一是赠与方式;二是买卖方式;三是继承方式。不同方式下父母的房产过户给子女缴纳的税款不同。

【例 10-30】 田某夫妻居住于天津市,10 年前购买一套普通住房,买价 80 万元,面积 100 平方米。现在该套房产计税价格 350 万元。他们想把房产过户给儿子,哪种方式交税最少?(契税税率3%)

(1) 赠与方式,田某夫妻将该房产无偿赠与儿子,儿子受赠房产应全额缴纳契税。
$$应纳契税 =350×3\%=10.5(万元)$$

(2) 买卖方式,田某夫妻将该房产以 350 万元的价格卖给儿子,儿子承受房产要缴纳契税。如果儿子名下没有房产,按照税法规定,个人购买家庭唯一住房,面积为 90 平方米以上的,减按 1.5% 的税率征收契税。
$$应纳契税 =350×1.5\%=5.25(万元)$$

(3) 继承方式,儿子在田某夫妻去世后继承该房产。根据税法规定,法定继承人(包括配偶、子女、父母、兄弟姐妹、祖父母、外祖父母)继承土地、房屋权属,不征契税。儿子无需缴纳契税。

可见,如果只考虑契税的因素,继承方式是最好的。但是房产过户不仅要考虑孩子需要缴纳的契税,还要考虑父母需要缴纳的增值税、个人所得税等。应该仔细筹划,以实现家庭利益最大化。

如上例,采用赠与方式,根据税法规定,个人无偿赠与子女不动产、土地使用权,暂免征收增值税。房屋产权所有人将房屋产权无偿赠与子女的当事人,不缴纳个人所得税。田某夫妻无需缴纳增值税和个人所得税。

采用买卖方式,根据税法规定,北京市、上海市、广州市和深圳市之外的地区,个人将购买2年以上(含2年)的住房对外销售的,免征增值税。田某夫妻无需缴纳增值税。个人转让自用5年以上并且是家庭唯一生活用房取得的所得,免征个人所得税。如果田某夫妻不只这一套房产,应适用"财产转让所得"税目,税率为20%。财产转让所得为转让财产的收入额减去财产原值和合理费用后的余额。纳税人未提供完整、准确的房屋原值凭证,不能正确计算房屋原值和应纳税额的,税务机关对其实行核定征税,即按纳税人住房转让收入的一定比例核定应纳个人所得税额。转让普通住房,一般以转让收入的1%核定应纳个人所得税额;转让非普通住房,以转让收入的2%核定应纳个人所得税额。田某夫妻按照核对征税的方式计算,应缴纳个人所得税3.5万元。

采用继承方式,根据税法规定,房屋产权所有人死亡,依法取得房屋产权的法定继承人、遗嘱继承人或者受遗赠人,暂免征收增值税。房屋产权所有人死亡,依法取得房屋产权的法定继承人等,不缴纳个人所得税。所以田某夫妻的儿子无需缴纳增值税和个人所得税。

可见,综合考虑契税、增值税、个人所得税等税种因素,仍然是继承方式税负最低。

第七节 车船税的税务筹划

车船税是依照法律规定、对在我国境内的车辆、船舶,按照规定的税目、计税单位和年税额标准计算征收的一种税。依据2012年1月1日实施的《中华人民共和国车船税法》(以下简称车船税法)和《中华人民共和国车船税法实施条例》,车船税的纳税人为车船的所有人或者管理人,车船税的征税对象分为两类:第一类是依法应当在车船登记管理部门登记的机动车辆和船舶,其中,车辆包括乘用车(按发动机汽缸容量即排气量分七档)、商用车(客车、货车)、挂车、其他车辆(专用作业车、轮式专用机械车)、摩托车,船舶包括机动船舶和游艇。第二类是依法不需要在车船登记管理部门登记的在单位内部场所行驶或者作业的机动车辆和船舶,如在机场、港口以及其他企业内部场所行驶或者作业且依法不需在车船登记管理部门登记的车船也纳入车船税征收范围。

车船税实行幅度差别的定额税率。车辆的具体适用税额由省、自治区、直辖市人民政府依照《车船税税目税额表》规定的税额幅度和国务院的规定确定。省、自治区、直辖市人民政府根据车船税法所附《车船税税目税额表》确定车辆具体适用税额,应当遵循以下原则:① 乘用车依排气量从小到大递增税额;② 客车按照核定载客人数20人以下和20人(含)以上两档划分,递增税额。

一、利用选择购买车船进行税务筹划

企业和个人在购买车船时,一般都会从价格性能比等方面进行考虑,而往往容易忽略这些车船将来可能缴纳的税款。实际上,应该在购买车船时充分考虑纳税的问题。

为了体现合理负担、公平税负的税收政策,我国对各类应税车辆实行有幅度的定额税率,对同一类船舶按吨位计税,使得吨位多、收益高、负担能力强、享受航道等设施利益多的船舶,多负担税款;吨位小、收益低、负担能力弱、受益于航道等设施少的船舶,少负担税款。对船舶税款实行分类分级、全国统一的固定税额。

【例10-31】 假定有两只船,一只船的净吨位是2 000吨,另一只船的净吨位是2 001吨。这样第一只船适用税额为4元/吨,其每年应缴纳车船税税额为:

$$应纳税额 = 2\,000 \times 4 = 8\,000(元)$$

另一只船由于适用税额为5元/吨,则每年应缴纳车船税税额为:

$$应纳税额 = 2\,001 \times 5 = 10\,005(元)$$

虽然净吨位只相差1吨,但由于其税率的全额累进功能,致使吨位大的船只每年应纳车船税的税额要多出2 005元。

企业和个人在选择购买船只时,一定要考虑该种吨位的船只所能带来的收益和因吨位发生变化所引起的税负增加之间的关系,然后选择最佳吨位的船只。

经济主体在选择购买车船时还应注意:拖船和非机动驳船分别按机动船舶税额的50%计算。因此在购买运输工具时,是购买拖船和非机动驳船还是购买新船舶,是值得权衡的。

二、利用清楚划分税率差异项目进行税务筹划

我国车船税法规定,不同的税目、不同的子税目,税率高低不同。因此对纳税人来说,最简单的筹划方法就是将适用不同税目、不同子税目的课税对象清楚地区分开,以便最大限度地节省税款。

【例10-32】 某企业自己创办一所学校,该企业共有8辆载客汽车,其中20座载客汽车3辆,18座载客汽车2辆,核定载客人数小于或者等于9人的小型客车3辆(均为排气量2.6升的车辆)。依据当地规定,商用客车达到20座的每年车船税额为600元、小于20座的车船税额为480元;乘用车排气量在2.0升至2.5升之间的每年车船税额720元,排气量超过2.5升至3.0升的每年车船税额1 500元。

分析:

(1) 如果不能划分清楚,则该企业应纳车船税税额为:

$$应纳税额 = 8 \times 1\,500 = 12\,000(元)$$

(2) 如果能够准确划分,则该企业应纳车船税税额为:

$$应纳税额 = 3 \times 600 + 2 \times 480 + 3 \times 1\,500 = 7\,260(元)$$

准确划分适用不同子税目的课税对象,每年可节省车船税税额4 740元。

同时,如果该企业的三辆9座以下的乘用车的排气量稍微小一些,不是2.6升而是2.5升的话,每车每年车船税额可以再节约780元。

三、利用税收优惠,实施挂靠的税务筹划

税法中规定了一些车船可以免征车船税,如果企业或个人的车船能够以这种免税车船的形式出现,无疑可以节省不少税款。当然,许多企业和个人使用车船并非从一开始便具备享受优惠政策的条件,这就需要企业和个人为自己创造条件,来达到利用优惠政策合理进行税务筹划的目的,这种方式即为"挂靠"。

我国《车船税法》规定,下列车船可以享受减免税待遇:

(1) 捕捞、养殖渔船;

(2) 军队、武装警察部队专用的车船;

(3) 警用车船;

(4) 依照法律规定应当予以免税的外国驻华使领馆、国际组织驻华代表机构及其有关人员的车船。

(5) 节约能源、使用新能源的车船可以免征或者减半征收车船税。免征或者减半征收车船税的车船的范围,由国务院财政、税务主管部门商国务院有关部门制订,报国务院批准。

(6) 对受地震、洪涝等严重自然灾害影响纳税困难以及其他特殊原因确需减免税的车船,可以在一定期限内减征或者免征车船税。具体减免期限和数额由省、自治区、直辖市人民政府确定,报国务院备案。

此外,省、自治区、直辖市人民政府根据当地实际情况,可以对公共交通车船,农村居民拥有并主要在农村地区使用的摩托车、三轮汽车和低速载货汽车定期减征或者免征车船税。

如果能够准确核算、明确划分清楚属于以上免税车船,则可以享受免税待遇;否则应照章纳税。同样,免税单位与纳税单位合并办公所用车辆能划分清楚者,分别征或免车船税;不能划分者,应一律照章缴纳车船税。

如果企业或个人的车船以恰当的方式出现,便可以节省这笔税款。

第八节 车辆购置税的税务筹划

车辆购置税是对在中华人民共和国境内购置汽车、有轨电车、汽车挂车、排气量超过一百五十毫升的摩托车(以下统称应税车辆)的单位和个人征收的一种税。这里的购置,包括购买、进口、自产、受赠、获奖或以其他方式取得并自用应税车辆的行为。车辆购置税实行从价定率的办法计算应纳税额,按照应税车辆的计税价格、依照10%的税率、一次征收。购置已征车辆购置税的车辆,不再征收车辆购置税。

车辆购置税的税务筹划方法主要有缩小计税价格、选择经销商身份、利用税收优惠进行税务筹划等。

一、通过缩小计税价格进行税务筹划

根据车辆购置税法有关规定,应税车辆的计税价格,按照下列规定确定:

(1) 纳税人购买自用应税车辆的计税价格,为纳税人实际支付给销售者的全部价款,不包括增值税税款;

(2) 纳税人进口自用应税车辆的计税价格,为关税完税价格加上关税和消费税;

(3) 纳税人自产自用应税车辆的计税价格,按照纳税人生产的同类应税车辆的销售价格确定,不包括增值税税款;

(4) 纳税人以受赠、获奖或者其他方式取得自用应税车辆的计税价格,按照购置应税车辆时相关凭证载明的价格确定,不包括增值税税款。

(5) 纳税人申报的应税车辆计税价格明显偏低,又无正当理由的,由税务机关依照《中华人民共和国税收征收管理法》的规定核定其应纳税额。

销售方价外向购买方收取的某些费用,一般按下列情况分别处理:

(1) 代收款项应区别对待征税。凡使用代收单位的票据收取的款项,应视为代收单位的价外费用,并入计税价格计算征收车辆购置税;凡使用委托方的票据收取,受托方只履行代收义务或收取手续费的款颈,不并入计税价格,计征车辆购置税,按其他税收政策规定征税。

(2) 购买者随车购买的工具件、零件、车辆装饰费等,应作为购车款的一部分或价外费用,并入计税价格征收车辆购置税;但如果不同时间或销售方不同,则不并入计税价格,计征车辆购置税。

(3) 支付的车辆装饰费,应作为价外费用并入计税价格;但是如果不同时间或收款单位不同,则不并入计税价格。

因此,纳税人通过各项费用各自另行开具票据,应尽量不将价外费用并入计税价格,可以进行车辆购置税的税务筹划。

【例 10-33】 杨女士于 3 月 5 日从某品牌车辆专营店(一般纳税人)购买了一辆本田轿车自用。支付购车款 20 万元(含增值税),另外支付临时牌照费 0.02 万元,购买专用工具支付 0.3 万元,代收保险金 0.05 万元,车辆装饰费 1 万元。各项款项由汽车专营店开具发票。

分析:

(1) 未筹划时。杨女士购车时,三项价款由汽车专营店开具了"机动车销售统一发票",合计金额 21.37(20+0.02+0.3+0.05+1)万元。依据发票,需要缴纳车辆购置税为:

$$车辆购置税税额 = 21.37 \div (1+13\%) \times 10\% = 1.89(万元)$$

(2) 假如杨女士进行了税务筹划,将各项费用分开由各有关单位(企业)另行开具票据,代收款项就不会发生车辆购置税的纳税义务。杨女士在购车时,除了购车款不支付其他任何费用,而是在缴纳车辆购置税后再支付工具款、汽车装饰费。这样,随着计税价格的下降,相应的车辆购置税税额就会减少。

价外费用单列时,需要缴纳车辆购置税为:

$$车辆购置税税额 = 20 \div (1+13\%) \times 10\% = 1.77(万元)$$

筹划后少缴 1 200 元车辆购置税。

二、利用选择汽车销售商的身份进行税务筹划

车辆购置税由购买者缴纳,依据车辆购置税法规定,纳税人购买自用的应税车辆的计税价格,为纳税人购买应税车辆而支付给销售者的全部价款,不包括增值税税款。对于消费者而言,在购买应税车辆时要从恰当选择汽车销售商来进行税收筹划。

依据有关规定,纳税人销售货物不含增值税的销售额的计算公式为:

$$销售额 = 含税销售额 \div (1+ 增值税税率或征收率)$$

主管税务机关在计征车辆购置税确定计税依据时,计算车辆的不含增值税价格的计算方法与增值税相同,即:

$$不含税价格 = 含税销售额 \div (1+ 增值税税率或征收率)$$

上述所指的增值税税率是指增值税一般纳税人13%的税率,征收率是指增值税小规模纳税人3%的征收率。对车辆经销商为消费者开具的机动车销售统一发票,凡经销商不能提供增值税一般纳税人证明的,对车辆购置税的纳税人一律按3%征收率换算车辆购置税计税依据;对经销商能提供增值税一般纳税人证明的,对车辆购置税的纳税人按13%增值税税率换算车辆购置税计税依据。

所以,对于纳税人从增值税一般纳税人及从小规模纳税人手中购买机动车,计算缴纳的车辆购置税是不同的。

【例10-34】 仍以【例10-33】为例,杨女士购车的销售商是一般纳税人或小规模纳税人,支付同样的20万元购车款(含增值税),需要缴纳的车辆购置税是有差异的。

分析:

(1) 从一般纳税人处购车,该经销商提供增值税一般纳税人证明。需要缴纳车辆购置税为:

$$车辆购置税税额 =20 \div (1+13\%) \times 10\%=1.77(万元)$$

(2) 从小规模纳税人处购车。需要缴纳车辆购置税为:

$$车辆购置税税额 =20 \div (1+3\%) \times 10\%=1.94(万元)$$

因此,杨女士购买同类型机动车、付同样的购车款,从具有一般纳税人资格经销商手中购买比从小规模纳税人处购买可少缴车辆购置税1 700元。

三、利用税收优惠进行税务筹划

在购置车辆时,要注意对特定群体及单位缴纳车辆购置税可享受减免税待遇。车辆购置税规定的减税、免税主要有:

(1) 依照法律规定应当予以免税的外国驻华使馆、领事馆和国际组织驻华机构及其有关人员自用的车辆;

(2) 中国人民解放军和中国人民武装警察部队列入装备订货计划的车辆;

(3) 悬挂应急救援专用号牌的国家综合性消防救援车辆;

(4) 设有固定装置的非运输专用作业车辆;

(5) 城市公交企业购置的公共汽电车辆。

(6) 自2018年1月1日至2020年12月31日,对购置的新能源汽车免征车辆购置税。

对免征车辆购置税的新能源汽车,通过发布《免征车辆购置税的新能源汽车车型目录》(以下简称《目录》)实施管理。2017年12月31日之前已列入《目录》的新能源汽车,对其免征车辆购置税政策继续有效。2018年1月1日起列入《目录》的新能源汽车须同时符合以下条件:

(1) 获得许可在中国境内销售的纯电动汽车、插电式(含增程式)混合动力汽车、燃料电池汽车。

(2) 符合新能源汽车产品技术要求。

(3) 通过新能源汽车专项检测,达到新能源汽车产品专项检验标准。

(4) 新能源汽车生产企业或进口新能源汽车经销商在产品质量保证、产品一致性、售后服务、安全监测、动力电池回收利用等方面符合相关要求。

关键词

资源税税务筹划　　土地增值税税务筹划　　城镇土地使用税税务筹划
房产税税务筹划　　印花税税务筹划　　契税税务筹划　　车船税税务筹划
车辆购置税税务筹划

小结

资源税可以通过利用准确核算、税收优惠、折算比例、结算方式、经营方式等方法进行税务筹划。土地增值税可以通过利用适当增值、分散收入、分摊成本费用、利息支出、建房方式、适当捐赠、计税方法选择等方法进行税务筹划。城镇土地使用税可以利用不同征收范围、利用税收优惠进行税务筹划。房产税可以通过利用计税依据、纳税义务发生时间、经营方式、投资方式、租金支付方式及税收优惠政策进行税务筹划。印花税则是利用减免税优惠、模糊金额、压缩金额、参与人数、分开核算、借款方式、最少转包、明确金额等进行税务筹划。契税主要是充分利用税收优惠、选择购买住房类型、等价交换、过户方式选择等方式进行税务筹划。车船税主要是利用选择购买车船、利用清楚划分税率差异项目、实施挂靠等方法进行税务筹划。车辆购置税的税务筹划方法主要有缩小计税价格、选择经销商身份、利用税收优惠进行税务筹划等。

即测即评

请扫描右侧的二维码,进行即测即评。

案例分析

案例 10-1

某房地产开发企业,某年商品房销售收入为 10 000 万元,其中普通住宅的销售额为 6 000 万元,豪华住宅的销售额为 4 000 万元。税法规定的可扣除项目金额为 5 600 万元,其中普通住宅的可扣除项目金额为 3 000 万元,豪华住宅的可扣除项目金额为 2 600 万元。

分析要求:该企业应该如何对此进行税务筹划,以使土地增值税的纳税负担最小化?

案例 10-2

朱先生在武汉市以 200 万元购入一套商用房,缴纳契税 6 万元。三年后朱先生将房屋售出,价款 400 万元,相关税费 20 万元。

分析要求:分别按照重置成本评估法(假设房屋评估价格为250万元)、发票按年加计扣除法和核定征收法(假设核定征收率为3%)计算朱先生出售房屋应缴纳的土地增值税。

案例 10-3

某煤矿某年6月与铁道部门签订运输合同,合同所载运输费及保管费共计350万元,其中运输费200万元,保管费150万元。运输合同的税率为0.03%,保管合同的税率为0.1%。

分析要求:该煤矿应该如何就缴纳印花税进行筹划,可以减少多少税额?

案例 10-4

赵先生在儿子结婚时准备将一套住房过户给儿子,该处房产90平方米,是赵先生3年前购置的,当时的价格为250万元,目前的价格为300万元。一种方案是采取无偿赠与的方式;另一个方案是采用买卖的方式。假设契税的适用税率是5%。

分析要求:请为赵先生出谋划策,以最大限度地减轻其税收负担。

复习思考题

1. 如何运用准确核算法对资源税进行税务筹划?
2. 如何运用适当增值筹划法对土地增值税进行税务筹划?
3. 如何运用成本费用分摊对土地增值税进行税务筹划?
4. 如何运用不同征收范围对土地使用税进行税务筹划?
5. 如何运用税收优惠对印花税进行税务筹划?
6. 如何运用模糊金额法和分开核算法对印花税进行税务筹划?
7. 购买住房时如何进行契税的税务筹划?
8. 如何运用清楚划分筹划法对车船税进行税务筹划?
9. 如何运用缩小计税价格、选择经销商身份进行车辆购置税的税务筹划?

第 三 篇

企业经济活动的税务筹划

第十一章 企业经营的税务筹划

企业经营是指以企业为载体或经济组织的物质资料经营,是指企业经营者为了获得最大的物质利益而运用经济权力、用最少的物质消耗创造出尽可能多的能够满足人们各种需要的产品的经济活动。公司经营目的是实现利润最大化,而利润既是企业经营发展的基本保证,也是经营绩效的重要指标,这就决定企业必然会想方设法减少成本,以获得较高利润。

企业经营过程中通过有效的税收筹划,有利于促进企业经营效益的提升,进而获得更好的竞争优势。在进行企业经营活动的税务筹划时,应遵循以下原则:

第一,要考虑企业的总体税负,不仅要考虑企业经营过程中的流转税,如增值税、消费税等,同时也要考虑所得税等其他税种,不能因为对某一个税种的筹划而引起其他税种的支出增加,应尽量寻找使企业总体税负最低的方案。

第二,企业不能只考虑当年的税负最低,而不考虑这种税负减少对其他年份的影响,企业必须着眼于整个筹划期间的税负最小化。

第三,作为价值链上的一个环节,企业不仅要考虑自身的税负,同时还要考虑上下游企业的税负,只有这样,才能保持稳定的联系,保证经济活动得以顺畅进行。

第四,企业在进行经营活动的税务筹划时,还必须考虑税务筹划可能会给企业经济活动带来的影响。例如实现降低税负的目标会引起企业会计利润的减少,而会计利润的减少会产生一系列的经济后果,如资金成本可能会提高、债务的限制条件增多、公司的股价可能会下降、企业财务风险加大、改变经济活动时机造成经营效率损失、与客户关系恶化或者额外的存货持有成本等。

因此,企业应从战略的角度进行经营活动的筹划,要具有整体观念,不能一味寻求税负最低的方案。

第一节 购销活动的税务筹划

降低企业购销活动的总体税负,可以通过选择适用低税率或减少税基两种方式来实现。因为我国大部分税种是比例税率,企业适用的税率一经确定,一般不再变化,企业在初创时或变更经营范围时,可以考虑税率的高低;而在企业日常购销活动中,更多地采用减少税基的方式进行税务筹划。

增值税和所得税是一般企业最主要的两大税种。企业应纳增值税额等于当期销项税额与当期进项税额之差,销项税额是纳税人销售货物或提供应税劳务和应税服务,就销售额依照规定的税率计算的税额,进项税额是购进货物或应税劳务和应税服务已纳的增值税额。企业在进行购销业务的税务筹划时,应尽可能地缩小销项税额、扩大进项税额。缩小销项税额可以通过缩小销售额来实现,扩大进项税额可以通过对不同购进价格、不同抵扣时间的选择来实现。企业所得税的计税依据,是纳税人的收入总额扣除各项成本、费用、税金、损失等支出后的净所得额。企业可以利用会计政策的可选择性,通过压缩收入总额和增加税前扣除项目金额来进行税务筹划。

综上所述,减少收入总额和增加扣除项目金额(进项税额)可以减少企业的税款支出,降低企业的税收负担。但这两种税务筹划方法可能会给企业带来消极影响,企业可以利用其他方法进行税务筹划,如直接减少税款支出、税款的延迟缴纳等。因为货币具有时间价值,虽然税款迟早都要缴纳,但延迟缴纳相当于无偿占用了这笔资金,就是从政府手中获得了一笔无息贷款,会使企业的营运资金相对宽裕,而且不存在财务风险。企业应合理地安排申报所得和确认扣除项目(进项税额)的时间,以便尽可能地少缴纳晚缴纳应纳税额。但是,由于选择所得实现的时间和确认扣除项目(进项税额)的时间往往会有冲突,所以在进行税务筹划时还必须比较确认所得和扣除项目(进项税额)时间的相互抵消效果。

一、采购活动的税务筹划

在采购活动中,不论是固定资产的采购,还是原材料和办公用品的采购,企业对供货商、货款支付方式等选择不同,企业的税负也不同。

(一) 供货商选择的税务筹划

增值税法依据企业经营规模和企业财务会计制度是否健全等标准,将纳税人分为一般纳税人和小规模纳税人两类。一般纳税人销售货物、提供应税劳务和应税服务可以按照13%、9%或者6%开具增值税专用发票,而小规模纳税人只能开具普通发票,或者由税务机关按照3%或5%的征收率代开增值税专用发票。当购买者为小规模纳税人时,由于不能抵扣增值税进项税额,所以供货商是一般纳税人还是小规模纳税人对其没有影响,一般直接根据货物价格比较选择供货商。购买者为一般纳税人时,购买一般纳税人的货物后,应将销项税额抵扣相应的进项税额后的余额,向税务部门缴纳增值税;购买小规模纳税人的货物时,由于不能获取增值税专用发票,其进项税额在纳税时也就得不到相应的抵扣,或者按照较低的征收率抵扣。

【例11-1】 某商品批发公司为增值税一般纳税人,适用增值税税率为13%,欲购进某种商品,有三个供货商可供选择:增值税一般纳税人甲(适用增值税税率为13%)、能开具增值税专用发票的小规模纳税人乙、开具普通发票的小规模纳税人丙。假定从甲、乙、丙进货的价格分别为26 000元、22 000元、20 000元(均含税)。该商品不属于消费税应税消费品,该公司预计销售价格为30 000元(含),该公司所得税税率25%,城建税税率7%,教育费附加征收率3%。分析该公司应选择从哪个企业购入货物?

方案1 从一般纳税人甲处购进货物

  本月应纳增值税 = $30\,000 \div (1+13\%) \times 13\% - 26\,000 \div (1+13\%) \times 13\%$
        = 460.18(元)
  本月应纳城市维护建设税及教育费附加 = $460.18 \times (7\%+3\%)$ = 46.02(元)
  本月应纳企业所得税 = $[30\,000 \div (1+13\%) - 26\,000 \div (1+13\%) - 46.02] \times 25\%$
        = 873.45(元)
  本月税后净利润 = $[30\,000 \div (1+13\%) - 26\,000 \div (1+13\%) - 46.02] \times (1-25\%)$
       = 2 620.35(元)

方案2 从能开具增值税专用发票的小规模纳税人乙处购进货物

本月应纳增值税 = 30 000 ÷ (1+13%) × 13% – 22 000 ÷ (1+3%) × 3%
= 2 810.55(元)

本月应纳城市维护建设税及教育费附加 = 2 810.55 × (7%+3%) = 281.06(元)

本月应纳企业所得税 = [30 000 ÷ (1+13%) – 22 000 ÷ (1+3%) – 281.06] × 25%
= 1 227.10(元)

本月税后净利润 = [30 000 ÷ (1+13%) – 22 000 ÷ (1+3%) – 281.06] × (1–25%)
= 3 681.29(元)

方案3 从只能开具普通发票的小规模纳税人丙处购进货物

本月应纳增值税 = 30 000 ÷ (1+13%) × 13% = 3 451.33(元)

本月应纳城市维护建设税及教育费附加 = 3 451.33 × (7%+3%) = 345.13(元)

本月应纳企业所得税 = [30 000 ÷ (1+13%) – 20 000 – 345.13] × 25%
= 1 550.86(元)

本月税后净利润 = [30 000 ÷ (1+13%) – 20 000 – 345.13] × (1–25%)
= 4 652.66(元)

分析可知,选择只能开具普通发票的小规模纳税人丙作为进货方时,税后净利润最多,选择能开具增值税专用发票的小规模纳税人乙次之,选择一般纳税人甲税后净利润最少。

企业在选择供货商时,不同的纳税人身份和不同的货物价格都会对企业的税后净利润产生影响,要进行综合比较分析。

假设某一般纳税人企业从一般纳税人购进货物含税金额为 P_1,从小规模纳税人处购进货物含税金额为 P_2,不含税销售额为 P,该企业适用的增值税税率为 R,供货商作为一般纳税人适用的增值税税率为 R_1,供货商作为小规模纳税人适用的增值税征收率为 R_2。企业所得税税率25%,城建税税率7%,教育费附加征收率3%。

方案1 选择一般纳税人作为供货商

净利润额 I_1 = 销售额 – 购进货物成本 – 城建税及教育费附加 – 企业所得税
= (销售额 – 购进货物成本 – 城建税及教育费附加) × (1–25%)
= {P – P_1/(1+R_1) – [P × R – P_1/(1+R_1) × R_1] × (7%+3%)} × (1–25%)

方案2 选择只能开具普通发票的小规模纳税人作为供货商

净利润额 I_2 = 销售额 – 购进货物成本 – 城建税及教育费附加 – 企业所得税
= (销售额 – 购进货物成本 – 城建税及教育费附加) × (1–25%)
= [P – P_2 – P × R × (7%+3%)] × (1–25%)

方案3 选择能开具增值税专用发票的小规模纳税人作为供货商

净利润额 I_3 = 销售额 – 购进货物成本 – 城建税及教育费附加 – 企业所得税
= (销售额 – 购进货物成本 – 城建税及教育费附加) × (1–25%)
= {P – P_2/(1+R_2) – [P × R – P_2/(1+R_2) × R_2] × (7%+3%)} × (1–25%)

当 $I_1 = I_2$ 时,则有

$$P_2/P_1 = [1 – R_1 × (7\%+3\%)]/(1+R_1)$$

当 $I_1=I_3$ 时,则有

$$P_2/P_1=\{(1+R_2)\times[1-R_1\times(7\%+3\%)]\}/\{(1+R_1)\times[1-R_2\times(7\%+3\%)]\}$$

将增值税税率和征收率带入上式,可以得到不同纳税人含税价格比率 P_2/P_1,计算结果如表 11-1 所示。

表 11-1 小规模纳税人与一般纳税人的含税价格比率

一般纳税人税率	小规模纳税人征收率	小规模纳税人与一般纳税人的含税价格比率（小规模纳税人开具增值税专用发票）	小规模纳税人与一般纳税人的含税价格比率（小规模纳税人开具普通发票）
13%	3%	90.24%	87.35%
9%	3%	93.93%	90.92%
6%	3%	96.88%	93.77%

一般纳税人企业采购时,通过将从小规模纳税人处采购货物的含税价格与从一般纳税人处采购货物的含税价格进行比较,若该比率小于 P_2/P_1,应当选择购进小规模纳税人的货物;若该比率大于 P_2/P_1,应当选择购进一般纳税人的货物。

上例中,增值税税率为 13%,小规模纳税人增值税征收率为 3%,一般纳税人甲的含税价格为 26 000 元,开具增值税专用发票的小规模纳税人乙的含税价格为 22 000 元,开具普通发票的小规模纳税人丙的含税价格为 20 000 元。小规模纳税人开具增值税专用发票的含税价格比率为 90.24%,而实际含税价格比率为 84.62%(22 000 ÷ 26 000),后者小于前者,适宜选择乙企业作为供货商。小规模纳税人开具普通发票的含税价格比率为 87.35%,而实际含税价格比率为 76.92%(20 000 ÷ 26 000),后者小于前者,适宜选择丙企业作为供货商。

企业在选择供货商时,除了考虑上述因素之外,还可以考虑企业综合税负、净现金流量等指标。应根据企业实际情况判断对企业最重要的影响因素,做出最恰当的税务筹划方案。

(二) 采购结算方式的税务筹划

企业在采购货物时所采用的结算方式主要有两种,即现金采购和赊购。无论采取何种结算方式,作为采购方税务筹划的基本思路是要在税法允许的范围内,尽量采取有利于本企业的结算方式,延迟付款,为企业赢得一笔无息贷款。如果能够说服供货商接受托收承付与委托收款结算方式,购货方可以根据供货商开具的增值税专用发票的金额在会计上确定采购成本,同时可以以发票金额作为当期进项税额进行抵扣,但此时购货方可能在当期并没有进行款项的支付,为企业赢得了货币的时间价值。企业也可以采取赊购和分期付款方式,获得足够的资金调度时间。另外,尽量少用现金支付也能为企业争取一定的延迟付款时间。

(三) 其他采购行为的税务筹划

企业的采购活动按照采购货物的数量可以分为大额采购和零星采购。很多企业对于零星用品的采购由于用量少、价格便宜且手续简单的原因,往往向小规模纳税人采购,随用随买。为减轻税负,获得最大的经济效益,企业可以效仿大额采购采取招标方式,选择一个供货商负责相关零星物资的供应,要求供货商开具增值税专用发票,企业可以增加进项税额的抵扣。同时，通过招标的方式，还可以统一结算，减少平时的工作量。

另外，工业企业在生产经营中需要大量购进各种原材料和辅助材料。由于购销渠道的限制，工业企业常常需要委托商业企业代购各种材料。代购业务，分为受托方按正常购销价格与购销双方结算和只收取手续费两种形式。两种形式均不影响企业生产经营，但纳税情况不同。

受托方按正常购销价格与购销双方结算是指：受托方接受委托代为购进货物，在购销过程中受托方自己要垫付资金。这种情况下，受托方按正常的购销业务缴纳增值税。委托方支付给受托方的代购费用，受托方视同为销售过程中的价外费用，计算增值税销项税额；委托方视同正常购进业务，符合规定的抵扣条件时允许抵扣增值税进项税额。

受托方只收取手续费的委托代购业务是指：① 受托方不垫付资金；② 销售方将发票开具给委托方，并由受托方将该发票转交给委托方；③ 受托方按销售实际收取的销售额和增值税额与委托方结算货款，并另外收取手续费。

受托方收取的手续费按照服务业6%的税率缴纳增值税；委托方支付的手续费如果取得增值税专用发票，可以抵扣增值税进项税额。

对于受托代购的商业企业而言，由于价外费用按照13%的增值税税率计算缴纳增值税，收取的手续费按照6%的税率计算，采用收取手续费的代购方式比较有利。如果该企业是增值税小规模纳税人，则税负相同。对于委托代购的工业企业一般纳税人而言，如果能够取得代购手续费的增值税专用发票，可以抵扣进项税额，则支付代购手续费的方式比较有利；如果不能取得增值税专用发票，不能抵扣进项税额，两种方式税负相同。

【例11-2】 甲、乙、丙均为增值税一般纳税人，适用13%的税率。甲企业为乙企业从丙企业代购原材料一批，有以下两种方案：

方案1 丙企业给甲企业开具的增值税专用发票上注明的价款为50 000元，增值税为6 500元；甲企业按原价开给乙企业增值税专用发票，取得价税合计金额56 500元，同时甲企业向乙企业收取手续费3 390元，开具普通发票。

上述代购行为属于第一种代购方式，即按正常购销价格与购销双方结算。甲企业为受托代购企业，乙企业为委托代购企业。纳税情况计算如下：

甲企业增值税销项税额 = 56 500 ÷ (1+13%) × 13% + 3 390 ÷ (1+13%) × 13% = 6 890(元)

甲企业增值税进项税额 = 6 500(元)

甲企业应纳增值税 = 6 890 − 6 500 = 390(元)

乙企业增值税进项税额 = 56 500 ÷ (1+13%) × 13% = 6 500(元)

方案2 乙企业事先预付56 500元周转金，甲企业代购原材料后按实际购进价格向乙企业结算，并将丙企业开具给乙企业的增值税专用发票原票转交，共计支付价税合计金额56 500元，另按购进价税合计金额的6%收取手续费3 390元，并单独开具代理手续费增值税专用发票。

上述代购行为属于第二种代购方式，即受托方只收取手续费。纳税情况计算如下：

甲企业应纳增值税 = 3 390 ÷ (1+6%) × 6% = 191.89(元)

乙企业增值税进项税额 = 56 500 ÷ (1+13%) × 13% + 3 390 ÷ (1+6%) × 6% = 6 691.89(元)

两个方案相比较，在第二种代购方式下，委托方乙企业可以抵扣的增值税进项税额增加，受托方甲企业应纳增值税减少。

二、销售活动的税务筹划

销售环节是企业生产经营的关键环节,销售工作的好坏直接影响到企业利润水平的高低。做好企业销售活动的税务筹划工作对保护纳税人权益、使纳税人获得税收收益将起到重要作用。

(一) 销售收入确认的税务筹划

销售收入的实现时间与销售方式相关,同时也与结算方式和结算工具密切相关。在销售活动中,企业可以通过销售方式的选择、结算方式的选择以及结算工具的选择来进行筹划。销售方式不同、结算方式和结算工具不同,则确认销售收入实现的时间不同;而销售收入时间上的差异造成了企业纳税业务发生时间上的差异,从而为企业利用时间上的差异进行税务筹划创造了条件。例如依据收到货款时间的不同,可将销售方式划分为现销和赊销两种,而采用赊销方式往往会导致企业销售收入实际流入的时间滞后于纳税义务的确认时间。企业可以通过合理选择销售方式和结算方式,采取没有收到货款不开发票的方式来实现延期纳税的目的。尽可能采用支票、银行本票和汇兑结算方式销售货物,避免采用托收承付和委托收款结算方式销售货物,若在不能及时收到货款的情况下,采用分期收款结算方式。

企业也可以利用转移定价的方式,通过关联方交易来转移收入。这种税务筹划的方法尤其适用于企业集团。由于集团内部各个企业之间税收课征的范围和税种存有差异,税率高低不一,还可能存在减免税优惠的企业,通过集团的整体规划,进行业务的分割和转移,以实现税负在集团内部各纳税企业之间的重新分配,进而降低集团整体税负。转移定价是集团根据其经营战略目标,在关联企业之间销售商品、提供劳务和专门技术、资金借贷等活动时所确定的集团内部价格。它不由市场供求决定,主要服从于集团整体利润的要求。较为常见的做法有:一是通过提高零部件和产成品的销售价格,将税负向后转移给商品的购买者;二是通过压低零部件和产成品的进价,将税负向前转移给商品的提供者。但是,采用转移定价方式进行税务筹划必须有一定的技巧,需要在商品价格波动的合理范围内进行,并且有充足的理由。虽然在市场经济中,商品的市场价格总是处于变动之中,商品定价逐步变为企业自己的市场决策,这为通过转移定价开展税务筹划提供了条件。但是,企业集团在采用转移定价法进行税务筹划时,对于转移定价的确定,不能违背市场经济的交易规则和价值规律。因为现行税法明确规定,关联企业间的交易应按独立企业间的交易进行,否则税务机关将进行调整。

(二) 不同促销方式的税务筹划

在销售活动中,企业为了达到促销目的,可以采用多种促销方式。在不同促销方式下,企业获取的销售额会有所不同,与之相关的税负也有差异,这就对企业通过促销方式的选择进行税务筹划提供了可能。纳税人可以根据本企业的实际情况,选用适当的促销方式进行税务筹划,以降低企业税负,实现企业经济效益的最大化。

【例11-3】 某大型商场是增值税一般纳税人,增值税税率13%,企业所得税税率25%,城建税税率7%,教育费附加征收率3%。假设该商场商品综合毛利率平均为40%。年末商场

决定开展促销活动,拟定"满200送40",即每销售200元商品,送出40元的优惠。具体方案有如下三种选择:

方案1 顾客购买货物价值满200元的,按8折出售(折扣额与销售额在同一张发票的金额栏分别注明);

方案2 顾客购买货物价值满200元的,赠送价值为40元的购物券,可在商场购物,不可兑换现金;

方案3 顾客购买货物价值满200元的,商场另行赠送价值40元的礼品。

现有一消费者购货价值为200元,则商场选择哪种方案最有利?

按以上方案逐一分析各自的税收负担和税后净利情况,具体如下:

方案1 送折扣。这一方案企业销售200元商品,收取160元,属于税法规定的折扣销售。折扣销售,会计上称商业折扣,指销货方在销售货物或应税劳务时,因购货方购货数量较大等原因,而给予购货方的价格优惠。税法规定如果销售额和折扣额在同一张发票的金额栏分别注明,按折扣后的销售额计征增值税;如果折扣额另开发票,不论其在财务上如何处理,均不得从销售额中减除折扣额,而需全额计征增值税。

$$应纳增值税 = 160 \div 1.13 \times 13\% - 200 \times 60\% \times 13\% = 2.81(元)$$

$$应缴城建税和教育费附加 = 2.81 \times (7\% + 3\%) = 0.281(元)$$

$$应纳企业所得税 = (160 \div 1.13 - 200 \times 60\% - 0.281) \times 25\% = 5.33(元)$$

$$税后净收益 = 160 \div 1.13 - 200 \times 60\% - 0.281 - 5.33 = 15.98(元)$$

$$税收负担率 = (2.81 + 0.281 + 5.33) \div (160 \div 1.13) \times 100\% = 5.95\%$$

方案2 送赠券。按此方案企业销售200元商品,收取200元,但赠送购物券40元,商场本笔业务应纳税及相关获利情况为:

$$应纳增值税 = 200 \div 1.13 \times 13\% - 200 \times 60\% \times 13\% = 7.41(元);$$

$$应缴城建税和教育费附加 = 7.41 \times (7\% + 3\%) = 0.741(元)$$

$$应纳企业所得税 = (200 \div 1.13 - 200 \times 60\% - 0.741) \times 25\% = 14.06(元);$$

$$税后净收益 = 200 \div 1.13 - 200 \times 60\% - 0.741 - 14.06 = 42.19(元)$$

$$税收负担率 = (7.41 + 0.741 + 14.06) \div (200 \div 1.13) \times 100\% = 12.55\%$$

返还购物券的行为不是无偿赠送,应属于附有条件、义务的有偿赠送,不能视同销售计算增值税。应先按实际取得的收入计算增值税,从客户手中收回购物券时,因收入已经在购物返券时体现,不再征收增值税。当顾客使用购物券时,商场就会出现按方案1计算的纳税及获利情况,因此与方案1相比,方案2仅比方案1多了流入资金增量部分的时间价值而已,也可以说是"延期"折扣。

《关于企业促销展业赠送礼品有关个人所得税问题的通知》(财税[2011]50号)中规定,企业在销售商品(产品)和提供服务过程中向个人赠送礼品被分为两种类型,第一类不征收个人所得税的情况包括:① 企业通过价格折扣、折让方式向个人销售商品(产品)和提供服务;② 企业在向个人销售商品(产品)和提供服务的同时给予赠品;③ 企业对累积消费达到一定额度的个人按消费积分反馈礼品。购物返券行为属于个人购买了企业的商品或提供劳务的同时才会获得相应物品或服务的赠送,个人实际已经为取得赠品变相支付了价款。因此,这些赠品的取得不是无偿的,而是有偿的,不需要征收个人所得税。

方案 3 送礼品。此方案下,企业的赠送礼品行为可以通过恰当地开具发票转化为价格折扣,不计算销项税额,礼品的进项税额应允许其申报抵扣。根据《国家税务总局关于确认企业所得税收入若干问题的通知》(国税函[2008]875号)的规定:企业以买一赠一等方式组合销售本企业商品的,不属于捐赠,应将总的销售金额按各项商品的公允价值的比例来分摊确认各项的销售收入。相关计算如下:

应纳增值税 $= 200 \div 1.13 \times 13\% - 200 \times 60\% \times 13\% - 40 \times 60\% \times 13\% = 4.29$(元);

应缴城建税和教育费附加 $= 4.29 \times (7\% + 3\%) = 0.429$(元)

应纳企业所得税 $= (200 \div 1.13 - 200 \times 60\% - 40 \times 60\% - 0.429) \times 25\% = 8.14$(元);

税后净收益 $= 200 \div 1.13 - 200 \times 60\% - 40 \times 60\% - 0.429 - 8.14 = 24.42$(元)

税收负担率 $= (4.29 + 0.429 + 8.14) \div (200 \div 1.13) \times 100\% = 7.27\%$

综上所述,从税后净收益来分析,商场的最佳方案为赠送购物券的促销方式,税后净收益为42.19元;其次为送礼品的方式,税后净收益为24.42元。从税负来分析,商业折扣的税负最轻,税收负担率为5.95%;送礼品次之,税收负担率为7.27%,商场促销的最佳方案是打折。

分析得出上述结论是建立在大量的假设条件下,例如商品毛利率、商场促销幅度等几个方面。假设条件设定的合理性会对结果产生影响,那么对促销模式的选择和具体筹划方案的设计也会造成影响。不同行业之间、同一行业的不同企业之间、同一企业的不同商品之间的毛利率水平存在较大差异,促销幅度也各不相同。经零售专家研究证实,促销幅度低于20%,很难收到满意的促销效果;促销幅度超过50%,则会给消费者质量低劣的不良感觉。而从财务的角度看,一方面应预测该促销幅度所能带来销售额的扩大幅度,以弥补因利润率降低而造成的损失;另一方面,要寻找促销幅度的盈亏平衡点,以保证在无销售增量的前提下实现盈亏平衡。所以,企业在进行促销活动方案选择时,应针对不同的情况选择和确定合适的促销幅度。对促销活动的税务筹划应根据企业所策划的促销活动的目的和促销幅度,有目的、有区别的进行促销模式的选择和筹划方案的设计。

(三)平销返利的税务筹划

根据税法规定,商业企业向供货方收取的与商品销售量、销售额无必然联系,且商业企业向供货方提供一定劳务的收入,不属于平销返利,不冲减当期增值税进项税金,应按服务业6%税率计算增值税。对商业企业向供货方收取的与商品销售量、销售额挂钩(如以一定比例、金额、数量计算)的各种返还收入,均应按照平销返利行为的有关规定冲减当期增值税进项税金。商业企业平销返利的形式包括现金和实物两种,实物返利又分为供应方开具增值税专用发票和不开具增值税专用发票两种方式。

对商业企业是否采取平销返利方式以及采取哪种平销返利形式进行税务筹划的情况,应从企业整体税收负担出发,将流转税和所得税结合起来,不能只考虑个别税种,否则无法达到整体税收负担最低的筹划目标。一般情况下,在购货方收取的返还费用相同的情况下,以实物返利且开具增值税专用发票的平销返利比收取固定劳务收入的非平销返利税负要低。因为取得的增值税专用发票抵减了应交的流转税。其他方式的平销返利比收取固定劳务收入的非平销返利的税负要高,因为其他方式的平销返利不能取得增值税专用发票,且适用的增值税税率较高。所以商业企业首先争取获得开具增值税专用发票的实物返利以降低税负;若不能获得开具增值税专用发票的实物返利,则采取收取固定劳务收入的非平销返利。

【例11-4】 甲超市8月份以进价全部销售完乙企业提供的商品500件,每件售价100元。甲、乙均为增值税一般纳税人,适用增值税税率13%,企业所得税税率25%(不考虑其他相关税费)。

方案1　甲乙双方协议规定,甲超市全部销售完商品后,乙企业按照商品不含税销售额的10%返还甲超市现金5 000元。

方案2　甲乙双方协议规定,甲超市全部销售完商品后,乙企业按每销售10件商品返利1件同类商品,并开具增值税专用发票。

方案3　甲乙双方协议规定,甲超市全部销售完商品后,乙企业按每销售10件商品返利1件同类商品,未开具增值税专用发票。

方案4　甲乙双方协议规定,甲超市销售乙企业商品,收取5 000元固定服务费,该服务费与销售乙企业商品数量或金额无必然联系。

分析四种方案下甲超市的税负。

方案1　甲超市按销售额的10%取得5 000元的现金返利。会计处理为:
借:银行存款　　　　　　　　　　　　　　　　　　　　　　　　　5 000
　贷:主营业务成本　　　　　　　　　　　　　　　　　　　　　　4 424.78
　　　应交税费——应交增值税(进项税额转出)　　　　　　　　　　575.22

甲超市因收到现金返利应多交的增值税为575.22元,平销返利冲减了主营业务成本4 424.78元,即增加利润4 424.78元,因返利多交的所得税为1 106.2(4 424.78×25%)元。甲超市应多交的增值税和企业所得税合计1 681.42元。

方案2　甲超市取得50件商品,乙企业开具了增值税专用发票。甲超市属于平销返利,会计处理为:
借:库存商品　　　　　　　　　　　　　　　　　　　　　　　　　4 424.78
　　应交税费——应交增值税(进项税额)　　　　　　　　　　　　　575.22
　贷:主营业务成本　　　　　　　　　　　　　　　　　　　　　　4 424.78
　　　应交税费——应交增值税(进项税额转出)　　　　　　　　　　575.22

甲超市平销返利取得的增值税进项税抵消了转出的进项税额,无需多交增值税。多交的企业所得税为1 106.2(4 424.78×25%)元,甲超市应多交的增值税和企业所得税合计1 106.2元。

方案3　甲超市取得50件商品,乙企业未开具增值税专用发票。甲超市属于平销返利,会计处理为:
借:库存商品　　　　　　　　　　　　　　　　　　　　　　　　　5 000
　贷:主营业务成本　　　　　　　　　　　　　　　　　　　　　　4 424.78
　　　应交税费——应交增值税(进项税额转出)　　　　　　　　　　575.22

甲超市应多交的增值税为575.22元,多交的所得税为1 106.2(4 424.78×25%)元。甲超市应多交的增值税和企业所得税合计1 681.42元。

方案4　甲超市收取5 000元固定服务费,根据税法规定,甲超市不属于平销返利,不冲减进项税,应按照服务业计算缴纳增值税。甲超市的会计处理为:

借:银行存款　　　　　　　　　　　　　　　　　　　　　　　　5 000
　　贷:其他业务收入　　　　　　　　　　　　　　　　　　　　　4 716.98
　　　　应交税费——应交增值税(销项税额)　　　　　　　　　　　283.02

甲超市应交增值税283.02元,应多交企业所得税1 179.25(4 716.98×25%)元,两税合计1 462.27元。

以上四个方案相比较,实物返利且开具增值税专用发票的平销行为税务成本最低,是最佳的筹划方式,其次是收取固定服务费的方式。收取固定服务费的非平销返利比未开具增值税专用发票的实物平销返利和现金平销返利税务成本要低。方案1和方案3本期多交的流转税和所得税相同。但是,方案3中取得的实物返利在以后会计入相应的成本费用,从而降低以后期间的税收负担。

(四)汇率选择的税务筹划

企业在销售活动中还可以通过汇率选择进行税务筹划。按照税法规定,纳税人运用外汇结算营业额或销售额,必须把外汇按市场汇率折算成人民币,纳税人的营业额或销售额的人民币汇率可以选择业务发生当天或当月1日的人民币外汇汇率进行折算,汇率应当事先确定并且在一年之内不得变更。因此,可以通过选择恰当的人民币汇率进行流转税的税务筹划。一般来说,越是以较低的人民币汇率计算应纳税额,企业的税负越低。所得税方面,企业可以利用记账汇率的选择进行税务筹划。按照会计制度规定,企业可以选取外币业务发生当日的市场汇率作为记账汇率,也可以选取外币业务发生当期期初的市场汇率作为记账汇率,一般是当月1日的市场汇率。在月份(或季度、年度)终了时,将各外币账户的期末余额按期末时市场汇率将其折算为记账本位币金额,其与相对应的记账本位币账户期末余额之间的差额,确认为汇兑损益。企业日常外币业务所发生的汇兑损益原则上都是直接计入当期损益,其所得税筹划的关键是通过选取适当的记账汇率,使得核算出的净汇兑损失最大化或净汇兑收益最小化,从而尽量使企业当期的应纳税所得额最小,减少企业的税收负担。

【例11-5】 某公司属于增值税一般纳税企业,12月10日出口销售商品1 000件,销售合同规定的销售价格为每件200美元,货款尚未收到。12月20日,收到12月10日赊销货款100 000美元。假设该公司12月份未发生其他销售业务,12月份发生进货成本1 000 000元,以人民币结算。该公司11月30日银行存款和应收账款外币账户期末余额,如表11-2所示。

表11-2　某公司银行存货和应收账款外币账户期末余额

项目	外币账户金额(美元)	汇率	记账本位币金额(人民币)
银行存款	200 000	6.4	1 280 000
应收账款	100 000	6.4	640 000

市场汇率如表11-3所示。

表11-3　11月30日—12月31日市场汇率

11月30日	12月1日	12月10日	12月20日	12月31日
1美元= 6.4元人民币	1美元= 6.4元人民币	1美元= 6.3元人民币	1美元= 6.35元人民币	1美元= 6.35元人民币

假设该公司银行存款和应收账款外币账户12月份未发生其他收付行为。分别选择业务发生日市场汇率和当月1日的市场汇率将外币折算为人民币记账,并分析对公司税负的影响。

方案1 公司采用业务发生日的市场汇率作为记账汇率,则:

$$应纳增值税 = 200\,000 \times 6.3 \times 13\% - 1\,000\,000 \times 13\% = 33\,800(元)$$

期末汇兑损益为:

$$应收账款账户汇兑损益 = 200\,000 \times 6.35 - (100\,000 \times 6.4 + 200\,000 \times 6.3 - 100\,000 \times 6.35)$$
$$= 5\,000(元)$$

$$银行存款账户汇兑损益 = 300\,000 \times 6.35 - (200\,000 \times 6.4 + 100\,000 \times 6.35)$$
$$= -10\,000(元)$$

公司12月份发生汇兑损失5 000元,可以降低所得税5 000×25%=1 250(元)。

方案2 公司采用12月1日的市场汇率作为记账汇率,则:

$$应纳增值税 = 200\,000 \times 6.4 \times 13\% - 1\,000\,000 \times 13\% = 36\,400(元)$$

期末汇兑损益为:

$$应收账款账户汇兑损益 = 200\,000 \times 6.35 - (100\,000 \times 6.4 + 200\,000 \times 6.4 - 100\,000 \times 6.4)$$
$$= -10\,000(元)$$

$$银行存款账户汇兑损益 = 300\,000 \times 6.35 - (200\,000 \times 6.4 + 100\,000 \times 6.4)$$
$$= -15\,000(元)$$

公司12月份发生汇兑损失25 000元,可以降低所得税25 000×25%=6 250(元)。

通过两种方法比较可以看出,公司采用业务发生日的市场汇率作为记账汇率比采用12月1日的市场汇率作为记账汇率少负担2 600(36 400-33 800)元的增值税税金,但会多负担5 000(6 250-1 250)元的所得税税金,公司的总体税收负担比采用期初汇率作为记账汇率多2 400元(不考虑其他相关税费)。

因此,公司必须预先综合测算,考虑各种因素选择合理的外币汇率。因为按照会计准则的规定,一旦公司选定了某种折算汇率,不能随意变动。在进行折算汇率选择的税务筹划时,企业不仅要考虑汇率和税率的变动性,也要考虑企业销售和进货的主要结算方式和金额以及其他外币账户的增减变动情况。

第二节 职工薪酬的税务筹划

职工薪酬是指企业为获得职工提供的服务或解除劳动关系而给予的各种形式的报酬或补偿。包括短期薪酬、离职后福利、辞退福利和其他长期职工福利。企业提供给职工配偶、子女、受赡养人、已故员工遗属及其他受益人等的福利,也属于职工薪酬。

具体来说,职工薪酬包括以下内容:

1. 短期薪酬

短期薪酬是指企业在职工提供相关服务的年度报告期间结束后十二个月内需要全部予以支付的职工薪酬,因解除与职工的劳动关系给予的补偿除外。短期薪酬具体包括:

(1)职工工资、奖金、津贴和补贴,即按国家统计局规定的构成工资总额的内容。

(2)职工福利费,一般只用于改善职工生活条件,如内部职工医院、浴室及食堂等方面的支出。

(3)"四险一金",即医疗保险费、养老保险赞、失业保险费、工伤保险费以及住房公积金,它们由企业根据工资总额的一定比例计算确定。

(4)工会经费和职工教育经费,这是指企业为了改善职工文化生活、为职工学习先进技术和提高文化水平与业务素质,用于开展工会活动、职工教育及职业技能培训等的相关支出。

(5)短期带薪缺勤,带薪缺勤是指企业支付工资或提供补偿的职工缺勤,包括年休假、病假、短期伤残、婚假、产假、丧假、探亲假等。按时间长短,带薪缺勤分为短期带薪缺勤和长期带薪缺勤。

(6)短期利润分享计划,利润分享计划是指因职工提供服务而与职工达成的基于利润或其他经营成果提供薪酬的协议。

(7)非货币性福利,这是指企业将自己的产品或外购商品发放给职工作为福利,企业提供自己拥有的资产给职工无偿使用,或租赁资产供职工无偿使用,以及为职工无偿提供服务等。

(8)其他短期薪酬。

2. 离职后福利

离职后福利是指企业为获得职工提供的服务而在职工退休或与企业解除劳动关系后,提供的各种形式的报酬和福利,短期薪酬和辞退福利除外。

3. 辞退福利

辞退福利是指企业在职工劳动合同到期之前解除与职工的劳动关系,或者为鼓励职工自愿接受裁减而给予职工的补偿。

4. 其他长期职工福利

其他长期职工福利是指除短期薪酬、离职后福利、辞退福利之外所有的职工薪酬,包括长期带薪缺勤、长期残疾福利、长期利润分享计划等。

企业所得税法规定:企业发生的合理的工资薪金支出,准予扣除;企业发生的职工福利费支出,不超过工资薪金总额14%的部分,准予扣除;企业拨缴的工会经费,不超过工资薪金总额2%的部分,准予扣除;除国务院财政、税务主管部门另有规定外,企业发生的职工教育经费支出,不超过工资薪金总额8%的部分,准予扣除;超过部分,准予在以后纳税年度结转扣除。企业按照国家标准为职工缴纳的"四险一金",即基本养老保险费、基本医疗保险费、失业保险费、工伤保险费等基本社会保险费和补充养老保险费、补充医疗保险费以及住房公积金,准予扣除。

个人所得税法规定:工资薪金所得是指个人因任职或受雇而取得的工资、薪金、奖金、年终加薪、劳动分红、津贴、补贴以及与任职或受雇有关的其他所得。工资、薪金所得,劳务报酬所得,稿酬所得,特许权使用费所得等4项综合所得纳入综合征税范围,适用七级超额累进税率,税率为3%~45%。居民个人按年合并计算个人所得税,非居民个人按月或者按次分项计算个人所得税。

企业要建立一套完善、系统、科学、高效的薪酬制度体系,不仅要考虑企业所得税法有关费用扣除的规定,还要考虑个人所得税法有关工资薪金所得计税的规定,同时还要考虑对职工积极性的影响。单纯地考虑节税效果可能会损害职工基本利益,起不到激励职工的作用。例如在企业创建时,一般利润比较低甚至亏损,企业可以采取低工资的策略。一方面企业初期盈利少,不需要过高的扣除费用;另一方面,可以使职工少交个人所得税。在企业后期盈利比较高时采取高工资的策略,可以使企业获得更多的费用扣除。但是对职工而言,初期的低工资可能会使其工作效率低下,甚至辞职。

所以企业要进行职工薪酬的税务筹划,制定恰当的工资分配方案、福利政策、员工培训计划,选择合适的薪酬支付方式、时间、次数和金额,既能减轻企业的税收负担,又可以激励员工的积极性。

一、薪酬支付方式的税务筹划

职工薪酬是企业成本构成的重要内容,也是企业职工收入的主要来源,职工薪酬水平、结构和支付方式直接影响企业所得税和职工个人所得税,通过职工薪酬支付方式的合理筹划,可以在提升职工税后收入的同时增加企业税后利润。

在职工薪酬的税务筹划中,企业首先要充分利用税法规定的扣除项目,减少计税基数。按照税法规定,居民个人的综合所得在计算应纳个人所得税时,扣除项目共包括四项:① 每年60 000元的固定扣除费用;② 专项扣除,包括居民个人按照国家规定的范围和标准缴纳的基本养老保险、基本医疗保险、失业保险等社会保险费和住房公积金等。③ 专项附加扣除,指子女教育、继续教育、大病医疗、住房贷款利息、住房租金和赡养老人等6项专项附加扣除。④ 其他扣除,包括个人缴付符合国家规定的企业年金、职业年金,个人购买符合国家规定的商业健康保险、税收递延型商业养老保险的支出,以及国务院规定可以扣除的其他项目。

企业要在国家规定的范围和标准内尽量提高社会保险和住房公积金的计提比率,同时积极利用税法允许扣除的其他扣除项目。企业可以为职工购买商业健康保险,充分享受扣除项目。企业还可以为职工设立年金,既可以增加员工退休后收入,又可以递延缴纳个人所得税。

有时企业为了绩效考核的需要,每月只给职工发放基本工资或底薪,到年底再发放年终奖或绩效工资。根据税法规定,自2019年1月1日起到2021年12月31日,居民个人取得全年一次性奖金可以自行选择以下两种方式计算个税:不并入当年综合所得,单独计算纳税;并入当年综合所得,一起计算纳税。如果职工收入较低,将全年一次性奖金并入当年工资薪金所得,能够尽量用足税法规定的费用扣除额。相比之下,将全年一次性奖金采取单独计税方式,反而会产生应纳税款或者增加税负,所以合并计税比较好。如果职工收入较高,将全年一次性奖金并入当年工资薪金所得,可能会导致全年综合所得适用较高的税率,增加职工个人所得税税负。将全年一次性奖金采取单独计税方式可能产生较低的个人所得税税负。所以企业发放工资时可以事先估计职工一年的全部收入,将预计年收入在工资和年终奖之间进行恰当的分配。

有时企业为了使职工个人与企业形成长远利益共同体,对某些重要的管理岗位或者核心技术岗位的职工授予股票期权,允许被授予员工在未来时间内以某一特定价格购买本公司一定数量的股票。根据税法规定,居民个人取得股票期权、股票增值权、限制性股票、股权奖励等股权激励,不并入当年综合所得,而是全额单独适用综合所得税率表,计算纳税。

【例11-6】 张某是某上市公司财务总监,一年的工资收入共计240万元,专项扣除费用为每月工资的30%,每月子女教育支出2 000元,赡养老人支出1 000元。企业有三种工资分配方案可供选择。

方案1 张某每月获得工资收入20万元。

方案2 张某每月获得工资收入12万元,年末企业对所有员工按工作业绩发放年度奖金,张某可获得96万元。

方案3 张某每月获得工资收入9万元,年终奖66万元,股权激励收入66万元。

试分析上述三种工资分配方案对张某应负担的个人所得税的影响。

如果采用方案1,张某应纳个人所得税计算如下:

应纳税所得额 = 200 000 × 12 − 5 000 × 12 − 200 000 × 30% × 12 − 3 000 × 12 = 1 584 000(元)

应纳税额 = 1 584 000 × 45% − 181 920 = 530 880(元)

如果采用方案2,张某全年工资应纳个人所得税计算如下:

应纳税所得额 = 120 000 × 12 − 5 000 × 12 − 120 000 × 30% × 12 − 3 000 × 12 = 912 000(元)

应纳税额 = 912 000 × 35% − 85 920 = 233 280(元)

张某年终奖应纳个人所得税计算如下:

960 000 ÷ 12 = 80 000元,适用税率为35%,速算扣除数7 160,

应纳个人所得税 = 960 000 × 35% − 7 160 = 328 840(元)

张某合计应纳税额 = 233 280 + 328 840 = 562 120(元)

如果采用方案3,张某全年工资应纳个人所得税计算如下:

应纳税所得额 = 90 000 × 12 − 5 000 × 12 − 90 000 × 30% × 12 − 3 000 × 12 = 660 000(元)

应纳税额 = 660 000 × 30% − 52 920 = 145 080(元)

张某年终奖应纳个人所得税计算如下:

660 000 ÷ 12 = 55 000元,适用税率为30%,速算扣除数4 410,

应纳个人所得税 = 660 000 × 30% − 4 410 = 193 590(元)

张某股权激励收入应纳个人所得税计算如下:

适用税率为30%,速算扣除数52 920,

应纳个人所得税 = 660 000 × 30% − 52 920 = 145 080(元)

张某合计应纳税额 = 145 080 + 193 590 + 145 080 = 483 750(元)

因此第三种工资分配方案张某缴纳的个人所得税最少。

二、工资薪金费用和其他费用转换的税务筹划

企业所得税法规定,企业发生的合理的工资薪金支出,准予扣除。税务机关按照以下原则对工资薪金进行合理性确认:① 企业制定了较为规范的员工工资、薪金制度;② 企业所制定的工资、薪金制度符合行业及地区水平;③ 企业在一定时期所发放的工资、薪金是相对固定的,工资、薪金的调整是有序进行的;④ 企业对实际发放的工资、薪金,已依法履行了代扣代缴个人所得税义务;⑤ 有关工资、薪金的安排,不以减少或逃避税款为目的。从上述规定可以看出,对工资、薪金合理性的判断,主要包括两个方面:一是员工实际提供了服务;二是报酬总额在数量上是合理的。实际操作中主要考虑雇员的职责、过去的报酬情况,以及雇员的业务量和复杂程度等相关因素,同时要考虑当地同行业职工平均工资水平。

企业可以通过将职工的部分应税收入转化为企业经营费用,降低职工的名义收入。一方

面避免因工资过高不允许在税前扣除,转化为经营费用后可以增加费用扣除金额,减少企业所得税。另一方面,将职工个人用税后收入负担的支出改由企业提供福利,可以使职工减少个人所得税。职工享受企业的福利待遇应尽量为税法允许在企业所得税前列支同时又不缴纳个人所得税的活动,例如企业为职工提供的带薪休假、工作餐、医疗保健等。同时还要注意,职工享受企业的福利支出可能计入职工福利费、职工教育经费、工会经费、管理费用或者销售费用中,这些费用项目中有很多税法规定了扣除限额,企业应在限额内最大限度地保障职工福利。

例如企业可以为职工提供住宿、提供免费的班车接送、提供工作所需的设备和用品等,一方面企业可以通过这些资产的折旧增加税前扣除费用,减少企业所得税;另一方面可以在满足职工工作和生活需要的前提下降低名义工资,减少职工个人所得税。同样,企业也可以为职工提供免费医疗服务、餐饮服务和文体活动场所等,可以列入职工福利费税前扣除。企业还可以为职工提供培训机会,通过职工教育经费税前扣除。

【例 11-7】 王某是甲公司的优秀员工,每月工资 25 000 元,假设专项扣除费用为月工资的 30%,首套住房贷款利息支出 1 000 元,子女教育支出 1 000 元,赡养老人支出 1 000 元。公司经营状况良好,由于王某的突出表现,甲公司准备给王某奖励一辆汽车。假设汽车的价款为 18 万元,使用年限 6 年,每年折旧费用 3 万元。公司提出两个方案:

方案 1 汽车所有权过户给王某。

方案 2 汽车所有权属于甲公司,公司每年计提折旧 3 万元。

方案 1 王某应纳个人税计算如下:

应纳税所得额 = 25 000 × 12 + 180 000 − 5 000 × 12 − 25 000 × 30% × 12 − 3 000 × 12 = 294 000(元)

应纳税额 = 294 000 × 20% − 16 920 = 41 880(元)

甲公司企业所得税税前扣除项目包括王某的工资 30 万元和职工福利费 18 万元,但是由于职工福利费的扣除是有限额的,而且当年超过限额的职工福利费支出,不允许结转以后年度扣除,所以 18 万元不一定能够全部在税前扣除。

方案 2 王某应纳个人税计算如下:

应纳税所得额 = 25 000 × 12 − 5 000 × 12 − 25 000 × 30% × 12 − 3 000 × 12 = 114 000(元)

应纳税额 = 114 000 × 10% − 2 520 = 8 880(元)

甲公司企业所得税税前扣除项目包括王某的工资 30 万元和汽车折旧费。根据税法规定,企业在 2018 年 1 月 1 日至 2020 年 12 月 31 日期间新购进的除房屋、建筑物以外的固定资产,单位价值不超过 500 万元的,允许一次性计入当期成本费用在计算应纳税所得额时扣除,不再分年度计算折旧。所以汽车价款 18 万元可以一次性全部在税前扣除。

可见,采用方案 2,王某应纳个人所得税减少了 33 000 元,甲公司税前扣除项目还可能有所增加。

三、股权激励模式的税务筹划

20 世纪六七十年代以来,西方发达国家逐渐改变了薪酬制度,除基本工资、奖金等传统的工资支付方式外,还采取利润分享制、员工持股等股权激励方式,使职工也可以参与企业的收益分配。股权激励是一种通过获得公司股权的形式给予企业经营者一定的经济权利,使其能够以股东的身份参与企业决策、分享利润、承担风险,从而勤勉尽责地为公司的长期发展服务的一种激励方法。这些新的薪酬支付方式可以使企业向职工递延支付报酬,不但有助于企业薪酬管理目标的实现,还可以使职工享受递延纳税的好处,在满足某些条件的情况下,还可以享受一定的免税优惠。

近年来,国内很多上市公司都改革了薪酬制度,实施股权激励计划,如股票期权、股票增值权、限制性股票和虚拟股票。股票期权是指上市公司按照规定的程序授予本公司及其控股企业员工的一项权利,该权利允许被授予员工在未来时间内以某一特定价格购买本公司一定数量的股票。股票增值权是指上市公司授予公司员工在未来一定时期和约定条件下,获得规定数量的股票价格上升所带来收益的权利。被授权人在约定条件下行权,上市公司按照行权日与授权日二级市场股票差价乘以授权股票数量,发放给被授权人现金。限制性股票是指上市公司按照股权激励计划约定的条件,授予公司员工一定数量本公司的股票。虚拟股票指通过延期支付奖金的方式,把实际奖金换为公司的股票,并通过股票收益的方式享受分红福利,用该模式来补足股票来源障碍这一缺陷。这些股权激励计划是公司根据业绩奖励、吸引和保留人才的一种手段,可以令公司与员工非常灵活地共享所有权。

根据税法规定,上市公司职工接受实施股票期权计划企业授予的股票期权时,除另有规定外,一般不作为应税所得征税。员工在行使股票期权时,有三个环节可能要被征收个人所得税。

职工行权时,其从企业取得股票的实际购买价(施权价)低于购买日公平市场价(指该股票当日的收盘价)的差额,是因职工在企业的表现和业绩情况而取得的与任职、受雇有关的所得,应按"工资、薪金所得"适用的规定计算缴纳个人所得税。职工将行权后的股票再转让时获得的高于购买日公平市场价的差额,是因个人在证券二级市场上转让股票等有价证券而获得的所得,应按照"财产转让所得"适用的征免规定计算缴纳个人所得税。职工因拥有股权而参与企业税后利润分配取得的所得,应按照"利息、股息、红利所得"适用的规定计算缴纳个人所得税。按照税法规定,对个人从二级市场取得的上市公司股票,其股票转让所得以及持股1年以上取得的股息红利所得均免征个人所得税。对因特殊情况,职工在行权日之前将股票期权转让的,以股票期权的转让净收入,作为工资、薪金所得征收个人所得税。

根据税法规定,居民个人取得股票期权、股票增值权、限制性股票、股权奖励等股权激励,不并入当年综合所得,而是全额单独适用综合所得税率表,计算纳税。计算公式为:

应纳税额 = 股权激励收入 × 适用税率 − 速算扣除数

居民个人一个纳税年度内取得两次以上(含两次)股权激励的,应将各次的所得合并后,不并入当年综合所得,全额单独适用综合所得税率表,计算纳税。

股票期权的股票市价在行权有效期内是波动的,员工取得股票期权后,可以在行权有效期内合理选择行权日,从而降低应纳税所得额,达到个人所得税节税的目的。企业可以通过合理设定行权计划,例如行权次数的设定、行权时间的安排、行权价格的估算等等,使员工选择最恰当的行权时间,把握好股票转让时机,获得最大的税收利益。

【例11-8】 陈某是甲公司(上市公司)员工,每月工资25 000元,假设专项扣除费用为月工资的30%,首套住房贷款利息支出1 000元,子女教育支出1 000元,赡养老人支出1 000元。1月取得甲公司授予的股票期权20 000股,授予日股票价格为20元/股,行权价为15元/股。该股票期权自第2年1月起可行权。假定陈某于第2年1月行权10 000股,行权当天股票市价为 30 元/股;第 2 年 3 月再次行使股票期权 10 000 股,行权当日股票市价为 25 元/股。陈某应缴纳多少个人所得税?

陈某全年工资应纳个人所得税:

应纳税所得额 = 25 000 × 12 − 5 000 × 12 − 25 000 × 30% × 12 − 3 000 × 12 = 114 000(元)

应纳税额 = 114 000 × 10% − 2 520 = 8 880(元)

陈某股权激励收入应纳个人所得税:

第 2 年 1 月第一次行权应纳税所得额 = (30 − 15) × 10 000 = 150 000(元)

第 2 年 3 月第二次行权应纳税所得额 = (25 − 15) × 10 000 = 100 000(元)

应纳税额 = 250 000 × 20% − 16 920 = 33 080(元)

如果陈某第二次行权是在第 3 年 1 月,行权当日股票市价仍为 25 元/股,其他条件不变。

陈某全年工资应纳个人所得税:

应纳税所得额 = 25 000 × 12 − 5 000 × 12 − 25 000 × 30% × 12 − 3 000 × 12 = 114 000(元)

应纳税额 = 114 000 × 10% − 2 520 = 8 880(元)

陈某股权激励收入应纳个人所得税:

第 2 年 1 月第一次行权应纳税所得额 = (30 − 15) × 10 000 = 150 000(元)

应纳税额 = 150 000 × 20% − 16 920 = 13 080(元)

第 3 年 1 月第二次行权应纳税所得额 = (25 − 15) × 10 000 = 100 000(元)

应纳税额 = 100 000 × 10% − 2 520 = 7 480(元)

陈某两次行权共缴纳个人所得税 = 13 080 + 7 480 = 20 560(元)

可见,通过恰当安排行权日期,陈某可以少交个人所得税 12 520 元(33 080 − 20 560)。

第三节 利润分配的税务筹划

利润分配是企业财务管理活动的最后一个环节,合理的利润分配政策对企业的筹资、投资有很大影响。在企业利润分配过程中,税收是重要影响因素。在股份公司中,利润分配主要表现为股利分配。股利分配的税务筹划是指公司在遵守相关税收法规的前提下,确定恰当的股利政策,尽可能减轻股东的税负,以实现企业股东财富最大化的财务管理目标。利润分配不仅关系到企业能否长期稳定地发展,关系到投资者的权益能否得到保障,还对企业和投资者的税负产生直接的影响。

在股利分配过程中,税收负担主要受个人所得税和企业所得税的影响。个人所得税法规定,股息所得征税,资本利得免税。股东收到股利要按照 20% 的税率计征个人所得税。个人从公开发行和转让市场取得的上市公司股票,持股期限在 1 个月以内(含 1 个月)的,其股息红利所得全额计入应纳税所得额;持股期限在 1 个月以上至 1 年(含 1 年)的,暂减按 50% 计入应纳税所得额;持股期限超过 1 年的,暂免征收个人所得税。个人股东转让境内上市的股票免征个人所得税。企业所得税法规定,股息所得免税,资本利得征税。股息所得是投资方从被投资单位获得的税后利润。居民企业直接投资于其他居民企业取得的投资收益,以及在中国境内设立机构场所的非居民企业从居民企业取得的与该机构场所有实际联系的股息、红利等权益性投资收益,免征企业所得税。投资收益免征企业所得税的条件为连续持有居民企业公开发行并上市流通的股票 12 个月以上。资本利得是投资企业处理股权的收益,即企业收回、转让或清算处置股权投资所获得的收入,减除股权投资成本后的余额。这种收益应全额并入企业的应纳税所得额,依法缴纳企业所得税。

虽然公司的股利政策不会影响公司本身的税负,但是股利政策会影响公司股东的税负,进而可能会影响到企业集团整体的税负。因此,应结合公司实际经营情况和发展需要,考虑税收对利润分配的影响,制定合理的股利分配政策。

一、股利分配形式的税务筹划

对我国上市公司而言,股利分配形式主要包括现金股利、股票股利和转增股本三种。股票股利,也叫送股,是利用可分配利润转增股本。转增股本是利用资本公积金或盈余公积金转增股本。送股属于利润分配行为,但转增股本不属于利润分配行为。严格地讲,只有送股才是股票股利,转增股不是股票股利,但是由于我国上市公司公布股利分配方案的同时也宣布了转增方案,转增股对公司的股价也会产生重要影响,投资者往往把它视为公司的送股。税法规定,股份制企业用资本公积金转增股本不属于股息、红利性质的分配,对个人取得的转增股本数额,不作为个人所得,不征收个人所得税;股份制企业用盈余公积金派发红股属于股息、红利性质的分配,对个人取得的红股数额,应作为个人所得征税。

股票股利和转增股本不会导致公司资产的流出或负债的增加,不会减少公司的所有者权益,但会引起公司所有者权益的结构发生变化,公司发行在外的股份数量增加,股东的持股数量会增加,每股净资产会下降,每股收益会相应地下降,从而会引起股票价格发生变动,但各股东持股比例保持不变。

【例 11-9】 假设某公司转增股本之前的资本结构如下:

股本(800 万股,每股 1 元)　　800 万元
资本公积　　　　　　　　　　3 000 万元
留存收益　　　　　　　　　　1 200 万元
合计　　　　　　　　　　　　5 000 万元

假设该公司宣布用资本公积转增股本,每 4 股送 1 股,增加 200 万股股票,当时该股票的每股市价为 5 元,需用 1 000 万元资本公积转增资本。该公司转增资本以后的资本结构如下:

股本(1 000 万股,每股 1 元)　1 000 万元
资本公积　　　　　　　　　　2 800 万元
留存收益　　　　　　　　　　1 200 万元
合计　　　　　　　　　　　　5 000 万元

假设转增股本之前,该公司当年实现净利润 400 万元,则每股收益为 $400 \div 800 = 0.5$(元),每股净资产为 $5\,000 \div 800 = 6.25$(元)。转增股本后,每股收益则为 $400 \div 1\,000 = 0.4$(元),每股净资产为 $5\,000 \div 1\,000 = 5$(元)。

假设股东甲原来持有该公司股票 800 股,每股面值 1 元,每股市价 5 元,他持有该种股票的总值为 4 000 元。公司转增股本后,股东甲现有的股票数量为 1 000 股,每股市价 5 元降至 $(5 \times 800) \div 1\,000 = 4$(元)。股东甲拥有该公司股票的总值仍为 $1\,000 \times 4 = 4\,000$(元),只是股票

数量由 800 股增加到 1 000 股。

但一般情况下,处于成长期的公司发放股票股利或转增股本后,可能向股东暗示公司未来的预期利润将会继续增长,其股票价格并不一定成比例下降,反而会上升。处于成长期的公司分配股票股利或转增股本,股东可以通过出售部分股票(分得的股票)而获得资本利得。由于我国个人所得税法对股息所得和资本利得的税收待遇不同,这种股利分配形式与发放现金股利相比,股东要少缴纳个人所得税,能获得纳税上的好处。

公司在确定股利分配政策时,不能只考虑税收的影响,还要综合考虑公司的发展阶段、发展机会、公司形象等多方面因素。股票股利和转增股本不仅能够为股东造成税负的优势,对公司也有好处。公司可以因此留有大量的现金,便于公司发展,满足追加投资的需要。还可以使公司股价保持在一个合理的范围之内,以吸引更多的中小投资者。

二、股利分配时间和金额的税务筹划

如前所述,企业所得税法对股息所得和资本利得的税收待遇不同,纳税人可以充分利用上述政策差异进行税务筹划。

如果被投资企业保留利润不分配,即使不符合税法规定的投资收益免税条件,投资方也无须缴纳税款。因为税法规定,不论企业会计处理中对投资采取何种方法,被投资企业会计处理实际作利润分配处理时,投资方企业才应确认投资所得的实现。也就是说,如果被投资单位未进行利润分配,即使被投资单位有很多未分配利润,也不能推定为投资方企业的股息所得实现。对投资方来说,可以达到递延纳税的目的;对被投资方来说,由于不分配利润可以减少现金流出,可以更充分、有效地利用资金。税法提到的受控外国企业除外。属于以下两种情况的,其利润中应归属于该居民企业的部分应当计入该居民企业的当期收入:由居民企业,或者居民企业和中国居民直接或者间接单一持有外国企业 10% 以上有表决权股份,且由其共同持有该外国企业 50% 以上股份;居民企业,或者居民企业和中国居民持股比例没有达到上述标准,但在股份、资金、经营、购销等方面对该外国企业构成实质控制,且该企业设立在实际税负低于规定税率水平 50% 以上的国家(地区),并非由于合理的经营需要而对利润不作分配或者减少分配的。

但是,如果投资方企业打算将拥有的被投资企业的全部或部分股权对外转让,则会造成股息所得转化为资本利得。因为,企业保留利润不分配将导致股权转让价格增高,使得本应享受免税的股息所得转化为应全额并入所得额征税的股权转让所得。因此,除非保留利润一直到转让投资前分配或清算,否则保留利润不分配导致的股息所得与资本利得的转化对企业是不利的。因此,正确的做法是被投资企业保留利润不分配,企业欲进行股权转让时,在转让之前必须将未分配利润进行分配。这样做,对投资方来说,可以达到不需补税或递延纳税的目的,同时又可以有效地避免股息所得转化为资本利得,从而消除重复纳税;对被投资企业来说,由于不分配可以减少现金流出,而且这部分资金无需支付利息,等于增加了一笔无息贷款,因而可以获得资金的时间价值。

如果投资方要转让股权

1. 投资方是企业的情况

如果投资方企业打算将其所拥有的被投资企业的全部或部分股权对外转让,则很有可能

造成本应享受免税的股权投资所得转化为应全额并入所得额缴税的股权投资转让所得。因此,被投资企业必须在转让之前将累积的未分配利润分配。这样可以有效地避免股权投资所得转化为股权投资转让所得,消除重复纳税。

【例11-10】 甲公司于1月1日购入乙公司普通股股票20万股,每股25元,占乙公司股本总额的40%。乙公司当年实现净利润300万元,所得税税率15%。第二年,甲公司自营利润150万元,所得税税率25%。

方案1 第二年4月,乙公司董事会决定将税后利润的50%用于分配现金股利,甲公司分得60万元。10月,甲公司将其拥有的乙公司40%的股权全部转让出售,转让价格为550万元。

方案2 乙公司保留利润不分配直至第二年10月,甲公司将其持有的乙公司40%的股权全部转让出售,转让价格为610万元。

甲公司第二年应纳所得税计算如下:

方案1 自营利润应纳税额 $=150\times 25\%=37.5$(万元)

股息所得应纳税额 $=0$

转让所得应纳税额 $=(550-500)\times 25\%=12.5$(万元)

甲公司第二年合计应纳所得税额 $=37.5+12.5=50$(万元)

方案2 自营利润应纳税额 $=150\times 25\%=37.5$(万元)

转让所得应纳税额 $=(610-500)\times 25\%=27.5$(万元)

甲公司第二年合计应纳所得税额 $=37.5+27.5=65$(万元)

由于在股权转让之前进行了利润分配,避免了重复征税,方案1比方案2减轻税负15(65-50)万元。

应当注意的是,企业所得税法规定,被投资企业对投资方的分配支付额如果超过被投资企业的累计未分配利润和累计盈余公积而低于投资方的投资成本的,视为投资回收,应冲减投资成本;超过投资成本的部分,视为投资方企业的股权投资转让所得,应并入企业的应纳税所得,依法缴纳企业所得税。因此,在进行转让之前分配股息时,其分配额应以不超过可供分配的被投资单位累计未分配利润和盈余公积的部分为限。

2. 投资方是个人的情况

个人所得税法规定,个人股东收到股利要按照20%的税率计征个人所得税,视持股期限长短存在不同的税收优惠。个人股东转让境内上市的股票免征个人所得税。转让其他股权,如果股权转让是平价转让或折价转让不缴纳个人所得税,如果股权溢价转让,应交个人所得税额的计算公式为(股权转让收入-投资成本-转让费用)×20%。股东一般可以通过采取先增资、后转让的办法和先上市、后转让股权的方式避税。

不论投资方是企业还是个人,需注意的问题是股利分配的可行性。一方面,公司提出的股利分配方案必须得到董事会的同意,另一方面,企业的现金应足够充裕,不应因股利分配给企业经营带来不利影响。否则,就会得不偿失,若影响太大,可能还会使投资者望而却步。另外需要注意的是,按照税法规定,被投资企业对投资方的分配支付额如果超过被投资企业的未分配利润和累计盈余公积金而低于投资方的投资成本的,视为投资回收,应冲减投资成本;超过投资成本的部分,视为投资方企业的股权转让所得,应并入企业的应纳税所得额,依法缴纳企业所得税。因此,在进行转让之前分配股息时,其分配额应以"可供分配的被投资单位未分配利润和盈余公积的部分"为限。

关键词

购销活动　　职工薪酬　　利润分配

小结

经营活动税务筹划是企业税务筹划的重要内容,本章从购销活动、职工薪酬、利润分配等三个方面分析了企业经营活动税务筹划的主要内容和方法。贯穿本章内容的宗旨是:企业进行税务筹划不能单纯追求税负最低,必须与企业的财务管理相结合,以实现企业财务管理的最终目标。

即测即评

请扫描右侧的二维码,进行即测即评。

案例分析

案例 11-1

甲是某大型上市公司的财务总监,主管公司的会计、审计、风险投资、预算等工作,也是公司的股东,该公司计划支付其每年 100 万元的报酬。有以下五种薪酬方案:

(1) 发放季度奖金。月基本工资 20 000 元,每季度奖金 190 000 元,共计 1 000 000 元(不包括其他福利)。

(2) 实行年薪制。月基本工资 20 000 元,年终兑现年薪(奖励年薪)760 000 元(不包括其他福利)。

(3) 发放工资和福利。月基本工资 60 000 元,年工资 720 000 元,年终奖金 280 000 元。

(4) 实行股票期权。每月支付基本工资 20 000 元,年初以协议价 2.4 元/股授予该管理者 10 万股股票期权,年底行权时股票市价为 10 元/股,5 年后,预计股票市价为 40 元/股,且以后年度股票市价将逐年降低,管理者将在股票市价为 40 元/股时转让股票(不负担其他福利,管理者持股期间不能分利润)。

(5) 持有股票分红。每月支付基本工资 20 000 元,管理者拥有该公司 40 万股股票(持有时间均超过 1 年),享有股利分配权,参与公司税后利润分配,股息为 1.9 元/股。

分析要求:假设该公司住房公积金、医疗保险、养老保险、失业保险、工伤保险分别为工资总额的 12%、2%、8%、1%、2% 计算。甲专项附加扣除费用每月 3 000 元。分析以上各种薪酬分配方式的税负。

案例 11-2

甲公司年初以银行存款 1 000 万元购买了乙公司普通股股票的 60%,乙公司当年实现净利润400万元,所得税税率25%。次年,甲公司实现自营利润120万元,所得税税率25%。甲公司要转让所持有的乙公司普通股股票的一半。现有两个方案:

(1) 公司直接将持有的股权转让,转让价为641万元,转让过程中发生税费0.4万元。

(2) 先由乙公司将税后利润的40%进行分配,甲公司分得利润96万元,然后甲公司再转让其持有的股权,转让价为545万元,转让过程中发生税费0.45万元。

分析要求:为甲公司选择一个方案,并简要说明原因。

复习思考题

1. 如何进行购销活动的税务筹划?它和各税种的税务筹划有何区别和联系?它和投资活动、筹资活动的税务筹划有何区别和联系?

2. 如何进行职工薪酬的税务筹划?

3. 如何进行股利分配的税务筹划?保留利润不分配的方法在任何情况下都能够减轻投资方税负吗?为什么?

第十二章 企业筹资的税务筹划

筹资是企业进行一系列生产经营活动的先决条件,作为一个相对独立的行为,其对企业理财经营业绩的影响,主要是通过资本结构的变动而发生作用的。因而,筹资中的税务筹划,应着重考虑两个方面:资本结构变动究竟如何影响企业业绩和税负;企业应当如何进行资本结构配置,才能在节税的同时实现企业价值最大化目标。

第一节 负债筹资的税务筹划

企业从事生产经营活动,必须以一定的资金为基础,没有资金作为后盾,各项企业活动成为无源之水、无本之木。企业的组织形式经历了长时间的发展,已演变成所有权和经营权相分离的现代企业组织形式。现代企业是一个独立的法人,其资金由筹集而来,资金筹集有多种方式,如发行股票、发行债券、取得借款、赊购、租赁等。企业的筹资决策要解决的问题是如何取得企业所需要的资金,包括向谁、在什么时候、筹集多少资金。企业资金筹集的数额取决于投资的需要,筹资决策的关键是决定各种资金来源在总资金中所占的比重,即确定资本结构。

资本结构问题耗去了无数财务学家大量的精力,而在考虑资本结构时,一个十分重要的问题就是负债筹资的抵税问题。净收入理论假定无论负债的程度多高,企业的债务资本成本和权益资本成本都不会变化。因此,负债可以降低企业的资本成本,只要债务成本低于权益成本,负债程度越高,企业的加权平均资本成本就越低,企业的价值越大。当负债比率为100%时,企业的加权平均资本成本最低,企业的价值将达到最大值。净收入理论可以用图12-1表示。

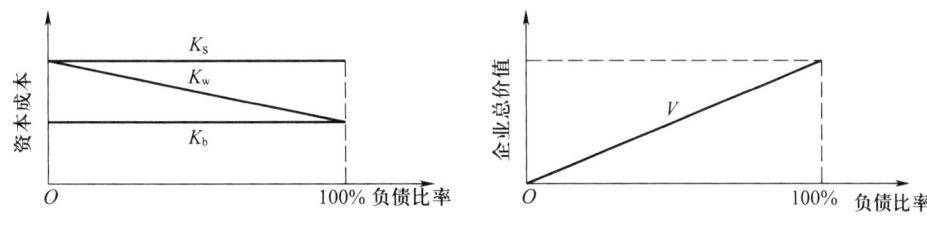

图 12-1 净收入理论

注:K_s为权益资本成本;K_w为加权平均资本成本;K_b为债务资本成本;V为企业总价值。

当然,净收入理论和实际生活是不相符合的,其基本假定是有缺陷的,债务资本比重影响权益资本成本和债务资本成本,但在一定的幅度之内,债务融资的利益大于权益资本成本和债务资本成本的增长,负债筹资中税务筹划有很大空间。税务筹划也为企业合法有效地筹集利用资金提供了科学的依据,股份公司对利用税务筹划合法有效降低资金成本及税收成本的需求尤为迫切。只有筹划得好,企业才可以获得较大的资产增值,降低成本,从而最终实现股东价值最大化的企业发展目标。

一、企业负债规模的税务筹划

企业从事生产经营活动所需要的资金有负债和股本两种来源。负债融资的财务杠杆效应主要体现在节税和提高权益资本收益率(税前和税后)等方面。其中节税功能反映为负债利息计入财务费用抵扣应税所得额,从而减少应纳所得税额。在息税前收益(或收益率)不低于负债成本总额(或负债成本率)的前提下,负债比率越高,额度越大,其节税效果越明显。当然,负债最重要的杠杆作用在于提高权益资本的收益水平及普通股的每股收益额(税后)方面,这可从下式得以反映:

权益资本收益率(税前)= 息税前投资收益率 + 负债 ÷ 权益资本 ×
(息税前投资收益率 − 负债成本率)

从上式可以看出,只要企业息税前投资收益率高于负债成本率,增加负债额度,提高负债比重,就会带来权益资本收益水平提高的效应。应当明确的是,这种分析仅是基于纯理论意义,而未考虑其他的约束条件,尤其是风险因素及风险成本的追加等。因为随着负债比率的提高,企业的财务风险及融资的风险成本必然相应增加,以致负债的成本率水平超过了息税前投资收益率,从而使负债融资呈现出负杠杆效应,即权益资本收益率随着负债额度、比例的提高而下降,这也正是上述所提出的实现节税效果必须是建立于"息税前投资收益率不低于负债成本率"前提的立意所在。企业负债增加时,风险增加,债务成本也上升。是什么影响了债务成本?主要有两方面因素:一是由于企业债务过重,经营效益差而处于财务拮据状态时,将产生财务拮据成本;二是为使经理替股东牟利,达到企业价值最大化需要花费代理费用,即与企业负债有关并发生在股东和债权人之间的代理费用——为遵循保护性条款,使企业经营灵活性减少,效率降低以及监督费用的增加所构成的代理成本。财务拮据成本和代理成本的增大,都会抵消因负债的税收屏蔽作用而增加的企业价值。

因此,企业利用负债进行税务筹划时,必须确定负债的总规模,将负债控制在一定的范围之内,即负债融资带来的利益抵消由于负债融资的比重增大所带来的财务风险及融资的风险成本的增加。

【例 12-1】 某企业有如下几种负债总额方案(如表 12-1 所示):

表 12-1 负债总额方案

项目	方案 A	方案 B	方案 C	方案 D	方案 E
负债额(万元)	—	3 000	4 000	4 500	4 800
权益资本额(万元)	6 000	3 000	2 000	1 500	1 200
负债比率	0	1∶1	2∶1	3∶1	4∶1
负债成本率(%)	—	6.00	7.00	9.00	10.50
息税前投资收益率(%)	10	10	10	10	10
普通股股数(万股)	60	30	20	15	12
年息税前利润额(万元)	600	600	600	600	600

续表

项目	方案 A	方案 B	方案 C	方案 D	方案 E
减:负债利息成本(万元)	—	180	280	405	504
年税前净利(万元)	600	420	320	195	96
所得税率(%)	25	25	25	25	25
应纳所得税(万元)	150	105	80	48.75	24
权益资本收益率					
其中:税前(%)	10.00	14.00	16.00	13.00	8.00
税后(%)	7.50	10.50	12	9.75	6
普通股每股收益额					
其中:税前(元)	10	14	16	13	8
税后(元)	7.50	10.50	12	9.75	6

方案 B、C、D 由于利用了负债融资,在其财务杠杆作用下,使得权益资本收益率以及普通股每股收益额无论税前抑或税后的水平均全面超过未使用负债方案 A,充分体现出负债的杠杆效应。但同时该例中也寓含着这样一种规律:

(1) 随着负债总额的增加,负债比率的提高,利息成本呈现上升趋势;

(2) 权益资本收益率及每股普通股收益额也并非总是与负债比率的升降正向相关,而是有一个临界点,过之则表现为反向杠杆效应,方案 E 便是如此。

分析表明,企业等额数量的息税前利润(均为 600 万元),之所以实际的纳税负担差异悬殊,完全是由于负债成本挡避应税所得额各不相同所致,而且负债比率与成本水平越高,其节税作用越大。比如未使用负债的方案 A 与使用 50% 负债的方案 B,相同的息税前利润之所以实际纳税负担相差 45 万元,原因就在于方案 B 的负债利息成本 180 万元挡避了相应的应税所得额,使应纳税额减少 180 万元 ×25%=45(万元)。依此类推,由于方案 C、D、E 负债成本的应税所得挡避额更大,所以节税效果更加显著。

虽然负债总额越大,企业获得的节税利益越多,但由于负债总额超过临界点时,节税利益超过风险成本的增加,企业的权益资本收益率将下降,这不符合税务筹划的目标,因为税务筹划的目标与企业的财务目标是一致的,当权益资本收益率下降时违背了企业的财务目标,税务筹划就舍本求末了。本例中,尽管方案 E 节税效应最大,但因此而导致了企业所有者权益资本收益率水平的降低,亦即节税的机会成本超过了节税的利益,导致了企业最终利益的损失。

通过以上的分析可以看出,企业负债规模、比率适度与否,并非单纯地反映为是否有利于企业实施最大限度的节税。因为包括节税在内的财务行为,其最终目标只有一个:实现所有者权益的最大限度增长。因而,企业利用负债融资进行税务筹划,其有效的行为规范必须基于所有者权益的充分维护和不断增长,并在此前提下合理把握负债的规模、比率,控制负债的成本水平,在相对意义上实现最理想的节税效果。

总之,在筹资的税务筹划过程中,纳税成本的降低与控制企业的财务风险和经营风险必须紧密结合在一起,寻求企业的最优负债量,最大限度地降低纳税成本,同时也确立了使股东财富最大化的企业资本。

二、企业间资金拆借的税务筹划

企业间资金拆借业务涉及的主要税种是增值税和企业所得税。按照增值税法规定,非金融机构将资金提供给对方,并收取资金占用费,其取得的全部资金占用收入按"金融服务"税目的贷款服务征收增值税。因此,提供借款的企业取得的利息收入应依法缴纳增值税。纳税义务发生时间为提供贷款并收讫利息款项或者取得索取利息收入款项凭据的当天。特殊情况有二:一是统借统还业务中,企业集团或企业集团中的核心企业以及集团所属财务公司按不高于支付给金融机构的借款利率水平或者支付的债券票面利率水平,向企业集团或者集团内下属单位收取的利息免征增值税。统借方向资金使用单位收取的利息,高于支付给金融机构借款利率水平或者支付的债券票面利率水平的,应全额缴纳增值税。统借统还业务,是指:① 企业集团或者企业集团中的核心企业向金融机构借款或对外发行债券取得资金后,将所借资金分拨给下属单位(包括独立核算单位和非独立核算单位,下同),并向下属单位收取用于归还金融机构或债券购买方本息的业务。② 企业集团向金融机构借款或对外发行债券取得资金后,由集团所属财务公司与企业集团或者集团内下属单位签订统借统还贷款合同并分拨资金,并向企业集团或者集团内下属单位收取本息,再转付企业集团,由企业集团统一归还金融机构或债券购买方的业务。二是自2019年2月1日至2020年12月31日,对企业集团内单位(含企业集团)之间的资金无偿借贷行为,免征增值税。

企业所得税法规定,企业将资金提供他人使用但不构成权益性投资,或者因他人占用本企业资金取得的收入,是利息收入,要按照合同约定的债务人应付利息的日期确认收入的实现。因此,提供借款的企业取得的利息收入应依法缴纳企业所得税。借入资金企业的利息支出,属于企业在生产经营活动中发生的合理的不需要资本化的借款费用,不超过按照金融企业同期同类贷款利率计算的数额的部分,准予在计算应纳税所得额时扣除。

企业之间在资金拆借利息计算和资金回收期限方面,均具有较大的弹性和回旋余地,这种弹性和回旋余地常常表现为提高利息支付,冲减企业利润,抵消纳税金额。为了防止企业利用关联方借款任意避税,税法规定,企业从其关联方接受的债权性投资与权益性投资的比例超过规定标准而发生的利息支出,不得在计算应纳税所得额时扣除。企业接受关联方债权性投资与权益性投资比例的规定标准为:金融企业为5:1,其他企业为2:1。企业同时从事金融业务和非金融业务,其实际支付给关联方的利息支出,应按照合理方法分开计算;没有按照合理方法分开计算的,一律按其他企业的比例计算准予税前扣除的利息支出。特殊情况是,企业如果能够按照税法有关规定提供相关资料,证明相关交易活动符合独立交易原则的;或者该企业的实际税负不高于境内关联方的,其实际支付给境内关联方的利息支出,在计算应纳税所得额时准予扣除。

受上述有关规定的限制,用提高利息支付、冲减企业利润的方法抵消纳税金额是不可行的。但是,所得税税率不同的关联企业,高税率企业取得贷款后,无息给低税率企业使用,会将收益转移至低税率企业,可以实现节税目的。但同时企业所得税法规定,企业与其关联企业之间的业务往来,应当按照独立企业之间的业务往来收取或者支付价款、费用;不按照独立企业之间的业务往来收取或者支付价款、费用,而减少其应纳税的收入或者所得额的,税务机关有权进行合理调整。因此,若借贷双方存在关联关系,税务机关有权核定其利息收入并缴纳增值税和企业所得税。

关联方企业之间也可以通过其他途径避开上述限制,降低企业集团的税负。

【例12-2】 甲公司(母公司)和乙公司(全资子公司,非金融企业)是关联公司,乙公司拟于第一年1月1日向甲公司借款500万元,双方协议规定,借款期限一年,年利率10%,乙公司于第一年12月31日到期时一次性还本付息550万元。乙公司实收资本总额150万元。已知同期同类银行贷款利率为8%,金融服务增值税税率为6%,城市维护建设税税率为7%,教育费附加征收率为3%。

乙公司当年"财务费用"账户列支甲公司利息50万元,税法允许税前扣除的利息为24(150×2×8%)万元,调增应纳税所得额26(50-24)万元。假设乙公司当年利润总额200万元,所得税税率25%,不考虑其他纳税调整因素,乙公司当年应纳企业所得税额=(200+26)×25%=56.5(万元)。

上述业务的结果是,乙公司支付利息50万元,甲公司得到利息50万元,由于是内部交易,对甲、乙公司整个利益集团来说,既无收益又无损失。但是,因为甲、乙公司均是独立的企业所得税纳税人,税法对关联企业利息费用的限制,使乙公司额外支付了6.5(26×25%)万元的税款。而甲企业收取的50万元利息还须按照"金融服务"税目缴纳6%的增值税和相应的城市维护建设税以及教育费附加,合计金额3.11万元。

由于贷款利息不能抵扣增值税进项税额,对整个集团企业来说,合计多纳税费=2.83+2.83×(7%+3%)×(1-25%)+6.5=9.54(万元)

企业可以采取如下三种税务筹划方式:

方案1 将甲公司借款500万元给乙公司,改成甲公司向乙公司增加投资500万元。这样,乙公司就无需向甲公司支付利息。如果符合企业所得税中股息红利等权益性投资收益免税的条件,甲公司从乙公司分回的股息无需纳税。如果不符合免税条件,乙公司可以保留盈余不分配,这样甲公司也无需纳税。

方案2 如果甲、乙公司存在购销关系,乙公司生产的产品作为甲公司的原材料,那么,当乙公司需要借款时,甲公司可以支付预付账款500万元给乙公司,让乙公司获得一笔"无息"贷款,从而排除了关联企业借款利息扣除的限制。

方案3 如果甲公司生产的产品作为乙公司的原材料,那么,甲公司可以采取赊销方式销售产品,将乙公司需要支付的应付账款由甲公司作为"应收账款"挂账,这样,乙公司同样可以获得一笔"无息"贷款。

对于方案2和方案3,属于商业信用筹资。这是因为,关联企业双方按正常售价销售产品,对"应收账款"或"预付账款"是否加收利息,可以由企业双方自愿确定,税法对此并无特别规定。由于乙公司是甲公司的全资子公司,甲公司对应收账款或预付账款不收利息,对于投资者来说,并无任何损失。

如果乙公司是甲公司的非全资子公司,其情况又会怎样呢?甲公司为了考虑其自身的利益,会对销货适当提高售价,实际上就是把应当由乙公司负担的利息转移到原材料成本。应当指出,如果关联方企业之间不按独立企业间业务往来收取或支付价款、费用,而减少应税收入或应纳税所得额的,税务机关有权进行合理调整。因此,企业在采用方案2和方案3进行筹划时应当谨慎行事。

关联方企业之间的资金筹集,不论是采用股权投资形式还是债权投资形式,只要投资企业和筹资企业双方企业所得税税率相同,双方总体税负不变。投资企业采取股权投资方式的,其从被投资企业分回的股息、红利等收入,满足一定条件的属于免税收入,不必计算缴纳企业所得税。投资企业采取债权投资方式的,其从被投资企业取得的利息收入属于应税收入,要计算缴纳企业所得税。但这部分利息收入同时也是筹资企业的利息支出,是筹资企业可以在税前扣除的费用。

从筹资企业的角度看,企业有权益资金和债务资金两种筹集方式可供选择的情况下,因为企业筹集的债务资金所支付的利息可以在税前扣除,一般倾向于选择债务资金。从投资企业的角度看,股权投资一般获取的收益属于免税收入,债权投资一般获取的收益属于应税收入,因此倾向于选择股权投资。从集团整体角度看,在双方企业所得税税率相同的情况下,总体税负不变,只是税负发生了转移。但是一些因素会影响双方企业的税负,从而影响股权投资和债权投资方式下的总体税负。

债权性投资的投资企业从被投资企业取得的利息收入,属于"金融服务"中的贷款服务,按6%的税率计算缴纳增值税。(除非是企业集团或企业集团中的核心企业以及集团所属财务公司按不高于支付给金融机构的借款利率水平或者支付的债券票面利率水平,向企业集团或者集团内下属单位收取的利息收入免征增值税。)所以,债权性投资企业缴纳增值税,而权益性投资企业不缴纳增值税。

另外,同上所述,筹资企业从其关联方接受的债权性投资与权益性投资的比例超过规定标准而发生的利息支出,不得在计算应纳税所得额时扣除。也就是说,筹资企业所支付的利息不一定可以全部在企业所得税前扣除。而另一方面,投资企业取得的利息收入要计算缴纳企业所得税。

因此,关联方企业之间的资金筹集,不能单就某一方进行税务筹划,而应当从整体进行税务筹划,才能真正将税负降下来。

三、银行借款的税务筹划

在我国,银行借款是负债筹资的主要方式。由于存在财务杠杆效应,只要企业息税前投资收益率高于负债成本率,增加负债额度,提高负债比重就会使权益资本收益率提高。所以,适度增加银行借款比重,减轻企业所得税负,增加投资者收益,被认为是银行借款税务筹划的主要内容。

【例12-3】 某企业有一个投资方案,需资金2 000万元,预计每年息税前收益300万元。该企业投资前拥有净资产20 000万元,净资产利润率15%。

现有两个方案:

方案1 增加留存收益2 000万元;

方案2 从银行借款2 000万元,年利率为8%。

试分析采用哪种方式更有利。

方案1 每年增加的收益应纳所得税额为:

$$300 \times 25\% = 75(万元)$$

净收益为：
$$300 - 75 = 225(万元)$$

企业净资产利润率为：
$$(20\,000 \times 15\% + 225) \div 22\,000 \times 100\% = 14.66\%$$

方案2 企业每年增加的收益为：
$$300 - 2\,000 \times 8\% = 140(万元)$$

每年增加的收益应纳所得税额为：
$$140 \times 25\% = 35(万元)$$

净收益为：
$$140 - 35 = 105(万元)$$

企业净资产利润率为：
$$(20\,000 \times 15\% + 105) \div 20\,000 \times 100\% = 15.53\%$$

可见，采用借款的方式优于增加留存收益的方式。

该例题说明，在财务杠杆发挥正效应的前提下，企业负债比率越高，取得的税收利益越大，但并非负债比率越高越好。事实上，负债比率达到一定数额时，企业财务风险增大，筹资成本也会相应增高，甚至会产生财务杠杆的负效应。所以，企业融资决策的税务筹划应以合理的资本结构为前提。

还需要注意的是，按照税法规定，企业为购置、建造需要经过相当长时间的购建或者生产活动才能达到预定可使用或者可销售状态的固定资产、投资性房地产和存货等资产发生借款的，在有关资产购置、建造期间发生的合理的借款费用，应当作为资本性支出计入有关资产的成本。只有企业在生产经营活动中发生的合理的不需要资本化的借款费用才计入财务费用，可以直接冲抵当期损益，而固定资产、无形资产价值则须分期摊销，逐步冲减当期损益。因此，企业需注意银行借款的用途，才能进行有效的税务筹划。

在相同的负债额度下，企业可以分析不同的还本付息方式给应纳企业所得税额造成的不同影响，选择最恰当的方案。企业应根据自身实际情况，考虑不同方案对企业净利润、现金流量的影响，考虑借款银行的因素，制订出对自己最有利的筹划方案。

【例12-4】 某企业为满足投资项目所需，准备从银行借款1 000万元，假设年利率为10%，贷款期限为5年，贷款项目预期第1年可获取息税前利润180万元，以后每年增加60万元。企业所得税税率为25%，假设无其他纳税调整事项。贷款还本付息的方案有以下四种可供选择：

(1) 期末一次还清全部本息(假设复利计息)。
(2) 每年偿还等额的本金和利息263.8(1 000÷3.791)万元。
(3) 每年等额偿还本金200万元，年末支付剩余借款的利息。
(4) 每年支付利息100万元，并在第五年年末一次还本。

分析结果如表12-2所示。

表 12-2 不同方案偿还本息情况对比表

单位：万元

方案	年数	年初所欠金额	当年利息额	当年所还金额	当年所欠金额	当年投资收益	当年税前利润	当年应纳所得税额	当年税后利润	当年税后利润现值
A	1	1 000	100	0	1 100	180	80	20	60	54.55
	2	1 100	110	0	1 210	240	130	32.5	97.5	80.58
	3	1 210	121	0	1 331	300	179	44.75	134.25	100.86
	4	1 331	133.10	0	1 464.1	360	226.9	56.725	170.175	116.23
	5	1 464.1	146.41	1 610.51	0	420	273.59	68.397 5	205.192 5	127.41
	小计	—	610.51	1 610.51	—	—	889.49	222.372 5	667.117 5	479.63
B	1	1 000	100	263.8	836.2	180	80	20	60	54.55
	2	836.20	83.62	263.8	656.02	240	156.38	39.095	117.285	96.93
	3	656.02	65.6	263.8	457.82	300	234.4	58.6	175.8	132.08
	4	457.82	45.78	263.8	239.8	360	314.22	78.555	235.665	160.96
	5	239.8	23.98	263.78	0	420	396.02	99.005	297.015	184.42
	小计	—	318.98	—	—	—	1 181.02	295.255	885.765	628.94
C	1	1 000	100	300	800	180	80	20	60	54.55
	2	800	80	280	600	240	160	40	120	99.17
	3	600	60	260	400	300	240	60	180	135.24
	4	400	40	240	200	360	320	80	240	163.92
	5	200	20	220	0	420	400	100	300	186.28
	小计	—	300	—	—	—	1 200	300	900	639.16

续表

方案	年数	年初所欠金额	当年利息额	当年所还金额	当年所欠金额	当年投资收益	当年税前利润	当年应纳所得税额	当年税后利润	当年税后利润现值
D	1	1 000	100	100	1 000	180	80	20	60	54.55
	2	1 000	100	100	1 000	240	140	35	105	86.78
	3	1 000	100	100	1 000	300	200	50	150	112.70
	4	1 000	100	100	1 000	360	260	65	195	133.19
	5	1 000	100	1 100	0	420	320	80	240	149.02
	小计	—	500	—	—	—	1 000	250	750	536.23

注：当年利息额＝年初所欠金额×10%
年末所欠金额＝年初所欠金额＋当年利息额－当年所还金额
当年税前利润＝当年投资收益－当年利息额
当年应交所得税额＝当年税前利润×25%
当年税后利润＝税前利润－应交所得税额
当年税后利润现值＝当年税后利润×现值系数

由以上计算可以看出,A方案应纳企业所得税额最少(222.372 5万元),但A方案税后利润的折现值也最少(479.63万元)。C方案应缴纳的所得税额最多(300万元),但其税后利润的折现值是最大的(639.16万元)。所以从财务管理的角度看,C方案可以作为与银行签订借款合同的最优方案。

四、发行债券的税务筹划:溢(折)价摊销的税务筹划

负债筹资的另一个重要方式是发行企业债券。债券票面利率与发行时市场利率相同时,债券按面值发行;当票面利率高于市场利率时,债券溢价发行,企业对其将来多付的利息事先获得补偿;当票面利率低于市场利率时,债券折价发行,企业对其将来少付的利息事先给予补偿。在债券溢价或折价发行时,必须在发行期内将溢价或折价摊销完毕。溢价或折价摊销计入财务费用,冲减利息费用或增加利息费用。由于利息费用作为扣除项目,在计算应税所得时可以从所得中扣除,纳税人利息费用的多少直接影响纳税人应纳税额的多少。溢价和折价的摊销有直线法和实际利率法两种方法。两方法下计算出的各期摊销额是不同的,企业各期的财务费用也不相同,因此,企业债券溢价或折价摊销额对纳税人每年应纳所得税额产生影响。

(一)企业债券溢价发行

1. 企业债券溢价发行的直线摊销法

企业债券发行的直线摊销法是指将债券的溢价按债券年限平均分摊到各年冲减利息费用的方法。

【例12-5】 东方公司第1年1月1日发行债券100 000元,期限为5年,票面利率为10%,每年支付一次利息。公司按溢价108 030元发行,市场利率为8%。该公司债券溢价发行如表12-3所示。

表12-3 公司债券溢价发行的直线摊销法金额 单位:元

付息日期	实付利息	利息费用	溢价摊销	未摊销溢价	账面价值
第1年年初				8 030	108 030
第1年年末	10 000	8 394	1 606	6 424	106 424
第2年年末	10 000	8 394	1 606	4 818	104 818
第3年年末	10 000	8 394	1 606	3 212	103 212
第4年年末	10 000	8 394	1 606	1 606	101 606
第5年年末	10 000	8 394	1 606	0	100 000
合计	50 000	41 970	8 030	—	—

注:实付利息=债券面值 × 票面利率
  利息费用=实付利息 – 溢价摊销
  溢价摊销=溢价总额 ÷5(年)
  未摊销溢价=期初未摊销溢价 – 本期溢价摊销
  账面价值=期初账面价值 – 本期溢价摊销

2. 企业债券溢价发行的实际利率摊销法

企业债券溢价发行的实际利率摊销法是以应付债券的现值乘以实际利率计算出来的利息和名义利息比较,将其差额作为溢价摊销额。其特点是使负债账面价值递减,利息也随之递减,溢价摊销额则相应逐年递增。上例按实际利率法摊销计算如表12-4所示。

表12-4 企业债券溢价发行的实际利率摊销法金额　　　　单位:元

付息日期	实付利息	利息费用	溢价摊销	未摊销溢价	账面价值
第1年年初				8 030	108 030
第1年年末	10 000	8 642.4	1 357.6	6 672.4	106 672.4
第2年年末	10 000	8 533.8	1 466.2	5 206.2	105 206.2
第3年年末	10 000	8 416.5	1 583.5	3 622.7	103 622.7
第4年年末	10 000	8 289.8	1 710.2	1 912.5	101 912.5
第5年年末	10 000	8 087.5①	1 912.5	0	100 000
合计	50 000	41 970	8 030	—	—

注:① 8 087.5=10 000−1 912.5
　　实付利息=债券面值 × 票面利率
　　利息费用=账面价值 × 市场利率
　　溢价摊销=实付利息 − 利息费用
　　未摊销溢价=期初未摊销溢价 − 本期溢价摊销
　　账面价值=期初账面价值 − 本期溢价摊销

债券摊销方法不同,不会影响利息费用总和,但要影响各年度的利息费用摊销额。如果采用实际利率法,前几年的溢价摊销额少于直线法的摊销额,前几年的利息费用则大于直线法的利息费用。公司前期缴纳税款较少,后期缴纳税款较多。由于货币时间价值的存在,企业采用实际利率法对债券的溢价进行摊销,可获得延期纳税的利益。

(二)企业债券折价发行

1. 企业债券折价发行的直线摊销法

【例12-6】 东兴公司第1年1月1日发行债券100 000元,期限为5年,票面利率为6%,每年支付一次利息。公司按折价92 058元发行,市场利率为8%。该公司债券折价发行如表12-5所示。

表12-5 公司债券折价发行的直线摊销法金额　　　　单位:元

付息日期	实付利息	利息费用	折价摊销	未摊销折价	账面价值
第1年年初				7 942	92 058
第1年年末	6 000	7 588.4	1 588.4	6 353.6	93 646.4
第2年年末	6 000	7 588.4	1 588.4	4 765.2	95 234.8
第3年年末	6 000	7 588.4	1 588.4	3 176.8	96 823.2
第4年年末	6 000	7 588.4	1 588.4	1 588.4	98 411.6

续表

付息日期	实付利息	利息费用	折价摊销	未摊销折价	账面价值
第 5 年年末	6 000	7 588.4	1 588.4	0	100 000
合计	30 000	37 942	7 942	—	—

注：实付利息＝债券面值 × 票面利率
　　利息费用＝实付利息＋折价摊销
　　折价摊销＝折价总额 ÷5（年）
　　未摊销折价＝期初未摊销折价－本期折价摊销
　　账面价值＝期初账面价值＋本期折价摊销

2. 企业债券折价发行的实际利率摊销法

企业债券折价发行的实际利率摊销法是以应付债券的现值乘以实际利率计算出来的利息与名义利息比较，将其差额作为折价摊销额。其特点是使负债账面价值递增，利息也随之递增，折价摊销额则相应逐年递减。

仍以上例资料，该公司折价发行如表 12-6 所示。

表 12-6　企业债券折价发行的实际利率摊销法金额　　　　　　单位：元

付息日期	实付利息	利息费用	折价摊销	未摊销折价	账面价值
第 1 年年初				7 942	92 058
第 1 年年末	6 000	7 364.6	1 364.6	6 577.4	93 422.6
第 2 年年末	6 000	7 473.8	1 473.8	5 103.6	94 896.4
第 3 年年末	6 000	7 591.7	1 591.7	3 511.9	96 488.1
第 4 年年末	6 000	7 719	1 719	1 792.9	98 207.1
第 5 年年末	6 000	7 792.9[①]	1 792.9	0	100 000
合计	30 000	37 942	7 942	—	—

注：① 7 792.9＝6 000＋1 792.9
　　实付利息＝债券面值 × 票面利率
　　利息费用＝账面价值 × 市场利率
　　折价摊销＝利息费用－实付利息
　　未摊销折价＝期初未摊销折价－本期折价摊销
　　账面价值＝期初账面价值＋本期折价摊销

债券折价摊销方法不同，不会影响利息费用总和，但要影响各年度的利息费用摊销额。如果采用实际利率法，前几年的折价摊销额少于直线法的摊销额，前几年的利息费用也少于直线法的利息费用。公司前期缴纳的税款较多，后期缴纳的税款较少。由于货币时间价值的存在，企业采用直线法对债券的折价进行摊销，可获得延期纳税的利益。

第二节　权益筹资的税务筹划

一、权益筹资概述

企业筹资来源除了债务资本外,还有权益资本。权益资本是企业依法筹集并长期拥有、自主调配使用的资金。企业权益资本包括实收资本(股本)、资本公积、盈余公积和未分配利润。

权益资本的所有权归企业的所有者,所有者凭其所有权参与企业的经营管理和利润分配,并对企业的经营状况承担有限责任。企业对权益资金依法享有经营权,在企业存续期内,投资者除依法转让外,不得以任何方式抽回其投入的资本,因而权益资金被视为"永久性资本"。企业的权益资金是通过国家财政资金、其他企业资金、民间资金、外商资金等渠道,采用吸收直接投资、发行股票、留用利润等方式筹措形成的。

二、权益筹资的税务筹划

评价税务筹划绩效的标准在于是否有利于企业所有者权益的增长,因而依据企业权益资本收益率或普通股每股税后盈余预期目标,组织适宜的资本结构,成为企业融资管理的重要任务。权益筹资与负债筹资是相互联系的,权益筹资的税务筹划与负债筹资的税务筹划也是相互联系、此消彼长的。权益筹资的税务筹划关键在于确立适度的负债规模与负债比率,并依此为基础,进一步界定负债融资的有效限度。

(一)目标负债规模与负债比率的确定

1. 确定企业的普通股每股盈余目标 EPS

$$EPS = [(Kr - Bi)(1-T) - U]/N$$

式中,EPS 为普通股每股盈余(收益)。

2. 确定目标负债规模 B

由上式可推导出:

$$B = \left(Kr - \frac{EPS \cdot N + U}{1-T}\right)\left(\frac{1}{i}\right)$$

式中,B 为负债总额;

K 为投资总额;

r 为预计息税前投资收益率;

i 为负债利率;

N 为已发行普通股数;

U 为优先股利支付额;

T 为所得税率。

3. 确定企业目标负债比例 m

$$m = \frac{B}{K-B}$$

【例 12-7】 甲企业投资总额 1 000 万元,预计息税前投资收益率 10%,负债利息率 8%,已发行普通股 2 万股,固定应发放优先股股利 10 万元,所得税税率为 25%,期望每股普通股税后盈余 12 元。代入公式得:

$$B=\left(Kr-\frac{EPS \cdot N+U}{1-T}\right)\left(\frac{1}{i}\right)=\left(1\,000 \times 10\%-\frac{12 \times 2+10}{1-25\%}\right)\left(\frac{1}{80\%}\right)=683.33(万元)$$

$$m=\frac{B}{K-B}=\frac{683.33}{1\,000-683.33}=2.2$$

负债规模应为 683.33 万元,负债比率 2.2∶1。此外,还可以依据获利能力预期,通过比较负债与资本节税功能的差异,利用上述公式,进行追增资本抑或扩大负债的优选决策。

(二) 负债融资的上限

负债融资的上限即最高负债规模及负债比率,见表 12-7。

(企业拟追加投资规模 ΔK)

追增资本后权益资本收益率 $=(EBIT-Bi) \div (S+\Delta K)$ ①

追增负债后权益资本收益率 $=(EBIT-Bi-\Delta Kj) \div S$ ②

式中,$EBIT$ 为息税前利润。

表 12-7 最高负债规模及负债比率

融资方式	追增资本前的资本结构	追增筹资后的资本结构	
		追增资本方式	追增负债方式
一、负债额			
① 既有负债(利率 i)	B	B	B
② 追增负债(利率 j)			ΔK
二、资本额			
① 既有资本	S	S	S
② 追增资本		ΔK	
资金来源合计	$B+S$	$B+(S+\Delta K)$	$(B+\Delta K)+S$

令①=②,通过移项整理,得 $EBIT=Bi+Sj+\Delta Kj$,即举债盈亏分界点的息税前利润 $EBIT=Bi+Sj+\Delta Kj$,变形为 $EBIT-Bi-Sj=\Delta Kj$。这样,在所得税率以及其他因素既定的条件下,意欲维持原有的权益资本收益率,就必须要求 $EBIT-Bi-Sj \geq \Delta Kj$ 方可追加负债规模,追增负债的最高限额为:

$$\Delta K \leq [(EBIT-Bi)/j]-S$$

相应的负债比率上限为:

$$(B+\Delta K)/S \leq [EBIT+B(j-i)-Sj]/Sj$$

(三) 负债融资的下限

负债融资的下限即最低负债规模与负债比率。

权益资本收益率＝息税前投资收益率＋(负债规模/权益资本额)×
(息税前投资收益率－负债利率)

式中,i 为既有负债利率;

j 为追增负债利率;

r 为息税前投资收益率;

S 为权益资本额;

B 为既有负债额;

ΔK 为追增负债额;

q 为权益资本收益率;

q' 为权益资本目标收益率。

代入上式并调整得:

$q = r + [(B+\Delta K)/S](r-$负债利率$) = r + [(B+\Delta K)r/S] - [(B+\Delta K)$负债利率$/S]$

因为 $(B+\Delta K)$负债利率 = 负债利息 = $Bi + \Delta Kj$

所以 $q = r + [B(r-i) + \Delta K(r-j)] \div S$

当 $q \geq q'$，即 $r + [B(r-i) + \Delta K(r-j)] \div S \geq q'$ 时,企业可以达成甚至超过预期的权益资本率的目标。此时,权益负债融资比率的下限为:

$(B+\Delta K)/S \geq [B(i-j) + S(q'-r)] \div [S(r-j)]$

据此,企业进行筹资决策,不仅可以保障预期财务目标的顺利实现,而且所取得的税务筹划效果无疑也是最佳的。

企业权益筹资的方式有吸收直接投资、发行股票、利用留存收益等。不同的权益筹资方式在税务筹划时要注意不同的问题。企业通过吸收直接投资筹集到的资金构成企业的权益资金,其支付的红利不能在税前扣除,因而不能获得税收收益。吸收直接投资的手续相对比较简便,筹资费用较低。相对于发行股票而言,吸收直接投资的资本成本较高。当企业经营较好,盈利较多时,投资者往往要求将大部分盈余作为红利分配,因为企业向投资者支付的报酬是按其出资数额和企业实现利润的比率来计算的。当企业决定采用发行股票筹集资金时,需要考虑发行股票的资金成本。发行股票所支付的股息不能直接在税前扣除,只能从企业税后利润中支付。发行股票的筹资费用较高,需要考虑股票发行过程中存在的评估费、发行费、审计费、公证费等中介费用的税务问题。和外部筹资高额的筹资费用相比,企业利用留存收益筹资不必动用现金支付筹资费用。公司可以通过少发现金股利或发放股票股利甚至不发放股利保留更多的税后利润,以满足公司的资金需要,促进公司发展。如果公司能够将留存利润投资于报酬率更高的项目,这将会给公司的股东带来更多的好处。因此,利用留存收益筹资对公司来说是非常有益的。但是,因为企业自我积累资金要经过很长一段时间才能完成,而且企业投入生产和经营活动之后,产生的全部税负由企业自负。这种筹资方式虽然对企业有诸多的益处,但税负却是最重的。

当企业权益资本中有外资时,还可以在印花税上进行税务筹划。我国税法规定,对于记载资金的账簿,按实收资本与资本公积的合计金额 0.25‰ 贴花。按会计制度规定,对于外币投资,实收资本以合同确定的汇率入账。合同确定的汇率越低,同样的外币金额,转化为记账本位币金额越少,所需缴纳的印花税越少,而企业实际可以运用的资金并没有减少。

第三节 其他筹资方式的税务筹划

一、租赁的税务筹划

当企业筹措贷款出现困难,而企业重视该部分资产的使用权多于所有权时,可以考虑从外部租赁资产。专门从事租赁业务的企业的出现可使企业避免贷款的限制或其他问题,而仍旧能够获得资产的使用权。租赁是一种契约行为,其中拥有资产的企业作为出租人,租用资产的企业作为承租人,出租人与承租人签订合同,确定在指定期间内承租人可以使用出租人的资产,使用期间,承租人需支付合同所确定的租金。

随着租赁业的发展,现代租赁已出现了多种形式。租赁可分为融资租赁与经营租赁两大类。融资租赁是指具有融资性质和所有权转移特点的设备租赁业务。即出租人根据承租人所要求的规格、型号、性能等条件购入设备租赁给承租人,合同期内设备所有权属于出租人,承租人只拥有使用权,合同期满付清租金后,承租人有权按残值购入设备,以拥有设备的所有权。其租金包括租赁设备的价款、价款利息和手续费,租赁期内,承租人除分期向出租人支付租金外,还应给租赁设备保险。融资租赁具有可选择租赁设备、租赁时间长和中途不得毁约等特点。经营租赁则是一种以提供租赁物短期使用权为特点的租赁形式,通常用于一些需要专门技术进行维修保养和技术更新较快的设备。它具有出租物由出租人根据市场需要选购、实行高度专业化和租赁期较短的特点。

经营租赁方式下,承租人对租入资产不需要作为本公司的资产入账,不需要计提折旧,只需按期支付租金。按照企业所得税法的规定,承租人支付的租金一般应在租赁期限内均衡地计入费用,冲减企业的利润,减少应纳税所得额。出租人仍然保留出租资产的账面价值,并承担出租资产的折旧及其他费用,其享有的权利为按期取得租金收益。出租人收取的租金应当在租赁期内的各个期间按直线法确认为损益,缴纳企业所得税。如果租赁资产是有形动产,出租人收取的租金还要按照13%的税率缴纳增值税。如果租赁资产是不动产,出租人按照9%的税率缴纳增值税。

融资租赁方式下,租入资产由承租人计提折旧并在税前扣除,承租人支付的租金不得直接扣除,承租方支付的手续费,以及安装交付使用后支付的利息等可在支付时直接扣除。承租人支付的租金包含本金和利息两部分,利息部分应按照实际利率法逐期确认为当期融资费用,并在税前扣除。出租人不再计提租赁资产的折旧,出租人收到的租金中利息收入部分按照实际利率法分摊,逐步计入当期实现的收入。按照增值税法的规定,有形动产融资租赁服务按照13%的税率缴纳增值税,不动产融资租赁服务按照9%的税率缴纳增值税。

融资性售后回租业务是融资租赁业务的一种类型,是指承租方以融资为目的将资产出售给经批准从事融资租赁业务的企业后,又将该项资产从该融资租赁企业租回的行为。根据增值税法的规定,融资性售后回租按照金融服务中的贷款服务缴纳增值税。根据企业所得税法的规定,融资性售后回租业务中,承租人出售资产的行为,不确认为销售收入,对融资性租赁的资产,仍按承租人出售前原账面价值作为计税基础计提折旧。租赁期间,承租人支付的属于融资利息的部分,作为企业财务费用在税前扣除。

除企业所得税、增值税以外,租赁业务涉及的税种还有土地增值税、契税、房产税、城镇土地使用税、印花税等。

(一)企业集团内部租赁的税务筹划

当出租人与承租人同属一个企业集团时,租赁形式最终将会使该利益集团可以实现利润合理转移,这是典型的租赁节税效应。这种税务筹划方法一般要求企业集团内不同企业之间适用的企业所得税率存在差异。例如企业所得税率采用累进税率的形式,如果是比例税率,则要求集团内某一企业适用优惠税率。

【例 12-8】 某集团中的企业甲将其赢利高的 A 生产车间的产权租给企业乙,全部资产核定价值为 1 000 万元,每年生产产品获利 200 万元,年租金 150 万元。出租前企业甲的年利润为 700 万元,企业乙的年利润为 100 万元。甲、乙适用企业所得税率见表 12-8 所示(不考虑其他相关税费)。

表 12-8 适 用 税 率

利润收入(万元)	税率(%)	利润收入(万元)	税率(%)
50 以下	20	500~800	75
50~200	35	800 以上	85
200~500	50		

(1)甲企业未出租时应纳税款:

$$(700-500)\times 75\%+(500-200)\times 50\%+(200-50)\times 35\%+50\times 20\%=362.5(万元)$$

乙企业未付租金时应纳税款:

$$(100-50)\times 35\%+50\times 20\%=27.5(万元)$$

甲乙合计应纳税款 = 362.5+27.5 = 390(万元)

(2)甲企业出租后利润额 = 700-200+150 = 650(万元)

甲企业出租后应纳税款 = $(650-500)\times 75\%+(500-200)\times 50\%+(200-50)\times$
$35\%+50\times 20\%=325(万元)$

乙企业支付租金后的利润额 = 100+200-150 = 150(万元)

乙企业支付租金后应纳税款 = $(150-50)\times 35\%+50\times 20\%=45(万元)$

甲乙合计应纳税款 = 325+45 = 370(万元)

租赁后企业集团少纳税额:

$$390-370=20(万元)$$

可见,当出租人和承租人属于同一利益集团时,租赁可以使它们之间直接、公开地将资产从一个企业转给另一个企业。同一利益集团中的企业甲出于税收目的,将赢利高的生产项目连同设备一道以租赁的形式转租给企业乙,在符合税法规定的前提下,收取较低的租金,最终可使该利益集团税负降低,租赁产生的避税效应十分明显。

(二)承租方的税务筹划

企业获得生产经营用设备,既可以从银行贷款直接购买设备,也可以用租赁的方式获得设备。这些获得生产经营用设备的不同方式在税务处理上是有差异的。银行贷款购买设备,支付的贷款利息可以在税前扣除,企业对设备计提的折旧也可以抵税。经营租赁只有支付的租赁费用可以直接在税前扣除,但企业不得对租入的设备计提折旧,租入设备的损耗不能抵税。融资租赁发生的租赁费不得直接扣除。承租方支付的手续费,以及安装使用后支付的利息等可在支付时直接扣除。由于企业可以对融资租入的设备计提折旧,这些折旧可以在税前扣除。企业应将这几种获得设备的方式所要承担的税负进行比较,考虑资金的时间价值,选择对企业最有利的方式。

【例 12-9】 某企业需要一项固定资产,该固定资产价值 10 万元,企业可供选择的方案有两种。

方案 1 以经营租赁方式租入该固定资产 5 年,每年年末支付租金 25 044 元。

方案 2 从银行借款 10 万元购入,借款利率为 8%,期限 5 年,分期偿还本息。假设企业对该固定资产采用直线法按 5 年计提折旧,不计残值。

企业所得税率为 25%,资金成本为 8%,5 年 8% 利率的年金现值系数为 3.993。

根据税法规定,经营租赁的租赁费用可以在当期所得税前扣除,长期借款购买固定资产,所得税税前可以扣除借款利息(非购建期间)和固定资产折旧两项。

租赁方案下的现金流出现值如表 12-9 所示。

表 12-9 租赁方案现金流出现值表　　　　　　　　　　　单位:元

年份	支付租金	抵缴所得税	现金流出	现值系数	现金流出现值
1	25 044	6 261	18 783	0.926	17 393.06
2	25 044	6 261	18 783	0.857	16 097.03
3	25 044	6 261	18 783	0.794	14 913.70
4	25 044	6 261	18 783	0.735	13 805.51
5	25 044	6 261	18 783	0.681	12 791.22
合计	125 220	31 305	93 915	—	75 000.52

借款方案下,每年支付本金和利息 = 100 000 ÷ 3.993 = 25 044(元)。借款方案的现金流出现值如表 12-10 所示。

表 12-10 借款方案现金流出现值表　　　　　　　　　　　单位:元

年限	还本付息 ①	付息 ②	还本 ③=①−②	本金 ④	折旧 ⑤	费用合计 ⑥=②+⑤	抵缴所得税 ⑦=⑥*0.25	现金流出 ⑧=①−⑦	贴现系数 ⑨	现金流出现值 ⑩=⑧*⑨
0				100 000						
1	25 044	8 000	17 044	82 956	20 000	28 000	7 000.00	18 044	0.926	16 708.74
2	25 044	6 636.48	18 407.52	64 548.48	20 000	26 636.48	6 659.12	18 384.88	0.857	15 755.84
3	25 044	5 163.88	19 880.12	44 668.36	20 000	25 163.88	6 290.97	18 753.03	0.794	14 889.91
4	25 044	3 573.47	21 470.53	23 197.83	20 000	23 573.47	5 893.37	19 150.63	0.735	14 075.71
5	25 044	1 846.17	23 197.83	0	20 000	21 846.17	5 461.54	19 582.46	0.683	13 374.82
合计	125 220	25 220	100 000	—	100 000	125 220	31 305.00	93 915	—	74 805.02

比较两个方案,用借款方案,可以节约费用现值 75 000.52-74 805.02=195.50(元),虽然两个方案下缴纳所得税总额是一样的,但因借款方案下,前期可以多抵缴所得税,从资金的时间价值角度来考虑,采用借款方案为佳。

以上假定采用长期借款方案和租赁方案租赁固定资产时价款和条件都最大可能地保持一致,但最后结论由于抵扣所得税的时间不同而产生一些差异,由此可以证明筹资税务筹划的可能性。在实际工作中,不同的方案下,条件往往有差异,只要认真比较分析各种筹资方式及其条件,并充分利用现行税收政策之间的差异,一定会收到比较好的效果。

二、集资的税务筹划

企业在筹资时,眼光可以从外部转向内部,发动企业员工进行集资。通过集资,企业既可以解决一部分生产经营所需要的资金,还可以调动员工的积极性和努力工作意识。因为,只有企业的状况好了,按时足额发放利息才有保障,员工除了日常工资以外,还同企业有了更多的利益联系,与企业同呼吸、共命运,必然愿意为企业做出更多的贡献。

企业为了发动员工集资的热情,往往付出比市场更高的利息,更高的利息可以起到更多的抵税作用。由于国家对利息的所得税前扣除有限制,要求按照不高于市场上金融机构的同类同期贷款利率进行扣除,集资时也要考虑税务筹划问题,以合理减轻企业税负。集资利息是付给企业员工个人,而员工的工资也是付给员工个人。既然工资与利息都是付给员工个人,企业可以通过两种支付方式的转化来进行集资活动中的税务筹划。将税法规定可以扣除的利息以利息形式支付给企业员工,超过税法规定可以扣除的利息部分转化为奖金形式支付给企业参加集资的员工。当然企业还应考虑职工工薪所得缴纳个人所得税因素,以求得最大的节税效果。

【例 12-10】 某企业一刚刚投产的项目市场销售前景良好,目前急需流动资金,但由于企业目前负债率过高,无法再从外部获得资金,若企业内部积累资金,将错失大好的市场机会,企业决定以内部集资的方式解决资金问题。所需流动资金额度为 100 万元,该企业有职工 1 000 人,每人集资 1 000 元便可以满足企业资金的需要。为调动职工集资的积极性,企业对集资款的利息规定为年利率 20%,目前市场上金融机构的同类同期贷款利率为 8%,假定无其他纳税调整事项,该企业年会计利润为 100 万元。

如果支付给职工的利息全部以利息的名义支付,则企业本年应纳所得税为 (100+12)×25%=28(万元)。如果企业将其中的 8 万元以利息的名义支付,另 12 万元以奖金的形式发放给职工,企业应纳所得税额为 100×25%=25(万元)。通过税务筹划,企业本年节税额为 28-25=3(万元)。

关键词

资本结构　　财务杠杆效应　　延期纳税　　利润转移

小结

企业筹资的税务筹划,应以财务管理目标为指导,以合理的资本结构为前提。在目标资本结构许可的范围内,若企业息税前投资收益率高于负债成本率,负债比率越高,节税效果越明显。向银行借款,是我国企业负债筹资的主要方式。正常情况下,企业收益率高于银行借款利率,存在着财务杠杆正效应,用银行借款投资会提高企业的净资产收益率。关联企业之间,还可以通过投资、赊销、预付账款等方式进行资金拆借,在拆借时,将高企业所得税率一方的资金无息给低企业所得税率一方的关联企业使用,会将收益转至低税率企业,有利于企业集团节税。企业也可以通过发行债券、租赁等方式筹集资金。对于溢价发行的债券,采用实际利率法摊销溢价;折价发行的债券,采用直线法摊销折价,企业可获得延期纳税的好处。关联企业之间,也可以通过人为调整租赁价格,实现利润转移,达到节税的目的。

即测即评

请扫描右侧的二维码,进行即测即评。

案例分析

案例 12-1

某公司某年1月1日发行债券200 000元,期限为5年,票面利率为10%,每年支付一次利息。公司按溢价216 060元发行,市场利率为8%。现该公司在溢价的摊销上有直线法和实际利率法两种方法可以选择。

分析要求:企业选择哪一种摊销方法可以最大地减轻税收负担?

案例 12-2

某集团中的企业甲将其赢利高的A生产车间的产权租给企业乙,全部资产核定价值为5 000万元,每年生产产品获利600万元,年租金450万元。出租前企业甲的年利润为1 000万元,企业乙的年利润为200万元。甲、乙适用企业所得税率如表12-11所示(不考虑其他相关税费)。

表 12-11 适 用 税 率

利润收入(万元)	税率(%)	利润收入(万元)	税率(%)
50 以下	20	500~800	75
50~200	35	800 以上	85
200~500	50		

分析要求:比较租赁行为发生前后企业集团的总体税负。

复习思考题

1. 在净收入理论下,负债筹资有哪些好处?
2. 从税务筹划的角度,谈谈企业的负债总规模如何确定?
3. 关联企业如何利用拆借资金进行筹划?
4. 在考虑税务因素的前提下,目标负债比率、负债融资的上限和下限应当如何确定?
5. 租赁融资的税务筹划有哪些思路可以遵循?

第十三章 企业投资的税务筹划

通常,财务会计中的投资是指对外投资,财务管理中的投资既包括对外投资,也包括对内投资。对外投资按投资方取得的权利不同,可分为股权投资与债权投资。股权投资的投资方获得股权,对被投资方的生产经营活动具有投票权,并参与被投资方的利润分配。股权投资又可分为股权直接投资和股权间接投资。股权直接投资是指投资方自己直接出资办企业或与其他企业联合办企业;股权间接投资是指企业通过在证券市场上买卖股票或其他具有股权性质的证券进行投资。债权投资的投资方对被投资方的生产经营活动没有表决权,不参与被投资方的利润分配,而是到期获得固定的利息收入。

第一节 股权投资的税务筹划

一、投资组织形式的税务筹划

股权直接投资方式中,投资者通常对新设立企业的生产经营活动进行直接的管理和控制。企业的组织形式不同,纳税人身份不同,企业需要缴纳的税款的种类和金额也不同。因此,为了减轻税负,对新设立企业的组织形式和纳税人身份应进行税务筹划,主要包括四个方面:① 一般纳税人和小规模纳税人的选择;② 居民纳税人和非居民纳税人的选择;③ 个人独资企业、合伙企业与公司的选择;④ 子公司和分公司的选择。

增值税法规对一般纳税人和小规模纳税人的划分采取了经营规模大小的标准及会计核算健全与否的标准。还对某些特定货物和应税服务允许一般纳税人既可以按照一般纳税人的规定计算缴纳增值税,也可以采取简易纳税方法,按照不含税销售额乘以 3% 或 5% 的征收率计算缴纳增值税,实质上等同于小规模纳税人,不过所选择的计算缴纳增值税的办法至少 36 个月内不得变更。这就为一般纳税人和小规模纳税人的身份选择提供了税务筹划的空间。

所得税法一般将纳税人分为居民纳税人和非居民纳税人两类。居民纳税人负无限纳税义务,就其全世界范围内取得的所得或拥有的财产纳税。非居民纳税人负有限纳税义务,仅就其来源于或位于一国境内的所得或财产向该国政府纳税。由于大多数国家同时兼用居民(公民)税收管辖权和地域税收管辖权,导致同一个纳税人身负一国的无限纳税义务和另一国的有限纳税义务。判断居民纳税人身份的标准,除注册登记地标准外,各国采用的其他标准并不完全一致如总机构所在地标准、主要经营活动所在地标准、管理控制中心所在地标准、资本控制权标准等。因此,企业可以综合考虑税负、经济环境、具体业务范围等情况进行税务筹划。

(一) 个人独资企业、合伙企业与公司企业的筹划与选择

在我国,个人独资企业特指依照法律在我国境内设立的,由一个自然人投资,财产为投资人所有,投资人以其个人财产对企业债务承担无限责任的经营实体。个人独资企业不交企业

所得税,其经营所得按年缴纳个人所得税,适用5%到35%的五级超额累进税率。

自2007年6月1日起,我国开始施行新修订的《合伙企业法》。与1997年版《合伙企业法》相比,新修订的《合伙企业法》将合伙人的范围扩大到"法人和其他组织",为法人等利用灵活的合伙企业形式提供了方便。

此外,新修订的《合伙企业法》增加了新的合伙企业形式——有限合伙企业,而1997年版的《合伙企业法》仅规定了普通合伙企业。新修订的《合伙企业法》第6条规定:"合伙企业的生产经营所得和其他所得,依照国家有关税收规定,由合伙人分别缴纳所得税。"

我国《公司法》规定,在我国境内设立的公司为有限责任公司和股份有限公司。我国税法规定,公司企业要在做了相应的扣除和调整后的应纳税所得额的基础上计算、缴纳企业所得税。同时,对于有限责任公司和股份有限公司,如果向自然人投资者分配股利或红利,还要代扣这些投资人的个人所得税(投资个人分回的股息、红利,税法规定适用20%的比例税率)。

由于我国税法规定对于个人独资企业和合伙人为自然人的合伙企业,缴纳个人所得税,而不缴纳企业所得税;对于公司企业,既要缴纳企业所得税又要缴纳个人所得税,因此,个人独资企业、合伙企业、公司企业的税务筹划与选择,实际上是在公司企业与合伙企业(或个人独资企业)之间进行选择和筹划。一般来说,企业设立选择组织形式时,应考虑以下三点:

(1) 从总体税负角度考虑,合伙制一般要低于公司制。合伙制企业不存在重复征税问题,只缴纳一次所得税;而公司制企业公司和个人都要缴纳所得税,存在着两个层次的纳税。

(2) 在比较两种企业组织形式的税负大小时,不能仅看名义上的差别,更重要的是看实际上的差别。要比较合伙制和公司制的税基、税率结构,以及企业盈利水平、股利分配政策、合伙人数多少、税收征管方式和税收优惠待遇等多种因素,因为综合税负是多种因素起作用的结果,不能只考虑一种因素,以偏概全。例如公司制企业在某些地区或行业会享有个人独资企业及合伙企业所不能享有的税收优惠政策,在进行具体税务筹划操作时,必须把这些因素考虑进去,然后再从总额上考查实际税收负担的大小。

(3) 在合伙制构成中,合伙人既可以是自然人,也可以是"法人和其他组织",《合伙企业法》第三条规定:"国有独资公司、国有企业、上市公司以及公益性的事业单位、社会团体不得成为普通合伙人。"依此规定,上述主体只能参与设立有限合伙企业成为有限合伙人,而不得成为普通合伙人。在这种有限合伙情况下,合伙人由于身份的不同税负将出现差异。

【例13-1】 某企业预计每年可获盈利100 000元,企业在设立时有两个方案可供选择。

方案1 由4个合伙人每人出资100 000元,订立合伙协议,设立合伙企业。

方案2 设立有限责任公司,注册资本400 000元。

以上两个方案的纳税情况分析如下:

如果采用方案1,则:

4个合伙人每人需缴纳个人所得税=100 000÷4×5%=1 250(元)

4个合伙人合计纳税5 000(1 250×4)元。

如果采用方案2,假设公司税后利润全部作为股利平均分配给4个投资者,则公司需缴纳企业所得税25 000(100 000×25%)元,4个股东每人还需缴纳个人所得税3 750[(100 000-25 000)÷4×20%]元,共计15 000元。

如果公司是符合条件的小型微利企业,即从事国家非限制和禁止行业,年度应纳税所得额不超过300万元,从业人数不超过300人,资产总额不超过5 000万元,其年应纳税所得额不超过100万元的部分,减按25%计入应纳税所得额,按20%的税率缴纳企业所得税;对年应纳税所得额超过100万元但不超过300万元的部分,减按50%计入应纳税所得额,按20%的税率缴纳企业所得税。公司需缴纳企业所得税5 000(100 000×25%×20%)元,4个股东每人还需缴纳个人所得税4 750〔(100 000–5 000)÷4×20%〕元,共计19 000元,方案2仍然比方案1多负担很多税款。因此,如果只考虑税负因素,投资者应选择合伙企业组织形式。

当然,在进行税务筹划时,应综合考虑各方面的因素。例如公司制企业虽然是双重纳税,但其投资者承担有限责任。在法律环境方面,公司制企业有完善的法律体系做保证。与合伙企业相比,投资者能更为有效地控制公司的运转,参与公司决策。另外,公司制企业还具有融资优势,完善的资本市场使其资本具有流动性,高要求的市场准入机制对投资者来说也是一个有力的保障。

(二) 子公司与分公司的筹划与选择

企业为了扩大生产规模,或开拓销售市场,或稳定供货渠道等,往往需要增设分支机构。这时应对分支机构的形式做出选择:是设立分公司、还是子公司?

1. 母子公司形式下的子公司税务筹划

当一个公司拥有另一个公司一定比例以上并足以将其控制的股份时,该公司即为母公司;反之,受控制的公司即为子公司。就法律地位而言,子公司与母公司均为各自独立的法人,各自以其名义独立对外进行经营活动。在财产责任上,母公司与子公司各自以其独立的财产承担责任,互不连带。母公司在控股权基础上对子公司行使权利,享有对子公司重大事务的决定权,实际上控制子公司的经营。一般而言,作为独立法人的子公司,在税务筹划中有如下优点:

(1) 子公司可享有东道国给其居民公司同等的优惠待遇,单独享受税收的减免、退税等权利。

(2) 东道国适用税率低于居住国时,子公司的累积利润可得到递延纳税的好处。

(3) 许多国家允许在境内的企业集团内部公司之间的盈亏互抵,子公司可以加入某一集团以实现整体利益上的税收筹划。

(4) 子公司向母公司支付的诸如特许权、利息、其他间接费等,要比分公司向总公司支付更容易得到税务当局的认可。

(5) 子公司利润汇回母公司要比分公司汇回总公司灵活得多,这等于母公司的投资所得、资本利得可以保留在子公司,或者可以选择税负较轻的时候汇回,得到额外的税收利益。

(6) 母公司转售境外子公司的股票利得通常可享有免税照顾,而出售分公司资产取得的资本利得要被征税。

(7) 许多国家对子公司向母公司支付的股息,规定减征或免缴预提税。

(8) 某些国家子公司适用的所得税率比分公司低。

但是,母、子公司分别是两个资产相互独立的法人,除特殊情况下可合并纳税外,一般情况下各项税收的计算、缴纳,子公司均独立于母公司,这样子公司的亏损是不能冲抵母公司利润的,在进行税务筹划时,这一点是设立子公司的不利之处。

2. 总分公司形式下的分公司税务筹划

按照公司分支机构的设置和管辖关系,可将公司分为总公司和分公司。总公司指依法首先设立的管辖全部组织的总机构;分公司则指受总公司管辖的分支机构。分公司可以有自己的名称,但没有法人资格,因此,没有独立的财产,其经营活动所有后果由总公司承担。设立分公司,在税务筹划中也有其自身的优点:

(1) 设立子公司要按照国家法律办理很多手续,并且需要具备一定的条件,在公司成立时需要缴纳一笔注册登记费或印花税,开业以后还要接受当地政府管理部门的监督;设立分公司则没有那么多的手续,许多国家一般不要求分公司在从事业务活动前缴纳注册登记税,总公司拥有分公司的资本,在东道国通常也不必缴纳资本税或印花税。

(2) 分公司交付给总公司的利润通常不必缴纳预提税。

(3) 在经营初期,企业往往出现亏损,分公司的亏损可以冲抵总公司的利润,减轻税收负担。

(4) 分公司与总公司之间的资本转移,因不涉及所有权变动,不必缴纳税款。

综上所述,子公司和分公司各有利弊,不可一概而论。企业在选择分支机构的形式时,需要综合考虑分支机构的经营情况以及总机构与分支机构所享受的税收优惠的差异等各项因素。

【例 13-2】 甲公司经营情况良好,准备扩大规模,增设一分支机构乙公司。甲公司和乙公司均适用 25% 的所得税税率。假设分支机构设立后 5 年内经营情况预测如下:

甲公司 5 年内每年均盈利,每年应纳税所得额为 200 万元;乙公司经营初期亏损,5 年内的应纳税所得额分别为 -50 万元、-15 万元、10 万元、30 万元、80 万元。企业集团不同情况下各年度应纳税额计算如表 13-1 所示。

表 13-1 企业集团不同情况下各年度应纳税额　　　　　　单位:万元

年份		第1年	第2年	第3年	第4年	第5年	合计
甲公司应纳税所得额		200	200	200	200	200	1 000
乙公司应纳税所得额		-50	-15	10	30	80	55
乙公司为分公司	企业集团应纳税所得额	150	185	210	230	280	1 055
	企业集团应纳税额	37.5	46.25	52.5	57.5	70	263.75
乙公司为子公司	乙公司应纳税额	0	0	0	0	13.75	13.75
	企业集团应纳税额	50	50	50	50	63.75	263.75

从表 13-1 可以看出,虽然两种方式下企业集团应纳税额在 5 年内均为 263.75 万元,但由于分支机构开办初期有亏损,采用分公司形式在第 1 年、第 2 年纳税较少,可以推迟纳税,缓解企业资金紧张,因此采用分公司形式对企业有利。

当总机构与分支机构存在税收优惠时,因为子公司具有单独享受税收优惠的权利,所以企业在设立分支机构时,应将母公司享受的税收优惠与子公司享受的税收优惠进行比较,如果子公司能享受的税收优惠政策优于母公司时,企业的分支机构应设立为子公司;反之,则设立为分公司。

【例 13-3】 甲企业由于经营情况良好,准备扩大生产规模,增设一分支机构乙公司。有关情况预测如下(假设子公司不进行利润分配)。

甲公司是设在高新技术产业开发区的高新技术企业,是符合国家规定的集成电路生产企业,按15%的税率缴纳企业所得税。在增设分支机构后5年内均盈利,每年应纳税所得额为200万元;增设的分支机构乙公司适用的税收政策为:自获利年度起第一年至第二年免征企业所得税,第三年至第五年按照25%的法定税率减半征收企业所得税。在开办初期5年内的应纳税所得额分别为:15万元、20万元、40万元、60万元、80万元。企业集团不同情况下各年度应纳税额计算如表13-2所示。

表13-2 企业集团不同情况下各年度应纳税额 单位:万元

年份		第1年	第2年	第3年	第4年	第5年	合计
甲公司应纳税所得额		200	200	200	200	200	1 000
乙公司应纳税所得额		15	20	40	60	80	215
乙公司为分公司	企业集团应纳税所得额	215	220	240	260	280	1 215
	企业集团应纳税额	32.25	33	36	39	42	182.25
乙公司为子公司	乙公司应纳税额	0	0	5	7.5	10	22.5
	企业集团应纳税额	30	30	35	37.5	40	172.5

从表13-2可以看出,由于增设的分支机构乙公司享受"两免三减半"的税收优惠政策,采用子公司形式可以使企业集团少纳税款9.75(182.25-172.5)万元,因此,采用子公司形式对企业有利。

总体来说,设立子公司与设立分公司的节税利益孰高孰低并不是绝对的,它受到国家税制、纳税人经营状况及企业内部利润分配政策等多重因素影响。在实际税务筹划过程中,往往需要综合分析,比较各方面因素后,才能对设立分支机构的组织形式做出适当的选择。

二、投资地点与行业的税务筹划

(一)投资地点选择中的税务筹划

在投资地点的选择上进行税务筹划,主要方法是充分利用不同地区的税收优惠政策进行税务筹划。例如,我国对西部大开发的税收优惠措施。因此,在进行税务筹划时,必须对国家给予各区域的各种税收优惠政策有充分地了解和认识,结合企业的实际情况,做出合理的决策。

【例13-4】甲公司生产的产品有两道工序,第一道工序完成后单位生产成本为500元,第二道工序完成后,完工产品的单位生产成本为600元,该产品平均销售单价为1 000元,预计该产品全年可销售100万件。甲公司适用的企业所得税税率为25%。其他有关数据预测如下:管理费用、销售费用、财务费用合计为10 300万元,税金及附加为1 000万元,假设无纳税调整事项。

甲公司应纳所得税额计算如下:

主营业务收入=1 000×100=100 000(万元)
主营业务成本=600×100=60 000(万元)
应纳税所得额=100 000-60 000-1 000-10 300=28 700(万元)

应纳所得税额 = 28 700 × 25% = 7 175(万元)

如果甲公司在西部地区设立一全资子公司乙公司,且乙公司被认定为国家鼓励类产业企业,则乙公司适用15%的所得税税率。甲公司可将上述产品在第一道工序完成后的半成品按成本500元加价20%后,以600元的售价销售给乙公司,由乙公司完成第二道工序。假设甲公司期间费用和税金及附加的12%转移给乙公司,另外,由于乙公司是新建公司,另增加管理成本800万元。

则由甲、乙公司组成的企业集团应纳所得税额计算如下:
甲公司主营业务收入 = 600 × 100 = 60 000(万元)
甲公司主营业务成本 = 500 × 100 = 50 000(万元)
甲公司应纳税所得额 = 60 000−50 000−10 300 × 88%−1 000 × 88% = 56(万元)
甲公司应纳所得税额 = 56 × 25% = 14(万元)
乙公司主营业务收入 = 1 000 × 100 = 100 000(万元)
乙公司主营业务成本 = 700 × 100 = 70 000(万元)
乙公司应纳税所得额 = 100 000−70 000−10 300 × 12%−1 000 × 12%−800 = 27 844(万元)
乙公司应纳所得税额 = 27 844 × 15% = 4 176.6(万元)

采用这一方案,可节税2 984.4(7 175−14−4 176.6)万元。

上述案例充分利用地区优惠政策进行筹划,通过组织形式的改变,高成本费用由母公司负担,使母公司应纳税所得额减少,应纳所得税减少。通过转让定价,利润在低税率的子公司实现,从而成功地进行了税收筹划。

企业在进行投资地区结构筹划时,需要采取适当的方法,对投资地区诸因素的综合作用和效果进行评价,比如这些地区的硬件环境、软件环境及需求状况,才能做出正确的决策,以免为了节税影响企业盈利,得不偿失。企业应该在投资前,在充分考虑了基础设施、金融环境等外部因素后,选择整体税收负担相对较低的地点进行投资,以获取最大的节税利益。

(二) 投资行业选择中的税务筹划

不同的国家为了增强自己的经济实力和获得比较优势,在产业的发展上都有所侧重。为了优化产业结构,不同国家对不同行业往往给予不同的优惠政策,其中很重要的一项优惠政策就是税收优惠政策。这些优惠政策主要包括:支持和鼓励发展农、林、牧、渔业的优惠政策;从事国家重点扶持的公共基础设施项目、符合条件的环境保护、节能节水项目的优惠政策;高新技术企业优惠政策;资源综合利用企业的优惠政策;鼓励软件产业和集成电路产业发展的优惠政策。作为企业,如何在保证自身利益的前提下顺应政策导向,也是税务筹划必须考虑的一个内容。利用投资行业进行税务筹划是一种正向的税务筹划。

利用行业性税收优惠政策必须考虑两个层次:一是在投资地点相同的情况下,选择能有更大优惠的行业进行投资;二是在投资地点不同的情况下,选择有利可图的行业进行投资。处于不同经济发展阶段的国家,其税收优惠的行业重点有所差别,在投资行业选择时进行税务筹划,要充分了解这些优惠政策及优惠政策的差别,谋取企业的最大化利益。

企业同时从事适用不同企业所得税待遇的项目的,其优惠项目应当单独计算所得,并合理分摊企业的期间费用;没有单独计算的,不得享受企业所得税优惠。

其他税种例如增值税等也因行业的不同而在税率适用上有所差别,企业在投资时也应该考察。

世界各国,对高新技术产业一般都有税收优惠政策,企业可以通过一系列手法,争取此项优惠。例如,企业以高新技术企业名义,努力获取海关批准,在高新技术产业开发区内,设立保税仓库,保税工厂,从而享受免缴进口关税和进口环节增值税。

在我国利用高新技术企业能否节税,关键要考虑三个因素:一是获取高新技术企业称号;二是获取税务机关和海关的批文和认可;三是努力掌握国家优惠政策项目,并使企业进出口对象符合规定的条件。

三、股权投资形式的税务筹划

按照投资者对被投资企业生产经营控制和管理的方式不同,股权投资可以分为股权直接投资和股权间接投资。股权直接投资是指投资主体将货币资金、物资、土地、劳力、技术及其他生产要素直接投入投资项目,直接进行或参与投资的经营管理,并形成实物资产的经济活动的投资,如建立分公司或子公司。股权间接投资是指投资主体不直接开厂设店进行生产建设经营,而是为了取得预期收益,用其货币资金购买股票或其他具有股权性质的有价证券,以期从持有和转让中获取投资收益和转让增值的投资行为。

直接投资考虑的税收因素比较多,涉及企业所面临的各种流转税、所得税、财产税和行为税等。直接投资形成各种形式的企业,而企业的生产经营成果要征收流转税(如增值税),其纯收益还要征收企业所得税。投资者应该在综合考虑目标投资项目的各种税收待遇的基础上,进行项目评估和选择,以期获得最大的投资税后收益。间接投资考虑的税收因素较少,一般只涉及股息或利息的所得税和进行证券交易征收的印花税。

不同投资形式的税收因素不同,投资收益、投资风险、投资的变现能力等各种因素也不同。有些投资方式尽管可以少纳税,但投资收益非常差,或者投资风险非常大,投资的变现能力非常弱,也是不可取的。因此,在进行税务筹划时,必须全面考虑投资收益、投资风险和投资的变现能力。

按照投资物的性质不同,股权直接投资可分为货币性资金投资和非货币性资产投资。投资形式不同,涉及的税收因素就不同,享受的实际税收待遇也不同。一般而言,从被投资企业的角度考虑,选择非货币性资产投资要优于选择货币资金投资。原因如下:

(1) 有形资产中的设备投资,其折旧费可以在税前扣除,缩小所得税税基;无形资产的摊销费也可作为管理费用在税前扣除,缩小所得税税基。

(2) 实物资产和无形资产在产权变动时,必须进行资产评估。如果通过资产评估,能够高估设备和无形资产的价值,则对投资企业而言可以节省投资成本,对被投资企业而言则可以通过多列折旧费用和摊销费用,缩小所得税税基,达到减轻税负的目的。

但从投资企业的角度考虑,选择非货币性资产投资方式要承担更多的税收负担。具体可能包括:

(1) 企业所得税。企业应将非货币性资产投资分解为按公允价值销售有形资产或无形资产和投资两项业务进行所得税处理,并按规定计算确认资产转让所得或损失。财政部、国家税务总局《关于非货币性资产投资企业所得税政策问题的通知》(财税[2014]116号)规定,居民企业以非货币性资产对外投资确认的非货币性资产转让所得,可在不超过5年期限内,分期均匀计入相应年度的应纳税所得额,按规定计算缴纳企业所得税。企业以非货币性资产对外投资,应对非货币性资产进行评估并按评估后的公允价值扣除计税基础后的余额,计算确认非货币性资产转让所得。依据该规定,以非货币性资产对外投资发生的资产评估增值应调增应纳税所得额,依法缴纳企业所得税。

(2) 增值税。《增值税暂行条例实施细则》第四条第六款规定,将自产、委托加工或者购进的货物作为投资,应视同销售。按照正常销售价款计算缴纳增值税。《财政部 国家税务总局关于全面推开营业税改征增值税试点的通知》(财税[2016]36号)附件一《营业税改征增值税试点实施办法》第十条规定:销售服务、无形资产或者不动产,是指有偿提供服务、有偿转让无形资产或者不动产。第十一条规定:有偿,是指取得货币、货物或者其他经济利益。也就是说,对将不动产、无形资产投资入股换取股权行为属于有偿转让无形资产或者不动产,按有偿销售不动产、无形资产行为征收增值税。

(3) 土地增值税。税法规定,对于以房地产进行投资、联营的,投资、联营的一方以土地(房地产)作价入股进行投资或作为联营条件,将房地产转让到所投资、联营的企业中时,暂免征收土地增值税。该规定只适用于非房地产开发企业之间以土地、房产投资土地增值税的处理。房地产企业之间或者非房地产企业与房地产企业之间以土地、房产投资,视同销售处理,如有增值则依法计算纳税。

(4) 印花税。一般情况下,在投资设立新公司的过程中,对于记载资金的营业账簿,需要缴纳印花税。对于因设立公司需要签订的一系列财产租赁合同、技术合同、买卖合同等具有合同性质的凭证,也需要缴纳印花税。以非货币性资产投资,如房产,在进行产权变更手续时,需要按照产权转移书据征收印花税。

投资企业应综合考虑投资双方的税收负担情况,选择适当的投资方式。即使同样是非货币性资产投资,企业也可以通过对投资方式的选择,达到最大限度地减轻企业税负的目的。

【例13-5】 某内资企业甲准备与某外国企业联合投资设立中外合资企业,投资总额为8 000万元,注册资本为4 000万元。其中,甲企业出资1 600万元,占40%;外方出资2 400万元,占60%。甲企业准备用自己生产的机器设备1 600万元和房屋、建筑物1 600万元投入。投入方式有两种:

方案1 以机器设备作价1 600万元作为注册资本投入,房屋、建筑物作价1 600万元作为其他投入。

方案2 以房屋、建筑物作价1 600万元作为注册资本投入,机器设备作价1 600万元作为其他投入。

假设上述企业均为非房地产开发企业。房屋建筑物的重置成本为3 000万元,五成新,取得土地使用权所支付的出让金和按国家统一规定缴纳的有关费用为300万元。机器设备购买时已抵扣增值税进项税额。房屋建筑物为该企业2016年4月30日以前自建的不动产,采取简易计税方法计税。

以上两种投资方式的纳税情况分析如下(考虑企业所得税、增值税、土地增值税、城建税和教育费附加):

方案1中,机器设备作为注册资本投入。根据税法规定,甲企业应视同销售商品缴纳增值税。将房屋、建筑物直接作价给另一企业,不共享利润,共担风险,甲企业需要缴纳增值税、土地增值税、城建税、教育费附加。

应缴增值税 = 1 600 × 13% + 1 600 ÷ (1+5%) × 5% = 208 + 76.19 = 284.19(万元)

应缴城建税、教育费附加 = 284.19 × (7%+3%) = 28.42(万元)

应缴土地增值税 = (3 000 × 50% - 300 - 7.62) × 60% - (300 + 7.62) × 35% = 607.76(万元)

应缴契税 = 1 600 × 3% = 48(万元)（由受让方缴纳）

方案 2 中，房屋、建筑物作为注册资本投入。根据税法规定，房屋、建筑物作为注册资本投资入股，参与利润分配，承担投资风险，甲企业不缴纳土地增值税，但需要缴纳增值税、城建税、教育费附加、契税（由受让方缴纳）。出售机器设备，甲企业应缴纳增值税、城建税及教育费附加。

应缴契税 = 1 600 × 3% = 48(万元)（由受让方缴纳）

应缴增值税 = 1 600 × 13% + 1 600 ÷ (1+5%) × 5% = 208 + 76.19 = 284.19(万元)

应缴城建税、教育费附加 = 284.19 × (7%+3%) = 28.42(万元)

通过上述两个方案的比较可以看出，甲企业在投资过程中，由于恰当地改变了投资方式，可以节约税款 607.76 万元。

四、投资结构的税务筹划

投资结构是指企业投资的构成及各种构成之间的相互关系，同等数量的资金、投资结构不同，所承担的税负也不同。企业投资时，必须对现有投资结构精心筹划，选择能使企业股东价值最大化的结构。投资结构最终决定企业应税收益的构成，从而最终影响企业的纳税负担。投资结构对企业税负以及税后利润的影响体现在税基宽窄、税率轻重、纳税成本大小三个方面。

（一）税基宽窄

税基宽窄对企业纳税负担的影响主要表现为名义税率和实际税率的差异。由于某一课税对象的法定税基和实际税基（有效税基）往往存在一定程度的差异，并且后者通常小于前者，因此，企业的实际税负一般比法定（名义）税负低。其原因主要是政府出于某种经济意图或社会意图，通过税收杠杆的倾斜政策所致。这样，必然在客观上给企业提供了一个有利机遇：在税前收益增加或者不变的前提下，通过比较不同纳税对象有效税基比重的大小，合理安排投资结构，将资金投入较为有利的纳税项目，借以谋求纳税负担相对于应税收益差量金额最大、比重最低的增收节税效应。

【例 13-6】 某企业持有的 100 万元资金，或者投资于产品 A，或者投资于产品 B。产品 A 的购进价税总额与销售价税总额分别为 90 万元、140 万元，各项费用总额 10 万元，全部用于国内销售；产品 B 的购进价税总额与销售价税总额分别为 92 万元和 137 万元，其中出口比重为 90%，各项费用总额 8 万元。假设增值税税率 13%，企业所得税税率 25%，城建税税率 7%，教育费附加征收率 3%，增值税退税率为 13%。通过计算，可以得出如下数据：

产品 A：

应纳增值税 = [140 ÷ (1+13%)] × 13% - [90 ÷ (1+13%)] × 13% = 5.75(万元)

应交城建税和教育费附加 = 5.75 × (7%+3%) = 0.575(万元)

税前利润 = 140 ÷ (1+13%) - 90 ÷ (1+13%) - 10 - 0.575 = 33.67(万元)

应纳所得税 =33.67×25%=8.42(万元)
纳税现金支出合计 =5.75+0.575+8.42=14.745(万元)
税后利润 =25.25(万元)
现金净流入量 =140-90-10-14.745=25.255(万元)

产品 B：
销项税额 =[137×(1-90%)÷(1+13%)]×13%=1.58(万元)
进项税额 =[92÷(1+13%)]×13%=10.58(万元)
免抵退税额 =[137×90%÷(1+13%)]×13%=14.18(万元)
应纳增值税额 =1.58-10.58=-9(万元)
出口退税额 =9(万元)
免抵税额 =14.18-9=5.18(万元)
应交城建税和教育费附加 =5.18×(7%+3%)=0.518(万元)
税前利润 =137÷(1+13%)-92÷(1+13%)-8-0.518=31.31(万元)
应纳所得税 =31.31×25%=7.83(万元)
纳税现金支出合计 =0.518+7.83=8.348(万元)
税后利润 =23.48(万元)
现金净流入量 =137×(1-90%)+137×90%÷(1+13%)-92-8-8.348+9=23.467(万元)

产品 B 比产品 A 现金净流入量相对减少 1.788 万元(25.255-23.467)，纳税减少 6.397 万元(14.745-8.348)。

可见，尽管产品 A 账面的税前利润与税后利润和现金净流入量都比产品 B 为大，然而产品 B 的税负比 A 减少 6.397 万元，抑减幅度为 43.38%(6.397/14.745)，从而极大地降低了企业纳税有效现金需要量的压力。其主要原因就在于产品 B 的课征增值税的有效税基仅为名义税基的 10%，即其增值税负担相对降低了 90%；而产品 A 则不然，其有效税基与法定税基完全相符，因而增值税负担未得到丝毫的抑减。

(二) 税率高低

即使在有效税基比例相等、内涵一致的情况下，如果法定税率存在差异，必然也会影响企业实际税负。甚至出现有效税基比例较低的企业由于承受了较高的法定税率，其实际的纳税负担反而重于有效税基相对高些的企业。从实务看，税率的差异往往比有效税基比例高低对企业税负影响更大。

【例 13-7】 A、B 两企业均拥有资金 1 500 万元，当年实现的税前利润都是 300 万元，其中 A 企业尚有 75 万元的以前年度未弥补亏损。A、B 企业由于税收优惠政策的不同，所得税率分别为 25% 和 15%。由此可知：

A 企业有效税基比例为 75%[(300-75)÷300]，应纳所得税 =300×75%×25%=56.25(万元)，税负水平为 18.75%(56.25÷300)；B 企业有效税基比例为 100%，但其应纳所得税额仅有 45 万元，税负水平为 15%(45÷300)，反而大大轻于 A 企业的税收负担，实际减轻程度为 20%[(18.75%-15%)÷18.75%]。而且若按照 A 企业的有效税基而言，B 企业应纳所得税 =300×75%×15%=33.75(万元)，税负水平为 11.25%(33.75÷300)，税负减轻程度为 40%[(18.75%-11.25%)÷18.75%]。由此可见，税率的高低是影响企业税负的决定性因素，因而成为企业投资配置过程中进行税务筹划必须考虑的问题。

(三) 纳税成本大小

一般认为,纳税成本是企业为计税、缴税、退税等所发生的各项成本费用。这只不过是囿于一种外显意义或会计概念下的直接纳税费用,未能从更深层次上对企业的纳税成本进行分析和把握。实际上,纳税通常会给企业带来或加重投资扭曲风险、经营损失风险和纳税支付有效现金不足风险,这些方面的纳税成本损失,并不能直接通过会计核算资料得到。因为这些方面的成本损失往往表现为潜在的机会成本,是否必然会发生以及程度如何,通常是难以确定的。正因为如此,它对企业的影响也更大。纳税成本大小是企业合理安排投资结构、进行税务筹划、抑减纳税负担过程必须充分考虑的重要内容。

【例 13-8】 企业有 A、B 两个备选固定资产投资(其设备各有专项用途,无法移作他用,自然寿命均为 10 年)方案,需投资额分别为 1 200 万元和 1 800 万元,年均直接投资收益率分别为 22%、25%,资本市场平均收益率为 18%。由于投资的企业类型不同,分别适用 25% 和 15% 的所得税率。根据市场分析,方案 A、B 有效期分别为 10 年和 5 年,税法规定的折旧率均是 10%。期满后,方案 B 的设备可变卖 300 万元。年均直接纳税管理成本大致相同。

方案 A:年均应税收益额 = 1 200 × 22% = 264(万元)

应纳所得税 = 264 × 25% = 66(万元)

税后利润 = 264−66 = 198(万元)

纳税金额与税后利润比值为 66÷198 = 33.33%,即每取得百元税后利润需承担 33.33 元的税款。

方案 B:年均应税收益额 = 1 800 × 25% = 450(万元)

应纳所得税 = 450 × 15% = 67.5(万元)

税后利润 = 450−67.5 = 382.5(万元)

纳税金额与税后利润比值为 17.65%(67.5/382.5),获得百元税后利润的纳税负担仅为 17.65 元。

可见,若单纯从 1~5 年账面所反映的税后利润来看,方案 B 的投资效果无疑是大大高于方案 A 的。然而忽略了一个极为重要的因素,即方案的机会损益问题。从投资额方面,方案 A 较方案 B 实际占用的投资额少 600 万元,这 600 万元如果能够合理使用,便意味着每年至少可为方案 A 带来 600 × 18% = 108(万元)的利润,扣除 25%(27 万元)的所得税,企业平均可增加税后利润 81 万元,使其年均税后利润总额达到 279 万元,从而使两方案 1~5 年年均的税后利润差距缩小为约 103.5 万元。从后 5 年来看,方案 A 各年的纳税金额与税后利润情况依然不变。但方案 B 则不然,由于有效期已满,因而也就不可能再取得直接的投资收益,其设备净值 900 万元由于只能收回 300 万元,直接投资损失为 600 万元,扣除 25% 的所得税,投资损失为 450 万元。而变现的 300 万元每年仅能获利 300 × 18% = 54(万元),扣除 25% 的所得税,年均税后利润只有 40.5 万元,以致后 5 年投资的净损失额仍高达 450−40.5 × 5 = 247.5(万元)。而且损失的 600 万元无法再为企业创造新的价值,其损失为 600 × 18% × 5 × (1−25%) = 405(万元),其投资的机会成本将高达 652.5 万元,最终与方案 A 相比税后利润总计减少 279 × 10 − (382.5 + 40.5) × 5 = 675(万元)。

前已指出,投资结构最终决定企业应税收益的构成,从而最终影响企业的纳税负担。因而,由投资结构所形成的应税收益来源的构成及其变动是决定企业税务筹划绩效的重要因素。

【例 13-9】 企业等量投资额下的 A、B 两个方案的应税收益结构及税率结构如表 13-3 所示。

表 13-3 应税收益结构及税率结构金额　　　　　　　单位:万元

应税收益来源结构		方案 A				方案 B			
		应税收益额	适用税率	应纳税额	税后利润	应税收益额	适用税率	应纳税额	税后利润
营业利润	对西部地区投资	1 000	15%	150	850	600	15%	90	510
	对国家重点扶持的公共基础设施项目投资	1 200	12.5%	150	1 050	800	12.5%	100	700
	其他	1 000	25%	250	750	2 000	25%	500	1 500
投资收益	公司债券利息收入	200	25%	50	150	100	25%	25	75
	联营企业分回红利(持有股票时间超过 12 个月)	300	0	0	300	200	0	0	200
应税收益合计		3 700	—	600	3 100	3 700	—	715	2 985

从表 13-3 可以看出,尽管两个方案的应税收益相同,均为 3 700 万元,但由于两个方案的收益结构不同,实际税基和实际税率的构成不同,方案 A 的综合税负水平低于方案 B,所以方案 A 的投资组合优于方案 B 的投资组合。

第二节　债权投资的税务筹划

一、债权投资的形式及税收因素

债权投资是企业的投资方式之一,投资风险较小,但相对股权投资,其收益也较小。企业对外债权投资有多种方式。

(一) 存款

存款是根据可以收回的原则,把货币资金存入银行或其他信用机构保管,并按照存款的期限和种类,取得一定的利息的投资形式。按存款期限,存款可以分为活期存款、通知存款和定期存款。活期存款可以随时提取,变现能力强,但利息较通知存款和定期存款为低;通知存款要在提取前一定期限通知银行才能提取,利息一般较活期存款为高,较定期存款为低;定期存款要到预定期限提取,是一种长期对外投资形式。

按存款性质,存款分为普通存款与政策鼓励性存款。政策鼓励性存款是指遵循政府鼓励性规定的数额、期限、目的、用途等的存款,包括建房购房存款、养老金存款等,如中国的教育储蓄存款、英国的个人养老金计划存款等;普通存款是指政策鼓励性存款之外的存款。

从银行存款取得的利息收入要缴纳所得税,但许多国家都对一些政策鼓励性存款的利息规定有减免税等的税收优惠,如中国对储蓄存款的利息收入免缴个人所得税。作为遗产的存款,在开征遗产税或继承税的国家要缴纳遗产税或继承税。

（二）可转让定期存单

可转让定期存单也称为流通存单,是指银行开出可以在二级市场转让的,存款期限一般为1个月到1年的定期存单。投资者可随时买卖可转让定期存单,存单到期,投资者可以从银行取得利息,是一种有效的短期对外投资形式。

购买、转让定期存单要缴纳印花税,在有些国家要缴纳证券交易税。从可转让定期存单获取的利息收入,要缴纳所得税。作为遗产的可转让定期存单,在缴纳遗产税或继承税的国家要缴纳遗产税或继承税。

（三）银行承兑汇票

银行承兑汇票是指出票人开出的,经银行承兑的远期汇票。银行承兑汇票是一种短期票据,中国的银行承兑汇票到期期限在6个月以下。银行承兑汇票作为一种促销手段,是一种对内投资形式。但由于银行承兑汇票既可以对外背书转让,也可以随时向银行贴息变现,购入此类汇票变现能力强,投资风险较小,并能获取高于同期银行存款的利息,因此也是一种短期对外投资形式。

购买、转让银行承兑汇票要缴纳印花税,在有些国家要缴纳证券交易税。银行承兑汇票的利息收入要缴纳所得税。

（四）商业票据

商业票据是一种短期票据,到期期限一般在6个月以内。商业票据可以背书转让,购入此类票据能获得高于同期银行存款的利息,也是一种短期对外投资形式。商业票据一般只能背书转让,不能贴现,变现能力较小。

购买、转让商业票据要缴纳印花税,在有些国家要缴纳证券交易税。商业票据的利息收入要缴纳所得税。

（五）商品、外汇期货

商品、外汇期货是指交易成立时约定一定日期实行交割的商品、外汇。期货投资的目的有两种:一种是为了规避价格、供应等风险,保证生产经营正常进行;另一种是为了取得投机收益。

期货交易合同要缴纳印花税,期货投机收益要缴纳所得税。

（六）政府债券

政府债券是指政府作为债务人发行的短期、中期和长期债券。由于政府债券是由政府担保,风险很小,所以也被称为"金边债券"。

按发行政府债券的政府级别,政府债券可分为中央政府债券(也称为国债)与地方政府债券。

按可否流通,政府债券可分为可流通政府债券和不可流通政府债券。

有些国家对本国居民的本国政府债券利息免缴所得税,对外国政府债券利息则不免税。中国对个人购买国债利息所得,免缴个人所得税;对于企业购买国债的利息所得,免缴企业所得税。可流通政府债券的转让要缴纳印花税,在有些国家要缴纳证券交易税。在有些国家,作为遗产的政府债券,要缴纳遗产税或继承税。

(七) 金融债券

金融债券是指由银行或其他金融机构作为债务人发行的债券。银行或其他金融机构的信誉有好坏，购买信誉好的银行机构发行的金融债券，也是一种风险较小的对外投资形式。金融债券的利息一般高于同期定期储蓄存款。

金融债券利息所得要缴纳所得税。中国对国家发行的金融债券利息所得，免缴个人所得税。金融债券的转让要缴纳印花税，在有些国家要缴纳证券交易税。作为遗产的金融债券，要缴纳遗产税或继承税。

(八) 企业（公司）债券

企业（公司）债券是指由企业（公司）作为债务人发行的债券。购买企业（公司）债券是一种对外投资形式。企业（公司）信誉有好坏，有破产风险，债券不能提前向发行企业（公司）贴现。但是，公司（企业）债券可以转让，在发行企业（公司）破产清偿时，债权优于股权，风险小于股票投资。

企业（公司）债券所得要缴纳所得税，企业（公司）债券的转让要缴纳印花税，在有些国家要缴纳证券交易税。在许多国家，作为遗产的企业债券，要缴纳遗产税或继承税。

(九) 投资基金

投资基金是指专门进行股票、企业（公司）债券或其他证券投资的基金。基金一般由投资专家操作，进行股票、债券的组合投资，可以分散投资风险，取得稳定收益。购买基金的风险大于公司债券投资，但小于股票投资。投资者取得的基金分红和转让收益多少，会因不同基金而不同。

购买、转让基金，要缴纳印花税，在许多国家要缴纳证券交易税。基金转让所得，要缴纳所得税。基金分红，要在缴纳企业所得税后进行。我国规定，个人取得的企业所得税后的基金分红，还要缴纳个人所得税；对个人的基金转让所得，暂不缴纳个人所得税。对企业取得的基金税后分红，符合条件的免缴企业所得税。对企业取得的基金转让所得，要并入企业所得缴纳企业所得税。许多国家对作为遗产的基金，要缴纳遗产税或继承税。

(十) 企业间资金拆借

不同企业之间，在不同的时间，资金充裕程度不一样，拥有富余资金的企业借款给资金紧张的企业，形成企业之间的资金拆借。进行拆借资金的企业之间往往关系比较密切，在利率的确定上弹性较大，往往对拆借双方都有利。我国对企业间资金拆借有一定限制，对拆借资金获得的利息要征所得税。

二、债权投资的税务筹划的步骤

前已指出，企业对外进行债权投资有多种方式，各种投资方式涉及的税收种类不一样，同样的资金，债权投资方式不同，企业的税负也不一样。税负直接影响企业的收益，企业要在债权投资形式选择中考虑税收因素，进行税务筹划。债权投资税务筹划应遵循以下6个步骤进行：① 确定企业当前可以选择的投资形式。② 确定不同投资形式在我国当前税制下所要缴纳的税收的种类。③ 测算不同的投资形式下企业的税负。④ 测算不同债权投资方案下企业将要取得的投资收益。⑤ 以不同投资方案下的投资收益扣除该方案所要承担的税负，得到不同投资方案的净收益。⑥ 比较不同投资方案的净收益，选择最佳的投资方案。

由于不同投资形式的风险不一样,在进行债权投资的税务筹划时,还要考虑不同债权投资形式的风险,根据不同方案的风险程度,对投资净收益进行调整,选择最佳的投资方案。

【例 13-10】 力达集团计划投资一大型项目,正在积累资金,估计一年后该项目的投资资金才能全部筹集。已经筹集的资金闲置,力达集团计划用这一笔资金进行债权投资,该笔资金可以用于购买公债,也可以用此笔资金购买 A 企业正在发行的债券。公债的年利率为 8%,A 企业发行债券的年利率为 12%,由于 A 企业发行债券获得的资金是用于投资一个高新技术项目,该高新技术项目风险较大,A 企业能否按期还本付息存在一定的风险。

力达集团投资公债获得的利息可以免缴所得税,投资净收益率为 8%;投资企业债券获得的利息要缴纳 25% 的所得税,投资净收益率为:

$$12\% \times (1-25\%) = 9\%$$

尽管投资企业债券获得的投资净收益率要高,但是力达集团要承担 A 企业可能不能按期还本付息的风险,如果企业从稳健的角度考虑,应选择投资公债。如果力达集团愿意承受一定的风险,那么也可以选择投资企业债券。但无论采用哪一种债权投资形式,都应将税收因素考虑进去。

关键词

股权投资　　债权投资

小结

投资决策是企业财务管理活动的重要内容,其成功与否,事关企业的生存和发展。合理地进行投资活动的税务筹划,是减轻企业税负、提高投资收益率的重要保证。不同的投资种类,有不同的税务筹划方法。股权投资主要涉及企业组织形式、投资地点、投资行业的选择,股权投资形式,以及股权投资结构的筹划。对于股权投资的税务筹划,主要应根据企业实际需要,结合企业自身条件,充分利用国家各项税收优惠政策,以获取最大的税收利益。债权投资的税务筹划主要根据不同种类债券投资的名义利率、风险及有关税收规定,对债权投资做出合理选择。

即测即评

请扫描右侧的二维码,进行即测即评。

案例分析

案例 13-1

某投资者计划投资 200 万元,开设一个门市部,预计每年获利 25 万元,依税法规定,个人独资企业无需缴纳企业所得税;公司制企业所得税税率为 25%。

分析要求：假定该门市部利润全部分配，试析投资者应该选择哪一种企业组织形式？

案例 13-2

某企业持有的 200 万元资金，可投资于产品 M 或 N。产品 M 的购进价税总额与销售价税总额分别为 180 万元、280 万元，各项费用总额为 20 万元，全部用于国内销售；产品 N 的购进价税总额与销售价税总额分别为 184 万元和 274 万元，其中出口比重为 90%，各项费用总额 16 万元。假设企业所得税税率为 25%，增值税税率为 13%，增值税退税率为 13%，城建税税率为 7%，教育费附加征收率为 3%。

分析要求：投资于产品 M 时应纳税额为多少？投资于产品 N 时应纳税额为多少？投资于何种产品现金净流入量最大？

案例 13-3

某集团计划投资一大型项目，正在积累资金，估计一年后该项目的投资资金才能全部筹集，已经筹集的资金闲置，该集团计划用这一笔资金进行债权投资，该笔资金可以用于购买公债，也可以用此笔资金购买 M 企业正在发行的债券。公债的年利率为 6%，M 企业发行债券的年利率为 8%，由于 M 企业发行债券获得的资金是用于投资一个高新技术项目，该高新技术项目风险较大，M 企业能否按期还本付息存在一定的风险。

分析要求：两种债权投资方式的利弊，确定该集团应采用哪一种债权投资方式？

复习思考题

1. 股权投资有哪些方式？在投资的税务筹划上有哪些不同？
2. 个人独资、合伙、公司企业的税负有何差别？
3. 投资结构的税务筹划应考虑哪些因素？
4. 债权投资如何进行税务筹划？

第十四章 企业重组的税务筹划

企业在生产经营过程中,由于各种原因不能按期偿还债务,或难以及时收回债权,可能会进行债务重组;出于发展壮大的目的,可能与其他企业进行合并;出于提高企业经营效率或其他目的,会进行分立活动;由于破产或者设立目的已经达到等原因,企业需要进行清算。这些特定的活动,都会直接影响企业的纳税金额,而且都可以通过税务筹划,增加企业的税收利益。

第一节 企业债务重组的税务筹划

一、债务重组对企业应纳税额的影响

债务重组是指在债务人发生财务困难的情况下,债权人按照其与债务人达成的协议或者法院的裁定做出让步的事项。企业债务重组一般可采取以下方式:以资产清偿债务;债务转为资本;修改其他债务条件,如延长债务偿还期限、延长债务偿还期限并加收利息、延长债务偿还期限并减少债务本金或债务利息等。债务重组会对重组企业双方应纳税额产生影响,对此进行税务筹划,可增加企业的税收利益。

(一)债务重组对债权人企业应纳税额的影响

债务重组对债权人企业的流转税影响不大,主要是对其企业所得税产生影响。根据税法规定,债权人企业的重组损失可在税前扣除,冲减应纳税所得额。

在以低于债务计税成本的现金清偿债务和以非现金资产清偿债务两种方式下,债权人企业的重组损失是指重组债权的计税成本与收到的现金或者非现金资产的公允价值之间的差额;以修改其他债务条件进行债务重组的,债权人企业的重组损失是指重组债权的计税成本和将来的应收金额之间的差额;如果涉及或有收益,会计准则根据谨慎性原则要求债权人企业在计算将来应收金额时不应将或有收益包括在内,而应于实际发生时计入当期损益。不确认或有收益意味着减少将来的应收金额,增加计入营业外支出的重组损失,但从理论上讲这种调减应纳税所得额的情况是不符合确定性原则的,也是没有法律依据的。因此,债权人企业应就或有收益金额调增当期应税所得,待或有收益实际收到时再调减当年应纳税所得额。

(二)债务重组对债务人企业应纳税额的影响

债务重组不仅影响债权人企业的应纳所得税额,而且影响债务人企业的流转税额。根据税法规定,债务人企业的重组收益应当计入当期应纳税所得额。

在以低于债务计税成本的现金清偿债务和以非现金资产清偿债务两种方式下,债务人重组收益是指重组债务的计税成本大于支付的现金金额或者非现金资产的公允价值(包括与转让非现金资产相关的税费)的差额,在会计上计入当期损益,税法上则要求计入当期应纳税所得额。在以非现金资产清偿债务的方式下,债务人企业除了债务重组收益计入应纳税所得额

之外,还应当确认有关资产的转让收益(或损失),即转让的非现金资产的公允价值与账面价值之间的差额,并计入应纳税所得额。以修改其他债务条件进行债务重组的,债务人企业的重组收益是指重组债务的计税成本与将来应付金额之间的差额。如涉及或有应付金额,且该或有应付金额符合《企业会计准则第13号——或有事项》中有关预计负债的确认条件的,债务人应将该或有应付金额确认为预计负债。上述或有金额在随后会计期间未发生的,企业应冲减已确认的预计负债,同时确认"营业外收入"。债务人企业确认或有支出意味着增加将来应付金额,减少重组收益。由于该项支出不符合税法中扣除项目的基本确认原则和确定性,所以不能税前扣除,应调增应税所得,待或有支出实际支出后,再调减当年应税所得。如果或有支出并未发生,则不需做纳税调整。

在债务重组中,债务人企业发生重组损失的情况较少,例如在以非现金资产清偿债务的方式下,债务人企业的重组损失是指重组债务的计税成本小于支付的现金金额或者非现金资产的公允价值(包括与转让非现金资产相关的税费)的差额。

债务重组对债务人企业流转税的影响主要表现在以非现金资产清偿债务的方式下,根据税法规定,债务人抵债的非现金资产应视同资产转让,缴纳有关的增值税、消费税等。

二、债务重组的税务筹划

对企业的债务重组进行筹划,应选择最佳的重组方式,以最大限度地降低企业的税收负担。

【例14-1】 甲汽车公司12月份对外销售A型小汽车200台,当月平均对外销售价格20万元/台,最高销售价格25万元/台,最低销售价格15万元/台,另外甲企业欠乙企业250万元的债务,到期无法偿还,双方协商用10台小汽车抵偿该欠款,假设A型小汽车的消费税税率为5%,每台小汽车的成本价为10万元/台,城建税税率为7%,教育费附加征收率为3%。

方案1 直接用10台小汽车(市场公允价值20万元/台)抵偿甲公司欠乙公司250万元的债务。

方案2 甲公司先将10台小汽车以每台15万元/台的价格销售给乙公司,然后用该金额偿还欠乙公司的债务,不足偿还的部分,甲、乙公司协商予以豁免。

方案1债权人和债务人纳税情况分析。

(1) 甲公司涉税情况如下:

应交增值税 = 20×10×13% = 26(万元)

应交消费税 = 25×10×5% = 12.5(万元)

应交城建税及教育费附加 = (26+12.5)×(7%+3%) = 3.85(万元)

应交所得税 = [(20-10)×10-12.5-3.85+(250-20×10-26)]×25% = 26.91(万元)

甲公司在债务重组中的总税负 = 26+12.5+3.85+26.91 = 69.26(万元)

(2) 乙公司涉税情况如下:

可抵扣增值税进项税额26万元

债务重组损失 = 250-200-26 = 24(万元),可调减应纳税所得额24万元,抵减所得税6(24×25%)万元

合计扣税:26+6 = 32(万元)

方案2债权人和债务人纳税情况分析。

(1) 甲公司涉税情况如下：

应交增值税 = 15×10×13% = 19.5(万元)

应交消费税 = 15×10×5% = 7.5(万元)

应交城建税及教育费附加 = (19.5+7.5)×(7%+3%) = 2.7(万元)

应交所得税 = [(15-10)×10-7.5-2.7+(250-15×10-19.5)]×25% = 30.075(万元)

甲公司在债务重组中的总税负 = 19.5+7.5+2.7+30.075 = 59.775(万元)

(2) 乙公司涉税情况如下：

可抵扣增值税进项税额19.5万元

债务重组损失 = 250-150-19.5 = 80.5(万元)，可调减应纳税所得额80.5万元，抵减所得税20.125(80.5×25%)万元

合计扣税：19.5+20.125 = 39.625(万元)

通过方案1和方案2的对比发现，选择方案2，甲公司可以少纳税9.485(69.26-59.775)万元，乙公司可以多扣税7.625(39.625-32)万元，可见将货物直接抵债转换为将货物先销售后抵债能同时减轻债务人和债权人双方的税负。

第二节 企业合并的税务筹划

一、企业合并的概念

企业合并是指两个或两个以上的企业，依据法律规定或合同的约定，合并为一个企业的法律行为。狭义合并是指两个或两个以上企业，依据有关法律合并为一个企业，包括吸收合并与新设合并。我国《公司法》所规定的合并即指狭义的合并。《公司法》规定，公司合并可以采用吸收合并与新设合并两种形式。吸收合并指接纳一个或一个以上的企业加入本公司，加入方解散并取消法人资格，接纳方存续，也就是所谓企业兼并。新设合并是指公司与一个或一个以上的企业合并成立一个新企业，原合并各方解散，取消法人资格。广义合并是指两个或两个以上企业，成为一个依据有关法律需要编制合并会计报表的企业集团，包括吸收合并、新设合并、收购(控股合并)等。

合并是企业的一种产权重组行为，市场经济条件下，企业作为独立的经济主体，其一切经济行为都是受利益驱动所致，合并行为的目的也是为了实现其财务目标——股东财富最大化。另一合并动因来自于市场竞争的巨大压力，在强大的竞争态势下，一个企业为了生存与获利，往往与其他企业进行合并，以实现规模效益、战胜竞争对手。一般情况下企业合并是多种因素综合平衡的结果。这些因素主要包括：

谋求管理协同效应。如果某企业有一支高效率的管理队伍，其管理能力超出管理该企业的需要，但这批人才只能集体实现其效率，企业不能通过解聘释放能量，那么该企业可通过合并那些由于缺乏管理人才而效率低下的企业，利用这支管理队伍通过提高整体效率水平而获利。

谋求经营协同效应。由于经济的互补性及规模经济，两个或两个以上的企业合并后可提

高其生产经营活动的效率,这就是所谓的经营协同效应。获取经营协同效应的一个重要前提是产业中的确存在规模经济,且在合并前企业尚未达到规模经济。规模经济效应具体表现在两个层次,生产规模经济与企业规模经济。

谋求财务协同效应。企业并购不仅要因经营效率提高而获得,而且还可有财务方面给企业带来收益,企业可以通过合并提高财务能力,合理避税,实现预期效应。

通过合并,企业还可实现战略重组,开展多元化经营。企业通过经营相关程度较低的不同行业可以分散风险、稳定收入来源、增强企业资产的安全性。多元化经营可以通过内部积累和外部并购来实现,但在大多数情况下,通过合并的方式可能更有利。由于合并的威胁存在,还可以起到降低代理成本的作用。

二、利用企业合并的税务筹划

企业合并中的财务会计问题与税收问题如何处理,各国一般都有规定,大多数国家规定合并各方的债权、债务、税收权利(如应退未退税权利、未用完税收抵免权利等)、税收债务(如应纳未纳税额、应补未补税额)等,应由合并后存续公司或新设公司承担。我国《公司法》规定:"公司合并时,合并各方的债权、债务,应当由合并后存续的公司或者新设的公司承继。"有些经济不发达的国家,为了形成规模经济与经济发达国家竞争,往往采用税收减免等税收优惠政策鼓励合并。

由于各国对企业合并的财务会计、税收等方面规定不尽相同,而且这些规定与有关公司的应缴纳的税收又有很大关系,所以企业合并过程中的税务筹划十分重要。企业合并的税务筹划主要包括以下两个方面:一是合并中产权交换支付方式选择的税务筹划;二是合并后存续公司的税收负担。

(一) 合并中产权交换支付方式的税务筹划

一般来说,一家公司与另一家公司合并,可以采用四种支付方式:以现金购买被合并公司股票;以股票换取被合并公司股票;以股票加现金换取被合并公司股票;以信用债券换取被合并公司股票。这四种产权交换支付方式对被合并公司股东来说,按照通常的做法有的是应税交易,有的是免税交易。

当一家公司合并另一家公司,是以这家公司的股票按一定比率换取被合并公司的股票的方式进行时,只要被合并公司的股东未收到合并公司的现金,就是免税合并。在这种情况下,股票转换不视为资产转让,被合并公司的股东没有实现资本利得,因此,这一合并的资本利得或所得可以一直延期到股东出售其股票时才成为应税应得。

采用以现金或无表决权的证券(如信用债券)购买被合并公司股票的方式,是应税合并。被合并公司股东收到合并公司的现金和债券被视为转让其股票的收入,并由此会产生资本利得,被合并公司的股东要就其资本利得缴纳资本利得税或所得税。

以股票加现金换取被合并公司股票方式,是部分应税合并。被合并公司股东换取合并公司的股票被视为免税交易,而收到合并公司的现金则被视为处置其部分股票的收入,要计算其部分处置利得,并就利得缴纳资本利得税或所得税。

由于通过股票换股票的合并方式,在不纳所得税的情况下,公司可以实现资产的流动和转移,企业可以实现追加投资和资产多样化的目的。被合并公司的股东持有的合并公司的股票出售后才计算损益,作为资本利得课税。世界范围内,对资本利得除埃及等少数国家外,大多数采取轻税政策。因此,支付股票对被兼并公司的股东而言,可以得到推迟纳税和减轻税负的优惠。

我国关于企业合并的税收政策主要规定如下:

(1) 一般情况下,被合并企业应视为按公允价值转让、处置全部资产,计算资产的转让所得,依法缴纳所得税。被合并企业以前年度的亏损,不得结转到合并企业弥补。合并企业应按公允价值确定接受被合并企业各项资产和负债的计税基础。

(2) 当合并企业支付给被合并企业(股东)价款的方式不同时,其所得税的处理就不相同,即:股权支付金额不低于其交易支付总额的85%,以及同一控制下且不需要支付对价的企业合并,而且合并具有合理的商业目的,不以减少、免除或者推迟缴纳税款为主要目的,企业合并后的连续12个月内不改变原来的实质性经营活动,合并中取得股权支付的原主要股东,在重组后连续12个月内,不转让所取得的股权,经税务机关审核确认,当事各方可选择按下列规定进行所得税处理:

第一,被合并企业不确认全部资产的转让所得或损失,不计算缴纳所得税。被合并企业合并以前的全部企业所得税纳税事项由合并企业承担,以前年度的亏损,如果未超过法定弥补期限,可由合并企业继续按规定用以后年度实现的与被合并企业资产相关的所得弥补。具体按下列公式计算:

可由合并企业弥补的被合并企业亏损的限额=被合并企业净资产公允价值 × 截至合并业务发生当年年末国家发行的最长期限的国债利率。

第二,被合并企业的股东以其持有的原被合并企业的股权(以下简称旧股)交换合并企业的股权(以下简称新股),不视为出售旧股,购买新股处理。被合并企业的股东换得新股的成本,须以其所持旧股的成本为基础确定。但未交换新股的被合并企业的股东取得的全部非股权支付额,应视为其持有的旧股的转让收入,按规定计算确认财产转让所得或损失,依法缴纳所得税。

第三,合并企业接受被合并企业资产和负债的计税基础,以被合并企业的原有计税基础确定。

(3) 被合并企业净资产几乎为零的处理。如被合并企业的资产与负债基本相等,即净资产几乎为零,合并企业以承担被合并企业全部债务的方式实现购并,由于几乎无须支付非股权支付金额,所以一般将该合并按上述免税重组的方式处理,即不视为被合并企业按公允价值转让、处置全部资产,不计算资产的转让所得。合并企业接受被合并企业全部资产的成本,以被合并企业原账面价值为基础确定,被合并企业的股东视为无偿放弃所持有的旧股。

(4) 关联企业之间通过交换普通股实现企业合并的,必须符合独立企业之间公平交易的原则,否则,对企业应纳税所得造成影响的,税务机关有权调整。

(5) 关于税收优惠的承继,税法规定,在企业吸收合并中,合并后的存续企业性质及适用税收优惠的条件未发生改变的,可以继续享受合并前该企业剩余期限的税收优惠,其优惠金额按存续企业合并前一年的应纳税所得额(亏损计为零)计算。

(二) 合并后所得税的税务筹划

1. 原被合并企业的亏损是否可以承继结转

公司合并后的亏损承继结转是指两个或两个以上的公司合并后,存续公司或新设公司可以承继被兼并公司或原各公司的亏损,结转冲抵以后若干年度的所得,直至亏损全部冲抵完才开始缴纳公司所得税。这样如果一个公司在某一年中严重亏损,或一个公司连续几年亏损,公司拥有相当数量的累积亏损,那么这个公司往往就会成为有大量盈利的公司的合并对象,以达到节税的目的。

在大多数国家,公司亏损可以结转,但对公司合并的亏损承继结转,有些国家则有一些限制。因此,考虑公司合并是否可以运用税法中公司合并的亏损承继结转有关条款、亏损承继结转的条件,亏损可以向后期结转多少年等,是公司合并的税务筹划里一个很重要的方面。例如,对于亏损承继结转的条件,有些国家规定:只有被兼并公司 3/4 的业务在被兼并前的一处和被兼并后的两年内相同的人员所经营;被兼并公司的产权在兼并后 3 年内不再发生变化,兼并公司才能承继亏损结转。

我国税法规定,企业合并在通常情况下,被合并企业以前年度的亏损,不得结转到合并企业弥补。但如果合并企业支付给被合并企业或其股东的收购价款中,股权支付金额不低于其交易支付总额的 85% 并符合其他免税重组条件,经税务机关审核确认,可以不确认被合并企业全部资产的转让所得或损失,不计算缴纳所得税。被合并企业合并以前的全部企业所得税纳税事项由合并企业承担,以前年度的亏损,如果未超过法定弥补期限,可由合并企业继续按规定用以后年度实现的与被合并企业资产相关的所得弥补。具体按下列公式计算:

可由合并企业弥补的被合并企业亏损的限额=被合并企业净资产公允价值 × 截至合并业务发生当年年末国家发行的最长期限的国债利率

2. 合并后是否可以承继税收优惠

合并前各企业往往享有一定的税收优惠,合并后的企业是否可以承继这些优惠政策,也是税务筹划应该考虑的一个问题。有些国家,立法上倾向于限制公司合并,因此,对于合并前的税收优惠政策,合并后的企业不得享有。另一些国家,公司合并不但不受限制,相反,还可以享受到亏损承继结转等之外的一些其他承继税收优惠。

综上所述,合并企业支付给被合并企业的价款方式不同,会导致不同的所得税负担水平,涉及被合并企业是否就转让所得缴税、亏损是否能够弥补以及固定资产计提折旧基数的多少。如果购并企业支付给目标企业或其股东的收购价款中,股权支付金额不低于其交易支付总额的 85%,被合并企业股东收到股票时免税,只有股票出售时才作为资本利得课税。在通常情况下,由于资本利得税的税率比一般所得税的税率要低,目标企业的股东由此可以得到推迟并减少纳税的好处。如果购并企业有高额利润,通过购并有累积亏损的企业,还可用目标企业的亏损冲减购并企业的利润,避免或减少纳税。这样,企业一方面可以为自己过剩的资金找到投资机会;另一方面也可借此降低当期的利润水平,从而减轻企业当期的所得税税负。如果股权支付金额低于其交易支付总额的 85%,合并企业接受被合并企业的有关资产可以按经评估确认的价值确定计税成本。相对上一种方式,如果被合并企业的资产账面价值被低估,这种方式可以使合并企业的固定资产计提折旧的基数较大,从而使合并企业在固定资产使用期间内可以多提折旧,减少应税所得。两种方式相比,第一种方式下合并企业要发行更多的股票来支付,这样虽然可以节省合并企业购并当期的现金流出,但由于股票发行量较大,一方面造成现有股东控股权的分散,同时也加重了合并企业以后支付股利的负担。这是合并企业在做出投资决策时必须要考虑的问题。两种方式各有利弊,企业应进行综合分析,选择最优的支付方式。

【例14-2】 某自来水公司投资50万元于第一年7月兴办了水暖器材经营部,财务上实行独立核算,自负盈亏。开办之初,每年都有不同程度的盈利,从第三年下半年公司开始发生亏损,之后便一蹶不振,到第五年年底已累计亏损85万元。由于连续不断的亏损,企业流动资金发生严重困难,自来水公司提供17万元资金给经营部发工资,但税务机关认为,公司代下属单位支付的职工工资属于与本企业取得经营收入无关的支出,不得税前扣除,应按25%的税率补缴企业所得税4.25万元。

由于总公司和经营部在财务上各自独立核算,在税法上都已构成了企业所得税的纳税义务人。总公司在计算企业所得税时,只能扣除与本企业取得收入有关的成本、费用、税金和损失。所以,总公司为经营部负担的职工工资不得税前扣除。如果将总公司和水暖器材经营部进行合并,那么经营部的工资支出就会在总公司得到"消化"。在操作上只需注销经营部的营业执照,再将总公司企业法人执照进行变更,把批零水暖器材作为总公司的兼营项目。这样,经营部的销售收入和成本费用直接通过总公司的"其他业务收入"和"其他业务成本"科目核算,经营部人员的工资可直接在总公司的应纳税所得额中扣除。

此外,按照企业所得税法规的有关规定,纳税人发生年度亏损的,可以用下一纳税年度的所得弥补;下一纳税年度的所得不足弥补的,可以逐年延续弥补,但是延续弥补期最长不得超过5年。由于经营部被合并后已不具有独立纳税人资格,在合并前尚未弥补的经营亏损,在税收法规规定的期限内,可由总公司用以后年度的所得逐年延续弥补。这样,经营部第三年以来累计发生的亏损85万元(已经税务部门核实),还可用总公司第六年度的所得额进行弥补(假设第六年自来水公司有足够的利润),直接抵减第六年度的所得税。如果按上年同期利润水平计算,第六年度最多可节省企业所得税约25.5万元。

【例14-3】 某股份有限公司甲欲购并乙公司,乙公司为有限责任公司。相关资料如下:

(1)甲公司发行在外股票1 000万股(每股面值1元,市价2.5元),估计购并后甲公司每年未弥补亏损前的应纳税所得额为4 000万元,企业所得税税率25%,假设购并后甲公司新增固定资产的平均折旧年限为5年。

(2)乙公司被购并前账面净资产为1 000万元,评估确认的价值为1 500万元。上一年亏损100万元。企业所得税税率25%。

经双方协商,甲公司可以用以下方案购并乙公司:

方案1 甲公司发行580万股股票并支付50万元人民币购买乙公司。

方案2 甲公司发行400万股股票并支付500万元人民币购买乙公司。

假定股票发行前后市价保持不变。假定甲、乙公司的合并为非同一控制下的合并。

采用第一种方案,甲公司的股权支付金额占交易支付总额的96.67%〔580×2.5/(580×2.5+50)〕>85%,根据税法规定,被合并企业股东取得合并企业股权的计税基础,以其原持有的被合并企业股权的计税基础确定。股权支付暂不确认有关资产的转让所得或损失,非股权支付应在交易当期确认相应的资产转让所得或损失,并调整相应资产的计税基础。乙公司购并以前的全部企业所得税纳税事项由甲公司承担,以前年度的亏损,如果未超过法定弥补期限,可由甲公司继续按规定用以后年度实现的与乙公司资产相关的所得弥补。则:

乙公司应纳税额=(1 500-1 000)×50÷1 500×25%=4.17(万元)
甲公司应纳税额=(4 000-100+100)×25%=1 000(万元)
甲公司税后利润=4 000-100-1 000-4.17=2 895.83(万元)

甲公司在进行账务处理时,对乙公司的资产按评估确认价值入账,而税法上只能以资产的原账面价值为基础确定计税成本,因此,购并后甲公司要进行纳税调整,即对购并资产公允价值1 500万元和原账面价值1 000万元的差额,按5年时间平均每年调增应纳税所得额100万元。

采用第二种方案,甲公司的股权支付金额占交易支付总额的66.67%[400×2.5/(400×2.5+500)]<85%,根据税法规定,乙公司应视为按公允价值转让、处置全部资产,计算资产的转让所得,依法缴纳所得税。乙公司以前年度的亏损,不得结转到甲公司弥补。甲公司接受乙公司的有关资产,计税时可以按经评估确认的价值确定成本。则:

乙公司转让所得=400×2.5+500-1 000=500(万元)
乙公司应纳税额=500×25%=125(万元)
甲公司应纳税额=4 000×25%=1 000(万元)
甲公司税后利润=4 000-1 000-125=2 875(万元)

通过比较两种方案可以看出,第一种购并方案下甲公司负担的应纳税额共计为1 004.17万元,税后利润为2 895.83万元;第二种购并方案下甲公司负担的应纳税额共计为1 125万元,税后利润为2 875万元。所以应选择第一种方案。

如果考虑甲公司购并后若干年内将要支付给原乙公司股东的现金股利因素,则结果可能就不一样了。假设甲公司每年税后利润计提10%的法定盈余公积,10%的任意盈余公积,其余全部分配给股东,计算甲公司购并乙公司后5年内的现金流出的现值(假设折现率为10%,不考虑支付给其他股东的现金股利)。

第一种购并方案下,甲公司购并后第一年的税后利润先弥补乙公司100万元的亏损,再按10%计提法定盈余公积,10%计提任意盈余公积后,分配给原乙公司股东的现金股利为:

$$2\ 895.83 \times (1-10\%-10\%) \times \frac{580}{1\ 000+580} = 850.42(万元)$$

甲公司购并后第2年至第5年支付给原乙公司股东的现金股利计算如下:

税后利润=4 000-(4 000+100)×25%=2 975(万元)
可供分配利润=2 975×(1-10%-10%)=2 380(万元)

$$支付给原乙公司股东的现金股利=2\ 380 \times \frac{580}{1\ 000+580}=874(万元)$$

综合考虑甲公司购并后5年内的现金流出情况,分析如下:

购并时甲公司支付的现金=50(万元)
购并后第1年甲公司应纳所得税额=1 004.17(万元)
购并后第1年甲公司支付给原乙公司股东的现金股利=850.42(万元)
购并后第2年~第5年甲公司应纳所得税额=(4 000+100)×25%=1 025(万元)
购并后第2年~第5年甲公司支付给原乙公司股东的现金股利=874(万元)

甲公司购并后 5 年内的现金流出现值 =50+(1 004.17+850.42)×(1+10)⁻¹+(1 025+874)×
(1+10%)⁻²+(1 025+874)×(1+10%)⁻³+
(1 025+874)×(1+10%)⁻⁴+(1 025+874)×(1+10%)⁻⁵
=7 208.17(万元)

第二种购并方案下,甲公司购并后第 1 年的税后利润按 10% 计提法定盈余公积,10% 计提任意盈余公积后,分配给原乙公司股东的现金股利为:

$$2\,875 \times (1-10\%-10\%) \times \frac{400}{1\,000+400} = 657(万元)$$

甲公司购并后第 2 年至第 5 年支付给原乙公司股东的现金股利计算如下:

税后利润 =4 000−4 000×25%=3 000(万元)

可供分配利润 =3 000×(1−10%−10%)=2 400(万元)

支付给原乙公司股东的现金股利 $=2\,400 \times \frac{400}{1\,000+400} = 686(万元)$

综合考虑甲公司购并后 5 年内的现金流出情况,分析如下:

购并时甲公司支付的现金 =500(万元)

购并后第 1 年甲公司应纳所得税额 =1 125(万元)

购并后第 1 年甲公司支付给原乙公司股东的现金股利 =657(万元)

购并后第 2 年~第 5 年甲公司应纳所得税额 =4 000×25%=1 000(万元)

购并后第 2 年~第 5 年甲公司支付给原乙公司股东的现金股利 =686(万元)

甲公司购并后 5 年内的现金流出现值 =500+(1 125+657)×(1+10)⁻¹+(1 000+686)×
(1+10%)⁻²+(1 000+686)×(1+10%)⁻³+
(1 000+686)×(1+10%)⁻⁴+(1 000+686)×(1+10%)⁻⁵
=6 978.39(万元)

通过比较两种方案在购并时的现金支出和购并后应支付的所得税以及因购并而多支付给原乙公司股东的现金股利的现值,第 1 种方案甲公司现金流出现值为 7 208.17 万元,第 2 种方案甲公司现金流出现值为 6 978.39 万元,如果考虑未来的现金流出,应选择第 2 种方案。

从本例可以看出,税务筹划必须考虑经营活动发生改变所带来的一定时期的税收变化和现金流量的变化。本例中,由于甲公司合并乙企业,不仅要考虑甲公司在合并时支付乙企业股东现金价款,而且要考虑由于乙企业股东还拥有甲公司的股权,甲公司每年均要向乙企业股东支付股利。由于合并企业支付给被合并企业的价款方式不同,将导致不同的所得税处理方式,涉及被合并企业是否就转让所得缴税、亏损是否能够弥补,合并企业支付给被合并企业的股利折现、接受资产增值部分的折旧等问题,情况比较复杂。

(三)合并后其他税种的税务筹划

企业在进行合并的税务筹划中,还可以考虑其他一些税种,比如流转税、契税、印花税、遗产税(我国尚未开征)。流转税通常是在生产、流通或者服务领域中,按照纳税人取得的销售收入、营业收入或者进出口货物的价格(数量)征收的,包括增值税、消费税和关税等。流转环节越多,企业应缴纳的流转税额就越多。如果合并企业和被合并企业在生产经营业务方面具有一定的联系时,则通过合并,减少了流转环节,可以节省部分流转税。当然,合并决策的做出不能只考虑税负因素,企业应综合考虑各种因素进行分析,以做出正确的决策。

1. 合并可以减少部分增值税

由于增值税是价外税,从理论上讲,无论企业各期缴纳多少增值税,其总体税负是不变的。但考虑到货币时间价值,如果能使企业纳税时间推迟,也能使企业获得节税利益,合并对企业应纳增值税的影响主要有两个方面:其一,合并过程中涉及的进项税额的处理。如果被合并企业有大量的进项税额可以用于抵扣,则合并企业在合并当年的应纳增值税额就会减少。其二,根据增值税税法的规定,设有两个机构并实行统一核算的纳税人,将货物从一个机构移送其他机构用于销售的行为,视同销售货物,但相关机构设在同一县、市的除外。如果合并企业和被合并企业在同一县、市,合并前需要缴纳增值税的业务在合并后则被视为双方移送货物用于销售,不会被视同销售货物,无需缴纳增值税。

2. 合并可以减少部分消费税

合并会使原来企业间的购销环节转变为企业内部的原材料转让环节。如果合并企业双方存在着原材料供应关系,则在合并前,这种原材料的转让关系为购销关系,应该按照正常的购销价格缴纳消费税。而在合并后,合并企业和被合并企业之间的原材料供应关系转变为企业内部的原材料转让关系,因此不用缴纳消费税。这笔税款递延到以后的环节,即销售环节缴纳,使企业获得递延纳税的好处。而且,因为前一环节应该缴纳的税款延迟到后面的环节缴纳,如果后面环节适用的消费税税率较低,则合并前企业的销售额在合并后可以适用较低的税率,直接减轻了企业的税收负担。

无论是所得税、流转税,还是契税、印花税和遗产税,都不是影响企业合并决策的唯一因素。企业在合并过程中,不但要进行税收负担能力的分析,也要综合考虑其他因素,包括对合并企业自身经济承受能力的分析。在此基础上选择最佳方案,找出合并的最佳途径,才是合并双方的理想之举。

第三节 企业分立的税务筹划

一、企业分立

企业分立是指一个企业依照法律的规定,将部分或全部业务分离出去,分化成两个或两个以上新企业的法律行为。分立按被分立公司是否存续,可分为派生分立与新设分立。派生分立,即公司以其财产设立另一家新公司的行为。这种方式下,新设的公司需注册登记,原公司存续,但需要办理减少注册资本的变更登记。新设分立,是将公司全部财产分解为若干份,重新设立两个或两个以上的新公司,原公司解散。

企业分立的动因很多,适应经营环境变化,调整经营战略,提高管理效率,谋求管理激励,提高资源利用效率,突出企业的主营业务等,都是企业分立的动因,企业分立也可能是弥补并购决策失误或成为并购决策的一部分。从税收角度讲,获取税收方面的利益也是企业分立的一个动因。分立后,企业从本质上并没有消失,只是同原有企业相比,有了新的变化。也正是这种实质上的存续,为纳税筹划提供了可能。企业分立是企业产权重组的一种重要类型。

二、利用企业分立的税务筹划

(一) 利用不同税率的税务筹划

在流转税中,一些特定产品是免税的,或者适用税率较低,这类产品在税收核算上有一些特殊要求,而企业往往由于种种原因不能满足这些核算要求而丧失了税收上的一些利益。如果将这些特定产品的生产部门分立为独立的企业,也许会获得流转税免税或税负降低的好处。

当企业所得税采用累进税率时,通过分立可以使原本适用高税率的企业,分化成两个或者两个以上适用低税率的企业,从而降低企业的总体税负。目前,我国的所得税采用的是比例税率,企业分立对降低整体税负的作用不大。但是,为了照顾利润水平比较低的小型企业和高新技术企业,我国的企业所得税法在25%的基本税率外,又做了如下规定:"符合条件的小型微利企业,年应纳税所得额不超过100万元的部分,减按25%计入应纳税所得额,按20%的税率缴纳企业所得税;对年应纳税所得额超过100万元但不超过300万元的部分,减按50%计入应纳税所得额,按20%的税率缴纳企业所得税。国家需要重点扶持的高新技术企业,减按15%的税率征收企业所得税。"这种差别税率给纳税人提供了税务筹划的空间。

【例14-4】 乐华制药厂主要生产抗菌类药物,也生产避孕药品。该厂抗菌类药物的销售收入为4 000万元,避孕药品的销售收入为1 000万元。全年购进货物的增值税进项税额为400万元。全年应纳税所得额为320万元,其中避孕药品应纳税所得额为100万元。从增值税的角度考虑,该厂是否要把避孕药品车间分离出来,单独设立一个制药厂呢?不考虑规模经济的影响,分立后对所得税有何影响呢?

合并经营时可以抵扣的进项税额为:

$$400-400 \times 1\,000 \div 5\,000 = 320(万元)$$

另设一个制药厂:如果避孕药品的进项税额为50万元,则乐华制药厂可抵扣的增值税进项税额为400万元减去50万元,结果为350万元,大于合并经营时可抵扣的320万元,可多抵扣30万元。此时分设另外一个制药厂对乐华制药厂有利。如果避孕药品的增值税进项税额为100万元,则乐华制药厂可抵扣的进项税额为400万元减去100万元,结果为300万元,小于合并经营时可抵扣的320万元,则采用合并经营较为有利。如果避孕药品的进项税额为80万元,则乐华制药厂可抵扣的进项税额为400万元减去80万元,结果为320万元,与合并经营时可抵扣的320万元相等,分立经营与合并经营在纳税上并无区别。此时,免税产品的增值税进项税额占全部产品增值税进项税额的比例为80万元除以400万元,结果为20%,免税产品销售收入占全部产品销售收入的比例为1 000万元除以5 000万元,结果也为20%。因此,当免税产品的增值税进项税额占全部产品增值税进项税额的比例与免税产品销售收入占全部产品销售收入的比例相等时,分立经营与合并经营在税收上并无差别,从税收角度考虑,企业此时处于一个平衡点。

因此,当免税产品进项税额/全部进项税额>免税产品销售额/全部销售额时,合并经营较为有利;反之,当免税产品进项税额/全部进项税额<免税产品销售额/全部销售额时,采用分立经营较为有利;当免税产品进项税额/全部进项税额=免税产品销售额/全部销售额时,分立经营与合并经营在税收上并无差别。

再分析规模经济不变时,分立对所得税的影响:

分立前企业应交所得税:
$$320 \times 25\% = 80(万元)$$

分立后企业应纳所得税:
$$100 \times 25\% \times 20\% + 100 \times 25\% \times 20\% + 120 \times 50\% \times 20\% = 22(万元)$$

分立后企业所得税费用减少58万元。

(二)利用支付方式的税务筹划

企业分立业务按照支付方式的不同,其税务处理方式也不同,而税务处理方式的不同,也会对分立企业或存续企业的所得税负产生不同的影响,所以企业分立时应当根据实际情况选择适当的支付方式。我国税法规定,企业分立业务应按照以下方法进行税务处理:

(1)被分立企业应视为按公允价值转让其被分立出去的部分或全部资产,计算被分立资产的财产转让所得,依法缴纳所得税。分立企业应按公允价值确认接受资产的计税基础。

(2)分立企业支付给被分立企业或其股东的交换价款中,被分立企业所有股东按原持股比例取得分立企业的股权,分立企业和被分立企业均不改变原来的实质经营活动,且被分立企业股东在该企业分立发生时取得的股权支付金额不低于其交易支付总额的85%,并符合其他免税重组条件,经税务机关审核确认,企业分立当事各方也可选择下列规定进行分立业务的所得税处理:

① 被分立企业可不确认分离资产的转让所得或损失,不计算所得税。

② 被分立企业已分离资产相对应的纳税事项由接受资产的分立企业继承。被分立企业的未超过法定弥补期限的亏损额可按分离资产占全部资产的比例进行分配,由接受分离资产的分立企业继续弥补。

③ 分立企业接受被分立企业资产和负债的计税基础,以被分立企业的原有计税基础确定。

④ 被分立企业的股东取得分立企业的股权(以下简称"新股"),如需部分或全部放弃原持有的被分立企业的股权(以下简称"旧股"),"新股"的计税基础应以放弃"旧股"的计税基础确定。如不需放弃"旧股",则其取得"新股"的计税基础可从以下两种方法中选择确定:直接将"新股"的计税基础确定为零;以被分立企业分立出去的净资产占被分立企业全部净资产的比例先调减原持有的"旧股"的计税基础,再将调减的计税基础平均分配到"新股"上。

企业产权变动时都要进行资产评估,资产评估是由专业的资产评估机构和人员根据特定的评估目的,选择适当的评估方法,对资产的价值进行评定和测算。资产评估价值受到很多因素的影响,如评估目的、评估方法、资产所处的外部环境和损耗程度、资产的收益能力等。资产评估价值的高低,会对分立企业的支付方式产生直接影响。

如果被分立企业分离给分立企业的资产价值被高估,即评估价值高于资产的账面净值,被分立企业股东在该企业分立发生时取得的股权支付金额不低于其交易支付总额的85%,可以不确认分离资产的转让所得,不缴纳资产转让所得税,从而降低被分立企业的所得税负。但站在分立企业的角度看,采用这种支付方式,分立企业应按接受资产的原账面价值为基础确定计税成本,不得按经评估确认的价值进行调整,使企业按较低的基础计提固定资产折旧,折旧费用减少,增加了分立企业的所得税税负。相反,如果被分立企业股东在该企业分立发生时取得的股权支付金额低于其交易支付总额的85%,这种支付方式应该确认分离资产的转让所得,缴纳资产转让所得税,增加了被分立企业的所得税税负。但分立企业接受被分立企业的资产,按经评估确认的价值确定计税成本,固定资产折旧的计提基数增加,折旧费用增加,可以减轻分立企业的税收负担。

如果被分立企业分离给分立企业的资产价值被低估,即评估价值低于资产的账面净值,被分立企业股东在该企业分立发生时取得的股权支付金额不低于其交易支付总额的85%,不确认分离资产的转让损失,被分立企业按未扣除资产转让损失的利润纳税,缴纳的所得税额较多。分立企业应按接受资产的原账面价值为基础确定计税成本,固定资产折旧基数相对较高,折旧费用多,减轻了分立企业的税收负担。如果被分立企业股东在该企业分立发生时取得的股权支付金额低于其交易支付总额的85%,这种支付方式可以确认资产转让损失,减少被分立企业的利润总额,从而减轻被分立企业的所得税税负。但分立企业接受被分立企业的资产,应按经评估确认的价值确定计税成本,这样,固定资产折旧的计提基数减少,折旧费用减少,又会增加分立企业的所得税税负。

企业在选择分立的支付方式时,应综合考虑以上因素进行税务筹划,使企业获得最大的税收利益。

第四节 企业清算的税务筹划

企业清算是企业出现法定解散事由或者章程所规定的解散事由后,依法清理企业债权债务并向股东分配剩余财产,终结企业所有法律关系的行为。企业清算分为破产清算和非破产清算。破产清算是指企业法人不能清偿到期债务被依法宣告破产时,由法院组成清算组对企业法人进行清理,并将破产财产公平地分配给债权人,并最终消灭企业法人资格的程序。非破产清算是指企业法人资产足以清偿债务的情况进行的清算,包括自愿解散的清算和强制解散的清算。此种清算的财产除用以清偿企业的全部债务外,还要将剩余的财产分配给债权人和股东。企业清算是企业解体过程中的重要业务事项,在清算期间,企业法人资格存续,但企业及其职能部门的原有地位要由清算人所取代。

一、企业清算的所得课税

按照税法规定,纳税人清算时,应当以清算期间作为一个纳税年度,其清算终了后的清算所得,应按照规定缴纳所得税。

清算期间是指纳税人自终止正常的生产经营活动开始清算之日起,至主管税务机关办理注销税务登记止的期间。企业清算期间的所得税处理包括以下内容:① 全部资产均应按可变现价值或交易价格,确认资产转让所得或损失;② 确认债权清理、债务清偿的所得或损失;③ 改变持续经营核算原则,对预提或待摊性质的费用进行处理;④ 依法弥补亏损,确定清算所得;⑤ 计算并缴纳清算所得税;⑥ 确定可向股东分配的剩余财产、应付股息等。

清算所得是指企业的全部资产可变现价值或者交易价格减除资产净值、清算费用、相关税费等后的余额。清算所得的计算公式如下:

清算所得 = 企业的全部资产可变现价值或者交易价格 – 资产净值 –
　　　　　清算费用和共益债务 – 相关税费 + 清算期间经营性收益 –
　　　　　清算期间经营性费用 + 债务清偿损益

清算所得应纳企业所得税额 = 清算所得 × 法定税率(25%)

企业的全部资产可变现价值或者交易价格是指企业全部资产在清算处置时为企业带来的经济利益,即公允价值或实际成交价。纳税人的清算财产包括固定资产、生物资产、无形资产、投资资产、存货和金融资产等。资产净值是资产按照税法规定进行折旧、摊销等后的余额,即在计算清算所得时可以扣除的金额。清算费用是指纳税人在清算过程中实际发生的、与清算活动有关的费用,包括清算组组成人员的工资、差旅费、办公费、公告费、诉讼费、评估费、咨询费等。清算费用按实扣除。共益债务是指在纳税人清算过程中,清算组为所有债权人的共同利益,管理、变价和分配清算财产而负担的债务;包括:① 因清算组或者纳税人请求对方当事人履行双方均未履行完毕的合同所产生的债务;② 纳税人财产受无因管理所产生的债务;③ 因纳税人不当得利所产生的债务;④ 为纳税人继续营业而应支付的劳动报酬和社会保险费用以及由此产生的其他债务;⑤ 清算组或者相关人员执行职务致人损害所产生的债务;⑥ 纳税人财产致人损害所产生的债务。共益债务按实扣除。清算期间经营性收益和经营性费用是指在清算期间纳税人因处理未了结业务而取得的经营性收入以及相应发生的经营性费用。债务清偿损益指因债务人的原因使纳税人确实无法支付且以后也不会被要求支付的应付款项。

企业全部资产的可变现价值或交易价格减除清算费用,职工的工资、社会保险费用和法定补偿金,结清清算所得税、以前年度欠税等税款,清偿企业债务,按规定计算可以向所有者分配的剩余资产。投资方企业从被清算企业分得的剩余财产,其中相当于从被清算企业累计未分配利润和累计盈余公积中应当分得的部分,确认为股息所得;剩余财产减除上述股息所得后的余额,超过或低于投资成本的部分,确认为投资资产转让所得或损失。

二、利用企业清算的税务筹划

根据税法规定,企业在清算年度,应划分为两个纳税年度,从1月1日到清算开始日前一日为一个生产经营纳税年度,从清算开始日到清算结束日的清算期间为一个清算纳税年度。企业的清算日期不同,对两个纳税年度应税所得的影响不同。企业可以利用改变清算日期的方法来影响企业清算期间应税所得的数额。

【例14-5】 某公司董事会于某年5月20日向股东提交解散申请书,股东大会于5月25日通过,并做出决议,5月31日解散,于6月1日开始正常清算。但公司在开始清算后发现,1—5月底止预计公司可盈利8万元(适用税率25%)。于是,在尚未公告的前提下,股东会再次通过决议把解散日期改为6月15日,于6月16日开始清算。公司在6月1—14日共发生清算费用14万元。按照规定,清算期间应单独作为一个纳税年度,即这14万元费用本属于清算期间费用,但因清算日期的改变,该公司1—5月由原盈利8万元变为亏损6万元。清算日期变更后,假设该公司清算所得为9万元。清算开始日为6月1日时,1—5月应纳所得税额如下:

$$80\,000 \times 25\% = 20\,000(元)$$

清算所得为亏损 5 万元,即 9-14=-5(万元),不纳税,合计税额为 20 000 元。清算开始日为 6 月 16 日时,1—5 月亏损 6 万元,该年度不纳税,清算所得为 9 万元,须抵减上期亏损后,再纳税。清算所得税额如下:

$$(90\ 000-60\ 000)\times 25\% = 7\ 500(元)$$

两方案比较结果,通过税务筹划,后者减轻税负 12 500(20 000-7 500)元。

关键词

债务重组　　合并　　分立　　清算

小结

企业在出现债务重组、合并、分立、清算等特定事项时,可以通过税务筹划,增加企业的税收利益。对企业的债务重组进行筹划,主要采取选择最佳的重组方式的筹划方法,降低企业的税收负担。企业合并的有关涉税问题包括:① 合并中的产权转让是否缴纳所得税? ② 合并后,原企业中的亏损是否可以弥补? ③ 合并后,原企业的税收优惠政策是否继续适用? 企业合并时,对合并中的产权支付方式,采取以旧股换新股的方法,合并净资产较高、亏损严重的企业,可获得延期纳税的好处。

企业分立的税务筹划包括两个方面:① 利用不同税率的税务筹划;② 利用支付方式的税务筹划。对于企业清算事项,当预计清算费用大于清算收入的金额较大时,可以通过改变清算期的方法将费用转入清算前的会计期间,减少清算前会计期间的应纳税所得额,减轻企业税负。

即测即评

请扫描右侧的二维码,进行即测即评。

案例分析

案例 14-1

甲、乙两个公司均为增值税一般纳税企业,增值税税率 13%,企业所得税税率 25%,其中甲公司正享受免税的税收优惠政策。甲公司赊销一批商品给乙公司,价税合计 226 万元。债务到期时,由于乙公司资金周转出现暂时困难,双方协议进行债务重组。

方案 1　甲公司减免乙公司 26 万元的债务,其余 200 万元以现金偿还。

方案 2　乙公司全额偿还甲公司的债务 226 万元,然后再由甲公司捐赠 26 万元现金给乙公司。

分析要求:分析两个方案对双方企业税负的影响。

案例 14-2

某股份有限公司 A,某年 9 月兼并某亏损国有企业 B。B 企业合并时账面净资产为 500

万元,去年亏损为 100 万元(以前年度无亏损),评估确认的价值为 550 万元,经双方协商,A 可以用以下方式合并 B 企业。A 公司合并后股票市价为 3.1 元/股。A 公司共有已发行的股票 2 000 万股(面值为 1 元/股)。

1. A 公司以 180 万股和 10 万元现金购买 B 企业(A 公司股票市价为 3 元/股);
2. A 公司以 150 万股和 100 万元现金购买 B 企业。

假设合并后被合并企业的股东在合并企业中所占的股份以后年度不发生变化,合并企业每年未弥补亏损前的应纳税所得额为 900 万元,增值后的资产的平均折旧年限为 5 年,行业平均利润率为 10%。所得税税率为 25%。

分析要求:企业采用哪一种合并方案现金流出量最小?

案例 14-3

某塑料制品厂生产农用薄膜和塑料餐具产品,前者属免税产品,后者正常计税。9 月份该厂塑料餐具产品的销售收入为 300 万元,农用薄膜的销售收入为 500 万元。购入聚氯乙烯原料一批,价款 265 万元,增值税额 34.45 万元,购进包装物、低值易耗品,价款 240 万元,增值税额 31.2 万元,当月支付电费 5 万元,进项税额 0.65 万元。均取得增值税专用发票,并符合进项税额抵扣条件。全年应纳税所得额 240 万元,其中塑料餐具的应纳税所得额为 100 万元,农用薄膜的应纳税所得额为 140 万元。

分析要求:

1. 农用薄膜进项税额为多少时,该厂应单独设立一个企业?农用薄膜进项税额为多少时,该厂应合并经营?农用薄膜进项税额为多少时,该厂单独设立企业或合并经营对增值税没有影响?
2. 分立和合并经营对企业所得税有无影响?

案例 14-4

某公司董事会于某年 8 月 20 日向股东提交解散申请书,股东大会 8 月 25 日通过,并做出决议,8 月 31 日解散,于 9 月 1 日开始正常清算。但公司在开始清算后发现,本年度 4 月至 8 月底止预计公司可盈利 16 万元(适用税率 25%)。于是,在尚未公告的前提下,股东会再次通过决议把解散日期改为 9 月 15 日,于 9 月 16 日开始清算。公司在 9 月 1 日至 9 月 14 日共发生清算费用 28 万元,清算所得为 18 万元。

分析要求:该公司改变清算日期可为企业减轻多少税负?

复习思考题

1. 债务重组是否影响企业的应纳税额?应如何进行税务筹划?
2. 企业合并时的税务筹划包括哪些内容?应如何进行税务筹划?
3. 在我国现行税制下,企业分立应如何进行税务筹划?
4. 什么情况下应该对企业清算进行税务筹划?怎样筹划?

第四篇
国际税务筹划

第十五章 国际税务筹划通论

税收是政府凭借权力进行的,以强制、无偿、固定为特点的课征,是政府取得财政收入的重要手段。国际税收则不能采用同样的课征形式,因为在完全独立的主权国家之间不可能存在一种"超国家"形式的政治权力,用于实现一国政府对另一国政府的超越国家主权的税收强制力,即使像联合国(UN)、经济合作与发展组织(OECD)、欧盟(EU)等国际组织也无法向其成员国政府实施强制性的税收课征权力。

荷兰国际财税文献局[①]对国际税收的解释是:"传统上国际税收指消除国际双重征税(Double Taxation)的协定条款;更广意义而言,还包括涵盖居民外国所得(全球所得 Worldwide Income)及非居民境内所得的国内立法;包含反对国际避税与逃税的国内立法和协定条款;消除国际经济性双重征税的国内立法和协定条款;有关跨境直接税收的欧共体指令和国内立法;以及外交官、领事官员和政府间组织的官员税收的国际规则和国内立法。"可见,国际税收既存在于广泛的国际税收协定网络之中,又深刻的存在于各国的国内法之中,是国际法的重要组成部分[②]。

一般意义上,国际税收目前存在两种比较流行的解释:

其一,国际税收是在经济全球化趋势下由于纳税人的经营管理活动扩大到一国境外,并且国与国之间存在的税收法规差异或冲突而产生的跨国之间的税收问题及其解决。

其二,从一国的角度出发,国际税收是对纳税人跨境交易活动进行课税涉及的法律、法规、指南等全部规则的统称。

不管是可以理解为宽口径的第一种解释,还是可以理解为窄口径的第二种解释,均可以看出,国际税收是当商品、人员、资金和服务等要素资源跨境流动时,由于国与国之间税收法规存在差异与冲突而产生的税收问题及解决相关问题的法律框架、规则指南和措施机制。由于国际税收的存在,国际税务筹划是纳税人,特别是跨国企业集团必须考虑和实施的重要经营战略和管理措施。

自2013年以来,随着由OECD主持、由G20领导人政治背书的应对税基侵蚀和利润转移(Base Erosion and Profit Shifting,简称BEPS)行动计划的启动,国际税制规则体系开启了全球范围内的"重塑"进程,国际税务筹划的法律政策环境发生了巨大变化。

第一节 国际税务筹划概述

2001年诺贝尔经济学奖获得者、哥伦比亚大学教授、美国经济学家约瑟夫·斯蒂格利茨(Joseph E. Stiglitz)曾经提到,全球税收体系是不公平的、扭曲的,导致苹果和谷歌等跨国企业

---

① 荷兰国际财税文献局(IBFD).国际税收辞汇.7版.北京:中国税务出版社,2016.
② Reuven S. Avi-Yonah.国际法视角下的跨国征税.熊伟,译.北京:法律出版社,2008.

集团的海外经营获得极大的税收节约,而美国国内的普通工人和纳税人却没有因为这些大公司的繁荣而获得好处。随着世界经济全球化趋势的不断深入,企业越来越多的经济活动超越了国界,企业的纳税活动也随之超越国界。在跨国经营中,由于企业经营需要涉及两个以上国家的税收管辖权,纳税人既面临着就同一纳税对象向有关国家双重交税的风险,也面临着可以在不同国家的税收制度中寻求减缓税收负担的机遇。由于国际税务筹划涉及不同国家的税收制度和国际税收协定,国际税务筹划在原理、方法等方面与国内税务筹划存在差异,因此,了解国际税务筹划的知识对企业纳税人有着重要的意义。

一、国际税务筹划概念、原则与特征

(一)国际税务筹划概念

税务筹划体现一种在法律和规则的限定内纳税人有权自行安排运营管理的思想,这来源于1935年英国的"税务局长诉温斯特大公"一案。在该案例中,汤姆林爵士做出了有关税务筹划的声明:任何一个人都有权安排自己的事业,依据法律这样做可以少缴税。为了保证从这些安排中得到利益,不能强迫他多缴税。这种观点得到了英国及法律界的广泛认同。国际税务筹划同样体现这一思想。

国际税务筹划是指从事跨国经营管理的企业在不违反相关国家的有关法律(主要是税法)、税收协定和国际公认准则(惯例)的前提下,利用不同国家之间的税法差异或错配以及国际税收协定的有关规定,为实现企业全球财务目标,规避、减轻或推迟其全球税收负担的税务规划活动。

1. 国内、国际税务筹划的联系

国内税务筹划和国际税务筹划的联系主要表现在:① 动因相同,在市场经济条件下,企业行为的最终动因都是追求企业财务利益最大化。与国内税务筹划一样,纳税人进行国际税务筹划的动因,也是对自身利益的追求。② 目标一致,企业的目标都是通过税收负担的最小化(即减轻总体税收负担,核算所有应税管辖区内所有应缴的税收,寻找最为合理的方法来减轻这些税收等),来实现企业全球所得的最大化。③ 互相依存,国内税务筹划是国际税务筹划的基础,进行跨国经济活动的企业必须在经营所涉及的各个国家先进行国内税务筹划,并以此为基础进行国际税务筹划。对于那些并不直接从事跨国经济活动的纳税人来说,税务支出最小化的方法之一,可以是在具有合理商业目的的前提下将所得转移到具有税收优惠政策的国家(如国际避税地)去,国际税务筹划为国内税务筹划提供了更多的备选方案。④ 方法、技术有相似之处,国内税务筹划的许多方法、技术在国际税务筹划可以灵活适用,只是适用的环境和条件有区别,例如国内税务筹划中的免税技术、抵免技术、分割技术在国际税务筹划中依然有广泛的使用。

2. 国内、国际税务筹划的区别

由于国际税务筹划的独特性,其与国内税务筹划有着明显区别。一般情况下国内税务筹划是利用本国税法的漏洞、空白或不足进行的税收安排,往往不涉及纳税人的跨境经营管理活动,所规避的仅限于国内的纳税义务。而国际税务筹划则是利用国家间的税法规则差异进行的跨国(境)避税,涉及纳税人的跨境经营管理活动,包括贸易和资本的跨境流动。国内税务筹划和国际税务筹划的区别主要有:① 筹划客观基础不同,国内税务筹划的客观基础是一个国家内部各税种及其要素之间的差异,而国际税务筹划的客观基础是各国税收制度之间的差异和企业跨境经营活动的国际性与复杂性。所谓国际性指的是跨境经营税务筹划是在国际范围内开展的,涉及各国税收法规以及国际税制规则;所谓复杂性是指相对于国内税务筹划活动,国际税务筹划面临的是多变的国际政治经济税收环境,规划的是跨境投资经营等活动,其复杂程度及不可预见性要远超过一般税务筹划活动。而对于仅在某国的范围内从事经营、拥有资产、取得收入的纳税人来说,国内税务筹划一方面视野有限,资源也有限,没有从事国际避税的能力和手段,另一方面很难承担设计和实施国际税务筹划方案的成本。② 对纳税人的意义不同,国际税务筹划的目标是降低在全球范围内的税负,或延迟缴纳税款。如果仅从某一国的范围来看,国际税务筹划未必导致企业在该国税负降低,甚至会有增加,但从全球范围来讲会达到跨国企业集团的战略目标。当企业纳税人经济活动只在一个国家内部进行时,它只受该国家的税收管辖权约束;当企业纳税人进行跨境经济活动,就要涉及两个以上国家的税收管辖权,从而一方面使企业可能面临国际双重缴税的风险,使企业税收负担加重,另一方面为降低企业税收负担提供了较国内筹划更为广阔的空间,所以,国际税务筹划对跨国企业集团纳税人有更重要的意义。③ 国际税务筹划技术安排更加隐蔽,筹划空间更加广泛。国际税务筹划相对于国内税务筹划,其技术安排更加隐蔽。由于各国政府的税收管辖权往往局限在一国的国境之内,本国税务机关很难掌握纳税人在海外的资产和收入情况,对于跨国企业集团税务筹划行为的及时发现和应对还是有很大难度的。国际税务筹划相对国内税务筹划具有更大的空间,国际上不同国家的税法差异更大、漏洞更多,避税的空间也更大。④ 税务筹划的方式、方法有所不同,与国内税务筹划相比,国际税务筹划更多地利用各国税制的不同,在方式、方法上,往往利用"人"和"物"流动的各种方法进行筹划。此外,由于国际税务筹划要涉及一些国内税务筹划涉及不到的领域,也有一些独特的筹划方法。

3. 国际税务筹划与国际偷税不同

国际税务筹划与国际偷税行为是不同的。国际偷税一定是非法行为,是纳税人在跨国经营管理活动中利用非法手段逃避其在某一国或若干国家应负有的纳税义务,例如纳税人通过在国际避税地(如开曼、BVI 等)设立秘密银行账户来逃避本应在居民国缴纳相关税负的安排。而国际税务筹划是利用包括国内税法在内的国际税制规则,进行的合法筹划、安排与操作,是法律法规和知识优势的利用,而不是违法的行为。需要特别注意的是,为了保护自身的税收利益,包括中国在内的许多国家在税法中和国际税收协定中制定并不断更新反避税条款,一些国家还专门有反国际避税法,所以进行国际税务筹划必须对这些法律、法规予以特别关注,确保税务筹划的合法性、风险可控性。

(二)国际税务筹划的特征

1. 国际税务筹划着眼于企业的全球性整体税负水平

国际税务筹划不是局限于企业在某一国的税负水平,而是着眼于企业的全球性整体税负水平,因此其税务筹划安排要综合考虑全部牵涉国家(或地区)的税制、法律法规、法院判例以及国际税制规则,对企业全球价值链搭建和公司投资设置进行最有利于企业的安排,为达成企业的战略性目标服务。

2. 国际税务筹划需遵从多国税法和国际税制规则

由于企业的跨境经营,国际税务筹划必须遵从跨境经营涉及的多国税法和国际税制规则,这就需要企业既要对本国的税收制度熟悉,也要同等地对他国税法和国际税制规则熟悉,从企业自身的经营特点和战略需要出发,在做到税法遵从的前提下,进行国际税务筹划。

3. 国际税务筹划的收益与风险并存、并重

由于经济全球化的深入发展,为了吸引投资,各国纷纷制定了纷繁复杂的税收优惠政策,加之各国法律环境、政治环境、文化背景的不同,国际税务筹划面临收益与风险并存、并重的环境。表面收益大、见效快的筹划方案未必是一个好的方案,一定要综合考量筹划方案的风险水平。

二、税收管辖权

(一)税收管辖权的概念和分类

管辖权是由国家主权派生而来的,是一国国家权力的体现。税收管辖权,Jurisdiction to Tax,是一国主权在税收领域的体现,是国家在税收领域的主权,是一个国家(或地区)的政府独立自主地行使征税的国家权力。

跨国纳税人的跨境经营管理行为必然同时与两个或两个以上国家(或地区)在其各自的权力管辖范围内发生税收征纳关系,因此税收管辖权概念是国际税务筹划中一个根本性和基础性的问题。

现行国际税制规则体系形成于20世纪二三十年代,1923年国际联盟(the League of Nations)委托四位经济学家完成的《关于双重征税的报告》(Report on Double Taxation)奠定了现代国际税制规则体系的基础。该报告指出,对现代国际税收理论的讨论应该从经济关联原则开始,各类财产或所得的经济关联主要在于来源地国和所有者居住地国这两类国家。该报告所确立的来源地国与居住地国分享征税权的这一思路在后来的税收协定范本中得到体现,并沿用至今[①]。目前国际税制规则对税收管辖权的分类主要有居民管辖权、公民管辖权和地域管辖权:

居民管辖权。在国际税收领域大部分国家选择对居民而不是公民行使属人管辖,即居民管辖权(Residence Jurisdiction)。居民管辖权是一国政府基于纳税人与该国存在居民身份关系的法律事实而主张行使的管辖权。通常情况下判断构成税收居民的标准是由一国的国内税法规制,如果符合国内税法规制的居民纳税人构成标准的人(包括自然人和公司法人),就成为该国国内税法意义的居民纳税人,否则就应成为该国国内税法意义的非居民纳税人,该国政府对构成居民纳税人的自然人或公司法人行使居民管辖权,即居民纳税人无论在世界任何地方获得的所得均应向居民国政府申报纳税,也就是所谓的"全球纳税义务"。在居民税收管辖权下,居民纳税人承担的是无限的纳税义务,既要就来源于居民国的所得和财产承担纳税义务,又要就来源于或存在于居民国境外的所得和财产履行有关所得或财产相关的申报纳税义务。

地域管辖权,又称为来源地管辖权(Source Jurisdiction),即一国政府对来源于本国境内的所得而主张行使的管辖权。地域管辖权关注的不是获得所得的纳税人的身份(居民纳税人还

[①] 这四位教授是 Bruins, Einaudi, Seligman 和 Sir Josiah Stamp, 1923年3月四位教授完成《关于双重征税的报告》(Report on Double Taxation),该报告包括三大部分:国际双重征税的经济后果、划分国际税收管辖权的一般原则以及一般原则的运用。参见 Reuven S. Avi-Yonah "the Structure of International Taxation: A Proposal for Simplification", 74 Tex. L. Rev., 1305-1306(1996).

是非居民纳税人),而是所得的来源地,以此来确定对所得予以征税还是不征税。

公民管辖权,即一国政府对拥有本国国籍的公民取得的所得而主张行使的管辖权。

(二)各国实施税收管辖权的类型

各国政府可以根据自身经济发展的需求自主选择税收管辖权,这是各国主权范围内的事情。从当前各国税制的执行情况来看,主要有两种实施类型(如表 15-1 所示):

表 15-1 各国实施税收管辖权类型

行使原则	管辖权类型	定义
属人管辖原则	居民管辖权	一国政府基于纳税人与该国存在居民身份关系的法律事实而主张行使的管辖权
	公民管辖权	一国政府对拥有本国国籍的公民取得的所得而主张行使的管辖权
属地管辖原则	地域管辖权(所得来源地管辖权)	一国政府对来源于本国境内的所得而主张行使的管辖权

第一种类型:居民管辖与地域管辖兼而用之。这是多数国家采用的税收管辖权实施类型,包括我国,对税收居民纳税人的境内、境外所得(居民管辖权)以及对非居民纳税人的境内所得(地域管辖权)行使征税权。

第二种类型:单一地域管辖。实行单一地域管辖权的国家将只对来源于本国境内的所得行使征税权,包括本国居民纳税人的境内所得,也包括非居民纳税人来源于本国境内的所得,但是对本国居民纳税人来源于境外的所得不行使征税权。实施这一类型税收管辖的国家或地区主要有巴拿马、哥斯达黎加、中国香港、中国澳门等。

各国实施不同的税收管辖权,一方面使纳税人面临国际双重缴税的风险,另一方面,也使纳税义务人面临利用不同的税收管辖权进行国际税务筹划的机遇。

三、国际税收协定

(一)国际税收协定范本的起源与发展

国际重复征税违反了国际税制的税收中性原则和单一征税原则(The Single Tax Principle)。从 1920 年代的国际联盟开始,国际社会税收规则协调和合作的主要目标在于消除和预防对纳税人跨境交易产生的双重征税。1922 年国际联盟财政委员会正式成立,随后的 1925 年国际联盟发布了税收协定范本初稿。第二次世界大战结束后,联合国建立并取代了国际联盟,但其多年未对协定范本采取更进一步的行动。1955 年,经济合作与发展组织(OECD)的前身——欧洲经济合作组织(OEEC)开始接手协定范本制定的工作。1963 年 OECD 发布税收协定范本(全称为《经济合作与发展组织关于对所得和财产避免双重征税的协定范本》,下称:OECD 范本)。1977 年联合国发布税收协定范本(全称为《联合国关于发达国家与发展中国家之间避免双重征税的协定范本》,下称:UN 范本),成为至今仍旧发挥积极作用的国际税制规则的重要组成。

OECD 范本和 UN 范本虽然各有侧重和不同,但都是全面的税收协定,是对国与国之间涉及所得及财产的各种可能出现的重复征税问题做出的全面性的规定。除了全面的税收协定之外,与税收有关的还有各国间签署的航空协定税收条款、海运协定税收条款、汽车运输协定税收条款、互免国际运输收入税收协议或者换函,这些协定通常是在国与国之间签订全面税收协定之前,为了解决国际运输(空运、海运、汽车运输)领域存在的双重征税问题而签订的。除此以外,还有专门为情报交换而签订的情报交换协定,这些协定多是与一些避税地国家与地区之间签订的,专门就双方如何进行与税收相关信息交换而做的安排。

国际税收协定(Tax Treaty),也称为税收条约(Tax Convention),是国与国之间为避免对所得和资本双重征税和防止偷税逃税而签订的协议,是两个或两个以上的主权国家或地区,为了协调相互之间的税收分配关系,本着对等的原则,在有关税收事务方面,通过谈判所签订的一种书面协议。

自改革开放之初的1981年1月,中国与日本税务代表团在北京举行了第一轮税收协定会谈开始,我国税收协定谈判、签订工作不断发展,截至2018年9月我国已与106个国家和地区签订了双边税收协定(未含内地与我国香港、澳门地区签订的税收安排和大陆与我国台湾地区签订的税收协议),基本覆盖了我国与其他国家或地区开展经济往来的主要目的地。从地域分布情况看,我国对外签订的税收协定中与欧洲国家签订39份,与亚洲国家签订35份,与非洲国家签订17份,与美洲国家签订11份,与大洋洲国家签订3份。

(二) OECD 范本和 UN 范本的主要框架

OECD 范本和 UN 范本的主要内容框架相似,都分为七章。主要的框架是:

第一章规范协定的范围,包括人的范围和税种的范围。

第二章是各种定义条款,对协定中必然涉及的重要概念和用语进行定义和界定。

第三章对所得征税进行规范,对发生在缔约国双方的各类所得划分税收管辖权,避免对纳税人的同一种所得进行双重征税。

第四章是对财产征税的规范。

第五章规范消除双重征税的方法,对可能出现的双重征税情形规定消除双重征税的具体方法。

第六章是特别规定条款,主要包括非歧视性待遇、相互协商程序(MAP)、信息情报交换、税收征收协助等条款。

第七章是一些特殊规定,主要是针对协定生效和终止的条款。

(三) OECD 范本对税收管辖权的划分

以 OECD 范本为例,重点介绍范本对税收管辖权的划分。

第一,不动产所得。OECD 范本第6条明确,不动产所在国对于不动产所得有征税权,即不动产所在国有优先征税权。范本第二条赋予缔约国双方的国内税法对"不动产"进行定义和界定。

第二,营业利润。OECD 范本第7条第1款规定了营业利润税收管辖权的划分原则:缔约国一方(居民国)企业在缔约国另一方(来源国)的营业活动只有在构成常设机构的前提下,缔约国另一方(来源国)才能征税,并且只能就归属于常设机构的利润征税。

第三,国际运输。OECD 范本第8条规定了国际运输所得的税收管辖权划分,以船舶或飞机从事国际运输业务取得利润,应仅在企业实际管理机构所在地的缔约国征税,另一方免予征税。

第四,股息所得。OECD 范本第10条规定了股息所得的税收管辖权划分,采取共享征税权的方法,股息所得可以在受益所有人的居民国征税,但股息所得的来源国可以在规定情形下保留征税权,但是税率要低于15%。

第五,利息所得。范本第11条划分利息的税收管辖权。对于利息所得,OECD范本采用共享征税权的方法,第1款规定取得利息企业的居民国有征税权,第2款规定也可由利息来源国征税,但通过确立征税上限对该权利的实施做了限制,即所征税款不得超过利息总额10%。

第六,特许权使用费。OECD范本第12条规定了特许权使用费的税收管辖权划分,将征税权全部赋予居民国,规定特许权使用费仅在居民国征税,即居住国享有独立征税权,只有在特许权使用费的收取方不是该特许权使用费受益所有人的情形下,来源国才有权征税(在实践中,有很多协定偏离了本规定)

OECD范本还对资本收益(Capital Gain)、独立个人劳务、受雇所得、其他类型的劳务所得的税收管辖权进行了规范和划分。

(四) OECD范本的非歧视性待遇与相互协商程序

1. 非歧视性待遇条款

OECD范本的第24条规定了非歧视性待遇,该项规定主要用于限定缔约国一方的居民在等同的条件下不能比另一国居民负担更重的税负。非歧视性待遇不要求给予缔约国对方最惠国待遇,也不要求给予缔约国对方超国民待遇,只要求不能出现歧视。非歧视性待遇的规定适用于范本规定的所有税种。

非歧视待遇条款是国际税收协定的一条非常特别也非常重要的条款,设计该条款的重要目的在于协调国与国之间的税收权利、财政利益和避税税收歧视。该条款一般包括:国籍非歧视、常设机构非歧视、支付非歧视(扣除非歧视)、资本非歧视(所有权非歧视)等四个方面的主要内容。

我国对外签订的税收协定中,基本都包括非歧视性待遇条款,与OECD范本和UN范本对该条款的规定大体相同。例如,对于国籍非歧视,我国与加拿大的税收协定该条款表述为"缔约国一方居民在缔约国另一方负担的税收或者有关条件,不应与该缔约国另一方居民在相同情况下,特别是在居民身份相同的情况下,负担或可能负担的税收或者有关条件下不同或比其更重,虽有第一条的规定,本款规定也应适用于不是缔约国一方或者双方居民的个人。"

2. 相互协商程序

相互协商程序(Mutual Agreement Procedure)是为了解决缔约国双方在执行协定过程中出现的争议,其主要目的是为了确保协定在执行中的有效性,避免缔约国双方对税收协定的解释和适用产生分歧,切实消除和避免双重征税。当纳税人遇到或将要遇到不符合协定规定的条款而被征税时,可以申请缔约国双方国家政府(税务主管当局)启动相互协商程序来解决,这不属于外交程序,而是双方税收主管部门之间的直接联系。

税收协定缔约国主管当局在税收相互协商程序条款的框架内共同协调涉税事项和解决国际税收争端,以解决执行税收协定过程中出现的问题。在税收协定中,相互协商程序通常以专门条款的形式签订,并且,在居民、股息、利息、关联企业等条款中也会涉及相互协商程序。由于相互协商程序仍旧用"协商"来解决争议,所以并不能保证缔约国双方一定可以达成一致意见,如果在两年内不能协商一致则可以启动仲裁程序。

我国对外签订的税收协定所规定的相互协商程序大体基本相同,与 OECD 范本的规定大体一致。另外,我国 2013 年颁布的《税收协定相互协商程序实施办法》(国家税务总局公告 2013 年第 56 号)和 2014 年颁布的《一般反避税管理办法(试行)》(国家税务总局令第 32 号)等文件规定,中国居民(国民)认为缔约对方所采取的措施,已经或将会导致不符合税收协定所规定的征税行为,可以按相关办法的规定向省级税务机关提出申请,请求税务总局与缔约对方主管当局通过相互协商程序解决有关问题。相互协商的事项限于税收协定适用范围内的事项,但超出税收协定适用范围,且会造成双重征税后果或对缔约一方或双方利益产生重大影响的事项,经我国主管当局和缔约对方主管当局同意,也可以进行相互协商。

申请人应在有关税收协定规定的期限内,以书面形式向省级税务机关提出启动相互协商程序的申请。中国居民有下列情形之一的,可以申请启动相互协商程序:① 对居民身份的认定存有异议,特别是相关税收协定规定双重居民身份情况下需要通过相互协商程序进行最终确认的;② 对常设机构的判定,或者常设机构的利润归属和费用扣除存有异议的;③ 对各项所得或财产的征免税或适用税率存有异议的;④ 违反税收协定非歧视待遇(无差别待遇)条款的规定,可能或已经形成税收歧视的;⑤ 对税收协定其他条款的理解和适用出现争议而不能自行解决的;⑥ 其他可能或已经形成不同税收管辖权之间重复征税的。

四、避免国际重复征税的方法

无论是 OECD 范本还是 UN 范本,都允许各国在各自的国内税法中提供为纳税人避免重复征税的税收法律工具,为纳税人消除国际重复征税,我们称之为避免国际重复征税方法。

(一)国际重复征税的类型和表现形式

1. 国际重复征税的类型

所谓国际重复征税,是指两个或两个以上的国家对同一跨国纳税人或不同纳税人的同一课税对象(或税源)课征的相同或相似的税收。国际重复征税问题产生的根源是税收管辖权的划分,可分为经济双重征税和法律双重征税。

经济双重征税属于广义的国际重复征税,是指两个或两个以上国家对于不同纳税人的同一课税对象或同一税源(即经济来源相同的所得)征收性质相同或相似的税收。经济双重征税的典型例子是,对股份公司的利润征收公司层面的公司所得税(Corporate Income Tax)和对股东个人分得的股息征收个人所得税(Inidividual Income Tax)。

法律重复征税属于狭义的国际重复征税,是指两个或两个以上国家对同一纳税人就同一征税对象,在同一时期内课征相同或相似的税收。构成法律重复征税的条件主要包括:① 存在至少两个征税主体;② 存在同一纳税人对两个(及以上)国家负有纳税义务;③ 存在课税对象的同一性;④ 存在同一课税期间(在同一纳税期间内发生的征税事项);⑤ 存在课征相同或相似性质的税收。

显而易见,国际重复征税对企业是不公平的,对征税的国家而言也没有达到效率,如果任由国际重复征税恶性发展,将会严重影响到企业对外投资的回报率和投资积极性,也不符合税收中性原则。

这里讨论的国际重复征税主要是法律双重征税。

【例 15-1】 在 20 世纪 80 年代,有一个比较知名的作曲家和指挥家布雷,是法国人,但当时是德国居民。布雷接受邀请到美国指挥费城交响乐团的演出,并被 CBS 公司录制成唱片,CBS 公司按照唱片销售额的一定比例支付给布雷作为报酬。因此,布雷和德国政府均主张,布雷从 CBS 公司获得的报酬属于特许权使用费,理由是报酬的金额是以唱片在美国市场销售的情况来确定的,所得来源地是美国,按照美国与德国之间的双边税收协定,特许权使用费的征收只能在纳税人的居民国,因此德国政府有税收管辖权。但美国国内收入局(IRS)持相反观点,认为布雷的这项所得属于服务所得,理由是布雷在美国指挥乐团并录制唱片,属于服务性质,提供服务的所在地在美国,因此按照德美之间的双边税收协定,美国拥有税收管辖权。这一争议还进入诉讼程序,美国法院支持 IRS 的观点,认为布雷在整个交易过程中拥有控制权,更接近服务性质。但是德国政府也没有放弃,最后布雷不得不分别向德国政府和美国政府分别足额缴纳了税负,成为国际重复征税的真实案例[①]。

2. 国际重复征税的表现形式

国际重复征税发生的根本原因是税收管辖权的重叠,主要有两种表现形式:

第一,同一类型税收管辖权重叠,主要由国家之间判定所得来源地或税收居民身份的标准之间存在冲突而导致。例如地域管辖权与地域管辖权的重叠,这是由于有关国家之间对所得来源地的理解和规定不同造成的;再例如居民管辖权和居民管辖权的重叠,即不同国家的政府由于各自居民纳税人身份标准的不同,而对同一纳税人均判定为是自己国家的居民纳税人,而导致重复征税。

第二,不同类型税收管辖权重叠,主要有三种具体情形:其一是居民管辖权与地域管辖权的重叠,如所得来源国的政府对非居民纳税人来源本国境内的所得行使征税权,但同时居民国政府行使居民管辖权,因而导致重复征税。由于大多数国家不是实行居民管辖就是实行地域管辖,因此这两种管辖权的重叠最为普遍。其二是公民管辖权与居民管辖权的重叠;其三是公民管辖权与地域管辖权的重叠。

【例 15-2】 假设 A 公司是甲国的税收居民纳税人,某纳税年度该公司共取得所得 100 万元,其中来源于甲国的所得为 60 万元,适用所得税税率为 30%;来源于乙国的(非居民国)的所得为 40 万元,适用所得税税率为 20%。

如果甲国实行居民管辖,A 公司是甲国的居民纳税人,需要就全部所得 100 万元向甲国纳税;而乙国实行地域管辖,并且两国之间尚未签订避免双重征税协定,那么 A 公司需要就来源于乙国的 40 万元向乙国纳税,非常明显,来源于乙国的 40 万元会出现被重复征税的情况。A 公司的税负缴纳情况为:

向甲国纳税:$100 \times 30\% = 30$ 万元;

向乙国纳税:$40 \times 20\% = 8$ 万元;

A 公司总共需缴税 38 万元;

A 公司的有效税负率(ETR)$= 38/100 = 38\%$。

如何解决由于税收管辖权的冲突、重叠而导致的国际重复征税,是国际税制规则要解决的重要课题,主要的解决方式有单边方式和双边方式。单边方式是一国在本国的国内税法中单边规定某些消除国际重复征税的措施,这种让步主要是为了吸引国际投资;而更为流行和

---

① 此案例来源于:Reuven S. Avi-Yonah. 国际法视角下的跨国征税. 熊伟,译. 北京:法律出版社,2008.

有效的方式是通过国与国之间签订避免双重征税的协定,在协定的权威之下通过国家之间的合作为企业消除双重征税的风险。各国之间已经签订的避免双重征税协定允许采用的消除国际重复征税的方法主要有扣除法、减免法、免税法和抵免法等。

(二) 免税法

免税法是一国政府对本国税收居民的境外所得给予全部或部分的免税待遇。需要指出的是,免税法不能被等同于单一的地域管辖,并且免税法只有在实行居民管辖权的国家才可以执行。

执行免税法的原则是:承认非居民国地域管辖权优先执行的地位,对本国居民来源于国外并已在国外纳税的那部分所得,在一定条件下,放弃行使居民管辖权,以避免国际重复征税。

OECD 范本第 23a 条规定,可以选择免税法以消除和避免国际重复征税,如果来源国依据协定的规定,可以对某项所得或财产征税,无论来源国是否实际实施了对该所得或财产项目的征税权,纳税人的居民国都必须对该所得或财产免税。需要特别注意的是,OECD 范本第 8 条第 3 款(海运、内河运输和空运)、第 13 条第 3 款(财产收益)、第 19 条第 1 款第 a 项和第 19 条第 2 款第 a 项(政府服务)、第 22 条第 3 款(财产)规定,在这些条款规定下形成的所得或财产,仅应在来源国征税,因此这类所得或财产在纳税人的居民国自动免于征税。

【例 15-3】 假设 A 合伙企业注册设立在甲国,在甲国有固定经营地点并开展业务活动。A 合伙企业的某一合伙方 B 为乙国的税收居民,合伙方 B 转让在 A 合伙企业中的权益。假设甲国将该合伙企业视为公司(Corporation),而乙国将该合伙企业视为在税收上是透明的(Passthrough),且乙国适用免税法以消除双重征税。

由于甲国将 A 合伙企业视为公司,合伙方 B 的权益转让将被视为转让公司股份,依据 OECD 范本第 13(5)条的规定,甲国对合伙方 B 的转让行为不予征税。但是,由于乙国将 A 合伙企业在税收上视为透明,即乙国认为对于转让合伙企业权益应被视为合伙方转让合伙企业的相关经营资产,应该适用 OECD 范本 13 条第 2 款由甲国予以征税。那么乙国是否据此对该项所得给予免税呢?根据 OECD 范本第 23 条及范本解释:"有可能在缔约国一方被征税"并不要求一定被征税,只要求缔约国一方有权对所得或财产征税。具体到本案例而言,乙国是否给予免税待遇的前提,并不要求甲国一定对合伙方 B 实际征税,而只要乙国认为甲国有权对合伙方 B 征税,就符合并满足规则要求了,乙国就可以给予免税待遇。

本案例的目的,在于说明 OECD 范本规定下的某些所得可以在符合规定的条件下获得自动免税。免税法在实行所得税累进税率的国家有两种具体做法,分为全额免税法(Full Exemption)和累进免税法(Exemption with Progression)。

全额免税法对本国税收居民的境外所得全额予以免税,并且在计算该税收居民境内所得适用的税率时也不予考虑境外所得,是完全彻底的免税待遇。

累进免税法对本国税收居民的境外所得免于征税,但在计算该税收居民境内所得适用的税率时要考虑境外所得,将境内外所得一起考虑适用税率。

【例 15-4】 续例 15-2,假设 A 公司是甲国的税收居民纳税人,某纳税年度该公司共取得所得 100 万元,其中来源于甲国的所得为 60 万元,适用所得税税率为 30%;来源于乙国的(非居民国)的所得为 40 万元,适用所得税税率为 20%。

按照全部免税法,甲国对 A 公司来自乙国的 40 万元免于征税,只对来源于甲国的 60 万元征税,因此甲国应征收的所得税为:18 万元(=60×30%)。

按照累进免税法,假定甲国实行全额累进税率,应税所得在 60 至 80 万元之间适用税率为 35%,80 万元至 110 万元之间适用税率为 40%。因此,考虑 A 公司的全部所得 100 万元(包括来源于乙国的所得 40 万元)适用的税率为 40%,对来源于甲国的所得 60 万元计算甲国应征税的所得税为:24 万元(=60×40%)。

通过这个案例可以看出,累进免税法相对于全额免税法更能保护居民国的税收权益,因此实行免税法的国家一般都采用累进免税法,OECD 范本和 UN 范本也赞成累进免税法。由于在执行免税法的过程中,当居民国的适用税率高于所得来源国时,其实际免除的税额会大于境外已缴税额,从而使居民国损失部分税收利益,因此,实际采用此法的国家并不多,即使采用此法,也往往要附加一些限制性条款。

(三) 抵免法

抵免法是一国政府对本国税收居民的境外所得征税时,允许本国税收居民用其境外已纳的税款冲抵在本国应缴纳的税款的方法,在该方法下一国政府实际征收的税款是该居民纳税人应纳本国税款与已纳外国税款的差额,可见,抵免法可以有效地避免国际重复征税。

抵免法是目前世界上流行的有效应对国际重复征税的方法,一国政府在实行居民管辖的前提下,对本国税收居民来自境外各国的所得征税时,允许居民纳税人把已经缴纳的境外的税负从其应向本国政府缴纳的税额中扣除,兼顾所得来源国、居民国和纳税人三方的利益,对本国税收居民有限度地放弃居民管辖权。由于抵免法既承认所得来源国的优先征税权,又照顾居民国的征税权,不要求居民国全部放弃对本国居民纳税人境外所得的征税权,有利于平衡各国之间的税收利益。我国目前签订的税收协定和企业所得税相关法律法规均采用抵免法来解决与其他国家的双重征税问题。

由于居民国与来源国对所得适用的税率不同,在税率相同的情形下,纳税人可以用缴在来源国的税款全额抵免这笔境外所得应缴纳的本国(居民国)税款,不需要补缴税款;在来源国税率低于居民国税率的情形下,纳税人可以用缴在来源国的税款全额抵免这笔境外所得应缴纳的本国(居民国)税款之后,还要按照税率之差向居民国补缴税款;在来源国税率高于居民国税率的情形下,纳税人缴在来源国的税款大于这笔境外所得应缴在居民国的税款,居民国是否允许缴在来源国的税款全额抵免呢? 允许全额抵免的做法称为"全额抵免法"(Full Credit);不允许全额抵免的做法称为"限额抵免法",也称为"普通抵免法"(Ordinary Credit)。为了有效保护本国的税收利益,更多的国家采取普通抵免法,本国居民纳税人只能在本国税法规定的抵免限额内进行抵免。

我国企业所得税法的第 23 条明确规定"企业取得的下列所得已在境外缴纳的所得税税额,可以从其当期应纳税额中抵免,抵免限额为该项所得依照本法规定计算的应纳税额",并且我国企业所得税法对于超过抵免限额的部分(即未获抵免的部分)给予优惠待遇,规定"超过抵免限额的部分,可以在以后五个年度内,用每年度抵免限额抵免当年应抵税额后的余额进行抵补"。

纳税人在同一纳税年度有可能获得来自境外若干个国家的所得,因此该纳税人在若干个境外国家缴纳了税款,那么居民国允许该纳税人进行外国税收限额抵免主要有两种做法:

(1) 分国限额抵免法。该方法下居民国政府对该国居民纳税人来自每一个境外国家的所

得,分别计算各自的抵免限额。计算公式为:

分国抵免限额 = 境内外总所得按照居民国税法适用税率计算的应纳税总额 ×
(来源于某一国的所得额 / 境内外所得额)

(2) 综合限额抵免法。该方法下居民国政府对该国居民纳税人来自不同境外国家的所得加总,按照居民国适用税率计算出统一的抵免限额。计算公式为:

综合抵免限额 = 境内外总所得按照居民国税法适用税率计算的应纳税总额 ×
(来源于境外国家的所得总额 / 境内外所得总额)

境内外总所得按照居民国税法适用税率计算的应纳税总额
= (居民国境内所得总额 + 全部境外国家所得总额) × 居民国适用税率

【例 15-5】 假设 A 公司是注册设立在甲国的居民纳税人,A 公司在乙国和丙国分别设立 B 分公司和 C 分公司,某一纳税年度的所得和缴税情况如下(单位:万元):

国家	公司	应税所得	所在国适用税率	已缴境外国家所得税额
甲国	A 公司	2 000	30%	
乙国	B 分公司	100	40%	40
丙国	C 分公司	200	25%	50

A 公司及全部分公司的应纳税所得总额为 2 300 万元(2 000+100+100);

A 公司抵免前在甲国的应纳税额为 690 万元(2 300 × 30%);

首先,按照综合限额抵免法计算抵免限额

综合抵免限额为 90 万元[2 300 × 30% × (100+200)/2 300]

B 分公司和 C 分公司已在乙国和丙国缴纳的税额为 90 万元(40+50),可以获得全部抵免;

A 公司抵免后应在甲国实际缴纳的税款为 600 万元(690-90)。

其次,按照分国限额抵免法计算抵免限额

乙国抵免限额为 30 万元[(2 000+100) × 30% × 100/(2 000+100)]

丙国抵免限额为 60 万元[(2 000+200) × 30% × 200/(2 000+200)]

允许乙国实际抵免税额为 30 万元(在限额 30 万元与实际缴税额 40 万元中选择较小的金额)

允许丙国实际抵免税额为 50 万元(在限额 60 万元与实际缴税额 50 万中选择较小的金额)

(四) 税收饶让

税收饶让(Tax Sparing Credit),是指一国政府对于本国税收居民纳税人在境外国家获得减免的那部分所得税税款,视同已经缴纳,允许该纳税人用这部分税款抵免在本国应缴纳的税款。严格意义上讲,税收饶让不是消除国际重复征税的方法,而是居民国政府给予本国税收居民纳税人从事跨境经济活动的一种税收优惠。

税收饶让最适宜在发达国家与发展中国家之间进行。如果发达国家政府有意愿,对发达国家的企业到发展中国家进行的投资给予税收饶让,将非常有利于发展中国家吸引外资。美国对税收饶让一贯持怀疑和反对的态度,因此美国对外签订的避税双重征税协定基本没有包含税收饶让条款。

截至目前,中国对外签订的避免双重征税协定中有25个协定我国提供税收饶让,并且我国的国内税法也给予了承认和实施。《财政部国家税务总局关于企业境外所得税收抵免有关问题的通知》(财税[2009]125号)文件的第7条明确规定"居民企业从与我国政府订立税收协定(或安排)的国家(地区)取得的所得,按照该国(或地区)税收法律享受了免税或减税待遇,且该免税或减税的数额按照税收协定规定应视同已缴税额在中国的应纳税额中抵免的,该免税或减税数额可作为企业实际缴纳的境外所得税额用于办理税收抵免。"

五、税制差异与筹划空间

各国(或地区)税制的差异为税务筹划提供了空间,如果各国的税制完全相同,国际税务筹划也就失去其存在意义。所以,了解各国税收制度之间的差异对国际税务筹划非常重要。

(一)税基、税率等方面的差异

各国(或地区)在税基、税率等方面的税率差异是跨国企业集团进行国际税务筹划的直接动因。

所得税税基为应税所得,但在计算应税所得时,各国对各种扣除项目的规定差异往往很大。在税率一定的条件下,税收负担的轻重就决定于税基的大小。各国税法在税基上的不同规定,意味着跨国纳税人的某项所得在一国不能扣除或扣除较少,而在另一国却可能获得扣除或扣除较多的待遇,这为国际税务筹划提供了筹划空间。例如美国2017年12月的税制改革允许新投资固定资产100%费用化在所得税前扣除(有条件限制)、利息按实际发生费用化在所得税前扣除、在保留研发支出抵免机制的基础上,允许符合条件的研发支出及时扣除等等,这些改革措施大大降低了美国公司的应税所得,减小了税基,减轻税收成本、税负负担。

由于经济发展水平、国家治理水平以及财政收入结构等方面的不同,各国的税率自然出现差异,并且随着经济的不断发展和条件的变化,税率水平也在不断调整。美国税改将公司所得税联邦法定税率由原先的35%降低为21%,这一税率比较欧盟和OECD国家都是比较有竞争力的,也为美国企业和其他国家企业投资美国提供了税务筹划空间。

从全球视野来看,因为各国税率水平差异的存在,跨国企业集团可以统筹考虑全球价值链搭建和公司投资设置架构,从全球整体税负的角度进行国际税务筹划,以最大程度地降低税负水平。

(二)税收优惠政策的差异

各国(或地区)可以根据自己的需要在国内税法中规定适合本国需要的各项税收优惠政策,由于这些政策的出发点不同,优惠程度不同,形式要求不同,因此成为国际税务筹划的重要工具和手段。自20世纪60年代以来,各国之间的税收竞争日渐加剧,某些国家的名义税率没有什么特别之处,但是通过不同的形式的税收优惠政策给予特别的行业甚至特别的企业以特别的优惠待遇,这样的做法降低了企业的实际税率。例如荷兰的"创新盒"优惠政策,另外一些欧洲国家称之为"专利盒"(Patent Box)。"创新盒"优惠是指研发创新取得的所得如符合规定条件,可以享受荷兰公司所得税法第12b条的规定,按照利润总额的7/25确认为应纳税所得额按常规企业所得税税率征税,换言之"创新盒"优惠下的税基仅为应纳税所得的28%,此外,无形资产开发所产生的成本和经营的亏损仍可以正常扣除。荷兰的这一税收优惠政策既可以更有力地吸引研发投资,也为跨国企业集团的国际税务筹划提供了空间。

(三) 各国国内税法存在的差异

各国(或地区)的国内税法规范各国税制的具体内容,对于税制的重要内容,比如收入、成本、费用、扣除、减免、抵补等税制要素的规范不尽相同,形成税制本身的差异。比如 OECD 应对 BEPS 行动计划的第 2 项"混合错配"就是针对跨国企业集团利用国家间税制本身的差异获得双重不征税或多重不征税的激进税务筹划安排,形成"在缔约国一方准予税前扣除,同时在缔约国另一方实现不予征税"或"在缔约国双方均得以税前扣除"的效果,该项行动计划提出需要修改各国国内税法和国际税制规则的建议。

第二节 国际税务筹划的基本方法

国际税务筹划的基本逻辑是跨国纳税人根据有关国家(或地区)国内税法和国际税收协定,利用对其自身经营管理有利的规定,同时利用客观存在的规则差异、缺陷、漏洞、空白、错配和特例等条件,做到规避国际双重交税,或尽可能地减少或推迟纳税义务,从整体上降低全球纳税负担水平。

一、国际税务筹划的基本思路和模式

(一) 国际税务筹划基本思路

一般情况下,跨国企业集团在确定跨境所得的纳税义务时,首先需要明确税收管辖权,即纳税人是否需要在某国纳税;其次需要确定在某国纳税的税基与税率,是否可以享受该国的税收优惠;最后需要确定纳税人是否可以按税收协定享受优惠待遇。因此,我们可以总结出影响跨境活动纳税义务的主要是四个方面,即税收管辖权、税基、税率和税收协定。

由于国际税制规则体系在以上四个方面存在种种差异,为跨国纳税人提供了税务筹划的机会和空间。因此,跨国企业集团进行国际税务筹划,在公司战略的指引下,其筹划的基本思路一般情况下可以这样描述:首先要明确税收管辖权,也就是要明确自己的纳税人身份问题,明确税收义务发生在哪个国家,要向哪个国家的政府进行申报、纳税。其次是要明确纳税的时间,是否可以递延以及其他时间性的问题。再次是确定公司纳税的税基和适用税率,这对最终的税负负担水平是至关重要的,这其中可筹划的空间最大、可利用的方法最多。最后是判断和确定纳税人可以享受的税收优惠,包括协定规定的优惠待遇和个别国家可以利用的国内税收优惠。

(二) 国际税务筹划的主要模式

按照这一思路,目前流行的国际税务筹划模式主要有:

第一,改变税收管辖和纳税人身份的筹划模式。利用税收管辖权的差异避税,比如通过人员流动或公司迁移改变居民身份,改变纳税人的总部、实际经营管理地等多种措施和手段,改变纳税人的税收居民身份,将某一国的居民纳税人改变为非居民纳税人,或者反过来,达到降低税负的目的,甚至可以达到零税负。通过交易流程与交易模式的安排改变所得的来源地,避免在任何一个国家或地区纳税,或在税负较低的国家或地区纳税。还可通过选择合适的公司组织结构来规避居民管辖权。

第二,缩减税基和降低税率的筹划模式。通过跨国企业集团内部的关联交易对商品、服务、技术、融资等进行内部定价,将利润从高税负国家转移到低税负国家,达成全球税负最低的目标。在这一模式中,为了避免利润在汇回税负较高的母国时补缴税款,企业往往将利润滞留在低税负的地区不分配。

第三,利用税收协定规则的筹划模式。在此模式下,跨国企业集团往往搭建多层次的、高度复杂的公司投资设置架构,在特定国家(或地区)设立壳公司或导管公司,利用税收协定的漏洞、空白或不足,享受优惠待遇。

第四,利用各国国内税法之间、国内税法与国际税制规则之间不匹配的筹划模式。被利用的"不匹配"称为"混合错配",达到纳税人降低税负的目的。

以上四种国际税务筹划模式,不是独立运行的,而是互相融通,相辅相成的,纳税人需要总体把握,结合企业的客观实际情况和需求,综合运用,合理运用,既要做好纳税筹划,又要合理的管理和控制税收风险。

需要特别指出的是,由于各国税制存在很大差异,本书中介绍国际税务筹划的方法,并非在任何一个国家任何情况下都适用,纳税人在应用这些方法时,要特别注意相关国家的税法和税收协定的有关规定,特别是与这些方法有关的反避税条款,合理控制税务筹划风险。

二、改变纳税人身份的税务筹划方法

通过本书前面的介绍,我们已经知道纳税人身份对于税收管辖和纳税人税负负担的重要性,因此选择和改变纳税人身份成为重要的国际税务筹划方法。

(一)法人居民纳税人身份的判断标准

公司法人的纳税居民身份分为客观标准和主观标准。客观标准也被称为"形式标准",一般而言,客观标准指公司的注册地或法定所在地,一般为其注册或办公所在地,以此来确定公司的居民纳税人身份。这一标准的漏洞是,公司可以利用注册地的不同选择成为某一国的居民纳税人,来规避公司的实际存在或经济存在。主观标准也称为"实质标准",是许多国家在其国内税法中针对居民纳税人的定义,加入主观因素,对公司实际经营的所在地进行详细规范,以此判断公司的居民纳税人身份。

一般说来,各国国内税法判定法人居民纳税人身份主要有以下标准:

1. 法人设立注册地标准

该标准以公司法人设立、登记、注册地作为确定法人居民身份的标准,公司法人的注册地也称为法律住所(Legal Domicile)。采用该标准的国家一般会在其国内税法中明确,凡依据本国法律在本国设立登记注册的公司(企业),不论其总机构是否设在本国,也不论其投资者是本国人还是外国人,均应确认其为本国的税收居民纳税人。美国、瑞典、芬兰和墨西哥等国,都采用这一标准。

这一标准的优点是易于操作、容易识别;缺点是企业比较容易规避纳税义务,因为只要不在某国注册就不会成为该国的税收居民,无须在该国承担全球纳税义务。比如美国税法规定,美国公司法人居民纳税人是指在美国创建或成立的公司,或者根据美国联邦或者任何州的法律创建或成立的公司,因此,任何不是美国居民纳税人的公司法人都是美国的非居民纳税人。

2. 实际管理机构所在地或控制中心所在地标准

按照公司法人的实际管理机构所在地或控制中心所在地判定该公司法人的居民纳税人身份。换言之,公司法人的实际管理机构所在地或控制中心所在地在本国,无论该公司法人的注册地在任何地方,都是本国的税收居民纳税人,属于本国居民税收管辖。比如澳大利亚、英国、加拿大等国都采用这一标准。

那么实际管理机构又如何理解呢？OECD 范本和 UN 范本在这一概念的解释基本相同。《OECD 税收协定范本注释》的第 4 条对企业实际管理机构所在地(place of effecttive management)的解释是:"实际管理机构所在地是公司从事经营所必需的关键管理和商业决策实际制定的地点,实际管理机构所在地通常是公司地位最高的人(比如董事会成员)制定决策的地方。"同时,该条注释也承认,在确定实际管理机构时"没有一定之规,所有相关的事实和境况都应予以考查"。《联合国税收协定范本注释》的第 4 条指出:"在确定实际管理机构所在地时应考虑以下因素:① 公司被实际管理和控制的地点;② 对公司管理至关重要的最高决策的制定地点;③ 从经济和功能的角度来看对公司管理发挥重要作用的地点;④ 公司最重要账簿的保管地点。"

3. 总机构所在地标准

该标准按照公司法人的总机构所在地确定其居民纳税人身份,即只要该公司法人的总机构设在本国,无论其他情况如何,都是本国的税收居民纳税人。例如新西兰的税法规定,总机构位于新西兰的公司为新西兰的居民纳税人,税法同时规定总机构是管理和执行公司营业活动的机构。

4. 控股权标准

该标准按照对公司法人拥有控制表决权股东的居民身份确定该公司法人的居民纳税人身份。例如 A 公司的拥有控制表决权股份的股东是本国居民,A 公司就为本国居民纳税人企业。

(二)选择税收居民身份的税务筹划

在各国之间签订的税收协定中,对"居民企业"或者说对企业居民纳税人身份所做出的解释规定,往往双方仅在原则上达成一致,居民纳税人与非居民纳税人的具体判断标准需要缔约国各自的国内税法予以规定。因此,在理论上就存在这样的可能,即出现同一企业会被缔约国双方国家认定为各自的税收居民,在双方国家负有居民的纳税义务。例如,如果缔约国一方以法人总机构所在地为判断标准,缔约国另一方以法人管理机构所在地为判断标准,同一家公司由于在缔约国一方设有总机构而在另一方设有管理机构,因此存在可能同时成为缔约国双方的居民纳税人。

同样道理,也会存在另外的可能,例如缔约国一方以法人注册地为判断标准,缔约国另一方以法人管理机构所在地为判断标准,同一家公司在缔约国一方(以法人管理机构所在地为判断标准的国家)进行法律注册,而将管理机构设置在缔约国另一方(以法人注册地为判断标准的国家),那么就可以在缔约国双方都不构成居民纳税人。

跨国企业集团非常懂得这个道理,比如苹果公司,如下面的例题所示,非常巧妙地利用纳税人身份进行国际税务筹划,达到的避税效果非常惊人。

【例 15-6】 苹果美国公司,即 Apple Inc.(API),是 1997 年 1 月 3 日在美国加州设立的、总部位于美国硅谷 Cupertino 的上市公司，API 是苹果在全球范围内居于最高层的母公司。早在 1980 年苹果就战略性地规划、实施其全球公司投资设置，并选择爱尔兰作为苹果在美国以外的关键性、基础性支点，在此支点下苹果在欧洲的主要关联公司设置如图 15-1 所示。

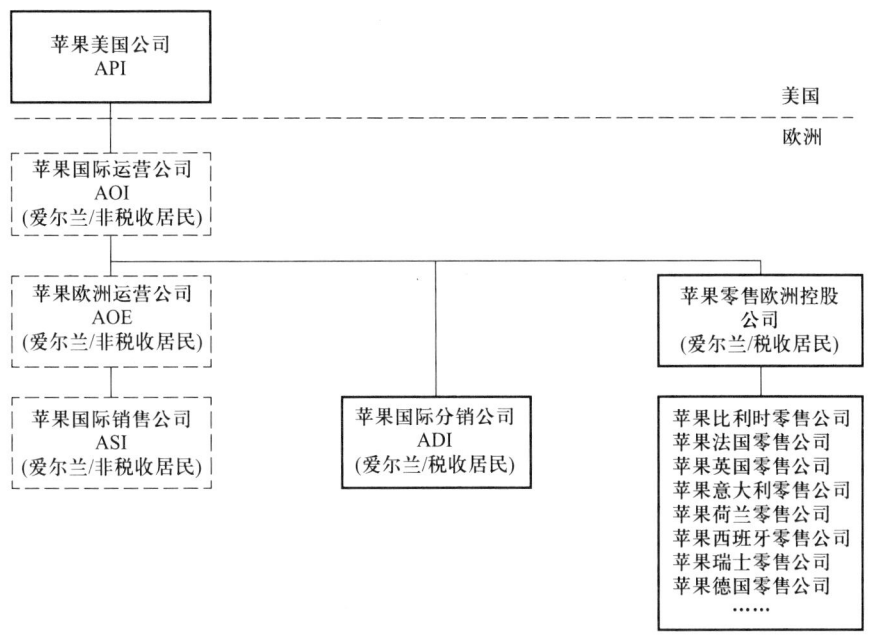

图 15-1 苹果在欧洲的公司投资设置

API 在爱尔兰设立苹果国际运营公司（Apple Operations International，AOI），成为苹果在美国以外的第一级关联子公司。苹果总体上将全球市场分为两个部分，其一是以美国为区域市场总部的美洲市场（主要包括美国、墨西哥、加拿大和拉丁美洲国家），其二是以爱尔兰为区域市场总部的非美洲市场（包括美洲市场以外的所有国家），苹果在非美洲市场国家的关联公司都由 AOI 继续往下投资设立，AOI 成为苹果在非美洲市场的最高层母公司。

AOI 在爱尔兰设立苹果欧洲运营公司（Apple Operations Europe，AOE）、苹果国际分销公司（Apple Distribution International，ADI）和苹果零售欧洲控股公司（Apple Retail Holding Europe，ARHE），AOE 继续向下在爱尔兰设立苹果国际销售公司（Apple Sales International，ASI），而 ARHE 继续向下在欧洲各国设立零售公司，如苹果比利时零售公司（Apple Retail Belgium）等，这些零售公司执行向当地国家终端消费者或者当地国家第三方零售渠道商销售苹果产品的功能。

同样是苹果设立在爱尔兰的关联公司，但被苹果设定的居民纳税人身份却大不相同。AOI、AOE 和 ASI 共享在爱尔兰 Cork 市的一个公司注册和邮件通讯地址，但这仅是个地址而已，在物理空间上并不存在，三家公司在爱尔兰没有一间办公室；三家公司在爱尔兰没有任何雇员，其公司董事会会议也主要在美国召开或者通过电话会议形式进行，公司董事主要由 API 或 API 设在的其他关联公司的雇员担任。因此，AOI、AOE 和 ASI 虽然设立在爱尔兰，但苹果的一系列操作使得这三家公司的实际管理和控制所在地并不在爱尔兰，依据爱尔兰 1997 年税法（Taxes Consolidation Act 1997），这三家公司不构成爱尔兰的居民纳税人，这三家公司获得的利润将被爱尔兰政府视为非居民纳税人获得的所得，如果所得来源于爱尔兰以外，爱尔兰政府则没有税收管辖权，不予征税。

并且，AOI、AOE 和 ASI 由于没有设立在美国，依据美国税法也不构成美国的税收居民纳税人，这三家公司获得的利润如果来自美国以外，美国政府也没有税收管辖权，也不予征税。那么，AOI、AOE 和 ASI 获取的来自爱尔兰以外国家的所得（如来自欧洲其他国家、中东、非洲和亚太地区国家的收益）就可以规避爱尔兰和美国的税收管辖，而成为"无国属利润"（Stateless Income），这是苹果在爱尔兰的居民纳税人策略，是苹果进行激进避税筹划安排（Aggressive Tax Avoidance）的重要环节和关键支撑[1]。

（三）我国居民纳税人的判断标准

在我国和其他国家（或地区）已经签订的避免双重征税协定中，对居民纳税人的规定大体上有四种不同的处理方式：

第一，以总机构所在地为准。中日协定规定，同时为缔约国双方税收居民的人，应认为是其总机构所在缔约国的税收居民。

第二，以实际管理机构所在地为准。如中英协定，采取了原则上应认为是其实际管理机构所在国的税收居民，如果在缔约国一方设有实际管理机构而在另一方设有总机构，则由缔约国双方主管当局协商确定其为缔约国某一方的税收居民。

第三，通过协商解决。如中国与新加坡的协定，对同时为约国双方税收居民的，没有在协定中明确规定如何判断其为缔约国一方税收居民的标准，而是明确规定应由缔约国双方税务主管当局协商确定。

第四，如果通过协商仍不能确定则不能享受协定待遇。如在中美协定中，对同时为缔约国双方的税收居民，明确由双方主管税务当局协商确定其为缔约国某一方的税收居民，如果协商不能确定时，则不作为缔约国任何一方的税收居民，不享受协定待遇。

我国的《企业所得税法》根据我国的经济发展阶段和实际需要，结合国际经验，采用了"法律注册地标准"和"实际管理机构地标准"相结合的办法作为判断居民纳税人的标准。在《企业所得税法》的第2条第2款中规定，依法在中国境内成立，或者依照外国（或地区）法律成立但实际管理机构在中国境内的企业为居民企业。这一划分标准改变了原外资企业所得税法中的居民企业判定标准，在中国境内设立、同时实际管理机构设在中国境内的双重条件，扩大了中国的税收权益。

我国《企业所得税法实施条例》的第一章第4条对"实际管理机构"给予了进一步地规范：所称实际管理机构是指对企业的生产经营、人员、账务、财产等实施实质性全面管理和控制的机构。这一规定的重要意义在于，将在境外注册的企业，在符合我国税法居民纳税人身份判定标准的情形下，将企业置于我国的税收管辖之下，实际上是对我国税收管辖权的扩大。我国税法的这一规定已经在"境外注册中资控股企业"的居民纳税人身份认定上进行了税法实践。

---

[1] 此案例来源于：宁琦,励贺林.苹果公司避税案例研究和中国应对 BEPS 的紧迫性分析及策略建议.中国注册会计师，2014(02):107-113.

【例 15-7】 2013 年 4 月 22 日,中国国家税务总局以"税总函[2013]183 号"文件的形式,对北京市国家税务局《关于中粮集团(香港)有限公司等 164 家境外注册中资控股企业认定为居民企业的请示》(京国税发[2012]247 号)进行了正式批复,对实际管理机构和居民企业进行了明确解释:

1. 实际管理机构与居民企业判定

根据来文及所附资料,中粮集团(香港)有限公司等 164 家境外企业的基本情况如下:

(1) 中粮集团(香港)有限公司等 164 家境外企业系由中粮集团有限公司分别在香港、萨摩亚、百慕大、英属维尔京群岛依照当地法律投资成立的境外注册中资控股公司。中粮集团有限公司为该 164 家境外企业的主要投资者和实际管理机构,注册地址为北京市朝阳区朝阳门南大街 8 号中粮福临门大厦。

(2) 中粮集团有限公司明确规定集团下属企业需由集团派出董事。中粮集团(香港)有限公司等 164 家境外企业,除外方董事、独立董事外,主要董事均由集团领导成员、职能部门经理人、集团经理人担任,主要董事人数均占具有投票权董事的 1/2 以上。负责企业生产经营管理运作的高层管理人员,即中粮集团有限公司经理人、前述主要董事,均在中国北京常驻。中粮集团(香港)有限公司等 164 家境外企业的日常生产经营管理及重大事项决策均由中粮集团有限公司负责。

(3) 中粮集团(香港)有限公司等 164 家境外企业的财务决策(如借款、放款、融资、财务风险管理等)和人事决策(如任命、解聘和薪酬等)均需得到中粮集团有限公司批准。

(4) 中粮集团(香港)有限公司等 164 家境外企业的财产主要为其直接或间接拥有的位于中国境内的工厂,这些企业的资产及日常运营均在中国境内,其会计账簿、公司印章、董事会和股东会议纪要档案等均存放于中国境内。

根据《中华人民共和国企业所得税法》、《中华人民共和国企业所得税法实施条例》以及《国家税务总局关于境外注册中资控股企业依据实际管理机构标准认定为居民企业有关问题的通知》(国税发[2009]82 号)的规定,中粮集团(香港)有限公司等 164 家境外企业具备中国居民企业相关规定条件,其实际管理机构均在中国,应判定其为中国的居民企业,并实施相应税收管理,自 2013 年 1 月 1 日起开始执行。

2. 中粮集团(香港)有限公司等 164 家境外企业作为实际管理机构在中国的居民企业,应依照税收法律法规的规定享受相应的税收待遇及承担相应的税收义务。上述公司的投资者从该企业取得的股息、红利等权益性投资收益应按由我国居民企业支付的权益性投资收益进行税务处理。支付的上述所得属于向中国居民企业支付的部分,根据《中华人民共和国企业所得税法》第 26 条第(2)项以及有关法律法规的规定为免税收入;属于向非居民企业支付的应依法代扣代缴所得税的部分,应由该企业向其实际管理机构所在地主管税务机关依法申报代扣代缴所得税。

3. 非境内注册居民企业的税务管理依照《国家税务总局关于印发〈境外注册中资控股居民企业所得税管理办法(试行)〉的公告》(国家税务总局公告 2011 年第 45 号)执行。对擅自转换企业身份套取税收利益的,按照《中华人民共和国税收征收管理法》及有关规定处理。

三、缩减税基和利润转移的筹划方法

在"减少税基和降低税率的筹划模式"下,通过跨国企业集团内部的关联交易,将高税率国家的税基缩减,将利润转移到低税率国家,以逃避高税负、享受低税率,达到国际税务筹划的目的。

这一做法从跨国企业集团一端可以称为"缩减税基和利润转移",但是从各国政府税收主管当局一端来看,OECD 给予了一个非常流行的定义"税基侵蚀和利润转移"(Base Erosion and Profit Shifting,BEPS),并且将利用激进税务筹划(Aggressive Tax Planning)形成的 BEPS 更是给予了负面的评价,尽管 OECD 承认激进税务筹划极有可能并没有违反当时的国际税制规则和有关国家的国内税法。

(一)转让定价规则

在这一筹划方法之下,最主要和最重要的技术工具是转让定价(Transfer Pricing),亦称为转移定价。转让定价产生于第一次世界大战期间。战争期间为增加税收收入,英国于 1915 年颁布有关转让定价税制的法律,是世界上第一个为转让定价制定法律的国家[1]。目前世界上已有 70 多个国家选择、制定和实施了转让定价税制,最具代表性的是美国《国内收入法典》第 482 节[2](Section 482 of Internal Revenue Code)及其他相关法律和政令,和以《OECD 转让定价指南》为核心内容的 OECD 转让定价税制,这两大转让定价税制体系是世界其他国家制定转让定价相关法律和规则的权威范本、参照和借鉴的依据。本书主要介绍《OECD 转让定价指南》下的转让定价规则。

借鉴美国《国内收入法典》第 482 节,1977 年的 OECD 范本确立了跨国企业集团的跨国或跨境关联交易定价必须遵守的一项基本原则,即独立交易原则(Arm's Length Principle)。该原则要求,跨国企业集团内各关联公司之间的交易,应比照独立企业之间的交易进行定价。这是 OECD 用各国间税收协定范本的形式,对转让定价税制中独立交易原则最权威的表述,此后,OECD 的转让定价指南和其他规则都是在这项原则的基础之上演进而来的。各国政府采用 OECD 范本为基础而签订的政府间税收协定,属于国际法层面,在执行时其执行效力要高于各国的国内法,使得独立交易原则这一转让定价税制的核心原则被广泛应用。

OECD 范本的第 9 条的第一段给出了独立交易原则最权威的定义:"……(如果)两个企业之间的商业或财务关系不同于独立企业之间的关系,因此,本应由其中一个企业取得,但由于这些情况而没有取得到的利润,可以计入该企业的利润,并据以征税[3]。《OECD 转让定价指南》认为这一论述是各国进行转让定价税制规范的法理基础。

依据 OECD 的定义,具有关联关系的企业之间所发生的交易,须按照独立企业之间从

---

[1] (英)大卫·特洛,(英)马克·阿特金森.国际转移定价.北京:电子工业出版社,2000:97.
[2] 详见美国《国内收入法典》482 节相关内容。
[3] 《OECD 协定范本》2010 年版本,第 9 条第一段原文:"...are made or imposed between the two enterprises in their commercial or financial relations which differ from those which would be made between independent enterprises, then any profits which would, but for those conditions, have accrued to one of the enterprises, but, by reason of those conditions, have not so accrued, may be included in the profits of that enterprise and taxed accordingly".

事类似、可比交易时由市场规则确定的交易条件进行合理定价,否则,将被进行收益调整和征税。

独立交易原则是一个双向遵从的原则,跨国企业集团和各国税务主管当局都以其作为对关联交易转让定价进行分析、判断和操作的标准,独立交易原则的重要价值和意义也在于此。该原则在尊重关联交易本身的基础上,理性对待关联交易与非关联交易之间的差异,要求关联交易须比照独立企业之间的非关联交易在正常市场竞争时的交易条件进行定价。也就是说,独立交易原则发挥作用的必要前提是,存在与关联交易可比的独立企业之间的交易(即可比交易)。在存在可比交易的情况下,独立交易原则能够有效地为跨国企业集团内部关联交易的定价给出明确的指引,纳税人和税务主管当局均应当认可、接受和遵从。这样,既可以合理保证税收来源国的税基不受侵蚀,利润不被转移,征税权和税收财政收入得以保证;又能为跨国企业集团避免因各国税务主管当局认识上的不一致导致的双重甚或多重征税负担,为全球经济发展和公平市场竞争提供了规则保障和公平环境。

(二)利用关联交易缩减税基和转移利润

跨国企业集团内各关联公司之间的交易定价,由跨国企业集团自行确定,而不像非关联公司之间纯粹依据公开市场的交易条件,经过互相的讨价还价来确定。关联公司之间的交易定价为缩减税基和利润转移的税务筹划提供了可能。

跨国企业集团内的关联交易至少涉及集团内两个公司,以及相关国家的税务主管机关。各个税务机关都会关注转让定价是否符合独立交易原则,关注跨国企业集团是否将利润转移到其他国家从而使本国的税收权益遭受损失,因此,转让定价需要在节税和管理税收风险这两个方向之间寻求平衡。

【例15-8】 假设A公司和B公司是某一跨国企业集团内的两家关联公司,A公司执行的功能是生产制造,产品直接销售给B公司,由B公司执行市场销售功能。A公司设立在甲国,适用税率为30%。假设100件A公司的产品,单位成本为7万元,总成本为700万元,在税务筹划前向B公司的销售单价为12万元,销售收入为1 200万元。A公司费用100万元,这样A公司的利润总额为400万元,适用30%的税率,所得税为120万元,税后利润为280万元。

B公司设立在乙国,享受比较优惠的税率,10%。B公司从A公司采购产品,然后向市场销售。在实施税务筹划之前,100件产品的采购成本是1 200万元,市场销售收入为1 500万元(单位售价为15万元),考虑到费用100万元,B公司的利润总额为200万元,适用10%的税率,所得税为20万元,税后利润为180万元。

如果将A公司和B公司合并一起观察,100件产品的制造成本为700万元,市场销售收入为1 500万元,费用合计200万元,利润总额为600万元。在实施税务筹划之前,A公司和B公司合计缴纳所得税140万元,税后利润合计为460万元。

如何进行利用转让定价的方法进行税务筹划?首先考虑600万元的利润总额分布,A公司是400万元,对应30%的税率,B公司是200万元,对应10%的税率。其次考虑两家关联公司缴纳的所得税,A公司缴纳120万元,B公司缴纳20万元,总共140万元,两家公司税后利润为460万元。如果将A公司的一部分利润转移至B公司来享受优惠税率10%,则可以减轻所得税税负。因此两家关联公司之间改变了之前的交易定价,A公司向B公司的销售单价由之前的 12 万元改为 9 万元,改变后的各项财务数据如表 15-2 所示。

表 15-2 关联公司间转让定价的避税效果　　　　　　　　　　　单位:万元

时间	财务数据	关联 A 公司	关联 B 公司	关联 A 公司 +B
税务筹划前	销售收入	1 200	1 500	1 500
	销售成本	700	1 200	700
	费用	100	100	200
	利润总额	400	200	600
	适用税率	30%	10%	
	所得税	120	20	140
	税后利润	280	180	460
税务筹划后	销售收入	900	1 500	1 500
	销售成本	700	900	700
	费用	100	100	200
	利润总额	100	500	600
	适用税率	30%	10%	
	所得税	30	50	80
	税后利润	70	450	520

可以看出,税务筹划后 A 公司的利润总额为 100 万元,所得税为 30 万元,税后利润为 70 万元;B 公司的利润总额为 500 万元,所得税为 50 万元,税后利润为 450 万元。将 A 公司和 B 公司合并一起观察,两家公司的利润总额没变,仍然是 600 万元,但所得税减少到 80 万元,相对于税务筹划前的 140 万元,节省了 60 万元。这节省的 60 万元所得税,是被转移的利润享受更加优惠的税率造成的,计算逻辑如下:

被转移的利润 =(12-9)× 100=300(万元)
所得税税率差 =30%-10%=20%
节省的所得税 =300 × 20%=60(万元)

通过税务筹划两家公司合计的税后利润从之前的 460 万元上升到 520 万元。

四、协定套用的筹划方法

协定套用(Treaty Shopping)筹划方法,也被称为择协避税,是指无权享受某项税收协定优惠利益的公司法人,获得其不能直接获得的协定利益的情形[①]。该方法是利用税收协定规则筹划模式的主要方法,跨国企业集团需要搭建多层次的、高度复杂的公司投资设置架构,在特定国家(或地区)设立导管公司等特殊目的公司(Special Purpose Vehicle),获取税收协定规定的优惠待遇。

---

① Rogers-Glabush,J. 国际税收词汇. 7 版. 阿姆斯特丹:荷兰国际财税文献局(IBFD),2016.

(一) 利用导管公司进行协定套用

协定套用筹划方法的基本逻辑是，为了最终享受协定优惠待遇而要进行一系列的公司投资设置架构的安排，因此设置导管公司是协定套用必不可少的环节。导管公司（Conduict Company），一般只是壳公司（Shell Company），在所得来源国公司和居民国公司之间选择合适的国家（或地区）设立，在设立所在地有极少的雇员，甚至没有雇员，没有办公空间，没有实体资产，公司的存在往往仅限于几位挂名的董事和股东。

导管公司的实际管理机构通常位于设立导管公司的跨国企业集团的总部或跨国企业集团的区域总部，即位于设立导管公司国家（或地区）的另外一个国家（或地区）。导管公司的经营业务管理通过远程电子邮件或电话等通信技术手段完成，导管公司的账簿和档案一般情形下也保存在跨国企业集团的总部或跨国企业集团的区域总部。导管公司的实际管理和控制地不在设立导管公司的国家（或地区），而在跨国企业集团的总部或区域总部的所在国家（或地区）。

【例 15-9】 假设 A 公司和 B 公司是某一跨国企业集团中的两家关联公司。A 公司是甲国税收居民，B 公司是乙国税收居民。B 公司拥有某项高端科技的知识产权，两家公司签订技术授权使用协议，B 公司将技术在限定地域范围内和限定时间范围内授权（Lisencing）给 A 公司，因此 A 公司向 B 公司支付特许权使用费（Royalty）。

由于甲国和乙国之间没有签订避免双重征税协议，因此甲国要对 A 公司向 B 公司支付的特许权使用费征收预提所得税（Withholding Tax），税率为 20%，如图 15-2 所示。

采取协定套用的筹划方法，在 A 公司与 B 公司之间设立一家导管公司，C 公司，设立在丙国。B 公司将相应的技术转让给 C 公司（可以采用无形资产的转让定价方法进行避税），由 C 公司与 A 公司签订技术的授权使用协议，A 公司获得在限定地域范围内和限定时间范围内使用相应技术的权利，向 C 公司支付特许权使用费。C 公司获得特许权使用费收入，将利润以分配股息的方式支付给 B 公司。如图 15-3 所示，依据甲国和丙国之间签订的避免双重征税协定，甲国对 A 公司支付给 C 公司的特许权使用费免于征收预提所得税；依据丙国和乙国之间签订的避免双重征税协定，丙国对 C 公司向 B 公司支付的股息免于征收预提所得税。这样，

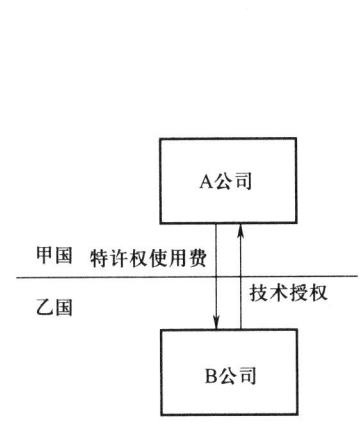

图 15-2 A 公司与 B 公司的技术授权

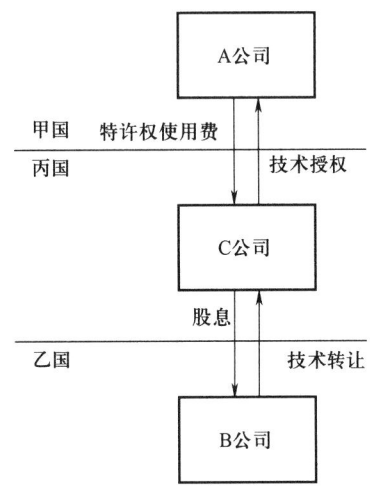

图 15-3 插入导管公司后的技术授权

套用甲国与丙国、丙国与乙国之间的协定,原先需要缴纳20%税率的预提所得税被规避,税率降至零。

(二)受益所有人和协定套用应注意的问题

协定套用如果从反避税的角度被称为"协定滥用",各国税收主管当局、企业界和学术界对此一直有争议。支持协定套用的观点认为只要能够遵守缔约国的国内税法和缔约国之前签订的协定条款,尤其是当不存在税收协定反避税条款时,就没有理由也不应当阻止第三国税收居民获得相关税收协定规定的优惠利益。而反对的观点认为,协定套用是不道德的,甚至是不合法的,这种观点认为导管公司的设立仅仅是为了避税目的,缺乏协定规定可以享受优惠利益的经济实质(Economic Substance)。因此,许多国家在其国内税法或税收协定中加入了反避税规定,以应对损害收益来源国税基的协定套用行为。这些措施包括一般反避税法规、受益所有人要求和利益限制条款,或者特别的税收协定条款。本节主要介绍受益所有人的相关内容。

缔约国之间签订的税收协定中,在股息、利息、特许权使用费和技术使用费条款下,缔约国一方的自然人或法人只有在符合受益所有人标准条件的前提下,才有资格享受税收协定规定的优惠待遇。OECD在其1977年版的协定范本中加入了"受益所有人(Bebeficiary)"概念,用以对跨国企业集团享受税收协定优惠利益的条件加以限制,防止第三国税收居民滥用税收协定,套取协定利益。

我国税法对受益所有人也做出了专门的规定,《国家税务总局关于如何理解和认定税收协定中"受益所有人"的通知》(国税函[2009]601号,下称:601号文)对我国对外签署的避免双重征税协定(含内地与香港、澳门签署的税收安排),就缔约对方居民申请享受股息、利息和特许权使用费等条款规定的税收协定待遇如何认定申请人的"受益所有人"身份的问题明确规定:"受益所有人"是指对所得或所得据以产生的权利或财产具有所有权和支配权的人,"受益所有人"一般从事实质性的经营活动,可以是个人、公司或其他任何团体。代理人、导管公司等不属于"受益所有人"。导管公司通常是指以逃避或减少税收、转移或累积利润等为目的而设立的公司。这类公司仅在所在国登记注册,以满足法律所要求的组织形式,而不从事制造、经销、管理等实质性经营活动。

此外,601号文还规定,税务机关在判定"受益所有人"身份时,不能仅从技术层面或国内法的角度理解,还应该从税收协定的目的(即避免双重征税和防止偷漏税)出发,按照"实质重于形式"的原则,结合具体案例的实际情况进行分析和判定。《国家税务总局关于认定税收协定中"受益所有人"的公告》(国家税务总局公告2012年第30号,下称:30号公告)对601号文进行了补充解释,在判定缔约对方居民的受益所有人身份时,应按照601号文第2条规定的各项因素进行综合分析和判断,不应仅因某项不利因素的存在,或者第一条所述"逃避或减少税收、转移或累积利润等目的"的不存在,而做出否定或肯定的认定。对601号文第2条规定的各因素的理解和判断,可根据不同所得类型,通过公司章程、公司财务报表、资金流向记录、董事会会议记录、董事会决议、人力和物力配备情况、相关费用支出、职能和风险承担情况、贷款合同、特许权使用合同或转让合同、专利注册证书、版权所属证明,以及代理合同或指定收款合同等资料进行分析和认定。

无论601号文还是30号公告,都强调对受益所有人进行综合分析判断,不能仅凭某一项有利或不利因素的存在就对整体进行定性。2013年4月12日国家税务总局下发《关于湖北等省市国家税务局执行内地与香港税收安排股息条款涉及受益所有人案例的处理意见》(税总函[2013]165号),明确:"从事国税函[2009]601号文件第2条第1款第(2)项所述"持有所得据以产生的财产或权利"的投资类活动,应属于经营活动。构成本项所列不利因素的"没有或几乎没有其他经营活动",是指申请人除拥有单个投资项目外,再无其他投资项目或其他不同类型经营活动。对于为单个项目所设立的投资公司,不能仅以此一项不利因素,否定其受益所有人身份,还要结合其他因素综合判定。"因此,不能以企业仅有投资活动就判定企业没有经营活动,投资管理也是投资活动,投资活动构成有效的经营活动。虽然这个税总函[2013]165号文仅仅针对《内地和香港特别行政区关于对所得避免双重征税和防止偷漏税的安排》相关事项的处理意见,但是其中的原则和规范应同样适用于我国对外签订的其他协定。

五、混合错配筹划方法

混合错配的筹划方法,是利用两国或多国之间的税制差异,通常是利用对同一实体或同一所得性质认定的不同、对同一笔所得或同一笔交易税收处理的不同,获取双重或多重不征税的技术方法,包括长期递延纳税。大体上,混合错配包括在"混合实体"和"混合工具"两个方向上的应用。

(一) 混合实体

混合实体指在某一国家(或地区)被认定为税收意义上是透明的,而在另一国家(或地区)被认定为税收意义上是非透明的实体。"透明"一语,也可称为"穿透"(passthrough),所以透明实体也被称为穿透实体,其含义是实体的盈利或亏损被视为是实体的所有者的盈利或亏损,从而忽略实体,不在实体层面征税,而在实体的所有者层面征税。例如合伙企业的盈利或亏损,视为合伙企业的合伙人的盈利或亏损,不在合伙企业层面征税,而是对合伙企业的合伙人征税,因此在税收意义上合伙企业是透明的,合伙企业被称为透明实体或穿透实体。如果某一实体是透明实体,尽管其符合其他法律规定而成为法人主体,但在税收意义上其并非是应税主体,税收主管当局可以穿透该实体至其所有人,将该实体的所得归属于其所有人,进而对其所有人进行征税。

与透明实体相对,非透明实体是税收意义上的"独立"实体,该实体应就其自身的所得负有纳税义务,非透明实体是法定的应税主体,独立于其所有人。例如股份有限公司就是非透明实体,独立负担公司层面的税收义务,股份有限公司与其股东是相互独立的应税主体。

例如美国,美国的《国内收入法典》(Internal Revenue Code)的第1章用以规范对美国合伙企业的所得税征收,根据规定,合伙企业在征收联邦所得税时将被穿透,即合伙企业无须就其取得的所得缴纳所得税,而合伙企业的合伙人就归属于各自的所得缴纳所得税。另外,美国的"勾选原则"允许纳税人选择将"有限责任公司(LLC)"这种实体作为公司或合伙企业进行征税,纳税人有这样的自由空间。因此,有限责任公司(LLC)可以被用来进行国际税务筹划,LLC股东的居民国将LLC视为公司法人,而在美国,可以通过勾选原则将LLC视为合伙企业。

利用混合实体进行税务筹划,其背后逻辑是利用不同国家(或地区)对于实体的不同定义和不同税收处理而进行的税收套利行为。

(二) 混合金融工具

在跨境交易中运用混合金融工具，是利用混合金融工具在不同国家(或地区)的定性错配，从而进行有效的国际税务筹划。

荷兰国际财税文献局[①]对混合金融工具的解释是:"混合金融工具"是指其经济特征全部或部分与其法律形式所指的分类不相一致。混合金融工具一般包含股权、债务或衍生品的成分，而混合工具设法将它们的优点集合于同一工具之中。

可转换债券是典型的混合金融工具。可转换债券是付息债券，体现出债务的特点，在一定时间后可转换成股本，从而又体现股本的特征。如果发行这种债券的公司的居民国，在税收上将其视为债务工具，那么针对该公司支付给债券持有者的利息，该公司一般可以在该国进行税前扣除。但是，如果债券持有者的居民国将该债券视为股本，并不对(外国来源的)股息征税，那么相应所形成的税收利益就是一国的扣除没有在另一国对应计入债券持有者的所得。

第三节　其他税务筹划方法

一、国际避税地

国际避税地的其他称谓很多，比如国际低税地、国际避税天堂、避税港、离岸中心等等。国际避税地是跨国企业集团进行税务筹划必然选择的方法和手段，其他税务筹划方法必然借助国际避税地来最大程度地发挥避税作用，达到筹划方案的总体目标。

(一) 国际避税地的特征

全球公认的国际避税地有很多，不同的国际组织和国家也各自给出国际避税地的名单列表，但是总体上国际避税地具有如下共同特征:

第一，税率极低或税率为零，这是国际避税地的最大和最核心的特征，更是跨国企业集团税务筹划趋之若鹜的重要原因。多数国际避税地为离岸岛屿，由英美殖民地发展而成，现在也是英美的海外属地，如英属维尔京(BVI)、开曼群岛等。因此，这些避税地地域面积小，人口少，无需国防开支，对财政税收的依赖程度低，因此有财政空间实行低税或免税的税收制度。当然，也有一些国家，如爱尔兰、卢森堡、荷兰等国家，虽然没有设定零税率，但是其税率还是非常低的，并且其综合整体的税制国际竞争力很强大，给予特定目标的跨国企业集团以非常优惠的税收待遇，吸引跨国企业集团将总部或区域总部设置在这些国家，比如著名的荷兰三明治、荷兰爱尔兰双重三明治的国际税务筹划架构就是利用了这些国家的税制特殊优惠。

第二，多为"离岸金融中心"，并且拥有高度完善的法律体系。国际避税地的另一重要特征就是金融自由，对于资本项下的外汇没有管制，并且实行严格的银行保密制度，国际避税地政府与银行之间、银行与企业或个人之间的业务往来信息、文件等给予高度保密，在未授权情形下绝不泄露。国际避税地国家(或地区)多实行英美法律体系，在外商投资、公司管理方面的法律制度高度完善，并且给予企业高度经营自由，对企业的管制少，并且为企业高度保密，因此吸引各方面的资本进入。吸引诸多金融机构将总部、跨国企业集团将金融结算中心设置

[①] Rogers-Glabush,J. 国际税收词汇. 7版. 阿姆斯特丹:荷兰国际财税文献局(IBFD),2016.

在国际避税地。例如瑞士,其安全、稳定的金融体系和银行的保密制度使瑞士成为避税投资者的安全避风港、全球最为稳定的经济体之一、跨国企业集团的总部所在地,设立在瑞士的著名跨国企业集团有:嘉能可国际(Glencore International Plc)、贡沃尔集团(Gunvor Group)、雀巢(Nestle)、诺华(Novartis)、罗氏(Roche)、ABB、摩科瑞(Mercuria)、德科(Adecco)、利乐包装(Tetra Park)、百乐嘉利宝(Barry Callebaut)、斯沃琪集团(Swatch Group)等。

第三,成熟专业的服务体系。国际避税地一般都具有良好的基础设施和生活设施,交通、邮政、通讯等方面发达而便捷,方便企业跨时空管理和控制,方便人员的流动往来。此外,国际避税地政治稳定、经济发展,投资者不必担心投资安全问题,这也是国际避税地吸引投资的重要特征。

第四,缺少有效情报交换和透明度,多数不要求经济实质性经营活动。为了吸引和保护投资,国际避税地国家(或地区)政府往往在情报交换方面不积极、甚至不参与,给予跨国企业集团的税收优惠待遇不透明,并且不要求设立的公司在本国(或地区)有实质性的经济活动,这就为跨国企业集团进行税务筹划提供了空间和可能。但是自BEPS行动计划执行以来,特别伴随着美国《FATCA法案》、OECD的统一报告标准(CRS)执行以来,这一情形有了很大的改变,在进行税务筹划时要予以高度重视,审慎处理。

(二)国际避税地类型

国际上对于避税地的定义没有统一的标准,由于国际避税地各个国家(或地区)的优惠政策各异,国际避税地大体上可以分为三个类型:

1. 纯粹国际避税地

这一类型的国际避税地有开曼群岛、巴哈马、百慕大、英属维尔京群岛(BVI)等,基本上不征收个人所得税、公司所得税、资本利得税、遗产税、赠与税等直接税,是跨境投资最为青睐的国际税务筹划目的地。

2. 倾向地域管辖的国际避税地

这一类型的国际避税地虽然没有实行零税率,但是税率很低,同样具有足够的吸引力,例如中国香港的所得税率16.5%,中国澳门12%,毛里求斯12.5%,列支敦士登12.5%。并且这一类型的国家(或地区)还实行单纯的收益来源地管辖权,比如中国香港、中国澳门对来源于境外的所得一律不征收所得税。

3. 广泛协定网络的国际避税地

这一类型的国家一般都签订广泛的税收协定网络,能够为境外投资企业提供足够的协定优惠待遇,虽然本国的所得税税率不一定足够低,但本国税制的某些特殊优惠政策和措施具有非常强大的吸引力,属于这一类型的国家有卢森堡、荷兰、瑞士、比利时、爱尔兰、马来西亚等国家。例如,卢森堡的税收制度十分规范,虽然卢森堡的法定所得税税率为28.8%,但美国公司在卢森堡的实际有效税率只有1.1%,原因就是卢森堡有一系列的特殊优惠政策,如对使用和转让专利、商标等知识产权所得的80%给予免税待遇等。

(三)主要国际避税地

OECD在2000年发布《认定和消除有害税收行为的进程》,列出全球35个国际避税地,并对这一名单进行后续的管理,督促名单上的国际避税地国家(或地区)尽早达到OECD的透明和信息交换标准。2017年12月,欧盟首次公布了"不合作税收管辖区"名单,不能满足国际税收治理标准且对欧盟成员国的税制形成威胁的17个国家(或地区)，被列入黑名单；虽未能满足欧盟税收透明度的要求，但承诺将会予以改善的47个国家(或地区)，被列入灰名单。后来经过若干次的调整，欧盟避税天堂第三版黑名单仍有9个国家(或地区)：美属萨摩亚、关岛、纳米比亚、帕劳、萨摩亚、特立尼达和多巴哥、巴哈马群岛、美属维尔京群岛和圣基茨岛。本书介绍一些典型的国际避税地，既有上述名单上的国家(或地区)，也包括没有列在名单上但实际属于国际公认的国际避税地，如爱尔兰、荷兰等。

1. 英属维尔京群岛

英属维尔京群岛(Britich Virgin Islands，BVI)位于大西洋与加勒比海之间，与美属维尔京群岛毗邻而居，是英国的海外属地，由50多个小岛组成，面积150平方千米，人口约3.4万人。1967年成立了自治政府，并成为英国的自治区。BVI的人均GDP为4.3万美元，主要经济支柱是旅游业和金融服务业。

BVI的税制简单、透明、便捷，对公司设立没有特别管制：对股东人数没有特别的要求，没有注册资本要求，无须提供年度财务报告和股东情况报告。BVI既不征收资本利得税、赠予税、遗产税、预提所得税等直接税，也不征收销售税、增值税、营业税等间接税。并且BVI极受欢迎的一点是，虽然BVI的税制规定征收公司所得税，但在实际执行时税率为零，外来投资在BVI的税收负担极低，接近为零。BVI的财政收入主要来自于对工资薪金收入个人和雇主均须缴纳的工薪税、对房地产转让的税收以及外来投资在BVI进行公司设立的注册费和年度管理费等收入。由于BVI面积小、人口少，且无须负担国防、外交等财政支出，因此这些收入足以支撑BVI居民获得富足的生活。

2. 开曼群岛

开曼群岛(Cayman Islands)也是英国的一块海外属地，位于美洲西加勒比群岛，由大开曼、小开曼和开曼布拉克3个岛屿组成。开曼群岛是世界第四大离岸金融中心和"避税天堂"，因此金融业和旅游业是其主要经济来源。

开曼群岛被OECD列入国际避税地黑名单，主要是因为开曼群岛的税制非常优惠，既不征收个人所得税、公司所得税、遗产税、资本利得税等直接税，也不征收房产税等财产税，政府的财政收入主要来源于进口关税、印花税，以及一些收费，比如金融机构的许可费，外地劳工的工作许可费等。

与税制优惠同等重要的是，开曼群岛的公司法律制度完善，灵活适用且便捷方便，满足跨国企业集团投资设置结构搭建需求的同时，还可以帮助跨国企业集团符合股份化和上市的要求，因此，很多跨国企业集团将集团内的上市公司注册地选择在开曼群岛，中国的很多海外上市公司，如百度、阿里巴巴、联想、新浪、小米、海底捞等公司，纷纷选择开曼群岛作为海外上市公司的注册地。

3. 荷兰

荷兰(Netherlands)并非传统意义上的避税港，其竞争力优势不在于税率低，更重要的在于，荷兰是跨国企业集团青睐的"投资安全港"和通向欧盟和全球市场的门户。荷兰在福布斯2018年公布的"最佳商业国家"排名中名列第三，是世界级的跨境投资目的地。荷兰地处欧洲门户的战略性位置，为企业进入欧洲市场提供了一个完美的跳板——通过荷兰的阿姆斯特丹或鹿特丹可以在24小时内进入95%的欧洲最赚钱的消费市场。

荷兰法定的公司所得税率为25%,在欧洲很有竞争力。在荷兰,一定条件下可以从税收主管当局获得税收事先裁定(Tax Ruling),税收待遇从公司投资、运营开始就被确定,在若干年内有效,从而避免了未来关于税收的争议。相对欧盟其他国家(如英国),在荷兰设立中间控股公司的维护费用非常低廉,性价比高。在荷兰注册的有限公司在全世界范围内的股票市场和交易平台上市或挂牌都很容易。荷兰具有独特的参股免税制度:荷兰(中间)控股公司在全球范围内的子公司的收入在荷兰豁免预提税、资本利得税以及印花税。鉴于如此高吸引力的税收豁免制度,荷兰控股公司是跨国企业集团收取世界各地特许权使用费、利息以及股息收入经常使用的工具。

荷兰于2011年在其税法里引入"创新盒"税收政策。"创新盒"在某些国家也被称为"专利盒"(Patent Box)。所谓"盒"在税务中一般是指将某种所得像放在一个盒子里面一样归为一类,可享受和其他一般所得不同的税收待遇。"创新盒"顾名思义,是指研发创新取得的所得。如符合条件,荷兰公司所得税法第12b条规定,属"创新盒"净收益总额的7/25(25%为常规企业所得税税率)确认为应纳税所得额按常规企业所得税税率征税,换句话说,"创新盒"的税基仅为应纳税所得的28%,从无形资产取得的收入的72%免缴公司所得税。结果是,此类利润的所得税有效税率为7%左右(2017年前为5%)。相比荷兰公司所得税的法定税率25%,"创新盒"所得的适用税率非常优惠。此外,无形资产开发所产生的成本和经营的亏损仍可以按25%的正常荷兰公司所得税税率扣除。

荷兰和100多个国家签署了避免双重征税的税收协定,这个独特的庞大网络使得国际投资者在面临投资东道国执行国有化、财产征收或者利益侵害(包括不公平的税收待遇)时可以利用独立的仲裁机构,并得到对主权国家有执行力的判决。荷兰的双边投资协议给予了投资者和投资以最宽泛的定义,这也被称为"荷兰黄金标准",这强有力地说明荷兰政府对投资者保护的极大重视。

特别指出的是中国和荷兰签订了新版避免双重征税税收协定,使得两国之间的投资在税收方面优惠更多,总体来说更具吸引力。

4. 中国香港

作为全球最佳营商经济体之一,中国香港在各类国际排名中长期名列前茅。瑞士洛桑国际管理发展学院的《2018年世界竞争力年报》显示,香港的"政府效率"和"营商效率"连续4年排名全球第一;在世界银行发布的《2018年营商环境报告》中,香港营商便利排名全球第五。博鳌亚洲论坛2018年最新发布的《亚洲竞争力2018年度报告》显示,香港连续四年名列综合竞争力第二。这些殊荣的取得不仅归因于香港良好公正的司法制度,完善的基础设施,廉洁高效的政府公共服务以及自由流通的资本和信息,更得益于香港实施的简单、明确和有效的税收法律制度。

香港税制以其简单、低税率著称。最主要的直接税是仅对三项分类所得征收的所得税。这三项分类所得是薪金、利得和租金收入,不包括资本利得、利息和投资分红。适用于个人的标准税率和适用于非公司实体的利得税率均为15%,公司利得税率则为16.5%。尽管全球许多经济体正推行减税政策,但香港采纳的所得税税率目前仍具有很强的国际竞争力。

香港税制的另一个重要特点是实行属地征收原则,纳税人仅对源自香港的所得承担缴纳义务,源自香港以外的所得无须缴税,即使这些所得在域外没有缴税。对国际投资者而言,虽然源自香港的特许权使用费会产生纳税义务,但税率仅为4.95%,低于许多避免双重征税协定下适用的特许权使用费税率。此外,纳税人为厂房和机器设备投入的固定资产可获加速折旧,特定类型的资本投入如计算机、环保车辆以及某些环保设施的投资可在经营开业第一年获得全额费用化,在所得税前扣除。在间接税方面,香港没有类似于内地对商品和服务征收的增值税,并对绝大多数进口商品实行零关税。印花税是香港重要的间接税种,主要对位于香港的不动产买卖或转让文书、不动产租约以及香港证券的转让文书征收,印花税是香港政府仅次于利得税和薪俸税的财政税收来源。

二、避免构成常设机构

无论OECD范本还是UN范本都规定,非居民企业只有在另一国构成常设机构时,才需要就其营业利润在该国纳税,且应税利润以归属于该常设机构的利润为限。如果非居民企业在另一国不构成常设机构,则不需要在该国纳税。

常设机构(Permanent Establishment),依据"经济关联原则"理论,OECD范本将其划分为两种类型:其一是以物为基础的场所型常设机构,这种类型常设机构的"经济关联"是营业场所;其二是以人为基础的代理型常设机构,这种类型常设机构的"经济关联"是代理人。营业场所和代理人是常设机构"经济关联"存在的物质标志,只有营业场所和代理人具有无可争议的"物理存在",才构成"经济关联",并据此判定构成常设机构。从国际税务筹划的角度来看,如果一种操作能够使得营业场所和代理人"物理不存在",或者不能满足营业场所和代理人"物理存在"的构成条件,那么就不能构成"经济关联",自然就不构成常设机构,可以达到规避所得来源国的税收管辖权,规避纳税义务。

(一)场所型常设机构筹划方法

OECD范本规定的场所型常设机构的构成要件有:① 具有商业活动发生的具体营业场所,即物理空间。② 该营业场所具有地理上的固定性和时间上的永久性。③ 企业必须通过固定场所从事经营活动。

OECD范本的第五条第4款规定了不构成常设机构的豁免条件,即营业场所虽然满足场所型常设机构的一般构成要件,但是当通过营业场所进行的营业活动具有准备性或辅助性特征时,不认为该营业场所构成非居民企业在所得来源国的常设机构,主要包括:① 专为储存、陈列或者交付本企业货物或者商品的目的而使用的设施;② 专为储存、陈列或者交付的目的而保存本企业货物或者商品的库存;③ 专为另一企业加工的目的而保存本企业货物或者商品的库存;④ 专为本企业采购货物或者商品,或者搜集信息的目的所设的固定营业场所;⑤ 专为本企业进行其他准备性或辅助性活动的目的所设的固定营业场所;⑥ 专为上述第1项至第5项活动的结合所设的固定营业场所,但这种结合所产生的该固定营业场所的全部活动应属于准备性质或辅助性质。

对于"准备性或辅助性"活动的判定,应注意考虑以下原则:① 固定基地或场所是否仅为总机构提供服务,或者是否与他人有业务往来;② 固定基地或场所的业务性质是否与总机构的业务性质一致;③ 固定基地或场所的业务活动是否为总机构业务的重要组成部分。

如果固定基地或场所不仅为总机构服务,而且与他人有业务往来,或固定基地、场所的业务性质与总机构的业务性质一致,且其业务为总机构业务的重要组成部分,则不能认为该固定基地或场所的活动是准备性或辅助性的。

实践中跨国企业集团规避在所得来源国构成场所型常设机构的主要方法有：① 利用特定活动豁免规则。在信息通信技术迅猛发展的时代，互联网、移动通讯甚至大数据、云计算等高科技使得跨国企业集团的跨境经营管理出现了显著变化，出现了新的商业模式。例如，跨境电商通过移动网络在一国进行经营、获取收入和所得，不需要到该国进行"实体经营"，而仅仅在该国设立用于储存、交付货物的仓库，按照现有国际税制规则这样的仓库可以被认为具有准备性和辅助性特征，不构成常设机构，不缴纳公司所得税。② 利用关联交易分解重要功能活动。跨国企业集团可以将在一国的重要整体经营功能活动，利用跨国企业集团内部的关联交易进行拆分，重新进行跨国企业集团的全球价值链功能搭建，使得拆分后的经营功能活动如果单独观察的话是准备性的或辅助性的，从而可以享受常设机构的豁免条件，规避构成常设机构。③ 合同以大拆小。OECD范本第5条第3款规定："建筑工地、建筑、装配或安装工程，或者与其有关的监督管理活动"，只有在该工地、工程或活动连续超过12个月的情况下才能构成常设机构。尽管这一时间标准在UN范本中已经降低为6个月，但是还是可以将合同以大拆小，通过将一个大工程合同拆分成若干小的工程合同，这样每个小的工程合同都不超过12个月期限，再利用跨国企业集团内部的关联交易指派不同主体分别履行小工程合同，这样从时间期限和合同执行主体上避免在所得来源国构成常设机构，达到避税筹划的目的。

（二）代理型常设机构的筹划方法

OECD范本将代理人区分为独立代理人和非独立代理人，并且指出二者的主要区别在于代理人是否完全依赖被代理人的指示和物质资料来完成代理活动。独立代理人具有较大的决策自主权，因而不构成常设机构。与此相对，非独立代理人可以构成常设机构，但需要具备以下条件：① 该非独立代理人在缔约国另一方代表该企业进行准备性或辅助性以外的活动；② 有权以企业的名义签订合同并经常行使这些权利。根据OECD范本的注释，"以企业名义签订合同"的本质在于代理人签订的合同能对企业形成约束力。

跨国企业集团可以通过内部关联交易将关联公司变身为"佣金代理人"，佣金代理人以自己的名义在一国代表该跨国企业集团销售该跨国企业集团产品，由于该佣金代理人没有以跨国企业集团的名义签订合同，因而可以不构成该国的常设机构，达到规避所得来源国税收管辖的目的，佣金代理人获得佣金所得。

（三）常设机构规则发展及筹划应注意事项

OECD的BEPS行动计划在2015年公布了最终成果，其中行动计划七就是"防止人为规避构成常设机构"（Preventing the Artificial Avoidance of Permanent Establishment Status）（下称：行动计划七），因此需要对常设机构的规则发展密切关注，并高度重视在税务筹划中的关键事项。

BEPS行动计划七对OECD范本第5条第4款规定的特定活动豁免条款最富争议的列举情况，建议结合该场所的活动在跨国企业集团整体商业活动中的地位和作用进行准备性或辅助性测试，如果一个企业在某个营业场所进行的活动与该企业或者多个与该企业紧密关联的企业在同一场所或该国境内的其他场所的活动互为补充，且这些场所中至少一处可以构成常设机构或者整体结合起来可以构成常设机构，则范本第5条第4款的豁免条款不能适用。可以看出，行动计划七的这一规定将跨国企业在某一国境内的活动同与之密切相关的所有企业的所有活动联系起来综合考虑，因此援引特定活动豁免条款进行筹划面临更加严格和苛刻的规则审查。

此外,行动计划七还在对OECD范本注释的修改中以案例的形式明确指出,用于储存或交付通过互联网销售的产品的仓库不能适用特定活动豁免。

为了防止跨国企业集团的税务筹划将大合同拆分成存续时间均小于12个月的若干小合同,行动计划七给出了两个解决办法:一是将行动计划六(防止税收协议优惠的不当授予)中建议的"主要目的测试"(the principal purpose test)作为一般反避税规则运用于合同拆分当中;二是在税收协定范本第5条第3款下新增第3.1项,专门用于规制同一企业或紧密关联企业对合同进行拆分的问题,作为反合同拆分规则,具体如下:① 当缔约国一方企业在位于缔约国另一方的场所从事建筑工地、建筑或安装工程,且该活动持续时间不超过12个月;② 一个或多个与上述企业紧密关联的企业在不同的时间段在同一建筑工地、建筑或安装工程从事与上述活动相关联的活动,每个时间段都超过了30天,这些不同时间段应当计入首先被提及的企业在建筑工地、建筑或安装工程的活动时间。

对于代理型常设机构,行动计划七建议不再要求非独立代理人必须以企业的名义进行活动。如果代理人以自己的名义订立合同,那么订立的合同涉及被代理人拥有或有权拥有使用的财产之所有权的转让或使用权的授予,或涉及被代理人提供的劳务,那么这样的代理人应认为构成常设机构。并且行动计划七还建议将非独立代理人活动的内容从仅仅"经常性订立合同"扩大到"代理人只有在经常以该企业的名义订立合同、经常订立由该企业履行的合同,或经常在合同订立过程中起主要作用,且企业对合同不进行实质性修改"。

BEPS行动计划七对规避构成常设机构的税务筹划有重要的实质性影响,特别是前述佣金代理人的筹划安排,包括对常设机构定义中某些概念的解释,如明确代理型常设机构中"以企业的名义订立合同"这一表述的含义,对准备性和辅助性豁免规则的修改,都需要在税务筹划时高度重视,注意税务风险控制。

三、资本弱化筹划

资本弱化问题的产生,主要是由于公司对不同融资方式的选择造成。公司的资本是由权益性资本和债务性资本共同组成的,如果债务性资本所占公司资本总额的比例过高,从而获得更多的税前利息扣除,达到避税目标,就称之为"资本弱化"(Thin Capitalization)。

(一)资本弱化筹划的逻辑

大多数国家允许税前扣除为取得应税所得而开展经营活动的过程中产生的利息费用,但鲜有国家允许扣除向股东分配的股息。这就形成了相比股本融资而言,债务融资更能获得企业青睐的局面,资本弱化可以帮助企业增加所得前扣除的利息费用,降低所得税的纳税缴出。另外,在跨境交易中,对于向非居民支付利息征收预提税的税率一般都低于向非居民支付股息征收预提税的税率,这一差异更加强化了债务融资有利于国际税务筹划的工具优势。

假设某一公司为一国的税收居民纳税人,在下列情形下可以考虑将资本弱化作为重要的税务筹划工具:① 该国允许扣除针对债务所支付的利息费用;② 不允许税前扣除针对股东股本支付的股息;③ 对于向非居民出借人支付的利息征收零或较低预提所得税;④ 对于向非居民股东支付的股息征收较高税率的预提所得税。

通过资本弱化进行税务筹划的主要方法有两个:其一是通过增加债务资本的比例来增加

利息费用扣除;其二是通过提高关联企业借款利率来增加利息费用扣除。

目前,国际税制规则采取的反资本弱化规则基本上针对以上两个方法,主要方式是规定可以所得税前扣除的利息费用最高限额。方式一被称为正常交易法,审查关联方的贷款条件是否与非关联方的贷款条件可比,是否与OECD转让定价指南中的独立交易原则一致。方式二被称为固定比率法,审查公司资本结构是否超过特定的债务资本比率,对于超过特定比率的利息不允许税前扣除,视同股息予以征税。

(二) 资本弱化管理的典型做法

以美国为代表的国家采取收益剥离的做法,应对企业采用资本弱化进行税务筹划,依据利息费用与公司所得的比例关系确定利息费用是否超过限额,如果利息费用超过公司所得的50%,公司就不能税前扣除支付给非居民纳税人股东或免税居民股东相应的贷款利息。

美国在1976年就制定了资本弱化税制(即美国税收法典 Internal Revenue Code 第385条),在1989年又增加第163条的第J款,使美国的收益剥离法更加完善。实际上,美国的收益剥离法包括一项资本弱化的安全港原则,即公司纳税年度末的债务资本比例在1.5∶1以下是安全的,相应的利息支出可以所得税前扣除,税务机关不质疑利息支出的合理性。超过这一比例的,根据具体情形则需要另行判定。

(三) 我国对资本弱化的管理

为了防范关联企业之间通过资本弱化不合理地降低税负,借鉴国际通常做法,我国在2006年的《企业所得税法》中首次引入了"资本弱化"的税务管理概念。我国《企业所得税法》的第46条规定:企业从其关联方接受的债权性投资与权益性投资的比例超过规定标准而发生的利息支出,不得在计算应纳税所得额时扣除。即对企业从其关联方接受的债权性投资与权益性投资的比例超过规定标准而发生的利息支出,不得在计算应纳税所得额时扣除。

根据《财政部国家税务总局关于企业关联方利息支出税前扣除标准有关税收政策问题的通知》(财税〔2008〕121号)文件规定,在计算应纳税所得额时,企业实际支付给关联方的利息支出,不超过规定比例和税法及其实施条例有关规定计算的部分,准予扣除,超过的部分不得在发生当期和以后年度扣除。企业接受关联方债权性投资与其权益性投资比例为:金融企业为5∶1、其他企业为2∶1。此外,如果企业同时从事金融业务和非金融业务,其实际支付给关联方的利息支出,应按照合理方法分开计算;没有按照合理方法分开计算的,一律按该文件有关其他企业的比例计算准予税前扣除的利息支出。

同时该文件规定,企业实际支付给关联方的利息支出,企业如果能够按照税法及其实施条例的有关规定提供相关资料,并证明相关交易活动符合独立交易原则的;或者该企业的实际税负不高于境内关联方的,其实际支付给境内关联方的利息支出,在计算应纳税所得额时准予扣除。

关键词

国际税务筹划　　税收管辖权　　国际重复征税　　税收协定　　居民纳税人
转让定价

小结

国际税务筹划是一项非常复杂又极具挑战性的工作,当然这项工作做好了,也会收获巨大的收益,这不仅仅指可以节税或推迟纳税,更是因为国际税务筹划是跨国企业集团实现战略目标的重要管理措施。因此,在学习国际税务筹划时,既要具备扎实的国际税务筹划的基础知识和专业技术,又要跳出税务筹划的逻辑框架,以更广阔的全球视野来筹划企业的公司投资设置、价值链架构、运营管理等各项事务,税收仅仅是筹划要达到的目标之一。

学习国际税务筹划,一定要熟练掌握国际税制规则,包括本章重点介绍的税收管辖权、税收居民纳税人、税收协定范本、转让定价与独立交易原则等等,要依据企业自身的实际情况结合当时的经济发展情况、竞争情况等条件,考虑企业可以接受的风险控制水平、纳税遵从和税收管理成本来综合考虑筹划方案,切勿仅以节税为唯一目标,武断地使用国际税务筹划的某一方法或工具,那样,也许可以带来短期或局部的税收利益,但从长远和全局看往往得不偿失。

即测即评

请扫描右侧的二维码,进行即测即评。

案例分析

案例 15-1

A 公司是我国居民纳税人,适用企业所得税税率为 25%。2016 年 A 公司国内应纳税所得税额为 500 万元,来自境外甲国分公司的应纳税所得额为 100 万元,甲国分公司的适用税率为 20%,并已在甲国缴纳所得税 20 万元。

分析要求:试问 A 公司在为 2016 年企业所得税汇算清缴时,实际应缴纳的所得税是多少?如果甲国分公司的适用税率是 30%,并已按此税率在甲国缴税,试问 A 公司在为 2016 年企业所得税汇算清缴时,实际应缴纳的所得税是多少?

案例 15-2

A 公司是美国的居民纳税人,作为总承包商,将其承揽的一项中国境内的建筑工程作业分包给 A 公司在美国的三家公司:D 公司、E 公司和 F 公司(三家公司均为美国居民纳税人),A 公司仅收取工程管理费。D 公司在中国国内提供劳务的时间为 2017 年 1 月至 3 月,E 公司为 2017 年 2 月至 4 月,F 公司为 2017 年 10—12 月。

分析要求:请你站在中国税务主管机关的角度,对上述 A 公司、D 公司、E 公司和 F 公司如何给予税务处理?

复习思考题

1. 简述国际税务筹划的概念与特征。

2. 简述税收管辖权的概念和分类。
3. 简述国际重复征税的类型和表现形式。
4. 国际税收协定的概念是什么？OECD 和 UN 协定范本的主要框架是什么？
5. 国际重复征税发生的根本原因是什么？避免国际重复征税的主要方法有哪些？
6. 转让定价的定义及其遵循的原则是什么？
7. 简述国际避税地的定义和特征。如何利用国际避税地进行税务筹划？
8. 资本弱化的税务筹划逻辑是什么？
9. 我国对资本弱化的管理措施主要有哪些？
10. 场所型常设机构的构成要件是什么？不构成场所型常设机构的豁免条件有哪些？

第十六章 国际税务筹划专题

首先介绍跨国企业集团典型的国际税务筹划案例，苹果公司的避税筹划，对其自否居民纳税人的策略、价值链搭建和利润转移，以及在此基础上的避税操作进行比较详细的解析。对外商投资企业在中国的税务筹划和我国企业"走出去"的税务筹划进行重点讲解，我国企业尤其需要重点关注对"一带一路"沿线国家进行经济交往的税务筹划事宜。最后，对全球性的应对税基侵蚀和利润转移行动计划进行重点内容的介绍，中国在这次改革过程中，以与OECD成员和G20其他成员平等的身份，全程深入参与了所有行动计划，为构建新的国际税制规则体系做出了贡献。

第一节　跨国企业集团税务筹划典型案例分析

苹果[1]作为一家著名的跨国企业集团，其国际税务筹划也引起广泛关注。2013年5月美国国会参议院举行听证会，就"海外避税"问题，对美国苹果公司的高管们进行质询，所列举的几项重要避税事实是：① 向海外（即美国以外）转移利润：苹果2012年末拥有的1 450亿美元现金或现金资产中有1 020亿美元游离于美国之外，而且几乎没有缴税；② 海外关联公司的非税收居民身份：苹果在爱尔兰的两家关键的关联公司自我否定了爱尔兰的居民纳税人身份，也不承认为美国的税收居民；③ 滥用成本分摊协议：成本分摊协议（Cost Sharing Agreement, CSA），是苹果把数百亿美元的利润转移到爱尔兰的主要工具。

不仅如此，2014年6月11日欧盟委员会（European Commission）也正式开启了对苹果的"非法国家援助调查[2]"，调查的重点是苹果的转让定价协议（Transfer Pricing Arrangements, TPA）。2016年8月30日欧委会正式裁定，认为苹果获得了爱尔兰政府给予的差别税收待遇（Selective Tax Treatment），违反《欧盟运行条约》(the Treaty on the Functioning of the European Union) 第107条至109条的相关规定，构成"非法国家援助（Illegal State Aid）"，裁定爱尔兰政府须向苹果追缴2003年至2014年[3]高达130亿欧元的所得税和利息。

一、苹果自否居民纳税人策略

自1980年开始，苹果就选择爱尔兰作为其美国以外的区域总部（Headquarter）所在地，设

---

[1] 案例来源：宁琦，励贺林. 苹果公司避税案例研究和中国应对BEPS的紧迫性分析及策略建议. 中国注册会计师, 2014(02): 107-113. 励贺林. 公平竞争还是税收竞争？——欧盟对苹果国家援助调查案例评析. 税法注释与案例评注 第十卷, 2018年7月: 265-279.
[2] 被欧盟委员会同时开启调查的跨国公司还有：星巴克（Starbucks）和菲亚特（Fiat）。
[3] 依据《欧盟运行条约》非法国家援助可追溯10年调整，由于欧委会是2013年开启对苹果的调查，因此追缴税款期间被追溯至2003年；另，爱尔兰政府授予苹果的税收裁定在2015年终止，因此欧委会裁定的税款追溯期间为2003年至2014年。

立海外的关联公司,并逐步打造其全球的战略运营模式和业务区域网络。苹果设立在爱尔兰的两家关键关联公司苹果国际运营公司(Apple Operations International, AOI)和苹果国际销售公司(Apple Sales International, ASI)以及相关公司投资设置信息请见例【15-6】。

这里补充的是,于 1980 年在爱尔兰设立的 AOI 这么重要的苹果海外持股公司,却与苹果欧洲运营公司(AOE)、苹果国际销售公司(ASI)共享苹果在爱尔兰 Cork 市唯一的一个公司注册地址和邮件通讯地址,而实际上 AOI 在爱尔兰的其他任何地方都没有一间办公室,即没有物理空间上的真实存在(No Physical Presence)。AOI 的董事会会议几乎都是在两位美国籍董事的居住地和办公所在地美国加州召开的,依据 AOI 董事会的会议纪要,从 2006 年 5 月至 2012 年年底,AOI 共召开过 33 次董事会会议,其中 32 次在美国加州的 Cupertino 召开。AOI 的唯一一名爱尔兰籍董事,只有 7 次参加了董事会会议,并且其中 6 次是通过电话会议的方式。自 2006 年 9 月至 2012 年 8 月的 6 年时间里,AOI 共举行过 18 次董事会会议,而那位爱尔兰籍的董事一次也没有参加。AOI 的资产由 API 位于美国内华达州的一家专门从事资产管理的苹果子公司负责管理,这家子公司叫做"Braeburn Capital"①。AOI 的资产(主要是现金)存放在其开设于美国纽约的银行帐户,AOI 的主要会计账簿和财务记录由位于美国得州 Austin 的苹果财务会计共享服务中心负责维护和管理,AOI 在爱尔兰没有开设任何银行账户和雇佣一名管理人员。

ASI 在 2012 年以前,与 AOI 一样,同样没有自己的员工,它的经营管理与业务运营全部都是通过以美国为基地的董事会进行的。ASI 的董事会成员大部分为 API 的员工,他们工作并居住在美国的加州。自 2006 年 5 月至 2012 年 3 月的全部 33 次董事会会议均在美国加州的 Cupertino 召开。在 2012 年,作为苹果对其爱尔兰关联公司进行结构重组操作的一部分,ASI 从 AOE 接收了约 250 名员工,这也是自 ASI 注册、设立以来第一次开始有了属于自己公司的员工。但是,ASI 仍然坚持认为,它的实际管理和控制所在地不在爱尔兰。

以上情况是苹果故意或特意而为,目的是形成 AOI 和 ASI 几乎所有的业务和经营活动都是由位于美国的 API 进行管理和控制的事实,即实际管理和控制所在地不在爱尔兰。苹果因此没有宣告 AOI 和 ASI 是爱尔兰的纳税居民,即不承认 AOI 和 ASI 具备爱尔兰税收居民的身份,并且 AOI 和 ASI 也没有承认其美国居民纳税人的身份。这样 AOI 和 ASI 通过上述"自否居民纳税人策略",成功地规避爱尔兰和美国的税收管辖权。在 2009 年至 2012 年的 4 年期间,AOI 从其下属的关联公司共计收到股息 300 亿美元,相当于这一时期苹果全球净利润的 30%,然而,AOI 没有因此向任何国家和地区的政府缴纳任何的公司所得税。

二、苹果的价值链搭建和利润转移

(一)苹果在欧洲市场的价值链搭建

苹果在欧洲的价值链搭建和利润转移见图 16-1。全球价值链体系中,苹果将 ASI 和 AOE 定位为非美洲市场的中心位置。AOE 和 ASI 与 API 签订成本分摊协议(Cost Sharing

---

① Braeburn Capital 是 API 的子公司,于 2006 年 4 月 6 日设立,公司注册地址在美国内华达州的 Reno 城,这里是距离苹果在加州总部 Cupertino 最近的地方。苹果将这家资产管理公司设立在内华达州,主要是为了规避加州的税收。公司名称中的"Braeburn"原意是栽培苹果所需的某种培植植物。

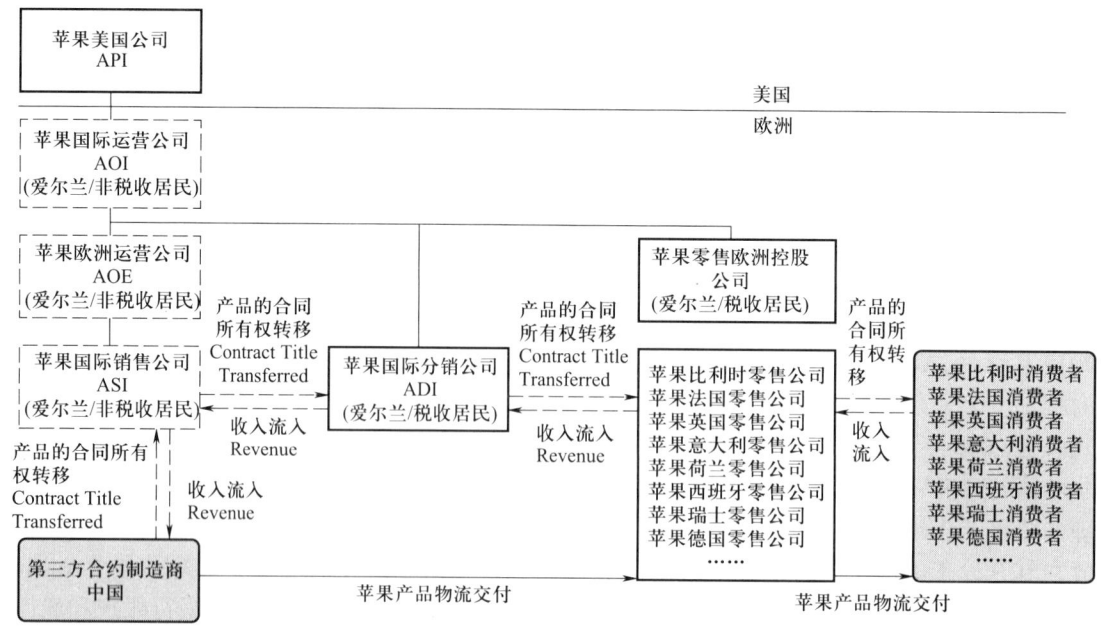

图 16-1 苹果在欧洲的价值链搭建和利润转移

Agreement,CSA)[1],苹果的研发活动(R&D)几乎全部都是由 API 的科学家和工程师在美国组织、开展、完成,研发活动的计划、安排、管理、控制以及风险承担也都由 API 执行,ASI 没有雇员实际参与苹果的研发活动。但是通过 CSA,ASI 依照非美洲市场占全球市场销售额的比重分担了 API 的研发活动成本,ASI 借此拥有了由 API 研发获得的以科学技术为主要内容的知识产权(IP)的经济权利(Economic Rights)[2],换言之 ASI 拥有了在非美洲市场应用苹果知识产权获取收益的权利,成为苹果在非美洲市场(包括欧洲市场)执行功能、使用资产和承担风险的关键主体(Principle Entity),也可称为企业家主体(Entrepreneur Entity)。

与 ASI 对应,ADI 仅执行在欧洲市场的分销功能,苹果设立在欧洲各国的零售关联公司(如苹果比利时零售公司)仅执行当地市场的零售功能,因此这些公司在苹果欧洲市场的价值链中执行有限功能。

(二) 苹果在欧洲市场的利润转移,形成无国属利润

苹果的产品几乎均由位于中国的第三方合作伙伴最终组装完成,苹果将其定义为"合约制造商(Contract Manufacturer)"。苹果在欧洲市场的产品销售合同链条如图 16-1 所示:中国合约制造商销售给 ASI,ASI 销售给 ADI,ADI 销售给苹果设立在欧洲各国的零售关联公司,各

---

[1] AOE 与 ASI 的功能相似,但 AOE 以及 AOE 设立在爱尔兰的分公司仅执行在爱尔兰制造某些特殊型号的苹果产品,占非美洲市场销售的极小份额,依重要性原则,本文对苹果在欧洲市场价值链搭建的论述聚焦于 ASI。AOE 在爱尔兰设立一家分公司,该分公司负责生产、组装某些特殊型号的 iMac desktops,MacBook laptops 以及配件部件,销售额占苹果在非美洲市场销售额的比例极小;此外 AOE 分公司还向关联公司提供某些共享服务(Sharing Service),依重要性原则亦不论及。

[2] 苹果将 API 研发获得的以科学技术为主要内容的知识产权(IP)分解为法律权利(Legal Rights)和经济权利(Economic Rights)两部分,法律权利由 API 独享,而经济权利依 CSA 确定的区域市场划分,由 API(美洲市场)和 ASI(非美洲市场)分别享有。

国零售关联公司销售给终端消费者或者当地渠道商。需要明确指出的是,这个销售链条仅仅是苹果产品合同所有权的转移(Contract Title Transferring),尤其是在中国合约制造商与ASI之间、ASI与ADI之间、ADI与各国零售关联公司之间,表现为电子订单、邮件往来等各种数字化、网络化的商业交易模式,真实的苹果产品在物理空间上并没有按照这个销售合同链条进行物流交付,而是如图16-1所示,中国合约制造商依照来自苹果的指令,将苹果产品直接发运给欧洲各国的零售关联公司,或者直接发运给欧洲各国的当地渠道商,甚至直接发运给欧洲各国的终端消费者,终端消费者收到了自己通过网上订购的苹果产品即获得了全部满足,没有必要关心这个苹果产品的实际发运方是谁。

ASI以苹果在欧洲市场关键主体的地位与中国合约制造商签订《合约制造服务协议(Contract Manufacturing Service Agreement)》,依据该协议ASI从中国合约制造商采购的苹果产品的价格很低,即苹果留给中国合约制造商的利润水平(利润率)很低,但由于规模巨大和成本控制,中国合约制造商也获得了相当的利润总额。接下来ASI与ADI之间,ADI与欧洲各国零售关联公司之间的交易是苹果的内部关联交易,苹果将ADI确定为执行欧洲市场分销中心(Distribution Center)功能,将欧洲各国零售关联公司确定为执行当地国家市场零售功能,按照转让定价规则执行这样常规功能的公司只应获得常规的补偿回报,因此ADI和欧洲各国零售关联公司的利润水平也是不高的。苹果产品整个销售合同链条的绝大部分利润被归集、记录在作为苹果欧洲市场关键主体的ASI名下,利润从苹果产品最终制造地的中国、销售实现地的欧洲各国被转移至爱尔兰,因为ASI既不是爱尔兰的居民纳税人,也不是美国的居民纳税人,这样被转移的利润成为无国属利润,达到在美国和爱尔兰的双边均不纳税。

三、苹果在欧洲的避税操作

苹果在欧洲的避税操作如图16-2所示。苹果在欧洲的主要避税筹划安排包括:

第一,如前述,ASI通过与API签订CSA享有由API进行研发活动获得的以科学技术为主要内容的知识产权(IP)的经济权利,该权利使得ASI获得苹果非美洲市场的关键主体的地位,通过关联交易将利润(包括源自欧洲各消费地国家的利润)转移至爱尔兰,归集、记录在ASI名下。2012年ASI分担了API的研发成本约20亿美元,约占当年API全部研发成本的60%,与此对应,归集、记录在ASI名下的利润达到360亿美元,这里面就包括苹果在欧洲市场的利润。

第二,如前所述,苹果通过在爱尔兰实施居民纳税人身份策略,使得归集、记录在ASI名下的利润成为无国属利润,爱尔兰政府视ASI为非居民纳税人,ASI获得的源自爱尔兰以外的利润爱尔兰政府将不予征税。

第三,苹果在非美洲市场的交易活动,以ASI这家爱尔兰公司为资产、功能和风险的主承担者(Principle),赚取企业家(Entrepreneur)利润,即苹果在这个市场的大部分的利润由ASI获得(中国市场的利润由ADI获得)。因为ASI是销往非美洲市场苹果商品知识产权(IP Rights)的经济权利(Economic Rights)拥有者,ASI在苹果此区域市场转让定价的关联交易中居于核心和主导地位。因为ASI没有宣告自己为爱尔兰的税收居民,也不承认是美国的税收居民,因此在2009年至2012年的4年期间,ASI共计取得了740亿美元的利润,却只向爱尔兰政府缴纳了极少的税,实际税负(ETR)率持续保持在1%以下,2011年甚至低到了0.05%。

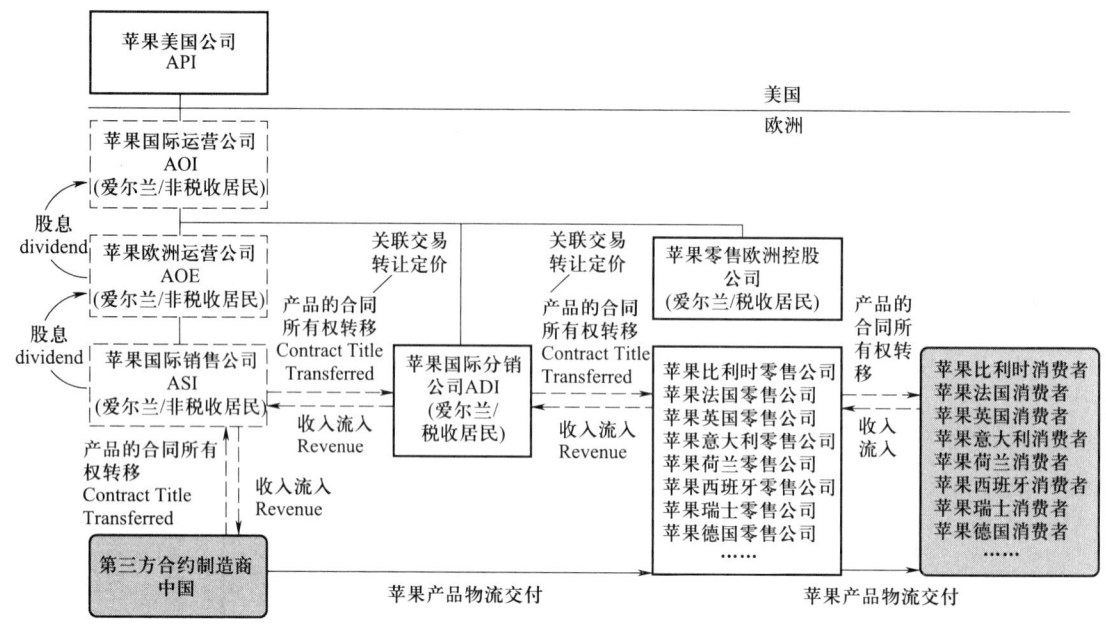

图 16-2 苹果在欧洲的避税操作

第二节 外商投资企业在中国的税务筹划

改革开放以来,外商投资企业进入中国,为中国的经济社会发展做出了贡献,这是值得高度肯定的。但是,毋庸讳言,某些外商投资企业也采用各种国际税务筹划的策略和手段进行避税操作。本书对此作简要介绍。

一、税务筹划常用的方法

外商投资企业在中国进行国际税务筹划,主要聚焦在降低所得税和预提税负担。在筹划实践中,外商投资企业首先会充分利用中国的税收优惠政策和避免国际双重纳税,在此基础上,常用的税务筹划方法包括转让定价、分拆技术转让价款和利用资本弱化筹划等。

(一)转让定价

外商投资企业采用转让定价在我国进行税务筹划的形式,可以从以下五个方面加以归纳:

第一,货物购销。有的外商投资企业属于"两头在外"的生产加工型企业,即原材料或中间产品由国外进口,产品销往国际市场,其中大部分交易属于跨国企业集团的内部交易。通过制定内部交易的转让定价,可以将利润从中国转移到低税国家或地区。

第二,关联贷款。有的外商投资企业与其国外关联企业之间通过提供贷款、利用利率的高低来影响公司税前利润的金额,达到规避中国所得税的效果。

第三,劳务提供。外商投资企业与其国外关联企业之间互相提供设计、维修、广告、科研、咨询以及共享服务等劳务,利用对这些劳务费用定价的高低来影响外商投资企业的税前利润。

第四,无形资产的使用与转让。外商投资企业与其国外关联企业之间,可以通过相互之间对发明专利、专有技术、商标商号、版权等无形资产的使用与转让,对特许权使用费的关联定价来影响外商投资企业的税前利润。

第五,固定资产购置、租赁与投资。固定资产购置额的高低,在以固定资产作价投资的情况下,既可以影响占外商投资企业的股权份额,也可以影响折旧费用金额的大小,进而用以所得税的避税操作。

(二)分拆技术转让价款

外商投资企业往往被授权使用无形资产,包括以技术为主要内容的知识产权,如果外商投资企业因此向境外支付特许权使用费,按照国际税制规则,中国政府有优先征税权,可以征收预提所得税,按照我国《企业所得税法实施条例》的规定,预提所得税税率为10%,具体税率的确定还要看两国之间签订税收协定的具体规定。有的外商投资企业利用与境外关联公司之间的设备转让交易,将技术转让的特许权使用费全部或部分作价并入设备转让的价款之内,抬高设备转让价格,压低技术转让价,规避预提所得税。

(三)利用资本弱化

依据我国相关法律,境外投资者通过股份投资方式取得的股息,是公司税后利润的分配,是不能从获得税前扣除的,如以贷款形式而收取利息,则可作为税前费用扣除,显然采用利用贷款方式可以比股份投资方式获得更好的避税效果。另外,股息分配往往经历两次征税,第一次是企业所得税,第二次是股息在汇出时的预提所得税,而利息则只在汇出时征收一次预提所得税。因此,有的外商投资企业更多采用在资本结构中增加债权融资的方法进行税务筹划。

二、对外商投资企业的税收优惠

改革开放以来,我国对于外商投资企业给予了非常优惠的税收待遇。随着2008年《中华人民共和国企业所得税法》的公布和实施,内、外资企业获得平等的国民待遇,外商投资企业不再享有相对于内资企业的"超国民"待遇。同时,为了吸引外资,保持我国营商环境的竞争力,遵循国际税制规则,我国保留一些重要的外商投资企业税收优惠政策。例如2017年8月16日,国务院出台《关于促进外资增长若干措施的通知》(国发[2017]39号),提出一系列举措,加大引进外资力度,其中最引人关注的财税支持政策就是对境外投资者从中国境内居民企业分配的利润直接投资于鼓励类投资项目,凡符合规定条件的,实行递延纳税政策,暂不征收预提所得税。为此,财政部和国家税务总局出台《关于境外投资者以分配利润直接投资暂不征收预提所得税政策问题的通知》(财税[2017]88号)等文件予以落地、执行。

但是,外商投资企业在中国享受的税收优惠,是否可以帮助其所在的跨国企业集团降低全球整体税收负担,则要取决于跨国企业集团的具体情况和安排,包括避免国际重复征税和与中国签订的税收协定的情况,是否帮助外商投资企业充分地享受了我国的税收优惠政策。外商投资企业往往采取国际税务筹划技术,来尽可能更加充分地享受中国的税收优惠。

第一,采用递延纳税技术,推迟将利润汇回母国。推迟将利润汇回,可以在跨国企业集团母公司采用抵免法和没有税收饶让的情况下,享受中国的税收优惠。一般情形下实行居民管辖权的国家,对本国居民纳税人建立在国外的子公司所取得的利润,在没有以股息形式汇回母公司之前不予以征税。外商投资企业在中国取得的利润,只要不将利润汇回母公司,即使母公司所在国采用抵免法并且没有承担税收饶让,也可以推迟向母公司所在国的纳税义务,相当于得到一笔无息贷款。如果该外商投资企业在中国的发展前景良好,可以用税后利润再投资,继续获得中国的再投资优惠待遇。

第二,在国际低税地建立中间控股公司。在国际低税地建立中间控股公司,由该控股公司作为外商投资企业的直接上级公司,使跨国企业集团可以更好地享受中国的税收优惠。这样的投资股权结构使得外商投资企业的利润以股息的形式汇往该中间控股公司,该中间控股公司作为介于跨国企业集团母公司与外商投资企业之间的中继站,利用自己在国际低税地有利的免税条件,发挥一种转盘作用,通过把汇来的股息和筹集来的资金用于再投资,以赚取新的免税收入。通过这种中间控股公司形式,可以起到递延跨国企业集团居住国对中国外商投资企业股息征税的作用,使跨国企业集团享受到中国的税收优惠。

三、中国的反国际避税措施

外商投资企业在中国进行国际税务筹划,必须遵守中国法律,特别要注意不能违反中国的反国际避税法规。自2008年施行《中华人民共和国企业所得税法》以来,我国高度重视反国际避税工作,不断加大工作力度。对于经合组织(OECD)提出的BEPS行动计划四项最低标准,中国全部支持,并已基本落实到位。在防止协定滥用方面,未来我国继续探索在实践中细化主要目的测试(PPT)规则,完善受益所有人规则,提高反协定滥用的客观性。在转让定价国别报告方面,我国已经将相关规则落实于国内法规,并已于2017年开始收集符合条件企业的2016年国别报告,在2018年与签署协议的国家进行交换。在争议解决方面,中国已先后出台了规范预约定价安排和规范转让定价相互协商案件的政策规定,签署了《BEPS多边公约》。在金融账户涉税信息自动交换方面,我国已基本构建了国内法及多边法律基础,通过了信息安全与数据保密安全评估,选择并确定了信息交换伙伴,设计并开发了专门的信息系统等,制定有关实施细则,下发技术规范,研究批量信息的征管应用等,2018年9月中国成功实施了自动信息交换。

(一)加强转让定价管理

防止某些外商投资企业在与其境外的关联企业的业务往来中,利用不合理的转让定价,转移利润规避纳税,我国的《企业所得税法》实施条例以及其他相关文件中制订了专门的反避税条款,对企业与其关联企业之间的业务往来不按照独立企业之间的业务往来收取或者支付价款、费用,而减少其应税收入或应纳税所得额的,主管税务机关应根据关联企业间业务往来的类型、性质以及审计的结果,并考虑相关因素,选用相应的调整方法予以调整和征税。具体如下:

(1)按独立企业之间进行相同或类似业务活动的价格进行调整(又称可比非受控价格法)。即将企业与其关联企业之间的业务往来价格,与其与非关联企业之间的业务往来价格进行分析、比较,从而确定公平成交价格。采用这种方法,必须考虑选用的交易与关联企业之间的交易是具有充分可比性的。①购销过程的可比性,包括交易的时间与地点、交货条件、交货手续、支付条、交易数量、售后服务时间和地点等;②购销环节的可比性,包括出厂环节、批发环节、零售环节、出口环节等;③购销货物的可比性,包括品名、品牌、规格、型号、性能、结构、外形、包装等;④ 购销环境的可比性,包括社会环境(民族风俗、消费者偏好等),政治环境(政局稳定程度等),经济环境(财政、税收、外汇政策等)。

(2) 按再销售给无关联关系的第三方价格所应取得的利润水平进行调整(又称再销售价格法)。即对关联企业的买方将从关联企业的卖方购进的商品(产品)再销售给无关联关系的第三方时所取得的销售收入,减去关联企业中买方从非关联企业购进类似商品(产品)再销售给无关联关系的第三方时所发生的合理费用和按正常利润水平计算的利润后的余额,为关联企业中卖方的合理销售价格。

采用这种方法,应限于再销售者未对商品(产品)进行实质性增值加工(如改变外形、性能、结构、更换商标等),仅是简单加工或单纯的购销业务,并且要合理地选择再销售者应取得的利润水平。

(3) 按成本加合理费用和利润进行调整(又称成本加成法)。该方法以关联交易发生的合理成本加上可比非关联交易毛利作为关联交易的公平成交价格,通常适用于有形资产的购销、转让和使用,劳务提供或资金融通的关联交易。

采用这种方法,应注意成本费用的计算必须符合我国税法的有关规定,并且要合理地选择确定所适用的成本利润率。

(4) 交易净利润法。交易净利润法是指按照没有关联关系的交易各方进行相同或类似业务往来取得的净利润水平确定利润的方法,该方法以可比非关联交易的利润率指标确定关联交易的净利润,通常适用于有形资产的购销、转让和使用,无形资产的转让和使用以及劳务提供等关联交易。其中,利润率指标包括资产收益率、销售利润率、完全成本加成率、贝里比率等。

(5) 利润分割法。利润分割法是指将企业与其关联方的合并利润或者亏损在各方之间采用合理标准进行分配的方法,该方法根据企业与其关联方对关联交易合并利润的贡献计算各自应该分配的利润额。利润分割法分为一般利润分割法和剩余利润分割法。

(二) 加强一般反避税管理

国家税务总局在2014年出台《一般反避税管理办法(试行)》,旨在加强和规范中国的一般反避税的管理。一般反避税规则适用于企业实施的不具有合理商业目的而获取税收利益的安排。这种避税安排具有两个主要特征:一是以获取税收利益为唯一目的或主要目的;二是以外在表面形式符合税法规定但与其经济实质不符的方式获取税收利益。如果外商投资企业及其境外关联方同时满足上述两个要件,就会成为一般反避税规则的调整对象。并且,一般反避税条款一旦启用,我国税务机关将以是否具有合理商业目的和经济实质为基准,按照实质重于形式的原则进行特别纳税调整。一般反避税措施与转让定价、资本弱化、受控外国公司等特定反避税措施结合使用,外商投资企业及其境外关联方的避税安排属于特定反避税措施适用范围的,应首先适用特定反避税措施。只有当适用特定反避税措施不足以完全取消不当税收利益的,才考虑启动一般反避税规则。这是一般反避税措施"兜底措施"的重要性所在。

(三) 提升涉税情报交换水平

国际税务筹划得以存在的一项重要原因是纳税人与税务主管机关之间的信息不对称,因此,国际社会近年来极力推动国家间有关涉税情报交换的工作,以提供跨国企业集团国际税务筹划的透明度,打击不合理的极端税务筹划安排。

2017年5月国家税务总局、财政部、人民银行等六部委联合发布《非居民金融账户涉税信息尽职调查管理办法》，自2017年7月1日起施行。该管理办法的出台，标志着我国有关实施金融账户涉税信息自动交换标准的国内法已经到位。该管理办法主要规定了我国境内金融机构识别外国税收居民账户并收集相关信息的原则和程序，包括对基本定义的解释、个人账户与机构账户的尽职调查程序、无需开展尽职调查的金融账户、金融机构需收集和报送的信息范围，以及对违规金融机构和客户的处理措施等。为确保税务总局能够按时对外交换信息，该管理办法还规定金融主管部门与税务总局之间应建立涉税信息共享机制，以便税务总局及时获取外国税收居民的金融账户涉税信息。

通过开展以金融账户涉税信息自动交换为核心的国际税收合作，我国将进一步加强对跨国企业集团的利润水平监控以及对纳税人海外收入和资产的监管，有利于维护我国税收利益，促进社会公平，并以此为契机积极参与全球经济治理和国际政治对话，推动构建公平竞争的国际经济秩序和制度环境，实现各国互利共赢。

第三节　中国企业"走出去"税务筹划

改革开放以来，中国自身经济实力不断增强，为中国企业"走出去"，进行境外投资带来了重大机遇，"走出去"战略也日益成为中国企业的实际需求。在境外投资过程中，需要综合考虑中国国内税法、被投资国税法以及中国与被投资国（地区）签署的税收协定的影响，采取适当的投资架构，才能取得更好的投资收益，管理和控制涉税风险。

一、"一带一路"沿线国家的税务筹划

2013年9月和10月，中国国家主席习近平在出访哈萨克斯坦和印度尼西亚时先后提出共建"丝绸之路经济带"和"21世纪海上丝绸之路"的重大倡议，由此，"一带一路"倡议掀开了世界发展进程的新一页。在中国的积极推动下，共建"一带一路"倡议得到了越来越多国家和国际组织的积极响应，受到国际社会广泛关注，影响力日益扩大。

2019年4月20日，由中国国家税务总局主办的第一届"一带一路"税收征管合作论坛在浙江乌镇召开，论坛期间，"一带一路"税收征管合作机制34个理事会成员、22个观察员和19个税收征管能力促进联盟成员，共同签署了首个"一带一路"税收征管合作谅解备忘录，正式建立"一带一路"税收征管合作机制。该机制是由"一带一路"国家和地区税务部门共同倡议、共同商议、共同建立的规范化、制度化的官方多边税收合作平台，对于消除税收壁垒、促进经贸畅通和实现联合国2030年可持续发展目标等具有积极作用，同时，"一带一路"税收征管合作机制也是我国企业进行国际税务筹划需要高度重视和特别考虑的重要内容。

（一）"走出去"企业需防范东道国税收风险

在"一带一路"倡议背景下我国企业"走出去"的主要方式有对外投资、对外承包工程和对外劳务合作。一般情况下我国企业对外投资分为直接投资和间接投资，主要投向新加坡、印度尼西亚、印度、马来西亚、老挝、俄罗斯等国家地区。由于各国经济发展的阶段不同，加之各国税制各异，我国企业"走出去"面临重要的税务风险，需要从国际税务筹划的角度予以高度重视和谨慎解决。

第一,我国企业"走出去"要注意防范东道国的国内税制风险。我国企业到"一带一路"沿线国家投资,最主要的税收风险来自东道国各具特色的国内税收制度。例如,泰国和伊朗的税制规定,公司法人居民纳税人身份实行单一注册地标准,即公司法人的注册地在泰国或伊朗,即构成该国的税收居民纳税人。并且,由于泰国和伊朗的公司所得税税率在"一带一路"沿线60多个国家中位于中等偏上水平,因此,我国企业可以考虑通过避免在这两国注册公司来规避东道国较高的税负水平。另外,如果企业的注册地在一国,实际管理或控制所在地在另一国,我国企业还需要特别注意双重居民纳税人身份的认定问题。

对于从事建筑业、装备制造业、基础设施配套产业、承包工程等行业的企业对"一带一路"沿线国家进行投资,往往企业的投资额巨大,很多企业考虑采取融资租赁方式,以减轻资金压力。但是,"一带一路"沿线国家对融资租赁标的物在税务处理上的所有权认定有很大差别,有的国家,如新加坡、印度尼西亚、印度、俄罗斯等国采用实质所有权,即租赁标的物在承租方计提折旧,因此,了解折旧计提方法的税法规定就显得非常关键,采用余额递减法可以使企业获得一定的节税空间,有利于缓解企业投资期资金的压力。

"一带一路"沿线国家的公司所得税税率水平差异很大,比如巴基斯坦、印度和肯尼亚高于我国,印度、肯尼亚对于非居民企业适用于更高的所得税税率,如果我国企业在这些国家选择设立子公司或分支机构、或开展经营活动时就需要重视这一税率差异。另外,为了抑制企业利用关联方债务融资而进行的避税筹划,规定了比较严格的资本弱化条款,对企业资本结构中的债务性融资与权益性融资的比例做出严格限制,超出规定限制部分的利息不得在所得税前扣除。

第二,我国企业"走出去"要注意防范税收协定执行的风险,到"一带一路"沿线国家投资,在执行两国间的双边税收协定时应特别注意税收协定执行的风险。例如对于常设机构的认定,一般而言,常设机构的认定包括:管理场所、分支机构、办事处、工厂、作业场所以及矿场、油井或气井、采石场或者其他开采自然资源的场所。在我国与"一带一路"沿线国家签订的双边税收协定中,有一些协定规定的常设机构认定范围比较广,例如,我国与印度尼西亚、老挝、泰国、印度的协定将农场或种植园也规定为常设机构认定范围,与巴基斯坦的协定还将永久性展销场所纳入常设机构认定范围。如果我国企业与"一带一路"沿线国家进行劳务合作,应特别关注双边税收协定中有关"劳务型"常设机构时间标准的差异,例如我国与新加坡、波兰、印度尼西亚之间的协定以是否达到6个月为时间标准,与泰国、俄罗斯、印度之间的协定以是否到达183天为时间标准。

(二)充分利用"一带一路"税收征管合作机制

"一带一路"是中国首先倡导并大力推动的国家倡议,致力于通过合作理念、合作模式和合作实践的创新,有效解决传统全球化模式的缺陷,实现各参与方互利共赢。因此,建立"一带一路"税收征管合作机制显得非常重要和必要,可以作为"一带一路"沿线国家在税收征管中增进理解互信、加强沟通交流的平台,在构建合作共赢的新型国际税收关系中发挥积极的作用,也为我国"走出去"企业更好的规避和管理跨国税收风险提供更加友好的解决机制和途径。

"一带一路"税收合作机制既是发展中国家深度参与国际税收利益协调的迫切需要,也是纳税人完善跨境营商环境的强烈诉求。"一带一路"倡议顺应了广大发展中国家改革全球经济治理机制的诉求,建立"一带一路"税收合作机制,有助于推动发展中国家在税收领域增强理解互信,凝聚更多共识,在深度参与国际税收规则制定的过程中抱团发声,引导其向有利于发展中国家的方向迈进,为发展中国家参与全球经济和税收利益格局的深度调整、提高国际税收治理能力、促进全球尤其是亚洲区域经济的持续发展共赢,从而推动构建人类命运共同体创造有利的条件。同时,随着"一带一路"建设的不断深入推进,税收便利越来越成为经贸便利的重要保障,税收合作也越来越成为经贸合作的重要组成部分。建立"一带一路"税收合作机制,是深化税收合作,回应跨境投资者关于消除税收壁垒、提高税收确定性、解决税收争端的强烈诉求,从而进一步优化跨境税务营商环境、推进沿线国家经贸畅通、打造全球经济新增长极的应时之举。

"一带一路"税收征管合作机制主要特点包括:① 透明度高,从机制的探索建立到推进实施,完全遵循公开透明的原则,既遵循国际惯例,又顾及各成员的实际需要,均由各方平等参与、共同商定。② 代表性广,机制聚焦于税收征管领域当前面临的普遍性问题,寻求符合"一带一路"国家和地区实际的税收合作路径与方式,吸引了不同地域、不同发展阶段的国家和地区广泛参与。③ 包容性好,机制充分尊重各国基本国情、经济发展水平、税制设计等方面差异,旨在通过加强税收征管合作,努力实现各方聚同化异、求同存异、互促共赢。比如,通过提供税收确定性、解决税收争议等方面的合作,可以为跨境投资者提供实实在在的便利,进而为"一带一路"国家和地区经贸发展提供税收支持。④ 务实性强,机制理事会理事均为各国税务部门负责人,通过采取一系列切实有效的具体措施,推动"一带一路"国家和地区税收营商环境不断优化。

我国企业应高度重视"一带一路"税收征管合作机制,在进行国际税务筹划时,针对"一带一路"沿线国家的特殊税制规定带来的不确定性或征管风险,充分利用"一带一路"税收征管机制,以获得我国和对方国家税收主管部门的协助和友好待遇,既规避和控制税收风险,又获得良好纳税遵从。

二、控股架构的税务筹划

企业对外投资从股权架构上分为直接投资和间接投资。直接投资是指在东道国通过新设或并购直接取得东道国公司一定的股份;而间接投资是指中国企业在第三国组建一个或几个中间控股公司,通过中间控股公司来新设或并购东道国公司。

成功的投资规划,需要综合考虑进入、营运和退出三个环节,相比较而言,间接投资方式比直接投资方式灵活,有利于对上述三个环节进行统筹安排。在间接投资方式下,选择适当的中间控股公司进行投资,不仅可以有效降低集团的整体税负,还可以通过将利润暂时保留在中间控股公司,起到递延税负的效果。中国企业在境外设立子公司,是直接投资设立,还是通过中间控股公司间接投资设立,会对投资项目的现金流、整体税负和投资回报率产生重大影响。投资架构的选择需要对母国、东道国和第三国的税务规定、国际税收协定,以及外汇与商业运作等方面的因素进行综合考虑和判断,进行最优选择。

(一)通过中间控股公司降低股息预提所得税

汇回股息是对外投资中经常遇到的问题,东道国公司汇回利润的税负直接关系到集团整体的税后利润水平。

在直接投资的方式下,东道国公司取得的利润汇往中国母公司通常要面临三道税收:一是东道国公司就税前利润缴纳的企业所得税;二是东道国公司将税后利润以股息形式向中国母公司进行分配时,需要在当地缴纳的预提所得税;三是股息从东道国公司汇回中国后,还要缴纳中国的企业所得税。尽管中国企业所得税法规定了外国税收抵免的制度,但是如果在海外缴纳的税收不能够在中国全额进行抵免,则多出的部分势必会增加企业的税收负担。利用境外中间控股公司,减少或消除股息预提所得税,可以获得一个较好的税收筹划结果。

例如,中国到欧洲的投资,可以考虑采用"中国内地—中国香港—卢森堡—欧洲"的投资架构,由中国内地企业间接持有欧洲公司的股权,以降低从欧洲公司汇回股息的实际税负。税收筹划的逻辑是:第一,卢森堡作为欧盟的成员国之一,实行《欧盟母子公司指导意见》和"参股免税"的税收优惠政策。第二,因为我国香港与卢森堡签订的税收协定规定,在满足一定的条件下,从卢森堡分配至我国香港的股息的预提所得税适用零税率。第三,我国香港对海外所得免征所得税,对分配给境外投资者的股息也不征收预提所得税。因此,欧洲公司的股息经过卢森堡和我国香港地区两个环节汇回中国内地,不仅可以合理规避预提所得税,还可以实现递延纳税的目的。

(二)通过中间控股公司降低资本利得预提所得税

对外投资需要对投资架构进行重新搭建和整理,转让被投资公司的股权就是对外投资中经常遇到的问题,也可以理解为这是对外投资的退出方式,最终税负直接关系到集团整体的税负水平。

在直接投资的方式下,中国母公司转让东道国公司取得的资本利得,通常要面临两道税收:一是东道国可能会要求中国母公司在当地就资本利得缴纳所得税,除非东道国与中国的双边税收协定将征税权给予中国;二是中国母公司需要在转让被投资企业股权的当年就资本利得缴纳中国企业所得税。尽管中国企业所得税法规定了外国税收抵免的制度,但是如果在海外缴纳的税收不能够在中国全额进行抵免,则多出的部分势必增加企业的税收负担。我们仍旧可以考虑采用中间控股公司来进行筹划,以降低税负水平。

接上例,在直接控股架构下,如果中国与该欧洲公司所在国签订税收协定,如果欧洲公司所在国放弃优先征税权,则中国母公司需要就取得的资本利得缴纳25%的中国企业所得税。如果欧洲公司所在国保留优先征税权,该资本利得需要在欧洲国家缴纳预提所得税。转让欧洲公司股权已在境外缴纳的预提所得税可以用于抵免中国所得税。但在没有中间控股公司的情况下,中国企业获得的资本利得的税负难以得到递延。

如果仍然"中国内地—中国香港—卢森堡—欧洲"的投资持股架构,可以考虑的股权转让方式(投资退出方式)如下:

第一种退出方式是中国内地公司转让中国香港公司股权,从而间接转让欧洲公司股权。在这种方式下中国公司需要就股权转让所得在中国缴纳25%的企业所得税。

第二种退出方式是中国香港公司出售卢森堡公司的股权达到间接转让欧洲公司股权的目的。根据中国香港与卢森堡的双边税收协定,卢森堡不对转让卢森堡中间控股公司的资本利得征收预提所得税,并且中国香港对股权转让所得不征收所得税。因此,如果把出售卢森堡公司股权所得的收益保留在中国香港公司而不把利润最终汇回中国内地,不需要缴纳中国内地所得税。

第三种退出方式是直接由卢森堡公司转让欧洲公司的股权。按照卢森堡税法规定的条件可能享受到"参股免税"的税收优惠,使得处置欧洲公司的资本利得在卢森堡免征所得税。根据中国香港与卢森堡的税收协定以及香港本地的法律,卢森堡公司以股息形式将资本利得分配给香港公司,在卢森堡免征预提所得税,而香港公司也不对收到的股息征收所得税。因此,只要不把利润最终汇回中国内地,就不需要缴纳所得税。

我们任何时候都需要辩证的思虑去考虑问题,国际税务筹划亦不例外,设立中间控股公司的好处是有的,但是同样会带来成本和风险。设立并运营中间控股公司会产生相关成本,为满足相关税收管理的需要,相应的营运成本还可能会上升。此外,中国境外税收抵免的相关规定只允许中国母公司以下三层之内的境外关联公司才能享受抵免,因此,增加中间控股公司可能会影响到中国母公司享受境外税收抵免的能力。由此可见,中国母公司必须系统分析并权衡设立中间控股公司所带来的收益和成本,做出最有利的选择。

第四节 应对税基侵蚀和利润转移行动计划

20国集团(下称:G20)领导人在2012年6月墨西哥洛斯卡沃斯举行的首脑峰会上,就跨国企业集团避税郑重提出了警告,并就防止和应对税基侵蚀和利润转移(BEPS)的重要性、必要性和紧迫性达成共识,委托经济合作与发展组织(OECD)就BEPS问题进行调研[1]。因此,2013年2月12日,OECD发布了题为《应对税基侵蚀和利润转移的报告》(Addressing Base Erosion and Profit Shifting)[2],首次全面地阐述了税基侵蚀和利润转移的国际现状,明确指出,某些跨国企业集团的避税行为已经造成全球商业竞争环境的严重不公平,会对世界经济的发展带来的长期和致命的危害。报告指出,由于跨国企业集团将利润从实际发生经济活动的管辖区转移到它们能够被更"友好征税"的管辖区(避税天堂),造成经济活动发生地政府大量的税收收入损失。

应G20国家领导人的委托,OECD制定了《应对税基侵蚀和利润转移行动计划》(下称:《应对BEPS行动计划》)[3],2013年9月在俄罗斯圣彼得堡G20峰会上经各国领导人讨论,一致通过、批准了该计划,全面启动对国际税制规则的重塑进程。经过紧张有序的工作,2015年10月5日OECD发布了《应对BEPS行动计划》全部15项行动计划最终成果(个别事项尚需进一步工作,如难以估价无形资产、数字经济等),2015年11月被提交给G20安塔利亚峰会,由各国领导人背书,中国国家主席习近平代表中国签了字。由此,这15项行动计划的产出成果将对包括我国在内的全球国际税收制度产生巨大的影响和作用。

一、BEPS行动计划的基本架构

BEPS行动计划总共有15个项目,除数字经济(第一项行动)涉及增值税问题以外,其余主要涉及所得税,基本涵盖了所得税国际税制规则的全部内容。通过转让定价和滥用税收协

---

[1] G20领导人2012年墨西哥洛斯卡洛斯峰会就BEPS达成一致意见。
[2] OECD应对税基侵蚀和利润转移报告,详见OECD网站。
[3] 《应对税基侵蚀和利润转移行动计划(Action Plan on Base Erosion and Profit Shifting)》由OECD于2013年7月发布。

定等形式转移利润是税基侵蚀的主要形式,也是该行动计划的主要针对对象,其中的11项行动都与此有关。BEPS行动计划根据其性质和特点分为5大类,具体如表16-1所示。

表16-1 BEPS行动计划分类

类别	行动计划
应对数字经济带来的挑战	数字经济
协调各国公司所得税税制	混合错配、受控外国公司规则、利息扣除、有害税收实践
重塑现行税收协定和转让定价国际规则	税收协定滥用、常设机构、无形资产、风险和资本、其他高风险交易
提高税收透明度和确定性	数据统计分析、强制披露原则、转让定价同期资料、争端解决
开发多边工具,促进行动计划实施	多边工具

BEPS 15项行动计划的具体内容,可以简要描述如下:

(1) 行动计划一,数字经济:根据数字经济下的商业模式特点,重新审视现行税收协定和转让定价规则存在的问题,并就国内立法和国际规则的调整提出建议。

(2) 行动计划二,混合错配:针对利用同一实体、所得或交易在不同国家税收处理不同,以及滥用协定进行的税收筹划,提出对税收协定范本和国内法的修改建议。

(3) 行动计划三,受控外国公司规则:在强化受控外国公司税收规则,防止利润滞留或转移境外避税方面提出政策建议。

(4) 行动计划四,利息扣除:在制止利用利息支出和金融工具交易避税方面提出政策建议。

(5) 行动计划五,有害税收实践:在OECD发起的有害税收竞争论坛的基础上,审议包括非OECD成员国在内的各国优惠税制,提出解决有害税收竞争问题的建议。

(6) 行动计划六,税收协定滥用:针对各种违反协定立法意图套取优惠待遇的现象,补充完善协定条款,并辅以必要的国内法修订或多边法律工具的开发,防止协定滥用行为。

(7) 行动计划七,常设机构:修订税收协定常设机构条款相关内容,以防止通过人为规避常设机构以逃避来源地纳税义务。

(8) 行动计划八至十,无形资产、风险和资本以及其他高风险交易:通过制定规则遏制集团内部关联企业间通过无形资产、风险和资本的人为分配从而转移利润逃避税收的行为。

(9) 行动计划十一,建立方法来收集和分析BEPS的数据以及采取相应的行动:研究并确定针对BEPS行为的数据收集体系,构建分析指标体系,设计监控及预警指标,开展分析研究以估算BEPS行为的规模和经济影响。

(10) 行动计划十二,强制披露原则:为加强税收遵从风险防控,针对纳税人应披露的交易内容、披露方式、相关惩罚措施和信息使用等提出建议性规则框架,以帮助各国设计税收筹划方案披露机制。

(11) 行动计划十三,转让定价同期资料:在考虑企业遵从成本的基础上,制订转让定价同期资料通用模板,提高税收透明度并减轻纳税人负担。

(12) 行动计划十四,争端解决:在现有大量双边税收协定还不包括仲裁条款,部分国家对纳税人申请相互协商程序有不少限制性规定的情况下,建立更为有效的争端解决机制,切实避免双重征税。

(13) 行动计划十五,多边工具:开发一个可快速落实行动计划成果的法律工具,例如签署多边协议,以替换和实施现有双边和多边协定条款中部分相关内容。

二、BEPS 行动计划最终报告成果

2015 年 9 月 21 日,经济合作与发展组织(OECD)财政事务委员会第 90 次会议在巴黎召开,来自包括中国在内的 54 个国家和地区的二百多名与会代表审议并一致通过了税基侵蚀和利润转移(BEPS)全部行动计划最终报告以及解释性声明。中国在这次改革过程中,以与 OECD 成员和 G20 其他成员平等的身份,全程深入参与了所有行动计划,为构建新的国际税制规则体系做出了贡献。

2015 年的 BEPS 最终报告的关键成果根据约束性强弱分为"最低标准"、"共同方法"和"最佳实践"三大类。尽管 BEPS 最终报告并非法律文件,不具备法律约束力,但是由于这些报告是由 OECD 成员和 G20 中的非 OECD 成员共同研究制定的,得到了 OECD 部长理事会批准以及 G20 各国领导人背书,所以,对 OECD 和 G20 成员有政治和道义约束;对于 OECD 成员甚至具有软法性质;对既非 OECD 也非 G20 成员的广大发展中国家,则具有重要的参考和指导意义。

BEPS 最终报告具有宽广、强大而权威的国际税收话语能力与覆盖面,不可避免地将深度影响有关国家涉及国际交易的国内税收法律法规的制定与调整,税收协定和转让定价的谈判,以及对《多边工具》的谈判和起草。

尽管税收政策一直是各国主权,但各国政府已经意识到协力合作解决 BEPS 问题的必要性。BEPS 最终报告已经在 2017 年对《OECD 转让定价指南》进行修订,并且生效。对税收协定范本的修订通过《多边工具》实施。税收优惠政策和裁定,无论是否是有害税收实践,都将以明确且各国同意的方式进行同行审议。基于最佳实践对国内法的修订建议,预计将按照各国现行的宪法要求,通过国内立法过程实施。利益相关方强烈的兴趣表明 BEPS 项目潜在的影响力,不仅涉及税务实践,还涉及整个商业实践。2016 年中国担任税收透明度和情报交换全球论坛的副主席,并且是全球论坛同行评议小组的成员。中国已经成功通过了同行审议程序,并且获得最高综合评级"合规遵从"。

"最低标准"的约束性最强,最低标准尤其有助于解决某些国家因为不作为而给其他国家带来的负面溢出效应问题(包括对于竞争的负面影响)。为了营造公平的竞争环境,OECD 和 G20 成员承诺在各相关领域采取一致的行动,包括防止协定滥用、实施分国别报告、打击有害税收实践以及改善争端解决机制等等。现有的标准已经过修订并将得到实施,然而同时也须认识到,并不是所有 BEPS 参与国都认同税收协定或转让定价的基准文本。

所谓"共同方法",是指在其他领域,如有关消除混合错配的建议措施或限制利息扣除的最佳实践指引,各国已同意采取总体一致的税收政策方向,并且预计各国在具体的实施措施方面将逐步趋同。"共同方法"未来可能发展为"最低标准",但目前统一监督执行的时机尚不成熟。

"最佳实践"是对各国约束性更低的、推荐使用的规则。基于最佳实践的指南将为那些有

意在强制披露措施或受控外国企业(CFC)监管领域采取行动的国家提供技术支持。

关键词

税基侵蚀和利润转移(BEPS)　　一般反避税　　情报交换　　一带一路

小结

本章详细剖析苹果这样的跨国企业集团的国际税务筹划案例,对苹果公司应用的国际税务筹划模式和工具进行了系统性的、实景性的阐释,可以看出,跨国企业集团的国际税务筹划不是一时一事的应急行为,而是为集团总体战略目标服务的、涉及诸多环节和方向的系统性筹划。本章对外商投资企业在我国的税务筹划和我国企业"走出去"到"一带一路"沿线国家进行投资和其他经营活动的税务筹划进行了重点讲解,并重点介绍了国际社会应对税基侵蚀和利润转移行动计划的重点内容。由此可以看出,国际税务筹划不仅仅要懂得国际税收的业务知识,更要懂得国际法律、国际商事、知识产权、专有技术等企业跨境经营管理涉及的、更加广泛的知识和经验,有很多领域是没有现成规则和先例可以借鉴的,需要从企业整体的高度去审视国际税务筹划的机遇和风险,考虑现实、面向未来,为企业筹划出最有利的方案。

即测即评

请扫描右侧的二维码,进行即测即评。

复习思考题

1. 苹果的国际税务筹划操作所依据的国际税制规有哪些?
2. 简述苹果在欧洲利用转让定价进行利润转移的避税操作。
3. BEPS行动计划的分类和内容框架是什么?
4. 外商投资企业在我国进行税务筹划最常用的方法有哪些?
5. 简述我国的反国际避税措施。
6. 我国企业"走出去"需要防范的东道国税务风险有哪些?
7. 简述由我国倡议并形成的"一带一路"税收征管合作机制的特点。

教学支持说明

建设立体化精品教材,向高校师生提供整体教学解决方案和教学资源,是高等教育出版社"服务教育"的重要方式。为支持相应课程教学,我们专门为本书研发了配套教学课件及相关教学资源,并向采用本书作为教材的教师免费提供。

为保证该课件及相关教学资源仅为教师获得,烦请授课教师清晰填写如下开课证明并拍照后,发送至邮箱:jingguan@pub.hep.cn。也可加入高教社财会教师服务群(群号:329885562),直接向编辑索取。

咨询电话:010-58581020

证　　明

兹证明_____大学_____学院/系第____学年开设的_____课程,采用高等教育出版社出版的《　　　　　》(　　　　主编)作为本课程教材,授课教师为_____,学生____个班,共____人。授课教师需要与本书配套的课件及相关资源用于教学使用。

授课教师联系电话:_____E-mail:_____

　　　　　　　　　　　　　　　　　　　　　　学院/系主任:_____(签字)
　　　　　　　　　　　　　　　　　　　　　　　　　　(学院/系办公室盖章)
　　　　　　　　　　　　　　　　　　　　　　　　20____年____月____日

郑重声明

高等教育出版社依法对本书享有专有出版权。任何未经许可的复制、销售行为均违反《中华人民共和国著作权法》，其行为人将承担相应的民事责任和行政责任；构成犯罪的，将被依法追究刑事责任。为了维护市场秩序，保护读者的合法权益，避免读者误用盗版书造成不良后果，我社将配合行政执法部门和司法机关对违法犯罪的单位和个人进行严厉打击。社会各界人士如发现上述侵权行为，希望及时举报，我社将奖励举报有功人员。

反盗版举报电话　　（010）58581999　58582371
反盗版举报邮箱　　dd@hep.com.cn
通信地址　　北京市西城区德外大街4号　高等教育出版社法律事务部
邮政编码　　100120